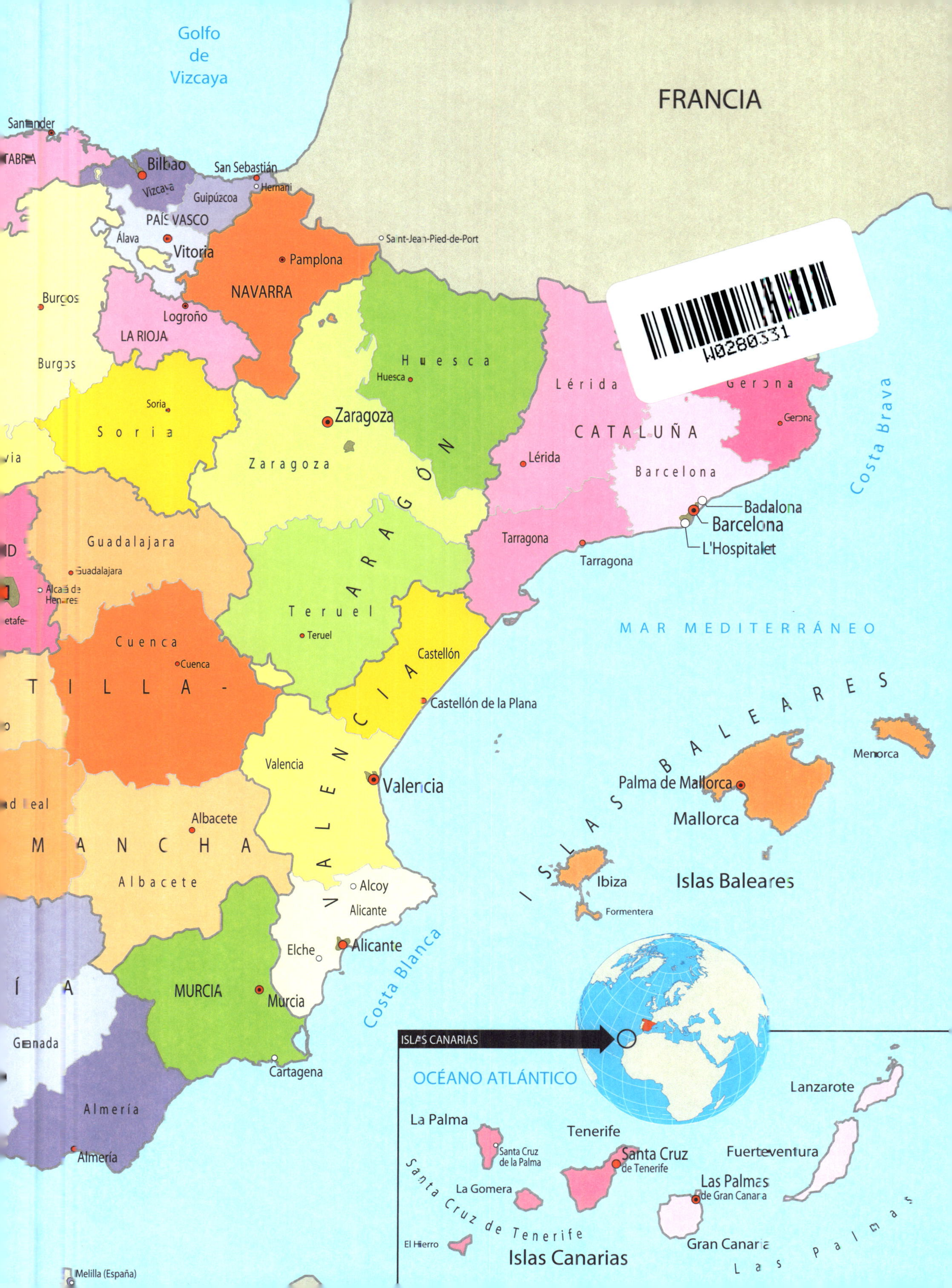

Golfo de Vizcaya
FRANCIA
Santander
Bilbao
San Sebastián
Vizcaya
Guipúzcoa
Hernani
PAÍS VASCO
Álava
Vitoria
Pamplona
NAVARRA
Saint-Jean-Pied-de-Port
Burgos
Logroño
LA RIOJA
Burgos
Huesca
Huesca
Lérida
Gerona
Soria
Soria
Zaragoza
Zaragoza
ARAGÓN
CATALUÑA
Gerona
Costa Brava
Lérida
Barcelona
Badalona
Barcelona
L'Hospitalet
Guadalajara
Guadalajara
Tarragona
Tarragona
Alcalá de Henares
Teruel
Teruel
MAR MEDITERRÁNEO
Cuenca
Cuenca
Castellón
Castellón de la Plana
ISLAS BALEARES
VALENCIA
Valencia
Valencia
Menorca
Palma de Mallorca
Mallorca
Albacete
MANCHA
Albacete
Alcoy
Alicante
Ibiza
Islas Baleares
Formentera
Elche
Alicante
Costa Blanca
MURCIA
Murcia
ISLAS CANARIAS
Cartagena
OCÉANO ATLÁNTICO
Almería
Lanzarote
La Palma
Tenerife
Almería
Santa Cruz de la Palma
Santa Cruz de Tenerife
Fuerteventura
La Gomera
Las Palmas de Gran Canaria
Santa Cruz de Tenerife
El Hierro
Islas Canarias
Gran Canaria
Las Palmas
Melilla (España)

Línea amarilla 5

Paso a nivel

Katrin Feist
Helma Irene Gómez Gunaropulos
María Engracia López Sánchez
Bianca Maneval
Javier Navarro González
Pilar Pérez Cañizares
Iván Reymóndez Fernández
Thomas Scholz
Konrad Steinmetz
María Suárez Lasierra
Antje Willma

Ernst Klett Verlag
Stuttgart · Leipzig

Línea amarilla 5 – Paso a nivel

Zusatzmaterialien für Schülerinnen und Schüler zu diesem Band:
Cuaderno de actividades mit Audio-CD, *Klett-Nr. 535631*
Grammatisches Beiheft, *Klett-Nr. 535635*
Vokabellernheft, *Klett-Nr. 535636*
Diez minutos, Drehbuch, *Klett-Nr. 535546*

1. Auflage 1 5 4 3 2 1 | 14 13 12 11 10

Autorinnen und Autoren: Katrin Feist, Markkleeberg; Helma Irene Gómez Gunaropulos, Bietigheim-Bissingen; María Engracia López Sánchez, Tübingen; Bianca Maneval, Malterdingen; Javier Navarro González, Erlangen; Dr. Pilar Pérez Cañizares, München; Iván Reymóndez Fernández, München; Thomas Scholz, Koblenz; Konrad Steinmetz, Nordheim / Main; María Suárez Lasierra, Ostfildern; Dr. Antje Willma, Leipzig

Beratung: Prof. Dr. Andreas Grünewald, Bremen

Redaktion: Dr. Monika Türk
Gestaltung: Thomas Gremmelspacher
Umschlaggestaltung: Anne Bäßler

Illustrationen: Beate Klauder, Esslingen; Sabine Koch, Stuttgart
Umschlagfotos: Corbis GmbH; iStockphoto, Abimelec Olan
Karten: Graphi-Ogre/GEOATLAS (Vorderer und hinterer Bucheinband, 77, 78, 100)
Reproduktion: Meyle + Müller, Medien-Management, Pforzheim
Druck: Druckhaus Götz GmbH, Ludwigsburg

Printed in Germany
ISBN 978-3-12-535630-6

9 783125 356306

Themen	Kommunikative Fertigkeiten	Sprachliche Mittel	Methodenkompetenz	

1 Jóvenes en camino

Themen	Kommunikative Fertigkeiten	Sprachliche Mittel	Methodenkompetenz	
Primer paso • Freizeitbeschäftigungen Jugendlicher	• Über eine Statistik sprechen	• Prozentzahlen (W) und Bruchzahlen		8
Recursos • Soziales Engagement in den Ferien	• Komplexe Zusammenhänge ausdrücken • Gefühle äußern (Zufriedenheit, Ärger)	• Adverbiale Nebensätze mit Indikativ und *subjuntivo* • Unregelmäßige Steigerungsformen von Adjektiven und Adverbien • fakultativ: *Perfecto de subjuntivo*		10
Panorama • Jugendliche auf dem Jakobsweg	• Ein Interview führen • Jemanden beruhigen oder aufmuntern • Über ein Gedicht sprechen • Eine Werbekampagne entwerfen		• Texterschließungsstrategien	14
Taller • Mit dem Fahrrad auf dem Jakobsweg	• Eine Reise planen • Ein Hotelzimmer reservieren			19

2 Ser joven: ¡qué difícil es!

Themen	Kommunikative Fertigkeiten	Sprachliche Mittel	Methodenkompetenz	
Primer paso • Genussmittel	• Aufklärungsplakate interpretieren • Über Aufklärungskampagnen sprechen			20
Recursos • Konflikte in der Schule • Identitätssuche • Selbstbild und Fremdbild	• Über Wünsche, Meinungen, Empfindungen und Befürchtungen in der Vergangenheit sprechen • Verhaltensweisen beschreiben und erklären	• *Pretérito pluscuamperfecto de subjuntivo*: Formen • *Pretérito imperfecto de subjuntivo:* Gebrauch nach Verben der Vergangenheit und dem *condicional*		22
Panorama • Zukunftsperspektiven junger Erwachsener • Arbeitsmarkt und Arbeitslosigkeit • *Botellones*	• Lösungsvorschläge für Probleme formulieren • Meinungen und Pläne diskutieren • Über das spanische Schulsystem sprechen		• Sprachmittlung	26
Taller • Lebensläufe	• Einen Lebenslauf verfassen			31

Inhalt

Themen	Kommunikative Fertigkeiten	Sprachliche Mittel	Methodenkompetenz	

3 Identidades

Primer paso • Wichtige Etappen der spanischen Geschichte	• Die Meinung anderer wiedergeben			32
Recursos • Spanien im 20. Jahrhundert	• Historische Ereignisse beschreiben • Verbote in der Vergangenheit ausdrücken • Hypothetische Sachverhalte ausdrücken • Den Redebeitrag eines anderen wiedergeben	• *Condicional compuesto* • Indirekte Rede mit *condicional* (W) und *imperfecto de subjuntivo* • Satzverkürzungen mit Infinitiv • Satzverkürzungen mit Partizip Perfekt (W)		34
Panorama • Sprachenvielfalt in Spanien • Die Frage nach der Identität	• Reflexion über Sprache und Identität		• Benutzung des einsprachigen Wörterbuchs	38
Taller • Spanische Parteien	• Über Politik sprechen			43

Repaso 1

• Wiederholung der Pensen und Themen der Lektionen 1–3 • Wiederholung ausgewählter Pensen aus *Línea amarilla 1–4*	44

4 Vivir en la gran ciudad

Primer paso • Positive und negative Aspekte des Lebens in der Großstadt	• Über Abbildungen diskutieren und seine Meinung äußern • Ein Gemälde interpretieren			48
Recursos • Leben in Mexiko-Stadt	• Hypothetische Sachverhalte ausdrücken • Bedingungen formulieren • Lebensumstände beschreiben	• *Pluscuamperfecto de subjuntivo* • Irreale Bedingungssätze • Kollektivzahlen		50
Panorama • Probleme in der Großstadt Mexiko City • Bedrohung der Lebensräume	• Ursache und Wirkung angeben • Eine Diskussion führen • Seine Meinung ausdrücken		• Einen Redebeitrag strukturieren	54
Taller • Graffitis und *murales* interpretieren	• Über Graffitis sprechen			59

Themen	Kommunikative Fertigkeiten	Sprachliche Mittel	Methodenkompetenz	

5 Culturas antiguas y sus herederos

Themen	Kommunikative Fertigkeiten	Sprachliche Mittel	Methodenkompetenz	
Primer paso • Präkolumbische Kulturen in Mittelamerika	• Eine Landkarte interpretieren			60
Recursos • Die Eroberung Tenochtitlans • Emiliano Zapata und die Mexikanische Revolution	• Über historische Gegebenheiten sprechen • Wünsche äußern • Eine Geschichte nacherzählen	• Passiv • Ersatzformen des Passiv (W)		62
Panorama • Kämpfer für die Rechte der Indios	• Einen Text zusammenfassen • Über politische und gesellschaftliche Bewegungen sprechen • Urteile gegeneinander abwägen		• Ein *Resumen* schreiben	66
Taller • Frida Kahlo	• Personen beschreiben			71

6 Cruzando fronteras

Themen	Kommunikative Fertigkeiten	Sprachliche Mittel	Methodenkompetenz	
Primer paso • Reflexionen zu Grenzen und Begrenzungen	• Über Karikaturen sprechen			72
Recursos • Lebensziele gegen Widerstände durchsetzen • Puertoricaner in New York	• Wünsche und ihre Realisierung beschreiben • Komplexe Sachverhalte erklären	• Satzverkürzungen mit Gerundium • Das Relativpronomen *cuyo, -a*		74
Panorama • Die Grenze zwischen Mexiko und den USA • Lateinamerikaner in den USA • Spanglish	• Ein Gedicht und ein Lied interpretieren • Ein Gemälde interpretieren • Über einen Romanauszug sprechen		• Techniken der Umschreibung	78
Taller • Kulinarische Migration	• Sprachreflexion: Wörter aus dem Náhuatl und Arabischen			83

Repaso 2

• Wiederholung der Pensen und Themen der Lektionen 4 – 6 • Wiederholung ausgewählter Pensen aus *Línea amarilla* 1 – 4	84

Inhalt

Themen	Kommunikative Fertigkeiten	Sprachliche Mittel	Methodenkompetenz	

7 Jóvenes y medios

Themen	Kommunikative Fertigkeiten	Sprachliche Mittel	Methodenkompetenz	
Primer paso • Der Film «Machuca»	• Über einen Film sprechen			88
Recursos • Filmkritiken • Raubkopien • Filmplakate	• Über Kino und Filme sprechen • Meinungen und Kritik äußern	• Wortbildung • *Futuro compuesto*		90
Panorama • Fernsehen und Internet • Der Kurzfilm «Diez minutos» • SMS und Chat	• Vermutungen über einen Film anstellen • Über Fernsehen und andere Medien sprechen • Kreativer Umgang mit Sprache in elektronischen Medien		• Hör-Seh-Verstehen	94
Taller • Dein Lieblingsfilm	• Einen Kommentar zu einem Film abgeben			99

8 Chile: literatura y política

Themen	Kommunikative Fertigkeiten	Sprachliche Mittel	Methodenkompetenz	
Primer paso • Landschaften Chiles	• Über Klima und Geografie sprechen			100
Panorama • Von der Demokratie zur Diktatur • Das Referendum in Chile • Antonio Skármetas «Ardiente paciencia»	• Über politische Inhalte sprechen • Einen Romanausschnitt interpretieren • Über Stilmittel sprechen			102
Taller • Beispiele latein-amerikanischer Lyrik	• Stilmittel erkennen und interpretieren			111

Repaso 3

Modelltest: *DELE, nivel intermedio*	112

Anhang

Glosario cultural	• Landeskundliches Lexikon	116
Vocabulario	• Chronologisches Wörterverzeichnis, nach Kapiteln gegliedert	126
Diccionario	• Alphabetisches Wörterverzeichnis Spanisch – Deutsch • Alphabetisches Wörterverzeichnis Deutsch – Spanisch	150 168
Soluciones	• Lösungen zu den Aufgaben der *Repasos*	187
Mapas	• Mapa político de España • Mapa de los países hispanohablantes / Mapa político de México	Vorderer Bucheinband Hinterer Bucheinband

Wegweiser durch Línea amarilla 5

Zeichenerklärungen

Eine Aufnahme des Textes befindet sich auf der CD im *Cuaderno de actividades* (Klett-Nr. 535631).

Den Hörtext oder das Video zu dieser Übung spielt euch euer Lehrer / eure Lehrerin vor.

Diese Symbole kennzeichnen Übungen für Partner- oder Gruppenarbeit. Unter den Partnerübungen sind auch Aufgaben, bei denen die Partner jeweils die Lösung des anderen vor sich haben und gegenseitig kontrollieren, ob sie den Stoff beherrschen.

Übungen mit diesem Zeichen sollten schriftlich bearbeitet werden.

Übungen zum Erkennen von Gesetzmäßigkeiten der spanischen Sprache. Eure Ergebnisse könnt ihr im Grammatischen Beiheft (Klett-Nr. 535635) überprüfen.

Erläuterungen zu wichtigen Lern- und Arbeitstechniken und Lerntipps sowie Übungen dazu.

Das Resultat dieser Übungen eignet sich besonders zum Sammeln und Abheften in einer eigenen Mappe. In diesem *Portfolio* könnt ihr im Laufe der Zeit euren Lernfortschritt erkennen und nachweisen.

Wiederholungsübung

DELE So gekennzeichnete Übungen sind typisch für die DELE-Prüfung (Diploma de Español como Lengua Extranjera). Weitere Informationen dafür findet ihr auf Seite 112.

[ ] Dieses Symbol kennzeichnet fakultative Buchteile, die auch entfallen können.

(§ - *Zahl*) Verweis auf den entsprechenden Paragraphen im Grammatischen Beiheft

Online-Link 535630-0000 Online-Links mit weiterführenden Materialien wie z. B. für die Aufgabe relevante Estrategias aus *Línea amarilla* 1–4, oder Internet-Adressen, die für das Lösen der jeweiligen Aufgabe hilfreich sind. Zu den Online-Links kommt ihr, wenn ihr unter www.klett.de/online die bei der Aufgabe genannte Nummer eingebt.

Weitere Rubriken

Repaso: Im Anschluss an die Lektionen 3, 6 und 8 findet ihr Wiederholungsphasen mit Aufgaben zur Wiederholung des bisherigen Lernstoffs. Die Lösungen zu diesen Aufgaben stehen in den *Soluciones* (S. 187–191).

Im *Glosario cultural* (S. 116–125) stehen landeskundliche Informationen zu wichtigen Orten oder Persönlichkeiten aus Spanien und Lateinamerika, die in den Lektionen genannt werden. In manchen Übungen werdet ihr aufgefordert, dort nachzuschlagen. Ihr könnt das *Glosario cultural* aber auch sonst zur ersten Informationssuche verwenden.

Das *Vocabulario* (S. 126–149) verzeichnet alle neuen Vokabeln, nach Lektionen geordnet und in der Reihenfolge ihres Vorkommens. Es enthält auch Verweise auf ähnliche Wörter in anderen Sprachen, bereits bekannte spanische Wörter aus der gleichen Wortfamilie, Synonyme und Antonyme (Wörter mit der gleichen oder entgegengesetzten Bedeutung) sowie Beispielsätze. Diese solltet ihr immer mitlernen, denn im Satzzusammenhang prägt man sich die Wörter besser ein.

Im lektionsbegleitenden Vokabular stehen auch Übersichts-Kästchen zu allen grammatischen Strukturen. Angegeben ist auch der Paragraph im Grammatischen Beiheft, in dem ihr die Regeln nachlesen könnt.

Das *Diccionario* (S. 150–186) listet den gesamten Lernwortschatz aus *Línea amarilla 1–5* in alphabetischer Reihenfolge auf (Spanisch-Deutsch und Deutsch-Spanisch).

1 Jóvenes en camino

1 Tiempo libre, tiempo de aventuras

a Mirad las fotos y describid dónde se encuentran los jóvenes y qué están haciendo.

b Escuchad el cedé y decid qué foto va con qué texto. Apuntad también más información importante sobre cada uno de los jóvenes (nombre, origen, actividad, etc.).

c Hablad en grupos sobre las diferentes actividades de las fotos: decid, por ejemplo, si habéis practicado alguna de estas actividades y explicad cuál(es) os gustaría hacer y cuál(es) no.

2 Jóvenes en cifras (§§ 1, 2)

a Hablad en parejas sobre las estadísticas. Una persona explica una información de las estadísticas con las expresiones de la casilla, la otra reacciona con *me parece normal, interesante, extraño, … (+ subjuntivo).*

Ejemplo:

—A dos tercios de los españoles entre 15 y 19 años les gusta estar con su novio o novia.

—Me parece normal que a dos tercios de los españoles / a tantos españoles les guste estar con su novio o novia.

C

D

I

Estadística 1

Horas a la semana para actividades de tiempo libre de la población joven (15–29 años), por sexo y grupos de edades

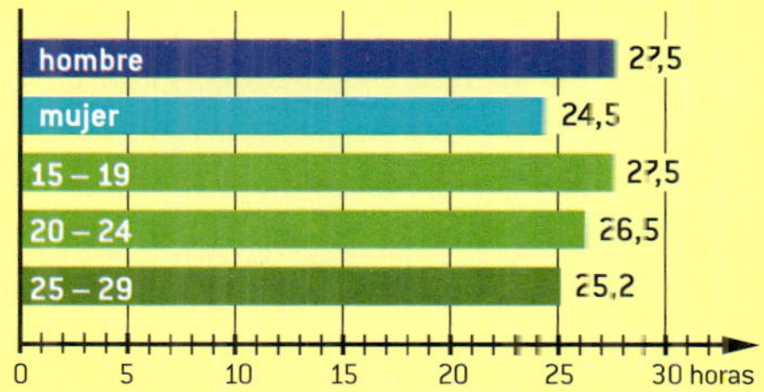

Estadística 2

Actividades de tiempo libre que les gustan a los jóvenes españoles entre 15 y 19 años

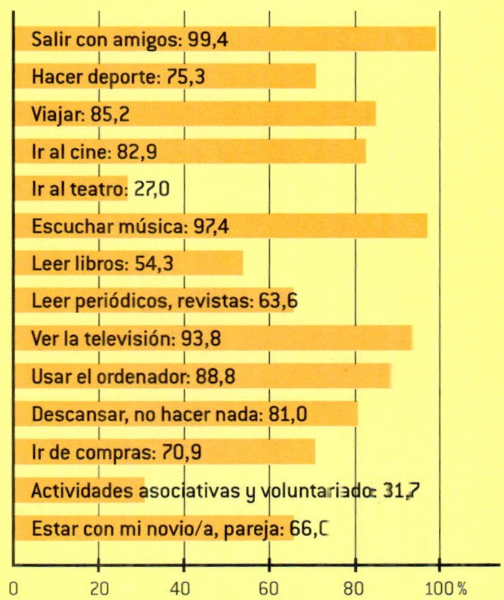

Fuente: Instituto de la Juventud 2007

Con estas expresiones puedo hablar de estadísticas

fracciones y porcentajes
- 1/2 la mitad (de)
- 1/3 un tercio (de)
- 2/3 dos tercios (de)
- 1/4 un cuarto (de)
- 1/5 un quinto (de)
- 1/10 un décimo (de)
- un xx por ciento (de)

comparaciones y generalizaciones
- casi
- aproximadamente
- (un poco) más / menos de la mitad …
- con menor frecuencia
- un número superior / inferior a …
- más / menos chicos que chicas …
- tantos chicos como …

sustantivos útiles
- la cantidad
- la cifra
- la frecuencia
- el número
- la mayoría
- la minoría

b Haced una estadística de vuestra clase sobre las actividades en el tiempo libre. Comparad los resultados con los datos del grupo de jóvenes españoles de 15 a 19 años.

¿Qué haces en las vacaciones?

Dani ha escrito el siguiente artículo para una revista juvenil de tiempo libre.

Verano en Asturias

Para hacer algo diferente en las vacaciones, este año me he apuntado a un campo de trabajo en un pueblecito de Asturias. Lo que hacemos es restaurar cabañas de pastores abandonadas en zonas altas de montaña para que pueda descansar la gente que hace senderismo por la zona. De esta forma, ayudamos al desarrollo turístico de la región. Normalmente no colaboro en ninguna asociación, pero este tipo de proyectos me encanta. Aquí participan unos veinte chavales de entre 15 y 20 años. A pesar de que es un trabajo duro, estamos muy motivados y trabajamos al máximo para restaurar el mayor número posible de cabañas. En general, el trabajo me gusta, siempre que no llueva. Dormimos en tiendas de campaña en el camping del pueblo. Cada día tenemos que subir dos kilómetros hasta la zona de trabajo; no parece mucho, pero con las mochilas llenas de comida y de material de trabajo – eso es otra cosa. Trabajamos unas seis horas al día, de modo que, después de la jornada de trabajo, no tenemos mucho tiempo libre; sin embargo, la organización ofrece juegos, actividades deportivas y culturales. El ambiente en el grupo es genial. Es una lástima que las tres semanas del proyecto se estén acabando ya, pero espero que todos sigamos después en contacto. Hasta ahora ha sido una experiencia fantástica. Quizás vuelva el año que viene.

Carla está pasando sus vacaciones en casa. Llama por teléfono a su amiga Irene para hablar con ella.

¡Qué vacaciones!

Carla: ¿Qué tal, chica? ¿Cómo estás?

Irene: Hola, Carla. Aquí, en casa … Como mis padres tienen que trabajar y a mi querido hermano no le da la gana de ayudar lo más mínimo, tengo que ocuparme yo sola del enano, y no veas qué pesadito se puede poner.

Carla: ¿Te da mucha guerra?

Irene: ¡No creo que tú hayas tenido nunca tanto estrés! No me deja tranquila: que si llévame al parque, que si no quiero comer … Además mi hermano mayor no hace más que poner música a todo volumen y monopolizar el televisor todas las tardes. Entre los dos me tienen de los nervios; no sé si lo podré resistir. Y tú, ¿qué tal por ahí? ¿Cómo estás pasando estos días?

Carla: Bien … ¡Por fin puedo dormir todo lo que quiero! Voy a la piscina con las amigas, después salimos por ahí … Pero, aunque ahora no tengo que estudiar, mis padres sólo me dejan salir hasta las diez: aunque haya una fiesta de cumpleaños y todos se queden hasta tarde: «a las diez, en casa». Supongo que me cuidan mucho para que no me pase nada … Dime tú qué me va a pasar … Y los domingos … bueno … mis padres quieren que salgamos todos juntos de excursión. A mí me gustaría quedar con las chicas, pero se ponen tan pesados con lo de los valores familiares, que te aseguro que no me queda más remedio que ir con toda la familia.

Irene: Pues menudas vacaciones nos han tocado …

3 **una cabaña de pastor** eine Schäferhütte – 5 **el senderismo** das Wandern – **el desarrollo** die Entwicklung – 8 **a pesar de que** trotz, obwohl – 23 **un enano** ein Zwerg – 27 **monopolizar** *hier:* für sich allein beanspruchen

1 Como voluntario en Asturias

a El jefe de redacción de la revista acepta el artículo de Dani, pero necesita una introducción para resumir la noticia. Escribid ese resumen.

b Apuntad en una tabla los aspectos positivos y negativos del proyecto de Dani. Después discutid en parejas: una persona se interesa por el proyecto, pero ve también el lado negativo. La otra es Dani y quiere motivarla para participar. Usad los argumentos de la tabla (y otros, si tenéis más ideas).

Para resumir un texto

Pensad en las siete preguntas:
- ¿Qué?
- ¿Quién?
- ¿Cuándo?
- ¿Dónde?
- ¿Cómo?
- ¿Por qué?
- ¿Para qué?

2 Las vacaciones de Carla e Irene

a ¿Creéis que las dos chicas del texto «¡Qué vacaciones!» están contentas con las vacaciones? Justificad vuestra respuesta.

b Con ayuda del contexto explicad qué significan estas expresiones que usan Irene y Carla.

1. el enano (l. 23)
2. dar mucha guerra a alguien (l. 24)
3. monopolizar el televisor (l. 27/28)
4. tener a alguien de los nervios (l. 28/29)

c Haced una lista de lo que se puede hacer durante las vacaciones. Con ayuda de esta lista representad una conversación telefónica de dos amigos o amigas que hablan sobre sus vacaciones. Trabajad en parejas y poneos espalda contra espalda.

3 Discusión entre hermanos (§ 3)

Irene habla con su hermano Nacho porque quiere que él también ayude en casa.

a Trabajad en parejas y completad las frases del diálogo con el presente de indicativo o de subjuntivo.

Irene
Escucha, Nacho. Mañana vas a ocuparte tú del enano, aunque no te **(gustar)** la idea.
¿Yo? Aunque no lo **parezca**, tengo que hacer un montón de cosas…
Me da igual. Yo también quiero tener vacaciones. Dormiré hasta tarde, aunque tú **(poner)** la música a todo volumen.
¡Buena idea! Yo también pienso hacerlo, aunque ahora, en realidad, ya **duermo** todo lo que quiero.
Y después, quizás, **(ir – yo)** a la piscina con… las amigas.
Oye, quizás **voy / vaya contigo** para que me **presentes** a esas chicas.
¡No, no, por favor! Aunque **(ser – tú)** mi hermano, no quiero que **(venir – tú)**.
¡Ya veo! Quizás no **sales / salgas** con tus amigas, sino con algún chico.
Eh, sí, aunque no **(saber – yo)** si es buena idea contártelo: quiero salir con el chico más guapo de la clase…
¿Y tú crees que se interesa por ti aunque todas las chicas de la clase **quieran** salir con él?
¿Por qué no? Aunque tú no lo **(poder)** creer, tu hermana es una chica guapa y simpática.
¿Quién sabe? ¡Quizás **tienes / tengas** suerte, hermanita!

Nacho
Escucha, Nacho. Mañana vas a ocuparte tú del enano, aunque no te **gusta** la idea.
¿Yo? Aunque no lo **(parecer)**, tengo que hacer un montón de cosas…
Me da igual. Yo también quiero tener vacaciones. Dormiré hasta tarde, aunque tú **pongas** la música a todo volumen.
¡Buena idea! Yo también pienso hacerlo, aunque ahora, en realidad, ya **(yo – dormir)** todo lo que quiero.
Y después, quizás, **voy / vaya** a la piscina con… las amigas.
Oye, quizás **(ir – yo)** contigo para que me **(presentar – tú)** a esas chicas.
¡No, no, por favor! Aunque **seas** mi hermano, no quiero que **vengas**.
¡Ya veo! Quizás no **(salir – tú)** con tus amigas, sino con algún chico.
Eh, sí, aunque no **sé** si es buena idea contártelo: quiero salir con el chico más guapo de la clase…
¿Y tú crees que se interesa por ti aunque todas las chicas de la clase **(querer)** salir con él?
¿Por qué no? Aunque tú no lo **puedas** creer, tu hermana es una chica guapa y simpática.
¿Quién sabe? ¿Quizás **(tú – tener)** suerte, hermanita!

b ¿Qué otras cosas creéis que harán Irene y su hermano los próximos días? Escribid tres frases en las que aparezcan las conjunciones *aunque* y *quizás*.

4 Tú siempre ... Yo nunca ...

Algunos días después, Irene y Nacho discuten de nuevo.

a Antes de empezar, decidid si queréis ser Irene o Nacho y elegid el ejercicio correspondiente. Con las ideas de al lado formad frases según vuestro papel. Cuidado, según los verbos que uséis, hay que cambiar un poco las frases para que sean lógicas.

1. Eres Irene. Estás cada vez menos contenta de lo que hace tu hermano. Prepárate para decírselo. Usa verbos como *querer, me parece + adjetivo, molestar, ... (+ subjuntivo).*

Ejemplo: Me molesta que siempre pongas la música a todo volumen.

2. Eres Nacho. Piensas que todos los reproches *(Vorwürfe)* de tu hermana son injustos. Prepárate para decírselo. Usa expresiones como *es / me parece + adjetivo, no es verdad, ... (+ subjuntivo).*

Ejemplo: No es verdad que siempre ponga la música a todo volumen.

b Trabajad en parejas de una Irene y un Nacho. Discutid con ayuda de vuestra preparación del ejercicio 4a. Intentad llegar a un acuerdo justo (es decir: Irene no tiene razón con todos sus reproches y Nacho tiene que cambiar un poco su comportamiento).

Según Irene, su hermano
- siempre pone la música a todo volumen
- sale todas las tardes con sus amigos
- nunca ayuda en casa
- nunca hace la compra
- nunca pone la mesa
- nunca se ocupa de su hermano
- ve mucho la tele
- nunca ordena su habitación
- deja sus cosas por todo el piso
- puede salir hasta tarde y ella tiene que estar en casa temprano

5 Campos de trabajo, voluntariados y ONG (§ 3)

a Completad el texto con las conjunciones de la casilla. Atención: hay varias soluciones posibles.

Organizaciones No Gubernamentales

A muchos jóvenes españoles les gusta ayudar a los demás, **1** muchos se deciden a trabajar con una ONG. Y desean hacerlo **2** pasen parte de su tiempo libre en él. Participan en diferentes proyectos **3** gente con problemas tenga mejores condiciones de vida, para proteger el medio ambiente, ... Estos jóvenes lo dan todo, **4** vean que su trabajo es útil. **5** no es fácil para todos, la gran mayoría de los voluntarios seguirá ahí, porque creen que es posible un mundo mejor.

- para que *+ subjuntivo*
- aunque
- a pesar de que
- de modo que
- siempre que

(aunque / a pesar de que / de modo que / siempre que: *+ indicativo / subjuntivo*)

b Explicad el mensaje de estos carteles. Decid, por ejemplo, qué tipo de proyectos apoyan *(unterstützen)* o a qué / quién ayudan. Discutid en parejas.

6 Con tu ayuda el mundo será mejor (§ 4)

a Completad las siguientes frases con superlativos adecuados, según las indicaciones **en negrita** y el sentido de la frase.

Ejemplo: El año pasado el trabajo de nuestro grupo fue ___ **(++ bueno)** de nuestra historia.
El año pasado … fue **el mejor** de nuestra historia.

1. En ese proyecto hay unos 25 jóvenes de diferentes edades. **1** **(++ grande)** tiene 25 años y **2** **(++ pequeño)**, 14.
2. Hace tres años fuimos 35 personas en el grupo. Era el **3** **(++ grande)** número de personas que conseguimos.
3. El tiempo **4** **(++ pequeño)** de trabajo por semana es de dos horas.
4. Todos aprecian **5** **(++ mucho)** el ambiente en el grupo.
5. Sólo una **6** **(++ pequeño)** minoría no está contenta con el trabajo y se va del grupo.

b Con ayuda de la siguiente tabla comparad la situación en los países del Primer y del Tercer Mundo en general. Usad comparativos. Cuidado con la lógica de las frases.

Ejemplo: En los países del Tercer Mundo los problemas son, en general, **grandes**.
En los países del Primer Mundo son, normalmente, **menores**.

	Países del Primer Mundo	Países del Tercer Mundo
problemas		grandes
nivel de vida	alto	
situación económica actual	mala	
efectos del cambio climático	grandes	
infraestructuras		malas
emisiones		altas

Comparativos (+)
- superior
- mejor
- mayor

Superlativos
- el / la mejor
- el / la mayor
- máximo, -a
- al máximo

Comparativos (−)
- inferior
- peor
- menor

Superlativos
- el / la peor
- el / la menor
- mínimo, -a
- lo más mínimo

7 ¿Por qué participar en asociaciones? (§§ 1, 2)

A casi un tercio de los jóvenes españoles les gustan las actividades asociativas o voluntarias, pero sólo un 14 % está asociado a alguna organización.

Ventajas de participar en una asociación (jóvenes entre 15 y 19 años)	asociados	no asociados
poder practicar el deporte favorito	63,8 %	30,3 %
poder practicar la afición que le gusta (cultural, excursionista, etc.)	22,5 %	30,3 %
ayudar a mejorar como persona	33,0 %	27,3 %
poder hablar con personas que piensan igual	22,5 %	42,4 %
sentirse útil a los demás	19,3 %	21,2 %
poder hacer amigos	39,4 %	33,3 %
conocer a gente que le ayude en su vida social o profesional	11,9 %	21,2 %

Fuente: Instituto de la Juventud, *Valores y Actitudes, Participación Asociativa*. 2007 (1ª encuesta)

a Los que colaboran, ven diferentes ventajas *(Vorteile)*. Con ayuda de la primera columna de esta estadística escribid un texto con frases causales. Usad las fracciones y los porcentajes.

Ejemplo: Casi dos tercios de los jóvenes entre 15 y 19 años están en alguna asociación porque allí pueden practicar su deporte favorito.

b Los que no colaboran, sin embargo también creen que estar en alguna tiene ventajas. Con ayuda de la segunda columna de la estadística escribid un texto sobre lo que piensan. Usad las fracciones, los porcentajes y el condicional.

Ejemplo: Aproximadamente un tercio de los jóvenes entre 15 y 19 años cree que podría practicar su deporte favorito en alguna asociación.

c ¿Cuáles de los aspectos mencionados en la estadística son o serían para vosotros una razón para entrar en alguna asociación? Discutidlo con vuestros compañeros y compañeras.

1 Peregrinos *(Pilger)* jóvenes de todo el mundo

a Mirad en la página de la derecha el mapa del Camino de Santiago (→ glosario cultural), ruta de peregrinos desde el siglo X. ¿Qué regiones y paisajes recorre *(durchläuft)* el Camino? ¿Cuánto tiempo creéis que necesitan los peregrinos para recorrer esta distancia a pie?

b En la Edad Media *(Mittelalter)* los peregrinos hacían el Camino sobre todo por motivos religiosos. ¿Cuáles pueden ser los motivos de un peregrino hoy en día?

c Escuchad la entrevista del cedé. ¿De qué países vienen los peregrinos Mona, Anja, Nico y Bea? ¿Por qué hacen el Camino? ¿Qué se aprende sobre los preparativos, el ambiente y las dificultades de este viaje?

2 Comprender palabras desconocidas

Estrategia

Text- und Worterschließung bei Originaltexten

1 Selbst in der Muttersprache versteht ihr nicht immer jedes einzelne Wort eines Lese- oder Hörtextes. Das ist meistens auch gar nicht nötig. Eure Erfahrungen und Erwartungen, die Situation, der Kontext, Illustrationen, Gesten, der Tonfall etc. sind Dinge, die euch das Verstehen fast unmerklich erleichtern. Macht euch daher bewusst, was ihr vor dem Lesen oder Hören eines spanischsprachigen Textes bzw. was ihr bei einem Film ohne Ton schon alles versteht.

2 Auch müsst ihr oft nur einen Teil der Nachricht verstehen. Den übrigen Text, so kompliziert er auch erscheinen mag, könnt ihr dann beruhigt ausblenden. Deshalb, spart euch Arbeit und Frustration und beachtet die Aufgabenstellung genau.

3 Manche Wörter sind allerdings für den Text von so entscheidender Bedeutung, dass wir ohne ihre Kenntnis vieles falsch oder gar nicht verstehen würden. Dies ist für jeden Text und alle Zuhörenden oder Lesenden jeweils unterschiedlich, daher müsst ihr immer selbst entscheiden, welchen Begriff ihr genauer verstehen wollt.

4 Selbst dann müsst ihr nicht immer zum Wörterbuch greifen. Eure Vorkenntnisse aus anderen Sprachen, Fremdwörter, aber auch Wörter aus dem Spanischen oder der Kontext ermöglichen es euch oft, zumindest die ungefähre Bedeutung eines Wortes zu erschließen.

a Intentad deducir *(erschließen)* el significado de las siguientes palabras sacadas de los textos de la p. 15. Comprobad vuestros resultados con ayuda de un diccionario.

andere Sprachen und Fremdwörter	spanische Wortbildung und Wortfamilien	Kontext
básico, -a (l. 2)	un mochilero (l. 1)	partir (l. 3)
un representante (l. 5)	un escolar (l. 6)	acompañar (l. 4)
el amor (l. 7)	la convivencia (l. 7)	el centro (l. 4)
el espíritu (l. 24)	una subida (l. 12)	refrescar (l. 14)
satisfecho, -a (l. 27)	reinar (l. 13)	pasar mucho calor (l. 14/15)
la emoción (l. 30)	el compañerismo (l. 25)	ambas (l. 22)
	una caminata (l. 30)	una travesura (l. 29)
		no se escucha una mosca (l. 29/30)

b Buscad más ejemplos en los mismos textos.

c Sobre todo en el segundo texto hay varias palabras del campo semántico *(Wortfeld)* «decir». Buscadlas.

Mochileros hacia Santiago de Compostela

Llevan muchas noches sin dormir, con sus mochilas preparadas sólo de material y ropa básica. Nerviosos, inquietos, ilusionados. Son los 400 alumnos del IES Séneca que hoy partirán a hacer el Camino de Santiago en nueve autobuses, acompañados de 28 profesores, personal del centro, así como cuatro funcionarios de la Policía Nacional y tres representantes del Instituto Municipal de Deportes. Esta gran aventura, pionera por el gran número de escolares que se movilizan, es una «experiencia que trata de potenciar la solidaridad, la convivencia y la educación en valores, además del amor a la naturaleza y al patrimonio histórico y artístico», subraya el director del instituto, José Luna.

Rosa Gallardo, «Mochileros hacia Santiago», Diario Cordoba, 01.04.2006 (fragmento)

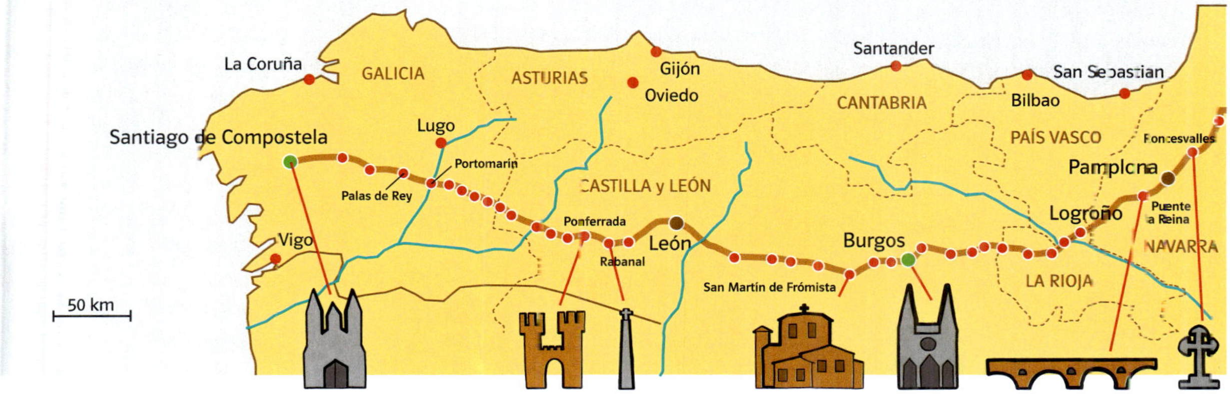

3 **inquieto, -a** nervioso, -a – **ilusionado, -a** erwartungsvoll – **IES** Instituto de Educación Secundaria – 4 **un funcionario** ein Beamter – 5 **municipal** *hier:* städtisch – **pionero, -a** primero, -a – 6 **movilizarse** *aquí:* participar – **tratar de** intentar – **potenciar** mejorar – 7 **el patrimonio** das Erbe

El IES Séneca en su segunda etapa (24 kilómetros)

La etapa de ayer, de Portomarín a Palas de Rey, comenzó cerca de las once, aunque el toque de diana se dio a las 7.30 horas. La jornada arrancó con niebla y con una fuerte subida. Disfrutaron de bosques, hórreos e iglesias románicas. El sol reinó durante el día, hasta que, pasadas las siete de la tarde, empezó a refrescar. Los alumnos pasaron mucho calor, pero aseguran que sólo le temen al frío de la noche.

«Hoy dormiré en mi saco con el abrigo», subrayó Nieves Ortega, de 4° de ESO. «Nunca he andado tanto como ahora, porque, incluso, al centro de Córdoba voy en autobús, pero aquí yo resistiré, aunque me canse», matizó. Su compañera, Cristina Madrid, que ha perdido la cuenta de las ampollas que tiene, añadió que «aunque llore de dolor, no voy a parar, porque esto sólo ocurre una vez en la vida, y se lo recomiendo a todo el mundo». Ambas están contentas por disfrutar de un espectacular paisaje y de unos pueblecitos encantadores. «Además, no nos hemos peleado, mantenemos el espíritu de compañerismo, y por donde vamos lo dejamos todo muy limpio», destacó Cristina, casi a un kilómetro de Palas de Rey y pasadas ya las 20.23 horas. El profesor José Aumente también se siente satisfecho del comportamiento de los alumnos. Quizá el cansancio evite muchas travesuras y, por eso, «pasadas las doce y media no se escucha una mosca». Sueños y emociones van llenando sus días de caminatas.

Rosa Gallardo, «Ampollas, rozaduras … y muchas tiritas», Diario Cordoba, 04.04.2006 (fragmento)

Un hórreo

11 **el toque de diana** das Wecksignal – 12 **arrancar** empezar – 15 **temer** tener miedo de – 16 **un saco (de dormir)** ein Schlafsack – 20 **una ampolla** eine Wundblase – 21 **ocurrir** pasar – 23/24 **encantador, -a** precioso, -a – 24 **pelearse** discutir, luchar – **mantener** guardar – 28 **el comportamiento** das Verhalten – **evitar** vermeiden

3 De camino con los mochileros

a Una reportera del *Diario Córdoba* acompañó a los alumnos que hacían el Camino de Santiago. ¿Qué preguntas tenía que hacer para escribir los artículos de la página 15? ¿A quién tenía que preguntar? Escribid cinco preguntas en una hoja.

b Ahora vosotros sois reporteros. Haced vuestras preguntas del ejercicio 3a lo más rápido posible a varias personas de la clase y tomad notas. ¿Quién tendrá primero todas las respuestas? Cuidado: no sólo sois reporteros, también tenéis que contestar las preguntas de los demás.

4 Una experiencia inolvidable *(unvergesslich)*

¿Han conseguido los alumnos del IES Séneca lo que dice el director? Buscad ejemplos en el texto. Imaginaos también otras situaciones en el Camino que llevan a estos objetivos *(Ziele)*.

5 «Aunque llore de dolor ...» (§ 3)

a En las líneas 18/19 del texto «El IES Séneca en su segunda etapa» (p. 15) Nieves dice: «Yo resistiré, **aunque me canse**». Y Cristina añade: «**Aunque llore** de dolor, no voy a parar». Explicad por qué en estos casos *aunque* lleva el subjuntivo.

b La autora de los dos artículos de la página 15 usa varias frases acortadas *(verkürzt)* con participio. Buscadlas y transformadlas en frases completas. Decid también por qué creéis que la autora usa esta estructura.

6 Experiencias en el Camino

Una de las muchísimas personas que han hecho el Camino de Santiago es el humorista Hape Kerkeling, que escribió un libro sobre sus experiencias. Leed el texto de la contraportada *(Klappentext)* del libro y explicadlo en español a un amigo español.

Explicar información alemana en español

No intentéis traducir todas las palabras. Decid con vuestras propias palabras la información más importante o interesante para la persona con la que habláis.

„Was, um Himmels willen, hat mich eigentlich dazu getrieben, mich auf diese Wanderung zu begeben? Ich könnte jetzt zu Hause auf meinem Lieblingssofa liegen. Stattdessen beginnt hier und heute meine persönliche Pilgerreise auf dem Jakobsweg…"

Es ist ein nebelverhangener Junimorgen, als Hape Kerkeling, bekennende Couch potato, endgültig seinen inneren Schweinehund besiegt und voller Respekt und Unternehmungslust in Saint-Jean-Pied-de-Port aufbricht. Sechs Wochen Fußmarsch auf dem legendären Camino Francés liegen vor ihm, allein mit sich und seinem elf Kilo schweren knallroten Rucksack: über die schneebedeckten Gipfel der Pyrenäen, quer durch das Baskenland, Navarra und die Rioja, Kastilien-León bis nach Galicien zum Grab des Apostels Jakob, seit über 1000 Jahren Ziel für Gläubige aus der ganzen Welt.

Mit Humor und Blick für das Besondere erschließt Kerkeling sich die fremden Regionen, lernt er die Einheimischen ebenso wie moderne Pilger und ihre Rituale und Eigenarten kennen. Er schildert den Reiz jeder einzelnen Etappe, erlebt Einsamkeit und Stille, Erschöpfung und Zweifel, aber auch Hilfsbereitschaft, Freundschaften und Momente, die für alle Entbehrungen entlohnen – und eine ganz eigene, überraschende Nähe zu Gott.

Hape Kerkeling, *Ich bin dann mal weg*. München: Piper, 2006 (Klappentext)

7 ¡Sólo faltas tú!

a Mirad el cartel y decid a quién se dirige y cuál es su mensaje *(Botschaft)*. Explicad el significado del lema *(Motto)* y de la foto.

b Para una campaña publicitaria *(Werbekampagne)* elaborad un cartel con fotos, un lema y un texto en español que se dirija especialmente a jóvenes que quieran hacer el Camino de Santiago. Podéis usar un lema de la lista de abajo o inventar otro.

- Santiago te deja tiritas *(Pflaster)* en el corazón
- Un destino *(Reiseziel)*, mil recuerdos
- Un Camino, muchas caras
- Encuentra el Camino

c Presentad vuestro cartel a toda la clase y explicad vuestras ideas. Comparad los carteles y después decidid cuál os gusta más.

8 El caminante *(Der Wanderer)*

Estar de camino puede ser mucho más que caminar de un lugar a otro. Leed este poema de Antonio Machado (1875–1939), un poeta sevillano perteneciente *(zugehörig)* a la «Generación del 98» (→ glosario cultural).

Caminante, son tus huellas
el camino y nada más;
Caminante, no hay camino,
se hace camino al andar.
Al andar se hace el camino,
y al volver la vista atrás
se ve la senda que nunca
se ha de volver a pisar.
Caminante, no hay camino,
sino estelas en la mar.

Antonio Machado, «Proverbios y cantares XXIX», 1912 (fragmento)
En *Poesías completas* (ed. Manuel Alvar), Madrid: Espasa Calpe, Colección Austral 33, 1997

a ¿Qué sentimientos provoca el poema en el lector *(Leser)*? Elegid dos palabras de la casilla que os parezcan adecuadas. Explicad también por qué tiene ese efecto el poema.

b ¿De qué camino habla el texto? ¿Quién es entonces el caminante? Buscad también otras metáforas en el poema y su significado.

c Explicad qué quiere expresar el poeta con la frase «se hace camino al andar».

d Elegid una de las siguientes tareas:
– Explicad si pensáis que la foto de al lado es una buena ilustración para el poema. Justificad vuestra opinión.
– Mostrad lo que significa el poema para vosotros, por ejemplo en forma de fotomontaje *(Collage)* o con vuestros propios dibujos o textos.

- la monotonía
- el consuelo *(Trost)*
- la alegría
- la tristeza
- la tranquilidad
- la intranquilidad
- la solemnidad *(Feierlichkeit)*

1 **una huella** eine Spur – 6 **atrás** nach hinten – 7 **una senda** un camino – 8 **haber de** deber – 8 **pisar** betreten – 10 **una estela** eine Kielspur eines Schiffes – 10 **la mar** poético para *el* mar

9 Un paseo por Santiago de Compostela

a Santiago de Compostela, la capital gallega de más de 90.000 habitantes, es el final del Camino de Santiago. Vamos a dar un paseo por esta famosa ciudad. Mirad las fotos con algunas de sus atracciones. ¿Qué veis? ¿Cuáles de las atracciones os gustaría visitar? ¿Por qué?

b Con ayuda de los textos del cedé decid qué exactamente hay en las fotos. Después escuchad otra vez y tomad nota de la información más importante.

fundar algo	etw. gründen	un destino	ein (Reise-)Ziel
un fundador	ein Gründer	la entrada	der Eingang
un peregrino	ein Pilger	un apóstol	ein Apostel
un peregrinaje	eine Pilgerreise	una tumba	ein Grab

c En grupos de tres o cuatro haced una visita guiada a Santiago de Compostela. Sacad fotocopias de las imágenes de arriba y repartidlas en cinco mesas del aula. Después guiad a vuestro grupo de «turistas» por el aula e imaginad que estáis en la ciudad. Explicadles las atracciones de las fotos. Los «turistas» tienen que hacer preguntas, comentar vuestras explicaciones y expresar interés o sorpresa.

Con estas expresiones puedo mostrar interés y sorpresa

- ¡Ay, qué guay / bonito / lindo / interesante / emocionante!
- ¡Qué monumento tan precioso / hermoso / espectacular!
- ¡Estupendo / genial / fenomenal / fantástico!
- ¡Qué raro / extraño!
- ¿Es verdad? No me lo puedo creer. / Parece mentira.
- ¡No me digas!

Cortesía española *(Spanische Höflichkeit)*

En España la gente expresa su interés, sorpresa y alegría con más frecuencia que en Alemania. Mientras los alemanes comentan una o dos veces su gusto o desagrado *(Missfallen)* por algo, los españoles lo hacen varias veces. Por eso, si algún amigo español os invita a comer, no olvidéis mencionar varias veces que os ha gustado la comida.

1 El Camino en bici – una aventura virtual

Estáis organizando un viaje a Santiago de Compostela en bici de montaña con la clase de español. Un autobús os llevará con las bicis hasta León. Os quedan como máximo siete días para llegar a Santiago de Compostela (304 km). Viajáis (y trabajáis) en grupos de 3 ó 4 personas. Con ayuda del mapa y los siguientes pasos elaborad *(arbeitet … aus)* un programa de viaje en el ordenador.

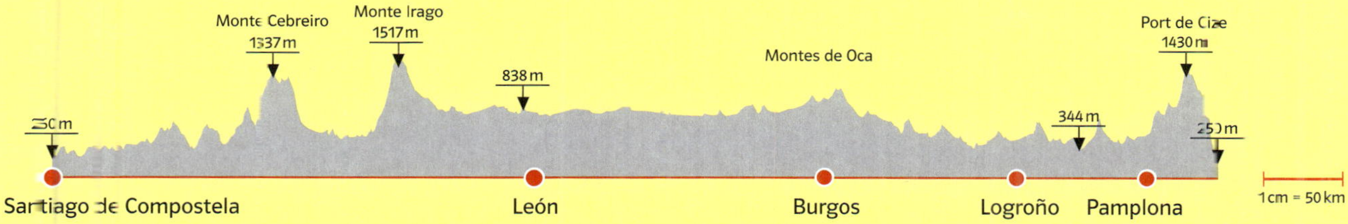

1. Repartid *(teilt)* el trayecto *(Strecke)* en 6 ó 7 etapas, según vuestra condición física. El gráfico y las direcciones web en el **Online-Link** 535630-0001 os ayudarán. ¡Cuidado! No hay albergues en todos los pueblos.
2. ¿Qué monumentos o qué paisajes os gustaría ver? Elegid por lo menos tres atracciones y añadid al documento fotos e información sobre los monumentos. Anotad también la fuente *(Quelle)*.
3. En la mochila no hay sitio para un diccionario. Por eso escribid una lista con vocabulario útil para el viaje (15–20 palabras).
4. En grupos escribid un artículo sobre vuestro viaje para el periódico *La Voz de Galicia* o contad vuestras aventuras en forma de un diario personal.
5. Poned en la pared lo que habéis escrito y dad premios: un premio al *mayor* esfuerzo *(Anstrengung)* deportivo, un premio al *mejor* programa cultural y un premio a la presentación *más interesante*. Discutid qué grupos se han merecido *(verdient)* los premios e inventad dos premios más usando *superlativos*.

2 Un hotel bonito en Santiago de Compostela

Después del largo viaje preferís dormir en un hotel bonito cerca de la catedral. Buscad una dirección en Internet y llevad la información a clase. Como no os gusta enviar datos personales por Internet, haced una reserva por teléfono. Poneos espalda contra espalda y representad la llamada. Las frases de la casilla os ayudarán.

Con estas expresiones …

… puedo hacer una reserva *(eine Unterkunft reservieren)*

- Quisiera *(Ich möchte)* reservar una habitación individual / una habitación doble / con baño / ducha para el [fecha] / desde el [fecha] hasta el [fecha].
- ¿Cuál es el precio por noche?
- ¿Incluye *(umfasst)* el desayuno?
- ¿Qué servicios hay?
- ¿Hay minibar? / aire acondicionado? / Internet? / servicio despertador *(Weckdienst)*? / ascensor? / calefacción?

… me pueden hacer preguntas

- ¿A qué hora llegará usted?
- ¿De qué forma / Cómo prefiere pagar usted? ¿Con tarjeta de crédito? ¿En efectivo?
- Indique, por favor, sus datos. ¿Puede deletrearme su nombre?
- ¿Podría confirmar usted su reserva por fax o e-mail?
- ¿Quiere que le confirmemos su reserva por fax o e-mail?

2 Ser joven: ¡qué difícil es!

A

B

1 Carteles y anuncios

a Mirad los carteles de estas dos páginas y describid lo que veis.

b Explicad a quién se dirigen *(sich wenden)* los carteles y qué quieren conseguir.

c Mirad y escuchad los spots del cedé. Relacionad cada uno con el cartel de arriba que tiene el mismo mensaje o llama la atención al mismo problema.

d Elegid uno de los spots y mirad o escuchadlo otra vez. Explicad cómo quiere conseguir su objetivo *(Ziel)* y qué (no) os gusta de su contenido *(Inhalt)* o su forma. Presentad vuestros resultados en clase.

Cómo describir imágenes

1. Decid qué tipo de imagen es, qué situación representa y quién es la persona principal o qué es el objeto principal.
2. Describid lo que veis con más detalle. Empezad con la persona o el objeto principal. Decid dónde están, cómo son y cómo es el lugar y el ambiente.
3. Explicad el significado y el mensaje que deducís *(folgert)* de los elementos que acabáis de reunir. Para saber más sobre el tema, mirad el Online-Link 535630-0002.

C

D

Palabras útiles para hablar del tema

dañar algo / a alguien	etw. / jdn. schädigen
el daño	der Schaden, die Schädigung
perjudicar algo	etw. schädigen, etw. zerstören
pasar de algo	auf etw. verzichten (können), etw. nicht nötig haben
el tabaco	der Tabak, das Rauchen
el alcoholismo	die Alkoholabhängigkeit
la drogadicción	die Drogenabhängigkeit
irreparable	irreparabel, nicht wieder gutzumachen
la responsabilidad	die Verantwortung, das Verantwortungsbewusstsein
una pastilla	eine Pille, eine Tablette

2 ¿Os convencen?

a Decid si os convencen los mensajes de las campañas (carteles y spots) y por qué (no).

b Discutid cuáles son los problemas más importantes de jóvenes de vuestra edad.

c Describid cómo tendría que ser una campaña para que os convenza.

¡No soy un empollón!

Julio, Pedro y Alicia van a la misma clase de 4° de ESO en un instituto de Madrid. Aquí se acuerdan de los problemas que tuvieron hace algún tiempo.

Julio

Pedro era un empollón, sin ninguna duda. Siempre sacaba un diez en los exámenes – eso no era normal. No creíamos que estudiara tan poco como nos decía. Cuando vino por primera vez a nuestra clase, el tutor lo presentó y nos pidió que nos ocupáramos de él.
—Me gustaría que toda la clase os llevarais bien.
—dijo al final. Pero con una persona así es imposible llevarse bien. No hablaba con nosotros y en los recreos siempre se sentaba en un rincón del patio con un libro para que no le dirigiéramos la palabra – al menos así nos parecía.

Pedro

—¡Empollón! —así me llamaron un día en el recreo mis compañeros. Y eso sólo porque saqué otro diez en el examen de mates. Me di cuenta de que no les caía bien cuando Alicia, la chica más atractiva y popular de la clase, no me invitó a su fiesta. Pero no creía que pensaran de mí que era un empollón – Ufff… esa palabra dolía.
No quería justificar una y otra vez que me resultaba fácil estudiar o que me encantaban las matemáticas. Además, no me parecía que estudiara más que los demás.
¡Qué diferencia con mi antiguo instituto! Allí nos conocíamos casi todos desde la Primaria y siempre hacíamos muchas cosas juntos. Mis buenas notas nunca habían sido un problema. Ayudaba a los otros si me lo pedían, y punto. ¡Yo no había cambiado desde el año pasado!
A mí no me importaban las notas de los otros. Pero en este instituto era normal que todos te valoraran sólo por tus notas. Alguna vez pensé incluso en hacer errores a conciencia en los exámenes, aunque suspendiera una u otra asignatura. (No sería un problema recuperarla en septiembre.)
Claro que finalmente no lo hice. No quería jugarme mi futuro para que mis compañeros me aceptaran. Ese día después de las clases, Eduardo, el tutor, me pidió que fuera con él a su despacho. Yo temía que hablara de lo que había ocurrido en el recreo. Pero sólo dijo que me veía algo preocupado y me hizo un montón de preguntas, si ya había hecho amigos, si me entendía bien con mis compañeros, …
Tenía razón, estaba preocupado y un poco perdido. Necesitaba a alguien que me comprendiera. Quizás tuviera él una idea de cómo resolver mis problemas, pero no le dije nada. Murmuré algo de los muchos exámenes que teníamos en ese momento. Sentí que no me creía. Pero era mejor que él no me creyera a que mis compañeros, además de empollón, me trataran de soplón.

Alicia

Como a los demás, a mí tampoco me gustó el comportamiento de Pedro. Era la persona menos sociable que conocía. —Sólo me gustaría que me dejaras tranquilo. —me dijo una vez cuando intenté empezar una conversación con él.
Sin embargo, no me parecía justo que lo tratáramos así, pero por una vez los demás no estaban de acuerdo conmigo. No querían, por ejemplo, que lo invitara a mi fiesta. A mí me parecía que él no podía ser el único que no viniera. Pero tampoco quería que mis amigos y yo discutiéramos por él. ¡Menudo lío!

un empollón ein Streber – 8 **el tutor** der Klassenlehrer – 10 **llevarse bien** sich vertragen – 20 **no les caigo bien** sie können mich nicht leiden – 29 **la Primaria** los primeros años de la escuela (a partir de los 5 / 6 años) – 37 **a conciencia** absichtlich – 38 **suspender / recuperar** durchfallen / im zweiten Anlauf bestehen – 43 **un despacho** ein Büro – 55 **un soplón** eine Petze – 59 **sociable** gesellig, umgänglich

1 ¿Cuál es el problema?

a En la línea 50 del texto «¡No soy un empollón!» Pedro dice que tiene un problema. Explicad en una o dos frases, cuál es.

b Buscad en el texto las razones de este problema y las consecuencias que tiene
1. según Pedro.
2. según sus compañeros.

c Elegid entre los adjetivos de la casilla los que usaría Pedro para describirse y los que usarían sus compañeros para describirlo. Haced dos listas y comparadlas. ¿Qué os dicen las diferencias sobre el problema en la clase?

Adjetivos para describir el carácter de una persona

alegre	generoso, -a
amable	independiente
ambicioso, -a	inteligente
complicado, -a	popular
comprensivo, -a	responsable
comunicativo, -a	sencillo, -a
constante	simpático, -a
desconsiderado, -a	sociable
divertido, -a	solidario, -a
extraño, -a	tolerante

d La situación parece no tener salida, pero hay algunos detalles que dan esperanza. Decid cuáles son.

2 Acoso escolar

Leed el texto informativo de al lado y discutid
– si Pedro es víctima del acoso escolar.
– a quién os dirigiríais en un caso semejante.

Los alumnos no piden ayuda a sus profesores

El acoso escolar está a la orden del día en los colegios. Casi el 3 % de los alumnos padece problemas graves de esta índole y las edades de más riesgo de sufrir *bullying* (ser víctima de violencia física o psicológica por parte de compañeros de forma permanente) son de los 13 a los 15 años. Pero las víctimas permanecen calladas. Uno de cada tres estudiantes de ESO afirma que «nunca pediría ayuda a sus profesores si sufre situaciones de violencia». La ridiculización con motes (8 %), aislamiento (7,2 %) e insultos (7 %) son las más frecuentes. El porcentaje de alumnos que declara que les pegan a menudo es del 1,8 % y los que dicen recibir amenazas, el 2 %.

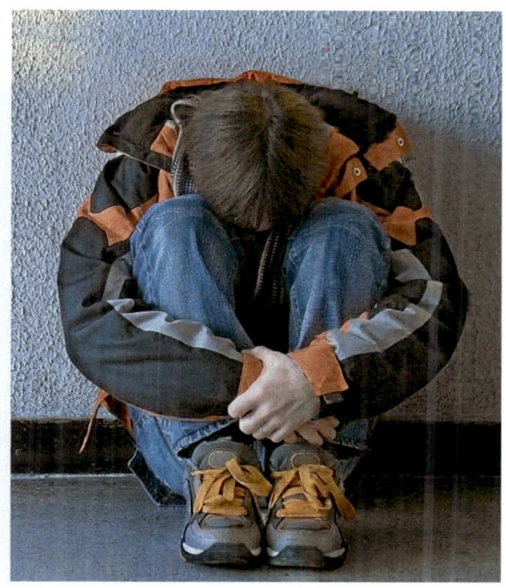

El País, 25. 10. 2004 (fragmentos)

3 **padecer (-zco)** erleiden – 6 **permanecer (-zco) callado, -a** no decir nada – 8 **un mote** ein Spitzname – 9 **un insulto** eine Beschimpfung – **pegar** golpear – 10 **una amenaza** eine Drohung

3 No creía que pensaran así de mí. (§§ 6, 7)

a Mirad estas frases y comparadlas con las frases correspondientes en el texto de la página 22. Después decid cuál puede ser el modo (indicativo, subjuntivo, …) en las subordinadas del texto.

1. No creemos que estudie tan poco como nos decía. (l. 7)
2. El tutor nos pide que nos ocupemos de él. (l. 8/9)
3. En este instituto es normal que todos te valoren sólo por tus notas. (l. 34–36)
4. No quiero jugarme mi futuro para que mis compañeros me acepten. (l. 40/41)
5. Necesito a alguien que me comprenda. (l. 49)

b Buscad más frases de este tipo en el mismo texto y fijaos también en las formas verbales en las subordinadas *(in den Nebensätzen)*.

c Con ayuda de vuestros resultados de los ejercicios 3a y b formulad una regla para la formación y el uso de la nueva forma verbal.

4 Pedro pide ayuda (§§ 6, 7)

Algunos días después de la primera conversación Pedro decidió hablar otra vez con el tutor. Completad el siguiente texto con las formas correctas del pretérito imperfecto de subjuntivo.

El tutor se alegró de que Pedro 1 **(llegar)** a pedirle consejo. Él ya temía que los compañeros no lo 2 **(tratar)** bien. Según él era normal que al principio Pedro 3 **(sentirse)** extranjero en la clase. Era necesario encontrar pronto una solución para que la situación de Pedro 4 **(mejorar)**. No pensaba que los compañeros 5 **(ser)** malas personas.
—Pero como tú eres el nuevo, sería importante que tú 6 **(dar)** el primer paso. —le dijo.
—Quizá tengas razón. Pero me gustaría que 7 **(encontrar – nosotros)** juntos una solución, ya que no sé qué hacer. —le respondió Pedro.
—Bueno, prefiriría que 8 **(resolver – tú)** el problema, pero te voy a dar algunos consejos.

5 Los consejos del tutor (§§ 6, 7)

a Éstos son los consejos que el tutor dio a Pedro. Formad frases como en el ejemplo. Empezadlas con «Me gustaría que» y usad el subjuntivo imperfecto en la subordinada.

Ejemplo: Habla con tus compañeros.
→ Me gustaría que hablaras con tus compañeros.

- Participa en las actividades de tus compañeros.
- No te sientes con un libro en un rincón del patio durante el recreo.
- Sé mas sociable.
- Ofréceles tu ayuda con los deberes.

b Pedro les escribe un e-mail a sus antiguos compañeros. Les explica qué le recomendó el tutor. Formad frases con las ideas del ejercicio 5a. Empezadlas con «El tutor me propuso / dijo / recomendó / pidió que».

Ejemplo: El tutor me pidió que hablara con mis compañeros.

c El tutor también habló con los compañeros de Pedro. Éstos son los consejos que les dio a ellos. Formad frases como en el ejemplo. Empezadlas con «Me gustaría que» y usad el subjuntivo imperfecto en la subordinada.

Ejemplo: Aceptad a Pedro.
→ Me gustaría que aceptarais a Pedro.

- Comprended que la situación para él no es fácil.
- Intentad conocerlo mejor.
- Descubrid lo que le interesa.
- Invitadlo a salir con vosotros.
- Pedidle ayuda con los deberes.

d Los compañeros cuentan al resto de la clase lo que les dijo el tutor. Formad frases con las ideas del ejercicio 5c. Empezadlas con «El tutor nos propuso / dijo / recomendó / pidió que».

Ejemplo: El tutor nos pidió que aceptáramos a Pedro.

e ¿Qué os parecen estos consejos? ¿Qué les recomendaríais vosotros a Pedro y a sus compañeros? Discutid las ideas de arriba y escribid cinco ideas más.

Ejemplo: Yo también le diría a Pedro que hablara con sus compañeros. Además, le recomendaría que …
No les diría a los compañeros de Pedro que lo invitaran a salir porque … Les propondría que …

6 Otros puntos de vista

Elegid una de las siguientes tareas. Escribid

1. la situación del texto de la página 22 desde el punto de vista del tutor.
2. la continuación de la historia.
3. un texto parecido sobre otra situación difícil para un / una joven. Usad vuestros resultados del ejercicio 2b de la página 21.

Más información

Si necesitáis ideas para estos ejercicios o si queréis más información sobre el tema del acoso escolar, podéis mirar el **Online-Link** 535630-0003.

7 Dos veces lo mismo (§ 6)

Para el imperfecto de subjuntivo hay dos formas diferentes que se usan sin ninguna diferencia.

trabajara – trabajase	comiera – comiese	fuera – fuese
trabajáramos – trabajásemos	comiéramos – comiésemos	fuéramos – fuésemos

Cambiad las siguientes formas del subjuntivo de imperfecto por la forma correspondiente en *-ara* /*-era*.

1. volvieses
2. hablase
3. discutieseis
4. hubiesen
5. escribiese
6. aceptásemos
7. terminases
8. confirmasen
9. resolviésemos
10. evitaseis
11. pusiesen
12. fuese

Las dos formas del subjuntivo imperfecto

Como las dos formas son completamente sinónimas, es suficiente si sabéis usar una de ellas. Pero tenéis que reconocer la otra si la encontráis al leer textos originales.

8 Los jóvenes de hoy en día

a Mirad la foto del grupo argentino «Les Luthiers» de al lado y decid qué tipo de grupo creéis que es y qué tipo de espectáculos van a presentar en el escenario *(Bühne)*.

b Mirad el vídeo y escuchad la canción. Resumid las ideas sobre la juventud que muestra la canción.

c Discutid si la opinión sobre los jóvenes que se ve en la canción es seria. Justificad vuestra opinión, por ejemplo con citas del texto, la forma de los cantantes de comportarse en el escenario, etc.

d Describid la música de la canción y explicad su función.

e Elegid una de las siguientes tareas:

1. Escribid un poema o una canción con el título «Los adultos de hoy en día».
2. «Los jóvenes hoy en día son unos tiranos. Contradicen a sus padres, devoran su comida, y les faltan al respeto a sus maestros.» dijo el filósofo griego Sócrates (470 a. C.–399 a. C.). Discutid esa afirmación y el hecho de que se pronunció hace casi 2500 años.

Con estas expresiones puedes hablar sobre canciones

Describir el ritmo
- rápido
- lento
- sencillo
- complicado
- anticuado
- moderno

Describir la letra
- sentimental
- alegre
- triste
- divertida
- irónica
- cursi *(kitschig)*

Las partes de una canción
- el estribillo
- un verso
- una estrofa

Explicar el contenido
- Se trata de una canción sobre …
- El texto habla de / cuenta …
- El autor / cantante quiere / desea …
- La autora / cantante propone / intenta …
- Los cantantes describen / critican / se quejan de …

1 ¿Generación ni-ni o generación Cero?

La generación ni-ni

La típica frase '¿estudias o trabajas?', muy usada para ligar, ya no vale para todos los jóvenes. Algunos menores de 30 años ni estudian ni trabajan ni tienen intención alguna de buscar empleo. No lo necesitan. En casa, sus familiares toleran su inactividad. Tienen la comida puesta en la mesa, Internet y una paga semanal para sus gastos. El fenómeno ha crecido tanto que ya tiene nombre propio: la generación 'ni-ni'. Verónica, de 21 años, y Jonathan, de 19, aceptan que este término define sus vidas aunque no desean hacer pública su identidad «por vergüenza».

Ambos abandonaron los estudios hace años y viven en casa de sus padres sin ninguna perspectiva de futuro. «Me hace gracia lo de 'ni ni'. No sé, me da igual lo que digan de mí. Tengo mi paga, salgo con mis amigos y no hago daño a nadie», se defiende la joven. A Jonathan no le gusta en absoluto la definición. «Es envidia. Yo trabajaré cuando quiera. Ahora tengo mi cuarto, mi ordenador y mi coche. No quiero más. Mis padres me dan la paliza a veces pero les digo que me voy a ir de casa si se pasan y al final, me dejan en paz».

Natalia Reigadas: «8.400 jóvenes ni estudian ni trabajan». *Hoy. Diario de Extremadura*, 30.11.2009 (fragmentos)

Somos la generación Cero

Cero empleo, cero perspectivas. Hace cuatro meses, María José vivía en un piso con otras estudiantes en Alicante y estaba a punto de acabar una carrera con buenas expectativas de empleo. Ella es la primera licenciada de su familia. Y lo último que se le pasaba por la cabeza entonces era que, en vez de iniciar su vida profesional, se vería a sí misma pidiéndole 20 euros a su madre para salir un sábado. Aún hoy lo encuentra «ridículo». «En poco tiempo cambian tus esperanzas y tus opciones de futuro. Desde que empezó la recesión no sólo no contratan, sino que despiden. ¿Hasta cuándo va a durar esto?»
Hace un mes hubo una feria del empleo para estudiantes y graduados de formación profesional. Sólo en el primer día, hubo 15.000 visitantes; el año pasado, en los dos días, 16.000. David Toro, de 19 años, es uno de ellos. Está a punto de acabar el grado superior de Administración y Finanzas. «Esto de la crisis lo veía como algo lejano, pero ahora no hacen más que decirme que gracias por venir, que estoy en su base de datos, que más adelante ya se verá y, como mucho, que igual me llaman para un pico de trabajo, para ayudar los fines de semana», explica. Él es un pragmático, casi un optimista: «Bien mirado, mejor que mi primera crisis me pille ahora, que vivo con mis padres y no pago piso ni coche». Está haciendo prácticas en unos grandes almacenes, «una oportunidad», dice.

Silvia Blanco: «Somos la generación Cero». *El País*, 29.03.2009 (fragmentos)

2 **ligar** flirten – 3 **un empleo** un trabajo – 6 **un término** una expresión – **la vergüenza** ← avergonzarse – 8 **hacer gracia** pensar que es divertido – 11 **la envidia** der Neid – 12 **dar la paliza a alguien** tenerle de los nervios – 16 **un licenciado** persona que ha estudiado en la universidad – 17 **iniciar** empezar – 18 **aún** todavía – 21 **una feria** eine Fachmesse, ein Markt – **un graduado** persona que ha terminado la formación profesional – 24 **una base de datos** eine Datenbank – 27 **unas prácticas** ein Praktikum – **una oportunidad** eine Chance

a Buscad en los dos textos de arriba información sobre Verónica, Jonathan, María José y David y comparad sus condiciones de vida. ¿Qué tienen en común y en qué son diferentes?

b Describid el comportamiento típico de la generación ni-ni y de la generación Cero. Usad los resultados del ejercicio 1a y otra información de los dos textos para explicarlo.

c La crisis probablemente no es la única causa del comportamiento de jóvenes de la generación ni-ni. ¿Qué otras razones pueden tener para vivir y pensar así?

El paro juvenil (*Jugendarbeitslosigkeit*)

El paro juvenil en España ha estado ya durante mucho tiempo entre los más altos de Europa. Con la crisis del año 2008 la situación aún se ha agravado. En 2009, casi el 38% de los jóvenes entre 16 y 24 años estuvo en paro.

2 Hablar del futuro

En los textos de la página 26 aparecen muchas palabras para hablar de la formación, del trabajo y de las perspectivas de futuro. Buscadlas y ordenadlas en una red, junto con otras palabras adecuadas que ya conocéis.

3 ¿Qué es ser adulto?

suponer (-g-) annehmen, voraussetzen – **listo, -a** schlau

a Resumid – si es posible en vuestras propias palabras – lo que el padre explica a su hijo en esta viñeta.

b Explicad la reacción del chico.

c Discutid si el chico se vería como un ejemplo de la generación Cero o de la generación ni-ni.

d ¿Cómo definiríais vosotros qué es ser adulto? Empezad vuestras frases, por ejemplo, con «Ser adulto para mí es / significa / … / Los adultos tienen que ser / tener / … /»

4 Discusiones y charlas

Elegid una de las siguientes tareas:

1 Imaginad que os encontráis con uno / una de los jóvenes de los textos «La generación ni-ni» o «Somos la generación Cero» (elegid, cuál será). Trabajad en parejas y decidid quién hace del joven español y quién es el alemán. Preparaos y discutid sobre la situación de los jóvenes en Alemania y España y su forma de ver la vida. Usad la información de los textos de la página 26, vuestras propias experiencias o las de amigos un poco mayores que vosotros.

2 «La responsabilidad, el compromiso *(Verpflichtung, Engagement)* o la superación *(Selbstüberwindung)* ya no se tienen en cuenta. No son importantes.» afirmó la responsable de un sindicato al hablar sobre la generación ni-ni. Decid si estáis de acuerdo con esta afirmación y por qué (no). Podéis trabajar solos y escribir un texto o discutir en pequeños grupos.

3. Informaos en el glosario cultural sobre el sistema escolar en España. Preparad una presentación de 2 ó 3 minutos para explicarlo a vuestros compañeros.

5 El botellón

a Mirad la foto que acompaña al siguiente texto y leed el título. Con las ideas que sacáis de ellos decid lo que puede ser un botellón.

El botellón, el nuevo reino de la juventud

En marzo, un vendaval de correos electrónicos y mensajes de móvil recorrió toda España para convocar a adolescentes y veinteañeros a botellones masivos en unas 20 ciudades de todo el país. Esta curiosa convocatoria era también una competición no oficial entre poblaciones para ver cuál de las ciudades podía reunir un mayor número de bebedores. De repente, las autoridades se dieron cuenta de las verdaderas dimensiones de este fenómeno sobre el que los expertos llevaban advirtiendo más de 10 años: el botellón.

Un fenómeno que incide de manera negativa en la salud de los chicos pero que también afecta a los vecinos de las zonas que sirven de escenario para el botellón. Con motivo de la fiesta de la Comunidad de Madrid, que se celebra el 2 de mayo, la plaza del mismo nombre volvió a ser un enorme botellón con cientos de jóvenes bebiendo en la calle. Tras la fiesta, la resaca: basura con un olor mezcla de orín y cerveza cubría toda la zona. Todo un tormento para los vecinos, que se quejan de no haber podido pegar ojo por el ruido durante los cuatro días de festejos.

Ignacio Calderón, director general de la Fundación contra la Drogadicción (FAD) dice que el botellón es «el resultado de una sociedad extremadamente individualista en la que la juventud recibe mensajes como *hazlo ahora, tienes el derecho a hacer lo que quieras* o *no dejes de divertirte ni un momento*. Pero, en su educación, no hay ni rastro de una cierta conciencia de responsabilidad o respeto».

Arturo Díaz, *Metro World News*, Madrid, junio 2006 (fragmento)

b Leed el texto y decidid si las frases corresponden a él o no. Corregid la información falsa.

1. El botellón es un juego de ordenador con gente de diferentes regiones.
2. Los alcaldes *(Bürgermeister)* de cada pueblo y cada ciudad querían organizar un botellón más grande que los de los otros lugares.
3. El botellón ya existía hace muchos siglos.
4. Beber con amigos es típico de la cultura española.
5. Los botellones tienen consecuencias negativas para la salud.
6. Los botellones causan mucho ruido y mucha basura.
7. Los jóvenes responsables no participan en botellones.
8. Cuando hay botellón, los vecinos no pueden dormir.
9. Una persona dice que los botellones muestran que vivimos en una sociedad egoísta.

La comprensión de textos

Para trabajar con este texto, recordad lo que habéis aprendido sobre la comprensión global. Si necesitáis ayuda con ella, mirad en el Online-Link 535630-0004.

c Con ayuda de la información que ahora tenéis, explicad a personas de habla alemana lo que es un botellón. Escribid, por ejemplo, un artículo para una enciclopedia libre en Internet.

6 Problemas y soluciones

a Imaginad que sois el alcalde *(Bürgermeister)* de una ciudad. ¿Qué haríais para resolver el problema de los botellones? Trabajad en grupos de tres: uno es el alcalde, los otros dos son una persona mayor y un joven que viven en esta ciudad.

b En el texto de arriba se menciona la Fundación contra la Drogadicción (FAD) que tiene – entre otras cosas – un teléfono de ayuda para jóvenes que tienen problemas con el alcohol o las drogas. Decid si esta institución es útil y si existe algo semejante en vuestro país.

c Dos buenos amigos os han invitado a dos fiestas diferentes el mismo día. Sabéis que en la casa de uno de estos amigos el alcohol es tabú. ¿Qué importancia tiene esto para vuestra decisión?

La FAD tiene línea

900161615

de 9 a 21 y de lunes a viernes

7 1000 carteles contra el alcohol

Estrategia

Sprachmittlung

Wenn ihr eine Fremdsprache könnt, werden z. B. während eines Spanienurlaubs euch eure Eltern bitten, ihnen bei der Bestellung im Restaurant oder beim Verstehen der Wettervorhersage zu helfen. Dieses Übertragen von Informationen von der einen in die andere Sprache nennt man *Sprachmittlung*. Dabei geht es prinzipiell darum, die Informationen sprachlich und situativ angemessen weiterzugeben: Manchmal ist es notwendig, alle Informationen zu übertragen. In einer anderen Situation ist eine Zusammenfassung der wesentlichen inhaltlichen Punkte gefragt.
Bei der Sprachmittlung ist der genaue Wortlaut des Ausgangstextes nicht wichtig, sofern der Sinn gleichbleibt. Ihr könnt z. B. Umschreibungen verwenden, wenn ihr einen Begriff nicht auf Spanisch kennt. Oft müsst ihr auch interkulturelles Wissen einbeziehen, etwa wenn es um eine Einladung in «un bar» während eures Austauschs in Salamanca geht, was ihr euren Eltern am Telefon nicht mit „eine Bar" übersetzen solltet.

Explicad las ideas principales del siguiente artículo en español. Podéis omitir *(weglassen)* los nombres y las instituciones.

Empezad así: Carnaval: 1000 carteles contra el alcohol
Durante el carnaval los jóvenes toman mucho alcohol. En Krefeld esto es un gran problema …

Karneval: 1000 Plakate gegen Alkohol

Sie saufen, bis der Arzt kommt. Sie – das sind zunehmend Kinder und Jugendliche. Spätestens seit dem vergangenen Karnevalsfest ist klar: Auch in Krefeld wird der Alkoholmissbrauch unter Jugendlichen ein Problem. Die Sorge ist, dass da eine Generation heranwächst, die sich ohne Sinn und Verstand betrinkt. Dagegen will ein Bündnis gegen Alkoholmissbrauch von Kindern und Jugendlichen in Krefeld etwas unternehmen. Vor allem Aufklärung und Prävention haben sich die Organisatoren auf die Fahnen geschrieben. Neben dem Festkomitee Krefelder Karneval (FKK), der AOK, der Kinderklinik und dem Alexianer Krankenhaus gehören auch die verschiedenen Fachbereiche der Stadt, der Drogenberatung und des Kinderschutzbundes dazu.

Keine Erinnerung mehr?

Gestern stellten die Akteure in der Kinderklinik die Entwürfe einer Plakatserie vor, mit denen gegen Alkoholmissbrauch geworben werden soll. Knapp 10 000 Flyer und 1000 großformatige Plakate werden in Krefeld auf den Missbrauch hinweisen. „Keine Erinnerung mehr? … Da hättest du diesmal lieber nichts getrunken", so oder so ähnlich lauten die einprägsamen Sprüche, mit denen die Schüler der Oberstufe der Gestaltungstechnik auf den Missbrauch hinweisen. Die 18-jährige Kim Voss hat an den Entwürfen mitgearbeitet, sie setzt auf den Erfolg der Plakate, genauso wie die Lehrerin Angelika Baumann des Berufskollegs Glockenspitz.
Kim Voss hat vor allem beeindruckt, dass sich „alleine im vergangenen Jahr bundesweit vier Kinder und Jugendliche zu Tode getrunken haben". Die Plakate sollen an Litfaßsäulen und an Ständern angebracht ein optisches Signal gegen Alkoholmissbrauch setzen.
Albert Höntges vom FKK: „Wir wollen auf die Probleme aufmerksam machen, nicht nur jetzt zu Karneval. Die Plakate sollen das ganze Jahr über bis zum Karneval 2009 gegen den Alkoholmissbrauch werben." Und auch der Hotel- und Gaststättenverband macht mit. „Einige der Flyer werden der Fachzeitschrift beigelegt, damit die Gastwirte aufmerksam werden", so Höntges.

Jugendschutzkontrollen

Auch sollen, neben den normalen Kontrollen, schwerpunktmäßig Jugendschutzkontrollen durchgeführt werden. Wer als Besitzer erwischt wird, für den wird es ein teurer Spaß. Wie die Rettungssanitäter und die Stadt mit den alkoholisierten Kindern und Jugendlichen umgehen, soll in der nächsten Woche der Öffentlichkeit vorgestellt werden.

Röse, *Rheinische Post*, www.rp-online.de, 10.01.2008

12 ein Karnevalsverein (FKK) **una asociación carnavalesca**

8 Paradojas

a Leed el siguiente texto y resumid en dos o tres frases los cuatro primeros párrafos.

La paradoja de la vida

Dicen que Dios creó al burro y le dijo: «Serás burro, trabajarás de sol a sol, cargarás sobre tu lomo lo que te pongan y vivirás treinta años». El burro contestó: «Señor, seré todo lo que me pidas, pero … treinta años es mucho. ¿Por qué no mejor diez años?» Y Dios creó al burro.

Después Dios creó al perro y le dijo: «Serás perro, cuidarás la casa de los hombres, comerás lo que te den y vivirás veinticinco años». El perro contestó: «Señor, seré todo lo que me pidas, pero … veinticinco años es mucho. ¿Por qué no mejor diez años?» Y Dios creó al perro.

Y luego Dios creó al mono y le dijo: «Serás mono, saltarás de árbol en árbol, harás payasadas para divertir a los demás y vivirás quince años». El mono contestó: «Señor, seré todo lo que me pidas, pero … quince años es mucho. ¿Por qué no mejor diez años?» Y Dios creó al mono.

Finalmente, Dios creó al hombre y le dijo: «Serás hombre, el más inteligente de la Tierra, dominarás el mundo y vivirás treinta años». El hombre contestó: «Señor, seré lo que me pidas, pero … treinta años es poco. ¿Por qué no me das los veinte que no quiso el burro, los quince que rechazó el perro y los cinco que no aceptó el mono?» Y Dios creó al hombre.

Y así es que el hombre vive treinta años como hombre; luego se casa y vive veinte como burro, trabajando de sol a sol y cargando sobre su espalda el peso de la familia; luego se jubila y vive quince años como perro, cuidando de la casa y comiendo lo que le dan; y termina viviendo cinco años como mono, saltando de casa en casa de los hijos y haciendo payasadas para divertir a los nietos.

Juan José Romero Hernández. *Los famosos cuentos de Juan Canario*. Antología. La Laguna, 1996

b Explicad cómo es la vida de los seres humanos según la última estrofa del poema. Discutid en pequeños grupos qué os parece esa forma de ver la vida.

c Elegid una de las siguientes tareas:

1. Explicadles a vuestros abuelos, algunos vecinos u otras personas mayores que conozcáis el contenido del poema y preguntadles qué piensan ellos de esa paradoja de la vida. Comparad los resultados con los del ejercicio 8b y presentadlos en clase.
2. Escribid la paradoja de la juventud, con el poema de la vida como modelo. Haced un póster con dibujos, fotos o recortes de revistas para presentarlo en clase.
3. Escribid la paradoja de la vida sobre cómo querríais *vuestra* vida. Haced un póster con dibujos, fotos o recortes de revistas para presentarlo en clase.

3 **cargar algo** etwas laden – **el lomo** la espalda – 12 **saltar** springen – **un árbol** ein Baum – 13 **una payasada** eine Clownerie, Albernheit – 21 **rechazar algo** no aceptar algo – 25 **el peso** *aquí:* los problemas, la responsabilidad – **jubilarse** in Rente gehen

Buscar trabajo

Leed el siguiente anuncio e imaginad que queréis solicitar *(euch bewerben um)* un puesto de monitor *(Betreuer)*. Escribid vuestro Currículum Vitae y la carta de presentación con ayuda de la casilla.

¿Quisieras trabajar en las vacaciones?

- Buscamos monitores de niños para trabajar en una colonia de vacaciones en España.
- No es necesario tener experiencia, sólo muchas ganas de cuidar a niños.
- Ponte en contacto con nosotros. Envía tu CV y la carta de presentación vía correo electrónico a la dirección:

campoverano@divertirse.es

DATOS PERSONALES

Nombre:	Ana Julia Gómez
Fecha de nacimiento:	29 de marzo de 1995
Dirección:	
Teléfono:	
Correo electrónico:	

FORMACIÓN

2000-2006	Escuela primaria San Francisco, Barcelona, España
2006-2009	Instituto Lope de Vega, Madrid, España (4º ESO actualmente)
2010	

IDIOMAS

Español	lengua materna
Inglés	nivel avanzado (B2)
Francés	nivel intermedio (B1)

Con estas expresiones puedo escribir ...

... el currículum vítae

1. **Encabezamiento** ***(Überschrift, Briefkopf)***
   Currículum vítae
2. **Datos personales**
   Nombre y apellidos, ciudad y fecha de nacimiento
   Dirección, teléfono de contacto y correo electrónico
3. **Formación académica y extraacadémica**
   Estudios, títulos, centro, localidad y años
4. **Experiencia profesional**
   Nombre y actividad de la empresa
   Años y funciones *(Tätigkeiten)*
5. **Idiomas**
   Nivel (oral y escrito)
6. **Informática**
   Programas, aplicaciones *(Anwendungen)*
7. **Otros datos de interés**
   Clubes o asociaciones, deportes, trabajo voluntario

... la carta de presentación ***(das Anschreiben)***

1. **Encabezamiento**
   Nombre, lugar, fecha
2. **Destinatario** ***(Empfänger)***
   A la atención del Sr. / de la Sra. ...:
3. **Saludo**
   Estimado, -a, -os, -as/Apreciado, -a, -os, -as ...
4. **Cuerpo de la carta**
   - Presentación: Como podrán comprobar *(überprüfen)* en mi CV adjunto he hecho... / he realizado...
   - Justificación: Creo que mi formación y experiencia se ajusta *(passt)* al perfil que están buscando por ...
5. **Despedida**
   Muchas gracias por su atención. Estaré a su disposición si quieren tener una entrevista conmigo.
   Reciban un cordial saludo. *(Mit freundlichen Grüßen)*
6. **Firma**

3 Identidades

1 Breve historia de cómo se formó España

a Mirad las fotos de arriba y decid qué personas o edificios conocéis. Explicad lo que recordáis de ellos.

b Escuchad el cedé. Relacionad también los otros eventos históricos con las ilustraciones y ordenadlos todos cronológicamente. La solución os da una palabra de origen árabe que todavía existe en español.

- Entrada de los bárbaros
- Matrimonio de los Reyes Católicos
- Al-Ándalus – 8 siglos de Reconquista
- Unidad política de España
- Habitantes prehistóricos
- Conquista por los romanos

c Explicad por qué hay palabras de origen árabe en español.

d Con ayuda de la información del cedé explicad qué otros pueblos *(Völker)* estuvieron en la Península ibérica y cómo han contribuido a formar España.

1

2

3

4

5

2 ¿España?

a Mirad las fotos de esta página y describid lo que veis.

b Decid qué asociáis con los nombres y símbolos que aparecen. Pensad en lo que ya habéis aprendido sobre España en los últimos años.

c Con ayuda de la casilla expresad las opiniones e ideas representadas en las fotos de arriba.

d ¿Por qué creéis que dos de las frases son en inglés? Discutid en grupos.

Con estas expresiones puedo …

… expresar la opinión de otras personas

- Algunos españoles creen / sienten / consideran que … *(+ indicativo)*
- Otros no creen / sienten / consideran que … *(+ subjuntivo)*
- Piden / reclaman que … *(+ subjuntivo)*
- Quieren …
- Rechazan …
- (No) están de acuerdo / contentos con …

… hablar sobre la identidad

- la autodeterminación
- el derecho a …
- la independencia
- el reconocimiento
- la identidad
- la bandera

Un cumpleaños con memoria

Periodista: ¡Buenos días, Marisa, y feliz cumpleaños!

Marisa: Gracias y bienvenido a mi casa.

Periodista: No todos los días se cumple casi un siglo de vida. Me imagino que son muchos los recuerdos que tiene. ¿Nos podría contar algo de cuando era niña?

Marisa: Bueno, pues, sabe usted, nací en Galicia, en A Coruña, y mi primer recuerdo son las tardes en la playa. Entonces no era algo para divertirse, sino que se hacía para la salud. Mi mamá era gallega y mi papá, vasco. Es decir, crecí con tres lenguas: el gallego, el vasco y el castellano. En la escuela aprendí el castellano, no se podía hablar otra lengua. No es como hoy, donde también se estudian en la escuela.

Periodista: Vaya suerte, tener tres lenguas maternas. ¿Y cómo fue su juventud?

Marisa: Pues mi madre era muy intelectual y se rodeaba de artistas. Se pasaba el día en reuniones políticas, en defensa de los derechos de los obreros. Siempre decía que pronto empezaría una nueva época sin clases ni injusticias. Al salir de la escuela, me llevaba con ella a sus reuniones. A veces, también íbamos a Madrid y Barcelona.

Periodista: ¿Y su padre?

Marisa: Él habría preferido que no fuera con ella. Es que, a pesar de quererse tanto, mis padres eran muy diferentes, representaban a su modo las dos Españas: la conservadora y la revolucionaria, la centralista y la federalista, la católica y la atea, la burguesa y la obrera; así que decidieron separarse. Mi madre se enamoró de un joven anarquista y se fue con él a Barcelona. Me pidió que me fuera a vivir con ellos, decía que pronto empezaría una guerra y que con ellos estaría más segura. Me quedé en Galicia, pero fue verdad, en 1936 empezó la Guerra Civil.

Periodista: … una época horrible.

Marisa: En Galicia no hubo tantas batallas, pero sí mucha represión política, sobre todo de los nacionalistas y la gente de izquierdas. Mi padre luchó del lado de los franquistas y no volvió más. De mi madre no supe nada, pero, terminada la guerra, en 1939, recibí una carta suya desde México. Me decía que estaba bien y, una vez más, que abandonara España y me fuera a vivir con ella.

Periodista: ¿Y usted lo hizo?

Marisa: ¿Qué iba a hacer? Me parecía que en España ya no me quedaba nada y que la atmósfera del franquismo era horrible: represión, recelos, miedos. No quería vivir bajo una dictadura, bajo ese miedo, en un país donde tantas cosas estaban prohibidas. Por eso fui a vivir con mi madre a México. Allí abrimos un restaurante gallego. Nunca lo habríamos pensado, pero fue todo un éxito.

Periodista: ¿Y cuándo volvió a España?

Marisa: Muerto Franco, en 1975, volví a España. Mi madre había muerto el año anterior, la pobre, sin poder ver el final de la dictadura y yo quise volver a España. Fue una época muy bonita por las esperanzas de la gente. Recuerdo muy bien las manifestaciones, las primeras elecciones democráticas de 1977, la Constitución de 1978… Estoy segura de que a mi madre también le habrían gustado esos cambios. Fue muy importante para mí la aprobación de los estatutos de autonomía y el reconocimiento oficial de mis otras dos lenguas, el gallego y el vasco. Fue una respuesta lógica a los sentimientos de identidad de esas regiones de España.

7 **un vasco** ein Baske – 17 **conservador, -ora** konservativ – 18 **ateo, -a** que no cree en dios – **burgués, burguesa** bürgerlich – 23 **una batalla** eine Schlacht – 24 **un franquista** seguidor *(Anhänger)* del dictador Franco – 31 **el recelo** Misstrauen – 33 **estar prohibido, -a** verboten sein – 41 **una manifestación** eine Demonstration – 44 **la aprobación** die Billigung

Periodista: ¿Qué diferencias ve usted entre la España de hoy y la España de su juventud?
Marisa: Uy, muchísimas. Comparado con antes, ahora se vive como un rey. España es ahora un país desarrollado y moderno. Para mí, los Juegos Olímpicos de Barcelona del año 92 fueron un perfecto ejemplo de ello. La gente joven de hoy puede viajar y estudiar y el mundo le ofrece tantas posibilidades... Antes la vida de la gente estaba determinada desde el principio. De haber nacido hoy, mi vida habría sido muy diferente. Y no es que me queje. He sido y soy muy feliz. He tenido una muy buena vida.
Periodista: Gracias, Marisa. Espero volver a poder visitarla dentro de diez años para brindar por un siglo de vida.
Marisa: Y yo también lo espero.

54 **determinar algo** etw. bestimmen – 58 **brindar** anstoßen

1 La vida de Marisa

Leed la siguiente entrevista a Marisa en su 90 cumpleaños. Tomad apuntes de los datos personales de Marisa y presentadla.

2 España desde los años 30

a Copiad esta tabla en vuestro cuaderno y completadla con los sucesos *(Ereignisse)* de que habla el texto. Dejad suficiente espacio entre las líneas para añadir más información a lo largo del capítulo.

1936–1939
1939–1975
1977
1978
1992

b Resumid en pocas palabras lo que Marisa cuenta sobre la situación y la atmósfera en España

1. antes de la Guerra Civil
2. durante la Guerra Civil
3. durante el franquismo
4. después de la muerte de Franco

c El año pasado ya habéis aprendido bastante sobre la época después de la muerte de Franco. Añadid la información que recordáis a vuestra tabla del ejercicio 2a.

3 Infinitas construcciones (§§ 8, 9)

a Observad estas construcciones que aparecen en el texto y decid qué construcción pueden sustituir *(ersetzen)* o explicad su significado.

Ejemplo: «Al salir de la escuela ...» sustituye a una oración subordinada *(Nebensatz)* temporal / significa lo mismo que una oración subordinada con «cuando».

1. Al salir de la escuela ... (l. 13)
2. ... terminada la guerra, en 1939 ... (l. 25)
3. Muerto Franco ... (l. 37)
4. Mi madre había muerto ... sin poder ver el final de la dictadura (l. 37–39)
5. Comparado con antes ... (l. 49)

b Mirad también las siguientes frases y, con ayuda del contexto, intentad comprender lo que significan las construcciones de infinitivo.

1. A pesar de quererse tanto ... (l. 16)
2. De haber nacido hoy ... (l. 54)

4 Al terminar la Segunda República… (§ 8)

- a pesar de
- de
- para
- por
- sin

\+ *infinitivo*

Transformad las siguientes frases con ayuda de una construcción con infinitivo.

Ejemplo: Cuando cayó la monarquía de Alfonso XIII, comenzó en 1931 la Segunda República. → Al caer la monarquía de Alfonso XIII, comenzó en 1931 …

1. El Gobierno republicano intentó hacer reformas. Quiso modernizar el país y acabar con los privilegios de la clase alta.
2. En julio de 1936 se levantó parte del ejército porque veían en peligro el orden y la unidad del Estado.
3. Los nacionalistas ganaron cada vez más regiones porque recibieron apoyo[1] de Alemania e Italia.
4. Los republicanos no recibieron ayuda de gobiernos europeos. Si no, habrían tenido las mismas posibilidades.
5. Aunque todos eran españoles (y a veces incluso vecinos), las luchas entre los dos bandos fueron muy crueles.
6. Muchos tuvieron que abandonar el país. No volvieron hasta el final de la dictadura.

5 Nunca lo habría hecho (§ 12)

a Mirad en el texto «Un cumpleaños con memoria» las frases de las líneas 16, 35, 43 y 55 e intentad explicar la función y las formas del nuevo tiempo y modo verbal que aparece allí.

b Aquí tenéis los recuerdos de Mercedes, una vecina de Marisa, unos 10 años menor que ella. Completad el texto con las formas adecuadas del condicional compuesto de los verbos entre paréntesis.

De haber nacido en una familia como la de Marisa, mi vida a lo mejor [1] **(ser)** como la de Marisa. Pero mi familia era diferente: conservadora, católica. Mis padres aceptaron la vida tal y como era. Nunca [2] **(soñar)** con un mundo sin clases. Y no es que fuéramos ricos. Pero la sociedad, para ellos, era una creación de Dios, y cambiarla les [3] **(parecer)** un pecado[2]. Mi madre nunca [4] **(ir)** a reuniones políticas ni [5] **(rodearse)** de artistas. Como buenos católicos, mis padres nunca [6] **(separarse)**. Los tiempos no fueron fáciles. Creo que todos nosotros [7] **(preferir)** tener más libertad. Nos [8] **(gustar)** decir nuestra opinión sin miedo, viajar, ver otros países. Eso sí. Pero nunca [9] **(abandonar – nosotros)** por eso nuestro país. De haber estado en otro país, a lo mejor no [10] **(conocer – yo)** a mi marido y no [11] **(tener – nosotros)** a nuestros hijos. A veces me pregunto si Marisa no [12] **(preferir)** vivir aquí, casarse y tener hijos. Pero así es la vida y no sirve de nada preguntarse cómo [13] **(vivir – tú)** en otras circunstancias.

6 ¿Te lo habrías imaginado? (§ 12)

a Un joven vecino de Marisa se interesa mucho por su vida y sus ideas. Con ayuda de las siguientes respuestas de Marisa formulad las preguntas del joven. Usad el condicional compuesto.

Ejemplo: No, nunca me habría imaginado que en España hubiera otra vez sindidatos. → ¿Te habrías imaginado que en España hubiera otra vez sindicatos?

1. No, nunca habría pensado vivir unos 40 años en México.
2. No, nunca habría creído que la dictadura de Franco durara tanto.
3. No, nunca nos habríamos imaginado que España algún día fuera una democracia.
4. No, nunca habríamos pensado que España entrara en la Unión Europea.

b Con la información del texto o de otra información que habéis reunido en el ejercicio 2c formulad tres preguntas a Marisa como en el ejercicio 6a. Después buscad a un compañero o una compañera y él / ella hace de Marisa y da la respuesta.

[1] **el apoyo** die Unterstützung – [2] **un pecado** eine Sünde

7 Antes todo era diferente (§ 10)

a Mercedes recuerda las cosas que le prohibían y ordenaban sus padres cuando era niña. Aquí tenéis algunas de ellas. Usad los verbos de la casilla para formar frases.

Ejemplo: Mis padres me ordenaban que fuera a misa todos los días.

- ordenar / mandar
- decir
- prohibir
- estar prohibido
- querer
- proponer
- exigir
- permitir

\+ que

- Ve a misa todos los días.
- No te quedes a solas con un chico.
- No lleves faldas demasiado cortas.
- Cállate cuando los hombres hablan.
- Aprende costura[1] y otros trabajos de la casa.
- Vuelve a casa siempre antes de la noche.
- No hables gallego en la calle.

b A partir de las fotografías, formulad deducciones *(Folgerungen)* sobre otras cosas que estaban prohibidas durante la dictadura franquista.

A

un bikini

B
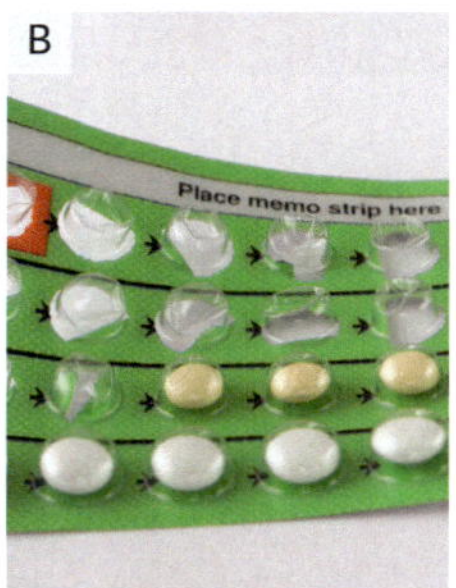

un anticonceptivo

C

manifestarse

D
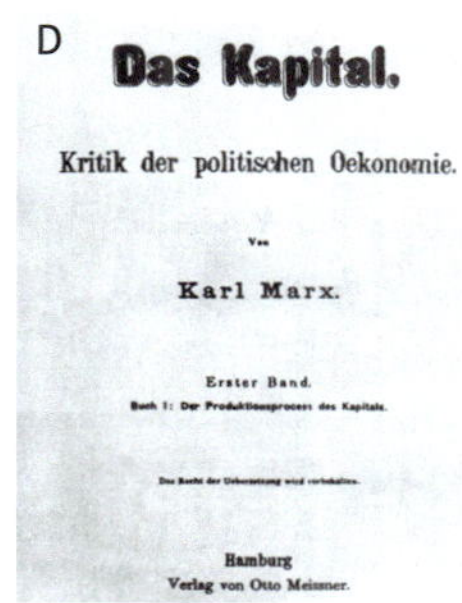
Das Kapital.
Kritik der politischen Oekonomie.
Von
Karl Marx.
Erster Band.
Hamburg
Verlag von Otto Meissner.
libros comunistas

E

divorciarse

8 De haber nacido entonces… (§ 8)

a Hablad con una persona mayor como Marisa, quizás un abuelo o una vecina, sobre su juventud. Preguntadle, por ejemplo, qué era normal entonces y que ahora ya no se hace.

b Con los resultados del ejercicio 8a y otras ideas que tengáis, describid cómo habría sido vuestra vida, la de vuestra familia y de vuestros amigos en la época de la juventud de vuestros abuelos. Usad *de + infinitivo* y el condicional compuesto.

Ejemplo: De nacer en los años 40, me habría casado muy joven. De ser joven hace 50 años, …

9 Una guerra que dejó muchas heridas *(Wunden)*

Informaos en el glosario cultural sobre la Guerra Civil española. Con ayuda de esta información y de lo que habéis aprendido en el ejercicio 4 de la página 36, describid y explicad lo que veis en estas dos fotos.

[1] **la costura** das Nähen

1 Las lenguas de España

a En el texto de la página 34 Marisa habla de sus tres lenguas maternas. Dos de ellas aparecen aquí. Identificad cuáles son y cuáles de los cuatro chicos las hablan. Usad el mapa de la contraportada *(vorderer Bucheinband)* como ayuda.

b Los demás chicos del ejercicio 1a hablan dos otras lenguas oficiales de España. Intentad identificarlas también, por ejemplo con ayuda del mapa de la contraportada. Comprobad vuestros resultados con ayuda del primer párrafo del texto «Las lenguas en España: ¿cuántas hablamos?»

2 Un Estado plurilingüe *(mehrsprachig)*

LAS LENGUAS EN ESPAÑA: ¿CUÁNTAS HABLAMOS?

En España hay cinco lenguas oficiales, pero muchas lenguas maternas. La riqueza lingüística y cultural no es solamente una cuestión importante a escala mundial, también lo es en España. Porque nuestra sociedad se caracteriza por la existencia de diferentes lenguas, reconocidas por la Constitución española de 1978. Desde entonces el castellano, el catalán, el euskera, el gallego y el valenciano son lenguas oficiales.

Bienvenido, ¿tú qué hablas? No podemos olvidar que en España se hablan muchas lenguas distintas de las lenguas oficiales del Estado. Hay lenguas que se han hablado tradicionalmente durante siglos en algunos lugares de España (como el bable o el caló), pero que no se utilizan para dar clase en las escuelas, ni se hablan en el trabajo ni en las administraciones públicas. También hay lenguas que estudiamos en la escuela, pero que no se hablan en la calle, aunque a veces sí en el trabajo (como el inglés y el francés). Por último, muchos inmigrantes han traído sus lenguas, que utilizan para comunicarse con sus compatriotas y que alternan con las lenguas que se hablan en España. Todas ellas son nuestras lenguas, porque son patrimonio de toda la humanidad.

La protección de las lenguas. ¿Por qué la UNESCO proclamó el día 21 de febrero como Día Internacional de la Lengua Materna en 1999? ¿Sabíais que la mitad de todas las lenguas existentes en el mundo están en peligro? Este evento ofrece una oportunidad para el debate y la promoción de todas las lenguas que se hablan en el planeta. Las lenguas, además de ser el medio que nos permite comunicarnos, interactuar y entendernos con diferentes personas, son también nuestro patrimonio cultural y muestra de la diversidad existente en el mundo en que vivimos. Las lenguas también definen nuestra cultura, nuestra historia, nuestras tradiciones… Es decir, es una parte fundamental de nuestra identidad personal. Quizás todos y todas deberíamos reflexionar sobre qué entendemos como identidad personal para poder comprender la importancia de las lenguas.

UNICEF España, www.enredate.org, 21.02.2006

2 **lingüístico, -a** ← la lengua – 5 **el euskera** el vasco –8 **el bable, el caló** → glosario cultural – 11 **alternar** sich abwechseln – 15 **la promoción** die Förderung

a Contestad las siguientes preguntas con ayuda del texto «Las lenguas en España: ¿cuántas hablamos?»

1. ¿Por qué hay varias lenguas oficiales en España?
2. ¿Qué otras lenguas se hablan en España y cuál es su función?
3. ¿Por qué la UNESCO proclamó el día 21 de febrero como Día Internacional de la Lengua Materna en 1999?
4. ¿Qué otros Estados europeos conocéis que tengan varias lenguas? ¿Hay lenguas minoritarias en vuestro país?
5. ¿Qué ventajas e inconvenientes le veis a vivir en un Estado plurilingüe *(mehrsprachig)* como España?

b El texto establece una relación entre identidad y lengua. ¿Cómo ordenaríais los siguientes elementos en la tabla? ¿Qué otros aspectos pueden contribuir a la identidad personal o de una nación? Explicad vuestros resultados.

lengua • religión • bandera • historia • familia • amigos
música • arte • literatura • valores • deporte • educación

Identidad personal	Identidad de una nación

El aranés

Desde el año 1995 existe una sexta lengua oficial en España, en el Valle de Arán (Pirineo catalán): el aranés.

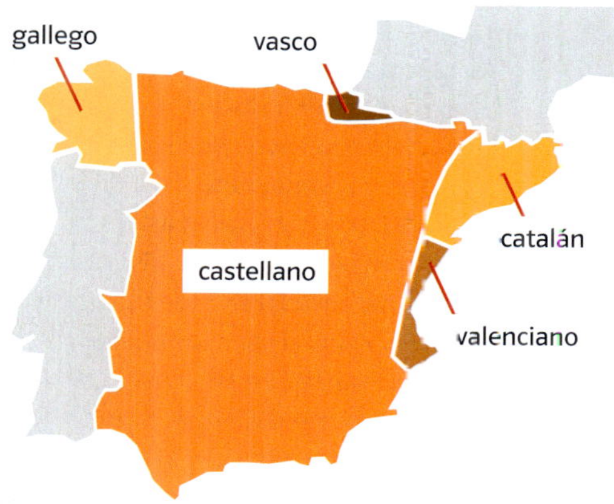

3 Trabajar con el diccionario monolingüe

Estrategia

Das einsprachige Wörterbuch

Ähnlich wie im zweisprachigen Wörterbuch könnt ihr im einsprachigen die Bedeutung unbekannter Wörter nachschlagen. Viele der darin enthaltenen Informationen sind aber auch nützlich beim Schreiben von Texten.

Einsprachige Wörterbücher haben gegenüber den zweisprachigen einige Vorteile:

a) Sie enthalten meist mehr Einträge als ein zweisprachiges Wörterbuch und umfassendere Informationen zu jedem Wort. So helfen sie, Mehrdeutigkeiten zu vermeiden, die beim Übersetzen einzelner Wörter auftreten.

b) Sie bieten oft Synonyme an und nennen Begriffe mit ähnlicher Bedeutung. Mit deren Hilfe könnt ihr euren Wortschatz erweitern, Wortwiederholungen in Texten vermeiden und euch präziser ausdrücken.

c) Sie erklären in der Regel den Gebrauch des Wortes mit Beispielen. Damit könnt ihr z. B. erkennen, ob ihr das Wort in einem bestimmten Kontext verwenden könnt, wenn ihr einen Text schreibt. Darüber hinaus kann man sich konkrete Beispiele oft besser merken als abstrakte Erläuterungen, wie sie häufig in zweisprachigen Wörterbüchern stehen.

d) Sie geben Redewendungen an, in denen das Wort vorkommt.

a Leed el texto de la página 40. Con ayuda del diccionario monolingüe explicad qué significan en su contexto las siguientes palabras.

un principio (l. 1) • enterrar (l. 2) • una reivindicación (l. 7) • naufragar (l. 9) • desplegar (l. 10) • una quimera (l. 11) • apostar (l. 12)

b Si en el texto hay más palabras desconocidas que os parezcan importantes, aclarad ésas también, con ayuda de un diccionario monolingüe o bilingüe.

4 Una España varia

a Leed el siguiente texto y después completad la tabla de abajo con las características más importantes de España en cada una de las dos épocas.

La Constitución de 1978 recuperaba los principios democráticos y liberales enterrados por el franquismo. Por primera vez en la historia era el acuerdo, y no la imposición unilateral de un partido ni la expresión de una sola ideología, quien escribía el texto de una Constitución. España se definió como un Estado social y democrático de Derecho; su forma política era la monarquía parlamentaria.

La Constitución trató, además, de dar respuesta a las reivindicaciones históricas de autonomía de los nacionalismos vasco y catalán y reorganizar la estructura territorial del Estado. La España *una* había naufragado durante el largo invierno de los generales, al ser manipulado su centralismo para desplegar una absurda quimera de nación arcaica y totalitaria. Había llegado la hora de la España varia, aquella que, aprendida la lección de los errores pasados, apostaba por una descentralización mayor que la de muchas naciones de arquitectura federal. España se había convertido en un Estado fuertemente descentralizado, sensible a la demanda democrática y atento a las peculiaridades de sus regiones.

La España del franquismo	La España actual

Fernando García de Cortázar et al. *Historia ilustrada de España*. Barcelona 2009 (fragmento adaptado)

b Escuchad en el cedé lo que dicen Marta de Madrid y Unai de San Sebastián sobre España y ser español.

c Unai menciona un problema que también aparece en el texto «Una España varia». Explicad qué es y qué consecuencias tiene.

5 Una región de España

a Fijaos primero en la viñeta y explicad: ¿qué parte de España muestra?, ¿a qué se refiere el autor con la pregunta del dibujo? Tened en cuenta lo que habéis aprendido en el ejercicio 4.

b Describid ahora lo que veis en la foto. Informaos en el glosario cultural sobre ETA. Con esta información y con lo que habéis aprendido en esta unidad explicad el eslogán «Vascos sí, ETA no» que se ve en algunos de los letreros.

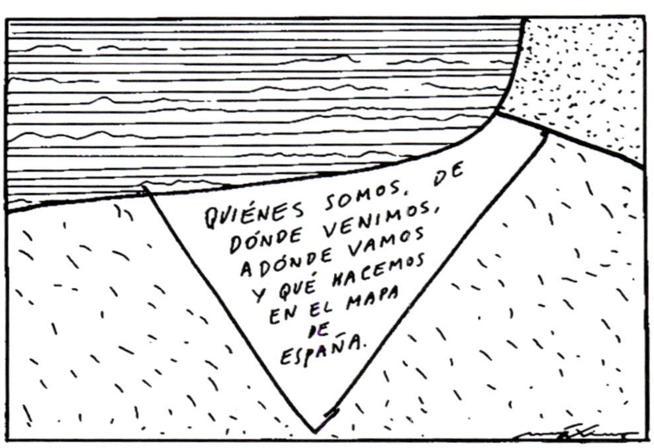

6 No queremos más muertos

a Resumid las ideas principales del siguiente texto en dos o tres frases.

b El texto dice bastantes cosas sólo de forma indirecta. Explicad lo siguiente:

1. ¿Qué es el «otro conflicto» (l. 3) del que las dos hermanas se consideran víctimas?
2. ¿Qué significa la mención de Batasuna (l. 7) (→ glosario cultural)?
3. ¿A qué muertos creéis que se refieren Irune y Amaia (l. 8)?
4. ¿Qué quiere decir Amaia con la frase «Quería ser vasca, pero de eso no había.» (l. 12/13)?
5. ¿A qué se refiere la frase: «Si algún día se cumplen sus anhelos, … con cava 'catalana'» (l. 28–30)?

c En este capítulo habéis conocido varias opiniones sobre España. Con quién creéis que Irune y Amaia estarían más de acuerdo: ¿Marisa (p. 34–35), la persona que hizo el grafiti de la foto 1 de la página 33, Marta (del texto auditivo del ejercicio 4b, p. 40, Unai (mismo texto) o los manifestantes en la foto de la p. 40? Justificad vuestra opinión.

CONVERSACIÓN CON 'DOS NIÑAS DE LA GUERRA'

HERNANI (GUIPÚZCOA) Son dos 'niñas de la guerra' de 75 y 77 años. Ellas se consideran sobre todo víctimas de la Guerra Civil, pero también lo son del otro conflicto que se ha vivido en el País Vasco. Se llaman Irune y Amaia, son nacidas en Goierri y viven en Hernani. Hermanas y solteras. En el comienzo de la conversación, lo de siempre: recelos, sospechas, resquemores. Cuesta abrir sus palabras, y mucho más su corazón. Pero se va entreabriendo.

Charlamos en la plaza de Hernani, entre los carteles de Batasuna. Amaia, la de 77, lleva la voz cantante: «Hay que dejar de mirarse el ombligo. No queremos muertos».

Amaia ha pasado casi toda su vida en París. Más de 40 años. Allí vivió Mayo del 68, al que recuerda como un tiempo de esperanza: «Y eso que a las calles no salieron los obreros, sino los estudiantes, hijos de la burguesía». Pregunto si obtuvo la nacionalidad francesa, y niega con la cabeza: «Quería ser vasca, pero de eso no había».

Irune trabajó durante 41 años en una filial de Philips, cerca de Hernani. «No nos han dejado vivir», continúa Amaia. Empieza por la Guerra Civil, las vivencias de los bombardeos sobre el pueblo cuando tenía siete años. «No se sabía si al día siguiente ibas a tener a alguien en tu casa, acusándote». Indica con la mano un sótano donde se refugiaban. Luego, la represión, la imposibilidad de hablar vasco en el colegio. Y más tarde lo demás, con lo que ahora se quiere acabar. «Pero siempre hemos seguido luchando».

«¿Por qué no el derecho a la autoderminación?», pregunta ella. «Nosotros somos 'euskaldunes', tú eres español. Tengo amigos en Quebec. ¿Por qué no ser como ellos?». Si algún día se cumplen sus anhelos, Amaia e Irune dicen que no brindarán con champán francés, sino con cava «catalana».

José Manuel Bustamante, «No queremos más muertos», *El Mundo*, 27.03.2006 (fragmento)

---

4 **soltero, -a** que no está casado, -a – 5 **la sospecha** der Verdacht – **el resquemor** der Groll – 6 **entreabrirse** sich halb öffnen – 7 **charlar** hablar – 7/8 **llevar la voz cantante** den Ton angeben – 8 **mirarse el ombligo** pensar sólo en sí mismo – 12 **negar (-ie-) con la cabeza** den Kopf schütteln – 17 **la vivencia** la experiencia – 20 **un sótano** ein Keller – **refugiarse** Zuflucht suchen – 26 **euskaldunes** vascos *(en vasco)* – 28 **cumplirse** sich erfüllen – **el anhelo** die Sehnsucht – 30 **la cava** especie de champán *(Champagner)* que se produce en Cataluña

7 Las comunidades autónomas

Elegid una de las siguientes tareas. Después de hacerla, presentad los resultados a vuestros compañeros y compañeras.

a Leed el siguiente fragmento de la Constitución española y mirad el mapa de la contraportada. Explicad cuántas comunidades autónomas existen, y cuántas provincias. Comparad esta organización territorial con la que existe en vuestro país.

> Art. 137
> El Estado se organiza territorialmente en municipios[1], en provincias y en las comunidades autónomas que se constituyan[2]. Todas estas entidades gozan[3] de autonomía para la gestión[4] de sus respectivos intereses.

Constitución española, Artículo 137 (fragmento)

b Informaos sobre las competencias de las comunidades autónomas. Tenéis direcciones útiles en el **Online-Link** 535630-0005. Comparad las competencias con las de las organizaciones políticas territoriales de vuestro país.

c Leed el siguiente fragmento del Estatuto de Autonomía catalán y explicad en alemán
1. lo que significa que el catalán es la lengua oficial en Cataluña
2. qué pasa con el castellano o español en esta comunidad autónoma.

Después informaos sobre la situación de las otras lenguas oficiales de España. Tenéis direcciones útiles en el **Online-Link** 535630-0006.

> 1. La lengua propia de Cataluña es el catalán. Como tal, el catalán es la lengua de uso normal y preferente de las administraciones públicas y de los medios de comunicación públicos de Cataluña, y es también la lengua normalmente utilizada como vehicular y de aprendizaje en la enseñanza.
> 2. El catalán es la lengua oficial de Cataluña. También lo es el castellano, que es la lengua oficial del Estado español. Todas las personas tienen derecho a utilizar las dos lenguas oficiales y los ciudadanos de Cataluña el derecho y el deber de conocerlas. No puede haber discriminación por el uso de una u otra lengua.

Estatuto de Autonomía de Cataluña, Artículo 6 (fragmento)

d Acordaos de lo que habéis aprendido el año pasado sobre el sistema político español. Comparadlo con el sistema de vuestro país.

Con estas expresiones puedo comparar sistemas políticos

- la elección *(die Wahl)*
- el elector *(der Wähler)*
- el voto *(die Stimme)*
- votar *(wählen)*
- el diputado *(der Abgeordnete)*
- el representante *(der Vertreter)*
- el Gobierno Federal *(die Bundesregierung)*
- el / la Canciller Federal *(Bundeskanzler/in)*
- el Presidente Federal *(Bundespräsident)*
- el Parlamento (la Cámara Baja) *(der Bundestag)*
- el Consejo Federal (la Cámara Alta) *(der Bundesrat)*
- el partido político *(die politische Partei)*

Don Juan Carlos I de España

[1] **un municipio** una ciudad o un pueblo – [2] **constituirse** sich bilden – [3] **gozar de** *aquí:* tener – [4] **la gestión** die Verwaltung –

Los partidos políticos

a Aquí tenéis los logotipos y los nombres de algunos partidos políticos de España. ¿Conocéis alguno de ellos? ¿Cuáles podrían ser sus programas políticos y sus objetivos?

- Partido Socialista Obrero Español
- Convergència i Unió
- Izquierda Unida
- Coalición Canaria
- Partido Popular
- Esquerra Republicana de Catalunya
- Partido Nacionalista Vasco
- Bloque Nacionalista Galego

b Vamos a fundar un partido político o una asociación ciudadana *(Bürgerinitiative)* para un mundo o una sociedad mejor. En grupos vais a hacer una lista de los problemas más graves que observáis a vuestro alrededor y que más os preocupan. Lo importante es tener unos objetivos y soluciones para los problemas. Elaborad un documento de presentación de vuestro partido o asociación ciudadana. Podéis seguir este esquema:

1. Nombre y logo
2. Breve presentación
3. Objetivos / solución a problemas

c Presentad vuestro partido o vuestra asociación a toda la clase y convenced a vuestros compañeros / vuestras compañeras de sus objetivos.

Con estas expresiones puedo presentar un proyecto político

El partido apoya a ...
- obreros / trabajadores
- empresas / empresarios *(Unternehmer)*
- familias
- estudiantes
- aprendices *(Auszubildende)*

Uno de los objetivos centrales del partido es ...
- la protección del medio ambiente
- la justicia social
- el apoyo de las empresas / de la economía
- la lucha contra el desempleo *(Arbeitslosigkeit)*
- el cambio del sistema educativo

- Este partido quiere solucionar el problema de ...
- Su programa consiste en ...
- El partido quiere conseguir ...

Trabajar en grupos

Antes de presentar un trabajo en grupo, estructurad vuestra exposición y poneos de acuerdo sobre quién va a presentar qué parte. Para saber más, mirad el Online-Link 535630-0007.

1 ¡Buenas vacaciones! (§ 3)

a Resumid brevemente lo que pasa en las diferentes situaciones.

b Contad en primera persona lo que piensan las personas de los dibujos. Las expresiones de la casilla os ayudan.

nadie escuchar		no ver nada
preferir ir a la playa		el guía explicarlo muy bien
no comprender nada	para que	gritar mucho
aprender español	a pesar de que	llover
entrar en la casa	aunque	las chicas españolas comprenderlo
subir la montaña	de modo que	el grupo descansar
quedarse en casa		estar cansado, -a
haber mucha niebla		no pasarle nada

2 La experiencia en la ONG

Escuchad a estos tres chicos que cuentan su experiencia en una ONG y contestad con *verdadero*, *falso* o *no está en el texto*.

1. Los resultados que ha conseguido la ONG son peores que los del año pasado.
2. Las cifras de gente que ha ayudado son superiores a las del año pasado.
3. La mayoría de la gente da dinero para niños enfermos.
4. Según el segundo chico, el trabajo de voluntario es más duro de lo que muchos piensan.
5. Ha hecho mal tiempo, pero por lo menos ha sido mejor que en el pueblo de sus padres.
6. Todos los del grupo han trabajado al máximo.
7. Algunos del grupo querían volver a casa después del primer día.

Practicar en casa

Con los *Repasos* podéis seguir practicando en casa. Recordad cómo estudiar de manera autónoma y controlar y corregir vuestro español.

3 El viaje al Camino de Santiago (§§ 6, 7)

Los alumnos del IES Ventura Morón van a hacer una parte del Camino de Santiago y han recibido una carta.

a Completad la carta con las formas correspondientes del presente de subjuntivo.

A TODOS LOS INTERESADOS EN EL VIAJE:

Os escribimos esta carta para explicar algunos puntos importantes sobre el viaje. Es necesario que (apuntarse) en la lista de participantes y que (pagar) los 200 euros antes del viernes. Los profesores que van a participar en el viaje son Ángel López y Manuela Alcaraz. Es una lástima que por problemas de salud Antonio Segura no nos (poder) acompañar, pero le deseamos que (mejorarse) y esperamos que el próximo año (venir) con nosotros.

Y ahora algunos consejos:

Esperamos que (hacer) buen tiempo toda la semana, pero quizás (llover) en algún momento, de modo que es importante que todos nosotros (llevar) también ropa para la lluvia.
Os recomendamos que (decidir) qué cosas necesitáis realmente. No queremos que nadie (llevar) una mochila que (ser) muy pesada. Si necesitáis que los alumnos que participaron el año pasado os (dar) más información y que os (contar) cómo fue su experiencia, podéis venir a la reunión del miércoles.

Si todavía no te has decidido, es necesario que lo (hacer) cuanto antes. Sólo quedan 12 plazas libres.

La dirección

b Un grupo de los alumnos que quieren participar en el viaje se encontró con algunos que participaron el año pasado para tener algo más de información. Después cuentan a una amiga suya, que no pudo ir lo que les dijeron los «antiguos alumnos». Formad frases con las siguientes ideas.

Ejemplo: Nos recomendaron que camináramos lento.

- caminar lento
- nunca correr
- llevar mucha agua para beber
- no beber bebidas con mucho azúcar porque no quitan la sed
- pasar del alcohol y del tabaco
- no temer al calor ni a las ampollas (*Blasen*)
- siempre protegerse del sol
- no meter demasiadas cosas en la mochila
- siempre estar con el grupo
- mirar que nadie quede atrás
- dormir lo suficiente
- enviarles una postal desde Santiago

- Nos recomendaron que …
- Nos dijeron que …
- Les gustaría que …
- Propusieron que …
- Nos indicaron que …
- Consideraron útil que …
- Según ellos sería importante que …
- Subrayaron que …

4 Los jóvenes y el tiempo libre (§§ 6, 7)

Hace algún tiempo el instituto de la juventud INJUVE realizó un estudio entre los jóvenes españoles para saber cómo pasan su tiempo libre. Después mucha gente dio su opinión sobre los resultados.
Formad frases con un elemento de la columna izquierda y otro de la columna derecha y poned el verbo en imperfecto de indicativo o subjuntivo, según corresponda.

1. (No) les molestaba que
2. (No) creían que
3. Estaban preocupados de que
4. Les parecía que
5. (No) les gustaba que
6. Pensaban que
7. Se alegraban de que
8. Según ellos era una lástima que
9. Les parecía importante que

A los jóvenes **(perder)** el tiempo
B muy pocos jóvenes **(ir)** al teatro
C **(haber)** muchos jóvenes que **(ir)** de vacaciones con su familia
D la actividad de tiempo libre favorita **(ser)** escuchar música
E muchos jóvenes **(necesitar)** mucho tiempo para ayudar en casa
F los jóvenes españoles no **(hacer)** mucho deporte
G ir al cine **(ser)** un poco caro
H los jóvenes **(pasar)** mucho tiempo delante del ordenador
I los jóvenes **(participar)** en campos de trabajo y **(ayudar)** a las ONGs

5 La abuela de Carlos

Martin, un chico alemán, está de visita en casa de Carlos en Madrid. La abuela de Carlos les cuenta algunos recuerdos de la Guerra Civil.

a Completad la historia con la forma correcta del imperfecto, indefinido o pluscuamperfecto.

b Después mirad los dibujos y escribid el final.

Yo (ser) todavía muy joven. No (conocer) a tu abuelo y (trabajar) en la fábrica de tabaco cuando de repente, un día (entrar) un hombre en la fábrica y nos (decir) que (estar – nosotros) en guerra, que los militares (levantarse) en Marruecos bajo las órdenes de Franco. Los días siguientes nosotros no (notar) ninguna diferencia, lo único es que (escuchar) la radio a todas horas. Sin embargo, lo que más recuerdo es el final de la guerra. No (tener) casi nada que comer. Durante los meses antes del final de la guerra (pasar) mucha hambre. De repente...

6 ¿Cómo los ayudarías? (§§ 11, 12)

a Imaginaos que unos amigos vuestros tienen algunos problemas. ¿Qué haríais en estas situaciones? Utilizad las ideas de abajo y escribid al menos cuatro frases para cada situación.

Roberto se pasa el día comiendo comida basura[1].
Carla ha suspendido matemáticas.
Andrés tiene problemas con el alcohol.

- ofrecerle naranjas
- decirle que tiene que cuidar su salud
- no ir con él a las hamburgueserías
- hacer los deberes con ella siempre
- explicarle los ejercicios
- buscar un profesor particular[2]
- hablar con sus padres
- llamar a un teléfono de ayuda
- decirle que puede gastar su dinero en cosas mejores
- invitarlo a hacer deporte juntos
- decirle que pregunte si no entiende

b Ahora transformad vuestras frases en oraciones condicionales en el pasado.

Ejemplo: De haber sido Roberto mi compañero, le habría ofrecido naranjas.

DELE

7 El estilo indirecto

1. Mi novia siempre me dice que me ? ropa más moderna.
   a) compre
   b) comprara
   c) compro

2. Alex me dijo que no le ? a su madre que no ? el examen.
   a) dije / pasé
   b) diría / había pasado
   c) va a decir / pasé

3. El guía nos contó que en México ? muchos productos de maíz.
   a) se comían
   b) se comieran
   c) se han comido

4. Mi hermano me pidió que lo ? a lavar el coche.
   a) ayude
   b) ayudé
   c) ayudara

5. «? un rato.» → Ana dijo que iba a salir un rato.
   a) Salía
   b) Voy a salir
   c) Salí

6. Javi dice que no ? para el examen de hoy.
   a) estudie
   b) estudiaba
   c) ha estudiado

7. Mi hermano me dijo que no ? lo que me propusieron mis amigos.
   a) haga
   b) hacía
   c) hiciera

8. Pedro me ha dicho que no ? venir.
   a) puede
   b) podía
   c) había podido

[1] **la comida basura** das Junkfood
[2] **un profesor particular** ein Nachhilfelehrer

4 Vivir en la gran ciudad

A

B

C

D

E

C

D

E

1 La gran ciudad

a Mirad las fotos de arriba y explicad qué aspectos de la vida en la ciudad muestran.

b Haced un mapa mental sobre la vida en una gran ciudad. Apuntad vuestros resultados del ejercicio 1a y otras ideas que tengáis sobre el tema. Escribid, además, palabras útiles para hablar del tema.

c Elegid el ejercicio adecuado y discutid en grupos:
1. Si vivís en una gran ciudad: ¿Os gusta la vida allí? ¿Qué es positivo o negativo?
2. Si no vivís en una gran ciudad: ¿Os gustaría vivir en una? ¿Qué esperaríais de la vida allí?

2 Frida Kahlo y la gran ciudad

Frida Kahlo era una pintora mexicana muy conocida.

a Describid lo que veis en el cuadro.

b ¿Cuáles de los aspectos de la vida en la gran ciudad que habéis encontrado en el ejercicio 1 descubrís también en la pintura? ¿Qué otros aspectos podéis ver?

c ¿Creéis que a Frida Kahlo le gustó vivir en esa ciudad? Justificad vuestra respuesta.

Para saber más

- Si queréis saber más sobre Frida Kahlo, mirad la página 71 o el glosario cultural.
- Si no recordáis cómo describir un cuadro, podéis releerlo en el **Online-Link** 535630-0008.

Ser joven en la gran ciudad

Esta semana hay un concierto gratuito de Maná en el Estadio Azteca en Calzada de Tlalpan. Centenares de personas esperan para entrar. Así que hemos aprovechado la ocasión para poder entrevistar a algunos jóvenes de Ciudad de México. Ellos nos hablan un poco de su vida cotidiana. Aquí tenéis lo que nos han contado.

Reportero: Hola, somos de la revista «España Joven». ¿Lleváis mucho rato esperando aquí?

Ángel: Hola. Pues sí, más de dos horas, pero es normal aquí. ¡Me gustaría que abrieran ya!

Reportero: Tiene que ser fantástico vivir en una ciudad tan grande y con tanto programa cultural, ¿no?

Ángel: Pues, no sé, sí y no, quizás. Tiene sus ventajas y sus desventajas. Por un lado, hay muchos acontecimientos culturales, sin embargo, por otro, la gran actividad urbana causa mucho tráfico.

Reportero: ¿A qué te refieres?

Ángel: Mira, mi hermano menor tiene alergias y estoy seguro de que es por la contaminación. ¡Todas esas emisiones de las industrias y de miles de coches! Además, aquí el aire no circula bien. Te puedes imaginar la cantidad de gases que respiramos. Por eso, yo creo que si viviéramos en el campo, a mi hermanito le iría mejor. Bueno, Carmen, cuéntale tú lo de tus noches.

Reportero: Eso parece interesante, cuenta …

Carmen: Sí, ríete, pero no tiene mucha gracia. Lo que pasa es que vivo lejos de la preparatoria en la que estudio. Por eso tengo que cambiar dos veces de metro.

Reportero: Pero, ¿qué tiene que ver eso con tus noches?

Carmen: Pues que son muy cortas. Pero no me quejaría si los vecinos de arriba no hicieran tanto ruido por la noche, y ni hablemos de los bares de la calle. Son muchos los factores que se juntan y, en consecuencia, duermo poquito y me levanto por las mañanas muy cansada.

Reportero: ¡Pobre! ¿Y si tú y tu familia os mudarais a otro lugar, podrías dormir mejor?

Carmen: Eso sí, pero tendríamos que cambiar toda nuestra vida. No sería fácil encontrar otra vivienda y la renta no la podríamos pagar. El que quiere ir a vivir fuera es mi hermano mayor, Luis. No para de hablar de los Estados Unidos.

Reportero: Hola, Luis. ¿Es verdad lo que dice tu hermana?

Luis: Hola. Bueno, no es nada del sueño americano, no creas eso, yo soy muy realista.

Reportero: Y entonces, ¿cómo es que preferirías vivir allí?

Luis: Pues, mira: tengo un primo allí. Apenas llegó a los Estados Unidos, encontró un buen trabajo. Si yo me hubiera ido con él a los Estados Unidos quizás viviría mejor.

Reportero: ¿Y por qué no te vas?

Luis: ¡Como si fuera tan fácil! Establecerse allí es muy difícil. Hay que hacer mucho papeleo o ir de ilegal, lo cual causa muchos problemas.

Reportero: Y tu primo, ¿cómo lo hizo?

Luis: Encontró un puesto en una empresa que vende productos mexicanos. Y, ya sabes, con contrato de trabajo no hay problema. Me habría ido también si ya hubiera terminado la preparatoria. Pero, de momento, sigo estudiando …

Reportero: Bueno, chicos, muchas gracias a los tres y ¡a pasarlo bien en el concierto!

1 La gran ciudad

a Luis, Ángel y Carmen nos cuentan algo sobre los problemas de vivir en una gran ciudad. ¿Cuáles son estos problemas? ¿Cuáles son sus causas *(Ursachen)*?

b ¿Qué más sabemos sobre la vida y los sueños de estos tres jóvenes?

2 El Estadio Azteca

El Estadio Azteca, donde se celebró el concierto al que fueron Luis, Ángel y Carmen, es sobre todo un estadio de fútbol.
Este sábado jugaron los Pumas contra el América, dos de los mejores clubes de fútbol mexicano.
Reformulad las noticias y haced frases enteras. Usad los números colectivos de la casilla.

400 fanáticos se pelearon[1] después del partido de Pumas.

70 personas ayudaron a limpiar el estadio.

12 médicos esperaban fuera del estadio.

Vendieron **15.000** hamburguesas[2] durante el partido.

5.000.000 de personas vieron el partido en la televisión.

60.000 fans fueron al partido.

- una docena de
- decenas de
- centenares / cientos de
- millares / miles de
- decenas de miles de
- millones de

3 La ciudad renace, su gente lo hace (§§ 13, 14)

a En el texto «Ser joven en la gran ciudad» Ángel dice «…si viviéramos en el campo, a mi hermanito le iría mejor.» Estudiad esta frase y también las de las líneas 26–28 y 31. Explicad qué expresan y qué tiempo y modo verbal hay que usar.

b Haced el mismo ejercicio como el 3a con las frases de las líneas 39 y 45–46. Explicad qué es igual y qué es diferente a las frases del ejercicio 3a.

c Después de la entrevista Luis, Ángel y Carmen hablan sobre las posibilidades de mejorar las condiciones de vida en la Ciudad de México. Ya tienen algunas ideas. Unid un elemento de cada columna y formad frases como en el ejemplo.

Ejemplo: Si hubiera menos ruido, **dormiríamos** mejor.

1. **haber** menos ruido
2. tener más caminos para bicicletas
3. el transporte público ser mejor
4. (nosotros) ocuparnos más de los otros
5. haber menos grafiti
6. los coches ir con más cuidado
7. haber menos coches
8. las autoridades tomar más medidas[3] adecuadas
9. (todos nosotros) sentir menos resignación

- no tanta gente sentirse sola y abandonada
- más gente ir en autobús
- haber menos tráfico
- (nosotros) **dormir** mejor
- conseguir (nosotros) mejorar la vida en la ciudad
- el aire ser más limpio
- haber menos violencia e inseguridad
- muchos barrios ser más bonitos
- ser menos peligroso ir en bicicleta

[1] **pelearse** sich prügeln – [2] **una hamburguesa** ein Hamburger *(Brötchen)* – [3] **una medida** eine Maßnahme

4 Las tres erres: Reducir. Reusar. Reciclar. (§§ 13, 14)

Ciudad de México tiene muchos problemas con la cantidad de basura que se produce cada día. Por eso se votó en 2004 una ley que obliga a la gente a separar la basura orgánica de la inorgánica.

a Imaginad que un compañero ecologista que habla muy poco español haya visto el eslogan «No separes la basura». Está indignado *(entrüstet)*, pero no consigue entender el resto del texto. Explicadle por qué su indignación está sin motivo *(unbegründet ist)*.

¡NO SEPARES LA BASURA!

… Mejor no juntes los desechos.

Nuestros desechos se convierten en basura sólo cuando los revolvemos. Al revolverlos se dificulta su separación y por lo tanto el reuso y reciclado de algunos materiales. En la Ciudad de México se producen más de 4 millones de toneladas de basura al año. Esto significa que cada persona genera 1.4 kg. de basura cada día.

Hay tres formas en las que podemos contribuir a no generar tanta basura: reducir, reusar y reciclar.

Reducir quiere decir disminuir la cantidad de desechos que tiramos a la basura y hacer que ocupen menos espacio. Esto lo podemos hacer aplastando los desechos, como las cajas y las latas, antes de tirarlos o comprando productos que no tengan tanto empaque.

Reusar es volver a utilizar los materiales para lo que servían o para otra cosa. Por ejemplo, podemos usar las bolsas del súper como bolsas de basura, hacer lapiceros con latas, juguetes con cartón, floreros con botellas, etcétera.

Reciclar es volver a utilizar el material, pero volviéndolo a procesar para obtener materia prima. El reciclado de papel disminuye la tala de árboles, por ejemplo.

Kenia Valderrama Díaz. Dirección General de Divulgación de la Ciencia Universidad Nacional Autónoma de México. México, 2004. www.dgdc.unam.mx (fragmentos)

b ¿Cómo podríamos llegar a cumplir con *(erfüllen)* las tres erres? Formad frases con ayuda de las fotos.

Ejemplo: Si todos fuéramos en transporte público, cumpliríamos con la erre de reducir.

A

juntar el papel para el reciclaje

B

tirar el vidrio en contenedores especiales

C

no comprar latas

D

ahorrar agua

E

separar la basura orgánica

5 Previsión del tiempo para Ciudad de México

a Escuchad la previsión del tiempo para Ciudad de México en el cedé y decid cómo va a ser el tiempo al día siguiente. Explicad, además, qué tipo de información se da en este texto que no esperaríais en una previsión del tiempo.

b Hasta qué punto confirma o contradice la previsión del tiempo lo que dice Ángel en el texto de la página 50 sobre las alergias de su hermano?

c Informaos sobre el tiempo y la calidad del aire actuales en México. Tenéis la dirección en el **Online-Link** 535630-0009.

6 Casualidades *(Zufälle)* (§§ 13, 14)

¿Qué no habría pasado si estas personas hubieran hecho otra cosa?

a Con ayuda de las ideas de al lado y otras que tal vez tengáis, contad la historia de la serie A de los dibujos.

Ejemplo: Si no hubiera habido un proyecto para hacer construir nuevos edificios, no se habría descubierto esta pirámide …

b Contad las otras historias según los dibujos.

- haber un proyecto para construir nuevos edificios
- descubrir una pirámide en el centro histórico de México
- encontrar objetos de arte
- interesarse por la cultura azteca
- abrir un museo
- venir muchos turistas

7 Si no hubiera sido así (§§ 13, 14)

Las grandes ciudades atraen a mucha gente. Hablad sobre lo que, en otras condiciones, habría sido diferente en una gran ciudad. Formad una cadena de frases como en el ejemplo.

- las condiciones de vida en el campo eran malas
- mucha gente se fue a la ciudad
- la ciudad creció mucho
- las rentas subieron
- los antiguos habitantes se mudaron a las afueras de la ciudad
- la ciudad siguió creciendo

Ejemplo: Si las condiciones de vida en el campo hubieran sido mejores / no hubieran sido tan malas, menos gente se habría ido a la ciudad. Si menos gente se hubiera ido, …

8 Siempre podemos mejorar algo (§§ 6, 7, 14)

¿Qué os gustaría que cambiara en vuestra ciudad o pueblo? ¿Qué podría ser diferente y cuáles serían las consecuencias? Formad al menos ocho frases como en los ejemplos y usad las expresiones de la casilla.

- me gustaría
- me encantaría
- desearía
- propondría

+ que

- *condicionales irreales del presente*
- *condicionales irreales del pasado*

Ejemplos: Me gustaría que las tiendas abrieran los domingos.
Si tuviéramos un club para los jóvenes, no tendríamos que encontrarnos en la calle.
Si no hubieran cerrado …

1 México D. F.

a Informaos sobre Ciudad de México (= México D. F.). Elegid uno de los siguientes temas y trabajad en grupos sobre el tema elegido:

- la situación geográfica y los habitantes
- los medios de transporte y el programa «hoy no circula»
- sitios arqueológicos
- otros monumentos y atractivos turísticos
- museos importantes
- eventos y fiestas

b Intercambiad los resultados más importantes de vuestra investigación con vuestros compañeros.

Encontrar información

Podéis consultar, por ejemplo, una guía turística de México. Tenéis, además, enlaces útiles en el Online-Link 535630-0010.
Si no recordáis cómo trabajar con material auténtico, encontráis ayuda en el mismo Online-Link.

2 La Ciudad de México única en su tipo

a Mirad la foto de México D. F. Con su ayuda intentad saber de qué trata el siguiente artículo.

b Apuntad palabras y expresiones que esperáis encontrar de este tema. Si os faltan palabras españolas, apuntad vuestras ideas primero en alemán y añadid después las expresiones españolas que encontréis en el texto.

c Según el título la Ciudad de México es «única». ¿Cuáles son las características geográficas que la hacen especial?

La Ciudad de México única en su tipo

La Ciudad de México está casi completamente rodeada por montañas que alcanzan 1.200 metros de altura. Las montañas, que constituyen una barrera para la circulación del aire, aíslan a la ciudad de los vientos regionales. Este es un factor importante para la formación del fenómeno natural conocido como inversión térmica. Estas inversiones se producen cuando una «tapa» de aire caliente se sitúa por arriba de una capa de aire frío, atrapando las emisiones contaminantes provenientes de la actividad urbana.

A la altitud de la Ciudad de México la atmósfera es aproximadamente 25% menos densa que al nivel del mar. Esto significa que el filtro protector que la atmósfera ofrece es 25% menor. En consecuencia la mayor incidencia de radiación azul y ultravioleta da lugar a una mayor formación de ozono. Los bajos niveles de oxígeno atmosférico a esta altura causan una combustión incompleta de los motores y aumentan las emisiones de monóxido de carbono, hidrocarburos y componentes orgánicos volátiles.

María Guadalupe Lomelí R. / Ramón Tamayo, «El problema de la contaminación en la ZMCM (Zona Metropolitana de la Ciudad de México)», www.sagan-gea.org, enero 2008 (fragmento adaptado)

d Después de leer, copiad la siguiente tabla en vuestro cuaderno y rellenadla para resumir los argumentos principales del artículo. Recordad que para hacer eso no es necesario entender todas las palabras.

Características geográficas	Fenómenos relacionados	Consecuencias para el aire

Causas y consecuencias

- causar
- dar lugar a
- significar
- proveniente de
- en consecuencia
- reducir
- aumentar
- producirse

3 **constituir algo** etw. bilden – **aislar algo** etw. isolieren – 5 **una tapa** ein Deckel – 6 **una capa** eine Schicht – **atrapar algo** etw. fangen – 9 **denso, -a** dicht – 11 **una incidencia** eine Auswirkung – 14 **la combustión** die Verbrennung – 16 **un hidrocarburo** ein Kohlenwasserstoff – **un componente volátil** ein Schwebstoff

3 ¿Y qué piensan los mexicanos?

a Explicad cómo, según el texto de al lado, reaccionan los habitantes de Ciudad de México a los problemas ambientales.

b La autora del artículo usa formas de la primera persona y preguntas que contesta directamente después. Describid el efecto.

c Ahora vosotros. Pensad en problemas de vuestra ciudad y escribid una carta a la autora del artículo. Contad lo que piensa y hace la gente en vuestro país.

Nadie niega el problema de la contaminación, pero las personas no se sienten responsables [...]. Un alto porcentaje acusa a las fábricas. Un número menor apunta a los gases de los vehículos, que en realidad son la fuente de 75% de las emisiones contaminantes. La población dice que el problema está en otras áreas, en el noroeste o el centro, pero no donde ellos viven.
Los responsables son los demás, quizás mis vecinos, pero no yo, no mi automóvil.
¿Y qué hace la gente para enfrentar la contaminación? Normalmente, nada. ¿Para qué está preparada? Para muy poco, aunque casi todos reconocen que la contaminación del aire es perjudicial para la salud y especialmente peligrosa para los niños.

1 **negar (-ie) algo** decir que no es verdad – 4 **apuntar a** indicar – **un vehículo** ein Fahrzeug – 5 **la fuente** die Quelle – 10 **enfrentar** *aquí:* luchar contra – 13 **perjudicial** que hace daño

Michelle Hibler: *Contra la contaminación del aire en Ciudad de México.* International Development Research Centre, Canadá (fragmento abreviado)

4 Prepararse para una discusión

Estrategia

Einen Redebeitrag strukturieren

Zur Vorbereitung eines längeren Redebeitrags z. B. bei einer Bürgerversammlung, aber natürlich auch im Unterricht, hat sich die folgende Gliederung in fünf Schritte bewährt.

1. Anknüpfung	
• an einen Text	acabamos de leer que el autor propone que ...
• an eine Äußerung	según lo que tú dices ...
2. Haltung zum fremden Standpunkt	
• Ablehnung	es cierto que ... pero ..., yo no puedo entender por qué ... no estoy de acuerdo, no comparto tu opinión
• Zustimmung	estoy de acuerdo, tiene(s) razón
• Teilzustimmung	reconozco que (a veces) es así
3. Äußerung des eigenen Standpunkts	
• andere Sicht	a mí me parece que ..., yo pienso que ..., en mi opinión ...
• Ergänzung	no debemos olvidar / quisiera añadir que ...
4. Begründung(en)	
• Argument	primero / en segundo lugar, porque, pues, es que
• Beispiel	por ejemplo, como
• Vergleich	sería como si *(+ imp. subj.)*, al igual que, (tal) como
5 Fazit / Konsequenz	
• Ankündigung	voy a *(+ infinitivo)*, no pienso *(+ infinitivo)*
• Forderung	pido / espero que *(+ subjuntivo)*, repito que *(+ subjuntivo)*
• Überleitung	¿me entiendes?, me gustaría saber lo que piensa ...

5 En una asamblea de vecinos de San Florián, barrio de México D. F.

a Estructurad el fragmento del siguiente discurso con ayuda de la estrategia de la página 55.

> Bueno, acerca de lo que dices tú, que se debería prohibir la entrada de los coches al centro de la ciudad, en general, estoy de acuerdo, pero no debemos olvidar que el transporte público no siempre es una alternativa para los coches. Por ejemplo, como todos sabemos, el metro ya está completamente lleno a todas horas y los metrobuses también. De modo que de momento no me parece posible.

b Imaginad que vivís en San Florián, un barrio céntrico de México D. F. Estáis reunidos para discutir lo que deberíais hacer para mejorar el aire en vuestro barrio.

1. Repartid la clase en cuatro grupos. Cada grupo asume el papel de una de las siguientes agrupaciones de representantes de la población:
   - padres de familia, jóvenes
   - propietarios de tiendas y fábricas, trabajadores de automóviles
   - políticos regionales
   - un grupo de ecologistas
2. Buscad argumentos y escribidlos en tarjetas correspondientes a cada rol.
3. Con ayuda de vuestras tarjetas discutid lo que deberíais hacer en vuestro barrio.

6 Un problema grave de México D. F.

a Mirad las fotos y describid lo que veis.

b Con ayuda de vuestros resultados del ejercicio 6a explicad cuál puede ser el problema que menciona el título del ejercicio.

Vocabulario útil para hablar sobre el tema

- **un barril** – ein Fass
- **un camión cisterna** – ein Tankwagen
- **el césped** – der Rasen
- **llenar algo** – etw. füllen
- **regar (-ie-)** – gießen, bewässern

c Escuchad ahora a unos vecinos de un barrio de México D. F. que describen sus problemas con el agua y con la «pipa», el camión cisterna que lleva agua potable a zonas pobres. Explicad cuáles son estos problemas.

d Discutid las consecuencias económicas, ecológicas y sociales de los siguientes hechos:
- Cuesta 25 pesos producir y llevar 1 m^3 (metro cúbico) a México D. F., pero se vende a 5 pesos.
- Un 30 % de los consumidores no paga el agua que recibe y – según expertos – los que más consumen son los que peor pagan.
- México D. F. se ha hundido *(abgesenkt)* varios metros por el agua que se ha sacado del subsuelo.

7 El acceso al agua en los montes de México D. F. (→ glosario cultural)

a Después de leer el siguiente texto, resumidlo. Tened en cuenta, por ejemplo, las siguientes preguntas:
¿Cuál es el problema de los mazahuas?
¿Que medidas *(Maßnahmen)* han tomado las mujeres?

b Discutid con un compañero / una compañera: ¿Os parece justo? ¿Creéis que las mujeres mazahuas van a conseguir algo? ¿Habría alternativas?

Rebelión mazahua

Villa de Allende, Méx., 11 de octubre. – Caminando bajo la lluvia y en medio de un intenso frío, los cerros las han visto subir y bajar en su lucha por el agua. Son las mujeres zapatistas por la defensa del agua, pertenecientes a la comunidad Mazahua de Mesas de San Martín, una de las localidades más afectadas por el mal funcionamiento de la obra hidráulica del Cutzamala, en el municipio de Villa de Allende. La zona, situada a unas 3 horas y media de la Ciudad de México, es fuente del agua potable del sistema Cutzamala. Desde que la gran red inició su funcionamiento, ha provocado daños ecológicos en la región y los habitantes de los municipios de Temascaltepec, Villa Victoria, Villa de Allende, Valle de Bravo, Donato Guerra, Ixtapan del Oro y Santo Tomás de los Plátanos en el sur del Estado de México, ven cómo cada día mil 641 millones 600 mil litros de agua salen de sus comunidades hacia el Distrito Federal y la zona metropolitana, mientras las viviendas de las mujeres indígenas no cuentan con agua potable. En medio de esa problemática, y cansadas de que las autoridades sólo «han engañado» a sus hombres, las mujeres de la región mazahua se organizaron y tomaron las armas simbólicamente para ser escuchadas. Clausuraron la entrada principal a la planta potabilizadora «Los Berros» hace unas semanas y lograron la instalación formal de las mesas de negociación con autoridades de la Comisión Nacional del Agua (Conagua).
«Aquí conseguir agua significa esperar gota a gota durante horas. En caballo o burro y a dos horas de camino, apenas conseguimos un garrafón de 20 litros de agua», acusa Ofelia Peñalosa, de 29 años y madre de dos niñas. Por su parte, Felisa Rodríguez Marín, de 75 años, explica: «Los de la Comisión del Agua son responsables de todo, por sus construcciones y por la planta Cutzamala, los manantiales naturales se murieron.»

Argelia Villegas, Román González, «Rebelión mazahua», *El Proceso*, México, 11.10.2004 (fragmentos)

c Completad las frases y continuad con más ejemplos:
Los mazahuas tendrían acceso *(Zugang)* a agua potable, si …

1. … la gente en la capital **(gastar)** menos agua.
2. … el gobierno **(respetar)** sus derechos.
3. … **(haber)** construido una obra hidráulica mejor.

d En la foto veis una reunión de vecinas: imaginaos una discusión sobre el problema del agua. Tened en cuenta lo que habéis aprendido en este ejercicio y en los anteriores y representad la escena en clase.

4 **un cerro** ein Hügel – 6 **zapatista** *ver la casilla de la p. 67* – **perteneciente a** ser de – 9/10 **la obra hidráulica** die Wasserversorgung – 13 **iniciar** empezar – 25 **engañar a alguien** jdn. überlisten – 27 **un arma (f.)** eine Waffe – 28 **clausurar** cerrar – 29 **una planta potabilizadora** ein Wasserwerk – 31 **una negociación** eine Verhandlung – 43 **una gota** ein Tropfen – 37 **un garrafón** una botella muy grande – **acusar** *aquí:* quejarse

8 La ciudad del futuro

a Escuchad la canción del cedé y leed el siguiente texto. Explicad lo que los autores esperan de cómo será la ciudad en el futuro.

La tecnología como esperanza de las urbes

Vivir en ciudades como el Distrito Federal, Guadalajara o Monterrey puede ser abrumador. La cantidad de personas, el tráfico, la contaminación, la falta de agua y muchos factores más pueden hacer de la vida en las grandes urbes algo difícil.
Aun así, hay varias tecnologías que podrían ayudar a mejorar la vida en la ciudad creando ciudades inteligentes que cuiden aspectos como ahorrar energía, agua, contaminar menos y a la larga, vivir mejor.
Por esto, algunas empresas de tecnología creen que las investigaciones científicas y productos que se realicen de hoy en adelante, cambiarán completamente la vida en las ciudades.
¿Cómo? En ciudades superpobladas habrá mejores maneras de reaccionar ante alertas epidemiológicas y situaciones como las que vivimos en abril del año pasado. Esto será detectando más rápido las enfermedades y previniendo los contagios masivos.
Con edificios inteligentes. ¿A qué me refiero? Actualmente los edificios se construyen con sistemas independientes de agua, calefacción, luz y demás servicios; en un futuro los edificios serán más como un ser vivo: los harán funcionar como un organismo vivo que pueda detectar y responder ante cualquier ataque para proteger a los que lo habitan.
En el ahorro de agua se implementarán alcantarillados inteligentes, que separen el agua y que capten toda aquella que pueda volverse a utilizar; también se cree habrá contadores interactivos que ahorrarán en un 50% el desperdicio de agua y sensores que nos avisarán de fugas internas y externas.
En pocas palabras, ciudades organizadas creadas para los humanos, no solamente para que los humanos las habiten. ¿Difícil de creer? ¿qué opinas de esto?

Perla Cristal Gómez: «La tecnología como esperanza de las urbes». *www.vivirmexico.com*, 05.01.2010

b ¿Creéis que lo que esperan los autores de la canción y del artículo se realizará? Contestad las preguntas finales de la autora del artículo con vuestras ideas. Usad frases con *(no) creo que, me imagino que, espero que* etc. Cuidado con los modos (indicativo o subjuntivo).

c De cierto modo se puede decir que la viñeta también se refiere a los problemas que habéis conocido en este capítulo. Describid la viñeta y discutid esta afirmación.

1 **una urbe** una ciudad – 3 **abrumador, -ora** bedrückend – 12 **la investigación** die Forschung – 16 **una alerta** ein Alarm – 17 **situaciones como las que vivimos . . .** la autora se refiere a la epidemia de la gripe porcina *(Schweinegrippe)*, muy fuerte en México – 18 **detectar** descubrir – 19 **prevenir** vorbeugen – **el contagio** die Ansteckung – 24 **un ser vivo** ein Lebewesen – 28 **un alcantarillado** ein Kanalisationssystem – 32 **el desperdicio** die Verschwendung – 33 **una fuga** ein Leck

Muros que hablan

Elegid una de las siguientes tareas:

a Reflexionad sobre las fotos de abajo y comentad los grafiti. Imaginaos un contexto para cada una.

A

B

C

b Sacad fotos de grafiti y pinturas murales de vuestra ciudad. Describid cada foto y su mensaje. Explicad por qué os llamaron la atención. Comentad también su valor estético.

c Algunas personas piensan que los grafiti ensucian la ciudad, otros dicen que son arte. Discutid en grupos lo que pensáis vosotros.

Con estas expresiones puedo hablar de arte

- en el centro
- en primer / segundo plano
- el fondo
- a la izquierda / derecha
- en la parte superior / de arriba
- en la parte inferior / de abajo
- encima / debajo de
- hay / está / se encuentran / aparecen / vemos …

- el mural expresa / transmite … una opinión / un sentimiento / una queja
- el grafiti acusa / pone en duda / apoya / pide
- el dibujo se refiere a / alude a
  - el diseño, los elementos, los motivos
  - la letra, la figura
  - el color, la forma geométrica
  - el tag (la firma)
  - las ideas: el juego de palabras, el chiste, el símbolo, la alusion *(Anspielung)*

5 Culturas antiguas y sus herederos

Historia mesoamericana

Culturas indígenas

Olmecas 1200 – 400 a. C.

Zapotecas (varios grupos) 1500 a. C. – 800 d. C.

Mayas 900 a. C. – 900 d. C.

Mixtecas (varios grupos) 1500 a. C. – 1523 d. C.

Historia de Occidente

← 2500 a. C. Construcción de las pirámides egipcias

ca. 800 a. C. Las poesías épicas de Homero

753 a. C. Fundación de Roma

Nacimiento de Cristo

711 Invasión árabe la Península Ibé

1 Culturas antiguas

a Identificad en el mapa de la página 61 de qué zona de América se trata y qué países modernos se encuentran hoy en las zonas de las antiguas culturas indígenas.

b Leed los nombres de los lugares y culturas en el mapa. En parejas o pequeños grupos decid cuáles conocéis e intercambiad lo que recordáis sobre ellos. Tomad apuntes.

c Explicad qué culturas indígenas tenían mayor extensión territorial y cuáles existieron más tiempo, según el gráfico.

2 El viejo y el nuevo mundo

a Escuchad el texto del cedé y añadid a vuestros apuntes del ejercicio 1b más información sobre los mayas.

b Explicad a un alemán que no entienda español lo que es tan especial en la pirámide de Kukulkán.

c En el texto del cedé se mencionan algunas diferencias entre las culturas americanas y europeas, pero también ciertos prejuicios. Explicad cuáles son.

d En Europa llamamos al continente americano el «nuevo mundo». Con lo que acabáis de aprender discutid lo que pensáis ahora de esta expresión.

Con estas expresiones ...

puedo hablar sobre acontecimientos históricos

- egipcio, -a
- griego, -a
- extenderse
- fundar algo
- un imperio
- un calendario
- una pirámide
- pertenecer (-zco) a algo
- construir algo
- una piedra
- un jeroglífico

Hitos de la historia de México

La conquista de Tenochtitlan

La ciudad de Tenochtitlan, capital del Imperio Azteca, se fundó en 1325. Al poco tiempo se convirtió en una ciudad con mucho poder y una de las más grandes del mundo, con 500.000 habitantes. La ciudad fue gobernada por emperadores (en náhuatl, tlatoanis) hasta el año 1521, cuando el conquistador español Hernán Cortés y sus hombres consiguieron tomarla.

En 1519 Cortés ya había conquistado la región de Tabasco, donde le fueron regaladas algunas mujeres, entre ellas La Malinche (en náhuatl, Malintzin).

Ella constituye la figura central de muchas leyendas, que la presentan como a una traidora. Fue una mujer de gran inteligencia que conocía varias lenguas indígenas. Ella y Jerónimo de Aguilar fueron intérpretes y traductores de Cortés. Cortés fundó la ciudad de Veracruz y algunos meses después hizo contacto por vez primera con los mensajeros de Moctezuma, tlatoani azteca, que creía que los españoles habían sido mandados por los dioses. Moctezuma les ofreció regalos para pedirle a Cortés que no continuara con la marcha. Sin embargo Cortés siguió con sus planes. El 8 de noviembre de 1519 los españoles entraron en Tenochtitlan y el tlatoani fue hecho prisionero. Debido a los abusos de los hombres de Cortés, los indígenas se rebelaron.

Moctezuma fue asesinado por los propios aztecas, ya que, por no haber defendido la ciudad, fue considerado un traidor. A pesar de que los aztecas eran más que los españoles, muchos murieron no en la defensa de la ciudad, sino de enfermedades que trajeron los españoles. De este modo la ciudad fue tomada con mayor facilidad.

Foto: Tenochtitlan, cuadro de Diego Rivera, Palacio Nacional, México D.F.

LA REVOLUCIÓN MEXICANA

Desde 1910 hasta 1917 tuvo lugar una guerra civil en México, que es conocida como la «Revolución Mexicana». En ella lucharon los revolucionarios contra la dictadura de Porfirio Díaz (llamada Porfiriato). Para algunos revolucionarios lo importante era construir un sistema democrático, pero otros querían, además, mejores condiciones de vida para los campesinos. Uno de ellos era Emiliano Zapata.

Zapata nació en 1883 en una familia de campesinos en un pueblo del estado de Morelos. Desde niño vio las injusticias del gobierno, que les quitó a los campesinos sus tierras. Cuando era muy joven, decidió tomar las armas para que los campesinos recuperaran lo que era suyo y desapareciera la desigualdad en el campo. A diferencia de otros revolucionarios, Zapata exigía que se respetaran los derechos de los indígenas y se hicieran leyes de igualdad. Fue asesinado en Chinameca en 1919. Hoy en día es considerado un gran héroe en México y en otros países latinoamericanos. La vida de Zapata es tema de leyendas, pinturas y canciones populares.

Foto: Emiliano Zapata, cuadro de Diego Rivera, Palacio de Cortés, Cuernavaca

un hito un acontecimiento muy importante – 4 **el náhuatl** una lengua indígena de México – 22 **un traidor, una traidora** ein Verräter, eine Verräterin – 32 **un campesino** ***(lat. am.)*** ein Kleinbauer

1 Nombres importantes de la historia de México

a Después de leer el texto «La conquista de Tenochtitlan», explicad lo que sabéis sobre las personas y los lugares de la casilla.

- Tenochtitlan
- Hernán Cortés
- Moctezuma
- La Malinche

b Tomad el papel de una de las siguientes personas y decid lo que piensa en el momento del encuentro entre Cortés y Moctezuma. Decid por ejemplo lo que le llama la atención en los otros, lo que espera o teme del encuentro.

A

Cortés y La Malinche

B

Moctezuma

C

Indígenas de Tabasco

2 Emiliano Zapata

Leed el texto «La Revolución mexicana» y después explicad

a por qué Emiliano Zapata se convirtió en un revolucionario.

b qué quiso conseguir Zapata.

3 Palabras de guerra y revolución

a Al leer los textos «La conquista de Tenochtitlan» y «La Revolución Mexicana», seguro que habéis entendido bastantes palabras sin daros cuenta que todavía no las habéis aprendido. Copiad la siguiente tabla en vuestro cuaderno y rellenadla con más ejemplos de los dos textos.

Ejemplo: Palabras que conozco del…

alemán	inglés	francés	latín
figura – Figur	prisionero – prison	considerar – considérer	emperador – imperator
…			

b ¿Qué más os ayuda para entender palabras desconocidas? Explicadlo y buscad ejemplos en los textos «La conquista de Tenochtitlan» y «La Revolución mexicana».

Entender nuevas palabras

Si no recordáis cómo podéis comprender palabras que todavía no habéis aprendido, mirad en el **Online-Link** 535630-0011.

c En esta unidad hablamos sobre acontecimientos históricos, que son muchas veces luchas y revoluciones. Para que no os falten las palabras necesarias, dibujad un mapa mental en el que aparezcan todas las palabras del campo semántico «guerra» que conozcáis.

4 Los acontecimientos históricos (§ 15)

a Unid los elementos de estas tres columnas y formad frases en pasiva.

La ciudad de Tenochtitlan	conquistar	como tema de canciones y leyendas
El Imperio Azteca	considerar	durante la Conquista
La región de Tabasco	destruir	en 1325
Moctezuma y La Malinche	fundar	por Cortés en 1519
Moctezuma	gobernar	por los aztecas
La vida de La Malinche	matar	por tlaotlanis
Muchos libros de los mayas y aztecas	utilizar	traidores

b Completad el siguiente texto sobre la Revolución mexicana con la forma correcta de la voz pasiva.

En 1910 las reivindicaciones[1] de tierras y más derechos de los campesinos 1 **(rechazar)**. Decidieron tomar las armas. 2 **(dirigir)** por Emiliano Zapata, Pancho Villa y otros. Porfirio Díaz 3 **(vencer)** y se fue al exilio. Los años pasaron y varios presidentes se siguieron en el poder. En 191[illegible] Venustiano Carranza, un aliado[2] de los revolucionarios, 4 **(proclamar)** presidente. Cuando en 1915 la capital 5 **(tomar)** por los revolucionarios, la Revolución parecía haber vencido. Sin embargo, diversos grupos revolucionarios lucharon entre ellos. Muchos de los políticos y revolucionarios de esta época 6 **(asesinar)**. Una paz duradera[3] no 7 **(alcanzar)** hasta los años 20. En 1929 8 **(fundar)** el Partido Nacional Revolucionario – llamado más tarde Partido Revolucionario Institucional (PRI). México 9 **(gobernar)** por ese partido hasta el año 2000.

5 ¿Quién fue el primero? (§ 15)

¿Qué créeis?, ¿quién inventó las siguientes cosas o las usó por primera vez? Discutid en parejas y usad frases de pasiva.

- los egipcios
- los griegos
- los aztecas y mayas
- los chinos
- los americanos
- los europeos
- los árabes

Ejemplo:
—Creo que las primeras naranjas fueron cultivadas por los aztecas o mayas porque …
—No estoy de acuerdo. Yo creo que las primeras naranjas fueron cultivadas por … porque …

A las primeras naranjas (cultivar)

B el primer café (beber)

C el primer tipo de papel (producir)

D la cifra 0 (usar primero)

E la rueda (inventar)

F los primeros cálculos con una calculadora (hacer)

G la pólvora[4] (inventar)

H los primeros pantalones vaqueros (fabricar)

[1] **una reivindicación** eine Forderung – [2] **un aliado** ein Verbündeter – [3] **duradero, -a** dauerhaft – [4] **la pólvora** *hier:* das Schießpulver

6 La educación de antes (§ 7)

Trabajad en parejas y completad las frases del diálogo con el presente o el imperfecto de subjuntivo.

A

¿Sabías que antes en México los padres no les permitían a sus hijos que los **(tutear)**?

Sí, pero, no creí que **fuera** verdad.

Los abuelos y los padres les pedían a los niños que les **(mostrar)** respeto, por eso, preferían que los **(tratar)** de usted.

A los míos no les gustaría que los **llamara** de usted y les molestaría que no les **dijera** «papá o mamá».

En las escuelas latinoamericanas también era normal que los alumnos **(dirigirse)** a los profesores con «usted».

Yo creo que sigue siendo así en México, aunque en España no **hagamos / hagan** esto.

Sí, pero a veces estaría bien que los alumnos **(decir)** «usted» a los profesores.

B

¿Sabías que antes en México los padres no les permitían a sus hijos que los **tutearan**?

Sí, pero, no creí que **(ser)** verdad.

Los abuelos y los padres les pedían a los niños que les **mostraran** respeto, por eso, preferían que los **trataran** de usted.

A los míos no les gustaría que los **(llamar)** de usted y les molestaría que no les **(decir)** «papá o mamá».

En las escuelas latinoamericanas también era normal que los alumnos **se dirigieran** a los profesores con «usted».

Yo creo que sigue siendo así en México, aunque en España no **(hacer)** esto.

Sí, pero a veces estaría bien que los alumnos **dijéramos** / **dijeran** «usted» a los profesores.

7 La historia de La Malinche

a Mirad los siguientes dibujos que corresponden a diversos episodios de la vida de La Malinche. ¿Qué nos cuentan los dibujos sobre la vida de esta mujer? Intentad ponerlos en orden cronológico.

A

B

C

D

E

F

b Ahora escuchad el cedé y comprobad si habéis ordenado bien los dibujos. Escribid un pequeño texto sobre la vida de La Malinche. ¿Cuál es vuestra opinión sobre este personaje?

1 El «Sub»

Aquí tenéis un fragmento de una entrevista con el Subcomandante Marcos, un personaje muy controvertido. Algunos lo apoyan porque lucha por los derechos de los indígenas del estado de Chiapas, en el sur de México. Otros lo consideran un terrorista. Marcos aquí es entrevistado por el periodista Jesús Quintero, más conocido como «El Loco de la Colina», por ser éste el nombre del programa de radio con el que se hizo famoso.

Entrevista al Subcomandante Marcos

El Loco de la Colina. – *Oculta su identidad bajo un pasamontañas. Hay quien dice que tiene raíces españolas y que fue profesor de filosofía en la Universidad Autónoma Metropolitana, pero quizás no sea más que parte de su leyenda. Ha puesto en pie de guerra al pueblo indígena contra los abusos del poder mexicano. Es un guerrillero de hoy. Un nuevo «Che» Guevara, una reencarnación personalizada de Emiliano Zapata. Es el Subcomandante Marcos, líder del Ejército Zapatista de Liberación Nacional.*

El Loco de la Colina. – Usted Marcos, ¿es indio, mestizo, blanco …?

Subcomandante Marcos. – Yo soy mestizo; durante más de veinte años estuve en comunidades indígenas, estoy todavía viviendo con ellos, y de una u otra forma, me convertí en el traductor, precisamente para la población mestiza, de este pensamiento, de esta cultura, de este modo de ver el mundo que es el de los pueblos indios. En ese sentido, el pasamontañas, encubrir el rostro, significa no reafirmar la identidad propia sino la identidad colectiva de este movimiento que es el zapatista.

El Loco de la Colina. – ¿Qué siente cuando lo comparan con el «Che» Guevara?

Subcomandante Marcos. – Es una comparación injusta, para el «Che», por supuesto. Se trata de otra época de América Latina, de otra época mundial, de otra forma de ver el mundo… de ninguna manera me compararía, pues, con el «Che», como no fuera en desventaja. Pero no es nuestro objetivo compararnos con ninguna de las figuras revolucionarias o rebeldes que hay en el mundo. Lo que nosotros queremos construir es una identidad colectiva en la que quepan todos, quepan todos los que están proponiendo otro mundo.

Jesús Quintero, «El Loco de la Colina», RTVE 18.06.2006 (fragmento)

2 **ocultar** esconder – **un pasamontañas** *ver foto* – 6 **poner en pie de guerra** in Kriegsbereitschaft versetzen – 8 **la reencarnación** die Wiedergeburt – **personalizado, -a** en persona – 16 **encubrir** ocultar – **el rostro** la cara – 17 **reafirmar** bekräftigen – 24 **quepan** subjuntivo de caber

a Leed la entrevista y la casilla de la página 67 y contestad las siguientes preguntas:
- ¿Por qué le pregunta El Loco de la Colina a Marcos si es mestizo, blanco o indio?
- ¿Por qué Marcos no muestra su cara?
- ¿A qué se refiere el Subcomandante con «identidad colectiva»?
- ¿Qué quiere lograr el movimiento zapatista?

b Marcos ha sido comparado con Che Guevara y Emiliano Zapata. Con lo que habéis aprendido, explicad qué tiene en común con estas personas y qué diferencias hay. (Para más información, mirad el glosario cultural.)

c Imaginaos que vais a preparar una entrevista de periódico con el Subcomandante Marcos. Escribid las preguntas que le haríais en la entrevista.

Che Guevara, 1928 – 1967

Indígenas de Chiapas

El Ejército Zapatista de Liberación Nacional (EZLN)

El EZLN es un grupo revolucionario armado de Chiapas, uno de los estados más pobres de México. La mayoría de los zapatistas son indígenas. Los zapatistas no han utilizado las armas desde que en 1994 fueron vencidos por el ejército mexicano. Desde entonces cuentan con el apoyo de algunas ONGs y grupos solidarios. Su jefe y portavoz *(Sprecher)* es el Subcomandante Marcos y se consideran herederos de Emiliano Zapata. Los zapatistas pretenden defender los derechos de los indígenas, conseguir un reparto de tierras entre los indígenas y forman parte del movimiento antiglobalización.

2 Escribir un resumen

Estrategia

Ein *Resumen* schreiben

Ein *Resumen* (Zusammenfassung) soll dazu dienen, einen gelesenen Text zusammenzufassen und die Hauptgedanken in verkürzter Form wiederzugeben. Dabei müsst ihr Folgendes beachten:

Euer *Resumen* beginnt ihr mit einer Einleitung, die den Autor, die Quelle und den Titel des Textes enthalten sollte.
Sucht zunächst Schlüsselwörter im Text und notiert sie, wenn möglich.
Gebt nun die wichtigsten Informationen mit euren eigenen Worten wieder. Behaltet dabei möglichst die Reihenfolge der Informationen aus dem Text bei. Man kann sie aber auch ändern und z. B. die Argumente logisch oder systematisch ordnen, wenn der Inhalt so klarer wird. Dabei können euch die Fragen Wer? Was? Wann? Wo? Warum? helfen. Schreibt euren Text in der 3. Person im Präsens. Vermeidet Zitate, direkte Rede oder das Kopieren einzelner Textstellen. Gebt auch keine Kommentare zum Gelesenen ab. Ein *Resumen* sollte maximal ein Drittel des Originaltextes umfassen.

Haced un resumen del texto «Maná llama a 'globalifóbicos' a evitar violencia en Cancún» de la siguiente página. Las expresiones de la casilla de abajo también os pueden ayudar.

Con estas expresiones puedo …

… introducir el resumen
- Se trata de (una parte de)
  - un anuncio
  - un artículo de un periódico / de una revista sobre …
  - un comentario
  - un reportaje
  - una novela
  - una noticia
  - un cuento
  - un e-mail
- El texto / artículo / e-mail
  - lleva el título
  - está titulado
  - fue escrito en … por …
  - trata de …

… empezar a resumir
- En primer lugar
- Al principio, el autor
  - discute / presenta el tema de
  - da su opinión sobre el tema de
- Continúa dando ejemplos.
- Entonces analiza …
- Luego expone detalles.
- Después compara … con …
- En segundo lugar describe un caso concreto.
- En tercer lugar critica la situación.
- Está a favor de … / en contra de … / apoya la opinión …

… terminar
- Finalmente
- Al final
- En último lugar
- Por último explica las consecuencias
- El texto termina con
  - una pregunta
  - una conclusión

3 La música entra en política

MARTES, 9 DE SEPTIEMBRE DE 2003

Maná llama a 'globalifóbicos' a evitar violencia en Cancún

La popular banda mexicana Maná, que hace poco se «divorció» del subcomandante zapatista Marcos, llamó el martes a los «globalifóbicos» a evitar las protestas violentas en la ciudad turística de Cancún, sede de una cumbre de la OMC del miércoles al domingo.

«Si esta gente es supuestamente gente culta, deberían de fijarse en quienes supieron hacer movimientos, como Martin Luther King o Gandhi», dijo a Reuters el baterista Alex González.

Un grupo de activistas italianos contrarios a la globalización se desnudaron el lunes en una de las playas de Cancún y con sus cuerpos formaron la frase «No OMC», en rechazo a la cita de la Organización Mundial del Comercio.

«Sobran ejemplos de organizaciones que están protestando y han llevado su mensaje, que a final de cuentas es lo importante: llevar el mensaje, no lastimar gente, propiedades, porque si no, ¿cómo los van a tomar en serio?», dijo el músico.

A principios de agosto, Maná dijo que se desencantó del subcomandante Marcos, venerado durante años por los roqueros, tras el apoyo del líder guerrillero zapatista al grupo separatista vasco ETA.

Maná, agregó González, no acudirá a las protestas contra la OMC en Cancún, pero se reunirá con representantes de la Organización de las Naciones Unidas para la Alimentación (FAO) y de la ONU en octubre para hablar de proyectos altruistas.

El cuarteto, que lidera el vocalista Fher Olvera, ha destinado parte de sus ganancias a su activismo ecológico –particularmente en proyectos de reforestación y protección a la tortuga marina en México– y en contra del hambre.

Reuters, *Noticias Latinoamericanas*, 09.09.2003 (fragmento)

1 **un globalifóbico** persona que está en contra de la globalización – 6 **la sede** der (Haupt-)sitz – **una cumbre** ein Gipfel(-treffen) – 6 **OMC (Organización Mundial del Comercio)** WTO (Welthandelsorganisation) – 7 **culto, -a** que estudió mucho o con mucha educación – 9 **un baterista** ein Schlagzeuger – **14 una cita** ein Termin, ein Treffen – 16 **sobran ejemplos** hay muchos ejemplos – 17 **a final de cuentas** letztendlich – 18/19 **una propiedad** ein Besitz – 21 **desencantarse** enttäuscht werden – 22 **venerar** verehren – 23 **tras** después de – 25 **agregar** añadir – 29 **altruista** uneigennützig – 30/31 **destinar algo a algo** etw. für etw. bestimmen – 32 **la reforestación** acción de plantar árboles en terrenos que antes habían sido bosques – 33 **una tortuga marina** eine Meeresschildkröte

a Con ayuda de la información del texto presentad a Maná. Decid también qué más sabéis de ellos y cuáles de sus canciones conocéis.

b Explicad por qué Maná no está de acuerdo ni con el subcomandante Marcos ni con parte de los «globalifóbicos».

c ¿Conocéis otros músicos que realicen actividades políticas o sociales? ¿Qué proyectos realizan?

4 Lo mismo con otras palabras

a Buscad en el texto sobre Maná sinónimos para las palabras de la casilla.

b Explicad la frase: «Sobran ejemplos de organizaciones que están protestando y han llevado su mensaje, que a final de cuentas es lo importante: llevar el mensaje, no lastimar gente, propiedades, porque si no, ¿cómo los van a tomar en serio?» (l. 14–19).

- un grupo
- separarse
- quitarse la ropa
- hacer daño, dañar
- cuatro personas
- una persona que canta
- una persona que toca música rock
- venir, participar

5 «El orgullo de pertenecer a esta gran nación»

Leed el siguiente texto y explicad qué se celebró en México en 2010 y cómo se celebró. Para saber más, mirad el **Online-Link** 535630-0012.

El «fuego del Bicentenario» que, semejante al fuego olímpico, recorre todo el país, es uno de los acontecimientos emocionantes del Bicentenario de la Independencia y del Centenario de la Revolución en 2010. Con una enorme cantidad de conciertos, exposiciones, espectáculos multimedia y desfiles sobre su historia, México conmemora estos dos eventos históricos. Aunque el país no logró la independencia hasta 1821, celebra el bicentenario en 2010, ya que en 1810 empezó la rebelión contra el sistema colonial español. Los organizadores del festejo hablan de «un evento histórico sin precedentes, logrando unir e integrar a todos los ciudadanos de la República mexicana en los festejos del Bicentenario de la Independencia y del Centenario de la Revolución. La llama histórica se ha encendido en el corazón de todos los mexicanos. Y el orgullo de pertenecer a esta gran nación se percibe en cada evento.»

1 **recorrer** durchqueren – 5 **un desfile** ein Umzug – 9 **sin precedentes** que nunca se ha visto antes – 10 **un ciudadano** ein Bürger – 11 **una llama** eine Flamme – 12 **percibir** ver

6 No todos están de acuerdo

Las fiestas del Bicentenario recibieron también mucha crítica. El escritor Carlos Fuentes, por ejemplo, criticó en una entrevista que «será una celebración televisada de fuegos artificiales y no va a ir al fondo de los problemas intelectuales, morales, políticos y sociales».

a Con ayuda del siguiente artículo explicad cuáles pueden ser los problemas a los que se refiere Carlos Fuentes.

b ¿Creéis que el juicio de Jorge Zapata es objetivo? Justificad vuestra respuesta con ayuda del texto.

c Informaos en Internet sobre la situación social en México. (Tenéis direcciones útiles en el **Online-Link** 535630-0013.) Discutid en qué confirman o contradicen a las palabras de Jorge Zapata.

Critica nieto de Zapata festejo de Bicentenario

Taxco, 19 de abril. Durante la conferencia *Zapata vive*, el nieto del revolucionario Emiliano Zapata Salazar, Jorge Zapata, utilizó el encuentro para pronunciarse contra el gobierno federal panista por las acciones que lleva a cabo contra la pobreza y reprobó los festejos del Bicentenario de la Independencia y Centenario de la Revolución Mexicana.

Jorge Zapata sostuvo que «no entiendo al gobierno actual, cuál es la visión a futuro, porque no es justo que en un país tan rico como es México, sigan pisoteando y burlándose de los pobres».

Se quejó de la existencia de 60 por ciento de pobres en México y 30 por ciento en extrema pobreza, mientras que la riqueza se concentra en 10 por ciento, «que son los políticos actuales».

Precisó que se debe celebrar la figura de Emiliano Zapata, «pero debemos hacerlo con hechos, porque a 91 años de su muerte los ideales viven, pero tal parece que vamos hacia atrás porque la pobreza día con día crece».

Jorge Zapata se pronunció contra las actividades del Bicentenario de la Independencia y Centenario de la Revolución Mexicana, «porque qué vamos a festejar; el alza a la canasta básica, los combustibles y los aumentos de los impuestos».

Rechazó su participación en este tipo de encuentros oficiales, «yo no voy, sólo a las actividades que haga el pueblo y los campesinos, de los maestros, pero del gobierno definitivamente no voy a estar».

La Jornada, Guerrero, 20.04.2010 (fragmentos)

5 **panista** del partido político PAN, un partido conservador de México – 6 **llevar a cabo** hacer – **reprobar (-ue-)** criticar – 9 **sostener** behaupten – 11/12 **pisotear** *aquí:* tratar muy mal – 20 **atrás** rückwärts – 25 **el alza** die Erhöhung – **la canasta básica** productos que se necesitan para vivir – **los combustibles** die Brennstoffe – 26 **los impuestos** die Steuern

7 La Adelita

a Escuchad la canción y ordenad correctamente las frases. Escribid las letras en vuestro cuaderno. Vais a encontrar el nombre de un dios de los aztecas.

Pancho Villa

Si acaso yo muero en la guerra → O
Si Adelita quisiera ser mi esposa, → Q
Para llevarla conmigo al cuartel[1]. → T
Que por mí no vayas a llorar. → L
Si Adelita se fuera con otro, → Z
Le compraría un vestido de seda[2] → E

Si Adelita ya fuera mi mujer, → U
Si es por mar en un buque de guerra. → L
Si es por tierra en un tren militar. → C
Y mi cuerpo en la sierra va a quedar, → A
Adelita, por Dios te lo ruego → T
La seguiría por tierra y por mar, → A

b ¿Quién fue Adelita? Leed la información de la casilla.

c Describid las fotografías y relacionadlas con la canción.

La Adelita

La leyenda cuenta que La Adelita fue una soldadera de la Revolución Mexicana, es decir, una mujer que acompañaba a los soldados. Hoy en día es una figura que aparece en canciones, pinturas y películas y que constituye todo un símbolo de valor de las mujeres de México. No se sabe quién era Adelita, aunque se cree que fue una mujer que acompañó al líder revolucionario Pancho Villa. El 20 de noviembre, día de la Revolución, muchas chicas se disfrazan de Adelita para celebrar el aniversario y recordar que la Revolución fue hecha tanto por hombres como por mujeres.

8 Si fuera ...

a Escribid otra estrofa y hablad de los sueños y deseos de Adelita.

Si Adelita ...

b Mostrad vuestro amor por Adelita y tomad el papel del cantante.

Si yo ...

c Completad las frases.

Si tuviéramos un hijo ...
Si no hubiéramos encontrado ...
Si fuéramos abuelos ...
Si Adelita me abandonara ...
Si no hubiera guerra ...
Si tuviéramos las notas de esta canción ...

[1] **un cuartel** eine Kaserne – [2] **la seda** die Seide

Frida Kahlo

a Presentad a Frida con ayuda del cuadro y de las informaciones dadas.

- Diego pintó muchas veces a su mujer.
- Nace el 6 de julio de 1907 en Coyoacán.
- Su nombre completo es Carmen Frida Kahlo Calderón.
- En 1910 se pone enferma de polio[1]. Por esta enfermedad tiene una pierna más delgada que la otra.
- Tiene un accidente de tráfico en un autobús en 1925.
- Empieza a pintar y a estudiar arte.
- Pinta decenas de autorretratos, paisajes y retratos de personajes importantes de su vida.

b Describid el cuadro y la fotografía de abajo y relacionadlos con los acontecimientos de su vida.

c Elegid otro cuadro de la pintora y describidlo.

[1] **la polio** die Kinderlähmung

Con estas expresiones puedo describir personas

- El aspecto (físico) / la apariencia de la persona es …
- La expresión de su cara es …
  - agradable / desagradable
  - feliz / triste
  - desesperada
  - alegre / seria
- Es un hombre / una mujer …
  - bajo, -a / alto, -a
  - delgado, -a / gordo, -a
  - guapo, -a / feo, -a
  - rubio, -a / moreno, -a
  - de pelo blanco
  - de pelo rizado *(lockig)*, liso *(glatt)*, largo, corto
- Tiene los ojos … azules / verdes / marrones / grises / oscuros / claros
- Lleva …
  - un sombrero
  - un bigote *(Schnurrbart)*
  - gafas

Para saber más

sobre Frida Kahlo y ver más de sus pinturas, mirad el **Online-Link** 535630-0014.

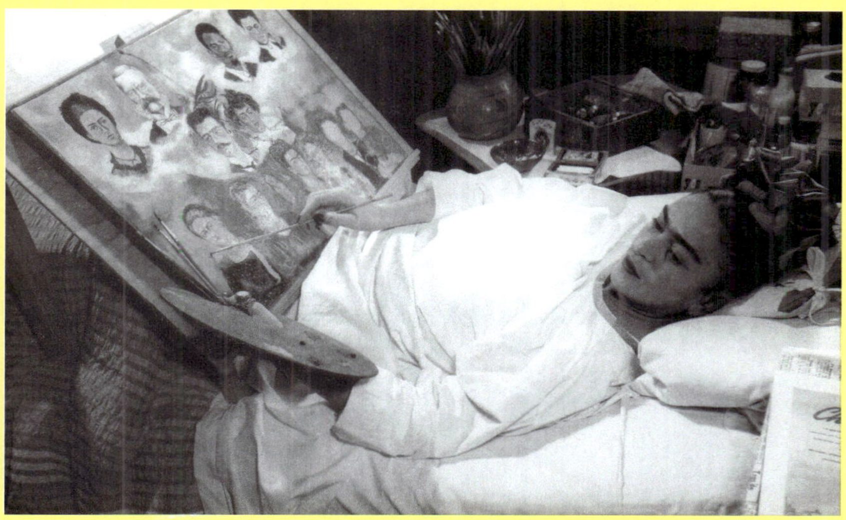

d Elegid una de las siguientes tareas.

1. Tomad como modelo los cuadros de Frida y realizad un *collage* en el que representéis algún acontecimiento de vuestra vida. Cuando esté listo presentadlo y explicadlo al resto del grupo.
2. Escribid un texto con vuestra opinión sobre la relación entre Frida y Diego. Para ello, utilizad la cita *(Zitat)* de al lado.

«He sufrido dos grandes accidentes en mi vida: uno fue en autobús y el otro, Diego.»
Frida Kahlo

6 Cruzando fronteras

1 ¿Sólo con la maleta en mano?

a Observad las caricaturas de arriba y decid cuál es su tema común.

b Elegid una de las caricaturas. Buscad a los compañeros que quieran trabajar sobre la misma que vosotros y seguid en grupos. Describid lo que veis y discutid qué sentimientos os transmite y cuál es el mensaje del caricaturista. Para hacerlo, pensad en lo que aprendisteis el año pasado.

c Presentad vuestros resultados a la clase.

2 Saltar fronteras y barreras

a Las fronteras no sólo son las líneas que dividen dos países. Pensad cuáles pueden ser fronteras o barreras con las que tenemos que enfrentarnos en la vida. Las fotos de la siguiente página pueden daros algunas ideas.

b Discutid en parejas o pequeños grupos si lo de saltar fronteras es algo positivo o negativo.

1

2

3

4

5

6

Realizar sus sueños

A

«Yo nací en México, en una familia relativamente acomodada. Nunca me había gustado depender de mis padres, yo quería hacer algo por mí mismo. Así que un día decidí iniciar mi aventura.
Llegué a Alemania como turista y dos meses después fui a España. Cuando expiró mi visado de turista, me convertí en un "sin papeles". Trabajé cuidando a niños, a personas mayores... Vivía temiendo que me hallaran y que me detuvieran en cualquier momento.
Llevaba cinco años en España cuando, con un contrato en la mano, solicité el permiso de trabajo y residencia. Conseguí pagarme los estudios de marketing trabajando los fines de semana. Fue un tiempo muy duro, pero yo sabía que, graduándome, podría encontrar un buen trabajo. Hoy soy jefe de ventas en una importante tienda de moda en Madrid. Me siento muy orgulloso de ello. Siempre me decía a mí mismo: hay algo que quiero y lo voy a conseguir».

Irene Villa González nació en Madrid en 1978. A los doce años, el 17 de octubre de 1991, su vida cambió cuando perdió las dos piernas en un atentado de ETA en Madrid, en una calle del barrio de La Latina. Desde ese día Irene Villa, cuya vida es un ejemplo para todos, tuvo que aprender a andar con piernas de titanio.

B

Aun sin piernas, Irene Villa sabe llegar a donde quiere. En 2004 escribió un libro cuyo título es «Saber que se puede». Actualmente escribe para periódicos y trabaja también en la radio.
Irene Villa pasa ahora mucho tiempo practicando su gran afición: el esquí. «Aunque al principio me daba bastante miedo», cuenta Irene. Ella lo sabe bien: no importa cuántas veces te caigas, sino cuántas te levantes. «Con el tiempo me fue gustando cada vez más». Su gran sueño ahora es participar en los Juegos Paralímpicos de 2014 en Sochi, Rusia.

C

Valdemar Rodríguez es hoy en día un clarinetista muy conocido, pero no siempre fue así. «Yo tenía 4 ó 5 años cuando quise estudiar música», cuenta en una entrevista. Aun teniendo un padre y un tío que son músicos, Valdemar tuvo que luchar contra algunas dificultades. «Acompañaba a mi papá y siempre le decía que quería tocar la trompeta. Pero él me contestaba que, cuando supiera leer, entonces él me enseñaría las notas», recuerda Valdemar. Poco después su padre le regaló un clarinete: «Me puse a llorar porque yo quería una trompeta».
Siendo todavía muy joven, conoció a José Antonio Abreu, cuya orquesta es muy famosa en Venezuela. «Él me dijo que me fuera a Caracas. Entonces le dije a mi mamá que yo quería irme y ella habló con mi papá». Su padre le dijo que lo olvidara y que siguiera estudiando. Unos años más tarde se fue a Caracas para aprender música, abandonando su carrera en la universidad.
Actualmente enseña a niños en las Orquestas Infantiles y Juveniles de Venezuela. Aquí muchos chicos pobres, cuyas vidas parecen no tener futuro, pueden hacer realidad sus sueños gracias a la música.

1 **acomodado, -a** ⟷ pobre – 3 **iniciar** empezar – 5 **expirar** ablaufen – 6 **hallar** encontrar – 7 **detener (-tengo)** verhaften – 9 **solicitar** beantragen – 18 **el titanio** un metal muy duro – 43 **infantil** de los niños

1 Irene, Valdemar y Ernesto

a Apuntad en una tabla los datos personales de Irene, Valdemar y Ernesto de los textos de la página 74 que os parezcan importantes para describir su vida.

b Explicad cuál ha sido o es el sueño de las tres personas. Decid, además, si lo han podido realizar y cuáles son los obstáculos *(Hindernisse)* que han tenido o tienen que superar para realizarlos.

2 Una orquesta cuyo éxito nadie esperaba (§ 18)

a Leed el título del ejercicio y las siguientes frases y explicad las formas y el uso de *cuyo*.

1. Alberto es un chico cuya vida hasta ahora ha sido difícil.
2. Adriana es una chica cuya vida hasta ahora ha sido difícil.
3. Los alumnos cuyos padres tienen poco dinero pueden recibir ayuda financiera.
4. Los alumnos cuyas notas son malas reciben clases especiales.

b Completad el siguiente texto con la forma correcta de *cuyo*.

En 1975, José Antonio Abreu, [1] sueño era ayudar a niños desfavorecidos, invitó a una decena de músicos a un ensayo. Al venir cada vez más músicos, fundó la Orquesta Sinfónica de la Juventud Venezolana Simón Bolívar, [2] nombre viene de un militar y político venezolano. El proyecto, [3] miembros tienen entre 2 y 25 años, comprende hoy en día unas 120 orquestas juveniles y unas 60 orquestas infantiles en Venezuela. En las escuelas de música, [4] clases son gratuitas, pueden participar todos los niños que quieran. Los niños [5] padres no tienen suficiente dinero pueden recibir, además, ropa o comida. Por eso el gobierno venezolano, sin [6] apoyo las orquestas no podrían existir, considera las orquestas infantiles y juveniles una obra social. La orquesta más famosa es la Orquesta Juvenil de Venezuela Simón Bolívar. Ha dado numerosos conciertos en Venezuela y el extranjero, [7] críticas siempre han sido muy buenas. De la orquesta han salido varios músicos conocidos internacionalmente. Un ejemplo es Edicson Ruiz, [8] madre siempre se había preocupado mucho por el comportamiento violento de su hijo. A los 17 años Edicson, [9] vida cambió radicalmente al entrar en la orquesta juvenil, se convirtió en el miembro más joven de la Orquesta Filarmónica de Berlín.

3 No quería aceptar que otros decidieran sobre mi vida

a Escuchad la entrevista del cedé. Reunid la información sobre Virginia y presentadla a vuestros compañeros y compañeras.

b Como Irene, Valdemar y Ernesto de los textos de la página 74, Virginia también ha realizado algo que nadie esperaba de ella. Decid qué es y qué obstáculos *(Hindernisse)* tenía que superar para lograrlo.

c Decid qué podemos aprender de personas como Virginia, Irene y los otros.

d Elegid una de las siguientes tareas:

- ¿Conocéis a una persona que ha realizado un sueño o que os ha impresionado por superar obstáculos? Reunid información y escribid un texto sobre ella.
- ¿Tenéis un sueño? Describidlo detalladamente.
- Irene, Valdemar, Ernesto o Virginia, ¿quién os ha impresionado más? Explicad por qué.

4 Más sobre Ernesto (§ 17)

a Mirad las líneas 5–6, 6, 9–10, 10–11, 23–24, 33, 38 y 42 de la página 74 y observad las frases con gerundio. Copiad la siguiente tabla en vuestro cuaderno y rellenadla con los ejemplos del texto.

El gerundio se puede utilizar para				
unir dos frases principales	unir una oración y una oración subordinada			
	condicional	causal	modal	temporal

b Transformad las frases o partes de frases **en negrita** en una subordinada de gerundio.

1. Ernesto llegó a Alemania. **Hablaba muy poco alemán.**
2. Pero lo aprendió rápido **porque estudiaba mucho.**
3. **Como tenía sólo un visado de turista,** no pudo quedarse.
4. **Cuando vivía como un «sin papeles» en España**, hizo muchos trabajos mal pagados.
5. **Aprovechó una nueva ley** y solicitó el permiso de trabajo y residencia.
6. **Como trabajaba y estudiaba a la vez,** se pudo graduar.
7. **Cuando había recibido el título**, empezó su carrera.
8. Ernesto está convencido: «**Si trabajas duro**, puedes lograr muchísimo.»

5 ¡Cuántas acciones a la vez! (§ 17)

a Mirad los dibujos y formad frases con gerundio.

Ejemplo: Elena escribe un e-mail a José hablando por teléfono con Pepa y revisando los deberes para la clase de inglés.

A

Daniel

B

Señora Olivos

C

Señor Delgado Rodríguez

D

Juana

b ¿Cómo traduciríais las frases que habéis hecho en el ejercicio 5a al alemán?

6 Hacia el sueño americano (§ 17)

Leed las frases de abajo sobre inmigrantes que quieren cruzar la frontera entre México y Estados Unidos. Después reformulad las oraciones subordinadas de gerundio con ayuda de las conjunciones de abajo. ¿Cuántas posibilidades hay?

Para saber más

sobre los inmigrantes latinoamericanos en EE. UU. leed las siguientes páginas.

1. Muchos aman su país, pero, habiendo pocas oportunidades de trabajo, deciden emigrar a Estados Unidos.
2. Muchos salen de su país sabiendo que no volverán a ver a sus familias.
3. Emigran a Estados Unidos buscando trabajo.
4. Aun siendo peligroso, muchos intentan cruzar la frontera.
5. Llegan a la frontera viajando en el techo de trenes de mercancías[1].
6. Cayéndose del techo[2] muchos pierden sus extremidades[3] o sus vidas.
7. Los emigrantes necesitan el tren, pero también lo temen llamándolo «El tren de la muerte» o «La bestia».
8. Otros mueren cruzando el desierto.
9. Hay gente que los ayuda poniendo su propia vida en peligro.
10. Creando trabajo en los países latinoamericanos se evitaría que algunos decidieran emigrar.

A … pero …	D como …	G … y …
B si …	E … que …	H … porque …
C aunque …	F mientras …	I … cuando …

7 Nuyoricans (§ 17)

Vuestra madre acaba de leer un libro de una escritora puertorriqueña que emigró a Nueva York. Resumiendo el siguiente texto en alemán, explicadle qué relación tiene Puerto Rico con EE. UU. y por qué viven tantos puertorriqueños allí.

Puerto Rico

Puerto Rico está al noreste del Caribe y al este de la República Dominicana. Antes de ser un Estado Asociado de los Estados Unidos, fue una colonia española. Ahora es un país independiente controlando los EE. UU. la política exterior del país. Al ser ciudadanos estadounidenses, muchos puertorriqueños emigran a Estados Unidos. Llegados a su destino tienen que aprender inglés para encontrar trabajo.

A pesar de ser una isla tan pequeña, casi el 10% de los inmigrantes latinos en Estados Unidos son de Puerto Rico: después de los mexicanos, son el grupo más numeroso de latinoamericanos en EE. UU. y su número sigue creciendo. De seguir así, en los próximos años más de la mitad de los puertorriqueños vivirá fuera de la isla.

Actualmente la mayoría de ellos vive en Nueva York y se llaman a sí mismos nuyoricans, recordando su origen puertorriqueño e identificándose al mismo tiempo con Nueva York. Ahora la palabra, usada al principio como un insulto, se refiere a un movimiento cultural, pues la comunidad puertorriqueña conserva muchas de sus tradiciones, música y gastronomía. Actualmente, al ser tantos, se le llama nuyorican a cualquier puertorriqueño que viva en Estados Unidos.

[1] **un tren de mercancías** ein Güterzug – [2] **el techo** das Dach – [3] **las extremidades** die Gliedmaßen

1 En la frontera de EE. UU.

a Muchas ciudades y países estadounidenses llevan nombres de origen español, por ejemplo Los Ángeles. Haced una lista con más lugares que conocéis. ¿Por qué tienen nombre español? Justificad vuestra respuesta. (→ glosario cultural: México)

b Trabajad en grupos. Mirad el mapa de la página 193 y el mapa de abajo. ¿De qué países latinos emigran mayoritariamente a EE. UU.? ¿Cuántos hispanohablantes hay en EE. UU.?

c ¿Qué creéis?: ¿cuáles son los peligros del trayecto *(Strecke)* para los inmigrantes a EE. UU.? Pensad en lo que ya habéis aprendido e intercambiad vuestras ideas. Comprobadlas después de escuchar el cedé.

d Escuchad lo que cuentan las personas del cedé y contestad las siguientes preguntas: ¿con qué medios luchan los EE. UU. contra la inmigración? Por otro lado, ¿cómo se benefician *(profitieren)* los estadounidenses de la inmigración?

2 «Where you from»: un poema chicano

(→ glosario cultural)

a Leed el poema autobiográfico de la autora Gina Valdés (*1943). ¿Qué nos cuenta sobre su vida? ¿De dónde viene?

b ¿Qué palabras hacen alusión a *(anspielen auf)* EE. UU.? ¿Cuáles a México?

c Mirad cómo juega la autora con la palabra *frontera*. ¿Qué significado tiene para la autora? ¿Cómo lo expresa estilísticamente?

d ¿Cuáles son los sentimientos de Gina Valdés? ¿Cómo se ve a sí misma? En grupos de tres interpretad sus emociones formando esculturas vivas *(Standbilder)* y sacad fotos.

Soy de aquí
y soy de allá
from here
and from there
born in L.A.
del otro lado
y de éste
crecí en L.A.
y en Ensenada
my mouth
still tastes
of naranjas
con chile
soy del sur
y del norte
crecí zurda
y norteada
cruzando fron
teras crossing
San Andreas
tartamuda y mareada
where you from?
soy de aquí
y soy de allá
I didn't build
this border
that halts me
the word fron
tera splits
on my tongue.

John Christie, José González. *Latino Boom*, Longman, 2006. First published in *Comiendo lumbre*, Maize Press, colorado Springs, Co. 1986

9 **Ensenada** ciudad al norte de México – 16 **zurdo, -a** linkshändig, ungeschickt – 17 **norteado, -a** nach Norden gerichtet – 20 **San Andreas** San-Andreas-Graben: ca. 900 km lange von Mexiko bis San Francisco reichende Verwerfung – 21 **tartamudo, -a** stotternd – 31 **to split** *(inglés)* teilen

3 Frank Romero: «History of the chicano movimiento»

(→ glosario cultural)

Este mural del pintor chicano Frank Romero (*1941) describe la historia de los chicanos en Los Ángeles.

1. Buscad en el mural elementos que representan a México y otros que representan a EE.UU.
2. Explicad cómo el pintor opone *(entgegensetzen)* el mundo mexicano al mundo estadounidense.
3. Con los resultados de las tareas 1. y 2. escribid un análisis del mural.

El análisis de un cuadro

Si no recordáis cómo analizar e interpretar un cuadro, mirad el **Online-Link** 535630-0015.

4 Vivir en una jaula de oro *(... Käfig ...)*

Vais a escuchar una canción interpretada por la artista Julieta Venegas titulada *Jaula de Oro*.

a Antes de escuchar la canción: ¿Cómo interpretáis este título? ¿Qué relación podría tener con el tema de la migración?

b Después de escuchar la canción: ¿Qué cuenta el «yo» de la canción sobre su vida y su situación personal? ¿Es hombre o mujer? ¿Por qué su nueva vida le parece una jaula de oro?

c Poneos en la situación del «yo». ¿Qué cambiaríais de vuestras vidas? ¿Cómo lo haríais?

d Y vosotros, ¿qué motivos os llevarían a dejar vuestro país? Discutid en grupos cómo cambiaría vuestra vida cotidiana y qué permanecería igual.

Estrategia

Techniken der Umschreibung

Ein wichtiges Wort fehlt euch in der Diskussion oder fällt euch im Moment nicht ein? Das macht nichts. Ihr könnt euch verständlich machen, indem ihr den Begriff erklärt oder umschreibt:

a) durch ein Wort mit ähnlichem Inhalt („*irse*" für „auswandern")
b) mit Hilfe des Gegenteils (z.B. *no es rico* für „arm")
c) durch Verwendung eines Relativsatzes: *es una cosa / una persona que ... / en la que ... / con la que ...)*

Wenn euch der Begriff selbst bereits auf der Zunge liegt, könnt ihr die Zeit zum Überlegen auch überbrücken, in dem ihr „Füllwörter" verwendet z.B. *bueno, ¿no?, pues, a ver, es que..., lo que quería decir, se me olvidó la palabra, lo tengo en la punta de la lengua, un momento..., no sé cómo explicártelo, no sé si me entiendes..., ¿cómo se dice en español?*

Weitere Möglichkeiten sind Wiederholungen des Gesagten, in denen ihr euch selbst korrigiert: *es decir, digo, o sea, respectivamente.*

5 El primer día de clases

En su novela autobiográfica *Cuando era puertorriqueña* Esmeralda Santiago cuenta de sus experiencias en EE. UU. (→ glosario cultural).

El primer día de clases, Mami me llevó a un edificio de piedra que dominaba una cuadra de Graham Avenue. Yo llevaba mi tarjeta de la escuela en Puerto Rico llena de As y Bs, y Mami tenía mi certificado de nacimiento.

En la oficina, nos saludó un Mister Grant, un señor desanimado, con lentes bifocales y una sonrisa amable, que no hablaba español. Le dio a Mami un formulario a llenar. Yo entendía casi todas las palabras en los cuadritos que estábamos supuestas a llenar: Name, Address (City, State) y Occupation. Se la devolvimos a Mister Grant, quien la revisó, miró mi certificado de nacimiento, estudió mis notas y escribió en una esquina: "7–18".

Don Julio me había dicho que si los estudiantes no hablaban inglés, las escuelas de Brooklyn los ponían un grado atrás hasta que lo aprendieran.

—¿Sében gré? —le pregunté a Mister Grant, enseñándole los números que él había escrito. Señaló con la cabeza que sí.

—Ay no guan sében gré. Ay eyt gré. Ay tineyer.

—Tú no hablas inglés —me dijo, pronunciando las palabras inglesas poco a poco para que lo entendiera mejor—. Tienes que volver al séptimo grado hasta que lo aprendas.

—Ay jab A in scul Puerto Rico. Ay lern gud. Ay no sében gré gerl.

Mami se me quedó mirando, no entendiendo lo que yo estaba diciendo, pero sabiendo que le estaba faltando el respeto a un adulto.

—¿Qué es lo que está pasando? —me preguntó. Yo le dije que me quería poner en el séptimo grado, y que yo no quería. Este era el primer acto rebelde que había visto fuera de mis malcrianzas en casa.

—Negi, déjalo. Así se hacen las cosas aquí.

—A mí no me importa cómo se hagan las cosas aquí. Yo no voy a repetir el séptimo grado. Yo no soy bruta.

Mami miró al Mister Grant, quien parecía estar esperando que ella hiciera algo conmigo. Ella le sonrió y encogió los hombros.

—Mister Grant —le dije, aprovechando el momento—, ay go eyt gré six mons. Iv ay no lern inglis, ay go sében gré. ¿Okey?

—Así no es como se hacen las cosas aquí —me dijo, vacilante.

—Ay gud studen. Ay lern quik. Yu sí notas —le enseñé las As en mi tarjeta de la escuela—. Ay pas sében gré.

Así regateamos.

—Tienes hasta las Navidades —me dijo—. Yo estaré siguiendo tu progreso.

Tachó "7–18" y escribió "8–23" en el margen del papel. Escribió unas palabras en un papel, lo metió dentro de un sobre y me lo dio.

—Tu maestra es Miss Brown. Llévale esta notita. Tu mamá se puede volver a su casa.

Se despidió y desapareció en su oficina.

—¡Qué bien puedes hablar inglés! —exclamó Mami.

Yo estaba tan orgullosa de mí misma que por poco exploto. En Puerto Rico, si hubiera sido tan atrevida, el equivalente del Mister Grant hubiera dicho que era una mal educada, y me hubiera mandado a casa con una nota para Mami. Pero aquí, era la maestra la que estaba recibiendo la nota, logré lo que yo quería y mandaron a mi mamá a su casa.

a Después de leer el texto, ¿qué sabéis de Negi, la protagonista de la novela? ¿En qué situación se encuentra?

b Traducid lo que ella dice en inglés al español. ¿Qué sonidos no puede pronunciar fácilmente Negi? ¿Qué quiere expresar, por ejemplo, con la frase: «Ay jab A in scul Puerto Rico» (l. 27)?

c Analizad el comportamiento de Negi con Mister Grant y comparadlo con el de su madre. ¿Qué pensáis: por qué es tan atrevida Negi?

d ¿Negi os parece una inmigrante «típica»? ¿Créeis que va a tener éxito en esta clase?

2 **una cuadra** ein Häuserblock – 4 **As, Bs** las mejores notas en Estados Unidos – 7 **los lentes bifocales** eine Gleitsichtbrille – 11 **estar supuesto a** deber *(spanglish), del inglés «to be supposed to»* – 35 **una malcrianza** eine Ungezogenheit – 39 **bruto, -a** tonto, -a – 42 **encoger los hombros** mit den Schultern zucken – 48 **vacilante** zögerlich – 51 **regatear** feilschen – 54 **el margen** der Rand – 51 **un sobre** ein Briefumschlag – 61 **atrevido, -a** kühn

6 El español en EE. UU.

a Leed atentamente estas estadísticas de la derecha. ¿Cómo las interpretáis?

b Comparad la información de la primera estadística con la de las otras y describid las diferencias.

Hispanos de la primera generación

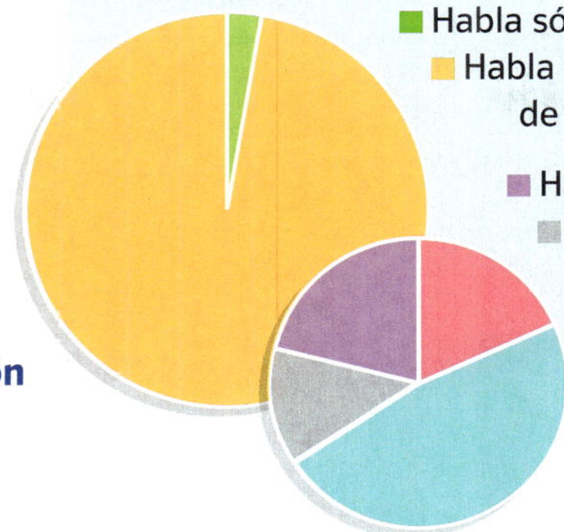

Habla sólo inglés en casa	3 %
Habla por lo menos un poco de español en casa	97 %
Habla inglés muy bien	21 %
Habla inglés bien	13 %
No habla bien inglés	47 %
No habla inglés	18 %

Hispanos de la segunda y tercera generación

Conocimientos de inglés

Segunda generación	
Habla inglés muy bien	88 %
Habla inglés bien	3 %
Tercera generación	
Habla inglés muy bien	94 %
Habla inglés bien	3 %

Inglés hablado exlusiva o mayoritariamente en casa

Segunda generación	48 %
Tercera generación	75 %

Conocimientos de español muy buenos

Segunda generación	56 %
Tercera generación	29 %

Fuente: PewHispanic Center, Washington D. C., 2007

c ¿De qué factores puede depender si un inmigrante habla bien o mal el nuevo idioma? Discutid en parejas y ordenad vuestras ideas según su importancia.

d ¿Creéis que un inmigrante debe dejar de hablar su lengua materna al inmigrar a otro país? Discutid en clase.

7 Entre dos idiomas: el «spanglish» o «espanglés» (→ glosario cultural)

a ¿Qué significan las palabras «spanglish» y «espanglés»? ¿De qué palabras se componen *(zusammensetzen)*?

b Hay muchas definiciones para el «spanglish». Informaos sobre esta mezcla de lenguas en el glosario cultural. Escribid una ficha técnica (hablantes, formas, características) en vuestros cuadernos.

c Mirad las páginas 78 y 80 e identificad frases donde ambas lenguas estén mezcladas.

d La siguiente escena pasa a la hora de comer en una ciudad norteamericana. Reflexionad sobre las formas mezcladas e indicad la palabra en inglés o español.

> Tuve que coger un taxi en mi lonch breik. Mi yipeta la tengo en el taller para que la chequeen con la computer. Me quedé estoqueado con ella ayer. Yo creo que le van a tener que setear el taimin o darle un buen tunop.
> Cuando llegamos al sitio esta tarde, al draiba del taxi se le quedó la llave adentro con la puerta laqueda. Tuvo que dejar el carro en el parkeadero. El tipo se quejó en todo el camino de que su guerlfrend se la pasaba jangueando y que lo estaba chiteando. *Claudia Williams, «El super»*

e ¿Existe un fenómeno parecido como el de «spanglish» en alemán o en otros idiomas que conocéis? Discutid en clase y buscad ejemplos.

8 La cocina mexicana

a Leed el menú de una fiesta mexicana. ¿Qué foto corresponde a qué plato? Con ayuda de las fotos describid los platos. ¿Cómo os imagináis sus sabores (*Geschmack*)? ¿Cuál os gustaría probar?

b ¿Cuáles de estos platos se comen también en Alemania? ¿Conocéis otros platos mexicanos? Si hay un restaurante mexicano en vuestra ciudad, comparad su carta con los platos de nuestro menú. ¿Qué diferencias hay?

A

B

C

D

E

F

FIESTA MEXICANA
MENÚ

1 TACOS
2 GUACAMOLE
3 TORTILLAS
4 POLLO CON MOLE
5 TAMALES
6 ARROZ CON LECHE

2 aguacates maduros[1]
2 tomates pequeños
1 cebolla[2] pequeña
1 chile rojo
½ taza de cilantro[3] fresco
sal, pimienta[4], unas gotas de jugo de limón

- preparar los aguacates
- partirlos por la mitad
- quitarles el hueso[5]
- hacer un puré de aguacate
- mezclarlo muy bien
- pelar[6] los tomates y picar[7] la cebolla y el chile
- añadirlo todo al puré
- añadir el jugo de limón, la sal, el cilantro, la pimienta
- remover[8] cuidadosamente
- servir con nachos[9]

c Aquí tenéis una receta muy popular de uno de los platos de arriba. ¿Cómo se llama y cómo se prepara? Leed la receta y reformulad las instrucciones utilizando algunos gerundios:

Ejemplo: Se preparan los aguacates **partiéndolos** por la mitad y **quitándoles** el hueso.

Con estas expresiones puedo hablar de los sabores

un plato es ...

• salado	salzig	• dulce	süß
• soso	fad	• sabroso	lecker
• picante	scharf	• amargo	bitter

d ¿Por qué no organizáis una fiesta mexicana? Muchos platos mexicanos son fáciles y se pueden preparar en casa. Buscad recetas en Internet e intercambiadlas en clase.

[1] **maduro, -a** reif – [2] **una cebolla** eine Zwiebel – [3] **el cilantro** der Koriander – [4] **la pimienta** der Pfeffer – [5] **un hueso** *hier:* ein Kern – [6] **pelar** schälen – [7] **picar algo** etw. hacken – [8] **remover (-ue-)** umrühren – [9] **los nachos** getoastete Stückchen von mex. Tortilla

Inmigrantes «culinarios»

Sabéis ya que a lo largo de la historia muchos pueblos han influenciado España. Éstos también han dejado sus huellas *(Spuren)* en la comida.

a Mirad los siguientes productos y decid de cuáles sabéis de dónde han venido a España.

b Mirad el mapa y comprobad vuestros resultados del ejercicio a. Después explicad también el origen de los otros «inmigrantes culinarios» y situadlos en la época histórica (→ Unidad 3). Escribid un pequeño texto sobre la historia de esta «inmigración culinaria» teniendo en cuenta cuándo y con quién llegaron los productos a España. Podéis, además, hablar de su importancia para la cocina española.

c Con los productos muchas veces llegaron las palabras para hablar de ellos. Descubrid para cuáles de las palabras de arriba esto es verdad y para cuáles no. ¿Llegaron también a otros idiomas, por ejemplo al alemán? Copiad el esquema de abajo en vuestros cuadernos y rellenadlo.

El origen de las palabras

Tenéis información sobre el origen de las palabras en varios diccionarios, también en su edición en Internet, por ejemplo www.rae.es.

palabras del náhuatl y otras lenguas indígenas	en otros idiomas	**palabras del árabe**	en otros idiomas	**palabras del latín**	en otros idiomas
el tomate	tomato, Tomate …				

1 Un poco de historia

a Copiad la tabla en vuestros cuadernos y ordenad las siguientes formas.

había hecho • tendría • querría • estuvo • tuvieran • estaba • habían estado • hubierais • habías sido • fuera • ha constituido • fundaba • defenderían • se han negado • puso • ofreceríamos • hemos puesto • creía • hicieron

pretérito pluscuamperfecto	pretérito indefinido	pretérito imperfecto	pretérito perfecto	imperfecto de subjuntivo	condicional
había hecho	...				

b Relacionad los hechos históricos de Hispanoamérica y de Europa que tienen el mismo color y formad frases como en el ejemplo.

Ejemplo: Cuando empezó la Primera Guerra Mundial, ya había empezado la Revolución Mexicana.

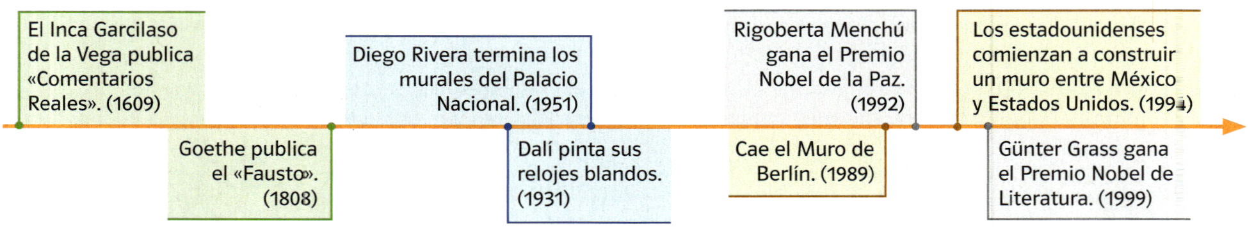

c Ahora mirad la línea del tiempo de las páginas 60–61 y formad más frases como las de arriba.

2 Personajes del mundo hispánico (§ 15)

a ¿Quiénes son? Completad las frases con los nombres correctos de las personas.

Cristóbal Colón • MOCTEZUMA • el Subcomandante Marcos • DIEGO RIVERA • La Malinche • Frida Kahlo • Hernán Cortés • PANCHO VILLA • Isabel la Católica

1. llamaba Adelita a una mujer de la clase alta de la Ciudad de México.
2. pintó a su mujer algunas veces.
3. recibió a y le dio el dinero para sus viajes.
4. En 1519 conquistó la región de Tabasco.
5. Le ofrecieron a como regalo algunas mujeres, entre ellas .
6. envió varios mensajeros para hacer contacto con Cortés.
7. Durante su vida realizó otros tres viajes para encontrar un camino hacia las Indias.
8. pintó decenas de autorretratos[1], paisajes y retratos de personajes importantes.
9. ayudó a como traductora.
10. El Loco de la Colina entrevistó al .

b Transformad estas frases en pasiva.

[1] **un autorretrato** ein Selbstporträt

3 Todo podría ser diferente (§ 14)

Mirad los dibujos y formad oraciones condicionales irreales («Si viviera... »).

no vivir tan lejos de la preparatoria – no cambiar de metro dos veces

no haber tanta contaminación – no tener alergia

los vecinos no hacer tantas fiestas – poder dormir mejor

tener un contrato de trabajo en EE.UU. – no tener problemas para vivir allí

(nosotros) mudarse al campo – vivir más tranquilos

no haber tanto tráfico – no necesitar mucho tiempo para llegar al trabajo

4 Cadenas (§ 14)

a Utilizad los verbos y expresiones siguientes y escribid una cadena *(Kette)* de oraciones condicionales con el imperfecto de subjuntivo y el condicional simple.

Ejemplo: Si el transporte público fuera más barato, la gente lo utilizaría más. Si la gente utilizara ...

1. transporte público ser más barato – la gente utilizarlo más – haber menos tráfico – haber menos contaminación – el aire ser más limpio – la gente tener menos alergias
2. utilizar menos agua en las ciudades – más gente tener acceso[1] al agua – no tener que viajar para conseguirla – tener más tiempo para su trabajo – ganar más dinero – vivir mejor

b Formad otra cadena como las de arriba sobre el tema «reciclaje de papel».

5 Demasiado tarde (§ 14)

a Ahora imaginad que ya es demasiado tarde para solucionar los problemas. Escribid oraciones con el pluscuamperfecto de subjuntivo y el condicional compuesto.

Ejemplo: Estás en el aeropuerto. Te gustaría haber llegado más tarde, pero no sabías que el avión tiene retraso[2].
—Si hubiera sabido que el avión tiene retraso, habría llegado más tarde.

1. Estás en un restaurante y es muy caro, pero no habías visto los precios. Te gustaría haber ido a otro.
2. Te has levantado muy tarde porque viste una película por la noche. Te gustaría haberte acostado más temprano.
3. No hemos encontrado el museo porque no hemos llevado el plano de la ciudad.
4. No hemos podido llegar a tiempo porque el metro estaba llenísimo y no conseguíamos entrar.

b Inventad otras tres frases como las de arriba.

[1] **el acceso** der Zugang – [2] **el retraso** die Verspätung

DELE 6 Dilo con otras palabras

En cada una de las frases siguientes se ha marcado con letra cursiva un fragmento. Elegid, de entre las tres opciones de respuesta, aquélla que tenga un significado equivalente al del fragmento marcado.

1. Esos inmigrantes no tienen permiso de trabajo, *ni siquiera* hablan inglés.
   a) al menos
   b) además no
   c) incluso

2. Pocos inmigrantes logran *graduarse*.
   a) recibir un título
   b) integrarse
   c) ganar mucho dinero

3. Mi hermano *no está casado*.
   a) está suelto
   b) está solo
   c) está soltero

4. La industria de los EE. UU. *está muy desarrollada*.
   a) queda lejos de otros países
   b) es muy conocida
   c) es de alto nivel

5. Mirta consiguió trabajo en España y está *muy satisfecha* por eso.
   a) orgullosa
   b) cansada
   c) atrevida

6. Pedro viene de una familia *acomodada*.
   a) de clase alta
   b) muy pobre
   c) bastante rica

7. *Iniciaré* una nueva vida en México.
   a) Representaré
   b) Llenaré
   c) Comenzaré

8. Para poder *solicitar* trabajo, es necesario llenar un formulario.
   a) ganar
   b) pedir
   c) repetir

7 Problemas al llegar (§ 17)

Aquí tenéis una carta de Elka, una inmigrante búlgara que vive en España desde hace un año. Leed el texto y sustituid los verbos por construcciones de gerundio.

Aunque había estudiado un poco de español, al llegar a España me di cuenta de que no podía comprender bien lo que decían. Realmente yo aprendí español **cuando ya estaba aquí.** Al principio fue todo muy difícil, porque hay un montón de personas **que buscan trabajo** y yo sólo podía hablar **si usaba el diccionario o si hablaba inglés.** Aprendí mucho español **mientras preguntaba cosas en la calle:** la hora, una dirección o cualquier cosa. Después empecé a trabajar **y cuidaba** a una señora mayor, Marta, que ha sido una profesora estupenda. ¿Cómo lo ha hecho? **Pregunta y habla sin parar**[1]. Ahora veo a muchos extranjeros **que aprenden español en escuelas** y me doy cuenta de la suerte que he tenido **al encontrar a Marta.**

[1] **sin parar** ohne Unterlass

8 Aprender una lengua (§ 17)

¿Cómo se puede aprender la lengua española? Mirad las fotos y formad frases utilizando el gerundio. Encontrad otros ejemplos y escribid cómo aprendéis esta lengua.

Ejemplo: Se puede aprender español viendo películas españolas o latinoamericanas.

A

B

C

9 Una exposición sobre la historia de México

a Una profesora ha pedido a sus alumnos que preparen una exposición oral sobre la historia de México. Escuchad este diálogo entre los alumnos y decid sobre qué tema van a hacer la exposición cada uno.

b Escuchad el diálogo otra vez y contestad las preguntas:

1. ¿Por qué uno de los jóvenes quiere hacer una exposición sobre la cultura maya?
2. ¿Qué propone el chico a Belén como alternativa al tema de los mayas?
3. ¿Cuál es el problema con el trabajo sobre La Malinche? ¿Por qué no es, sin embargo, un problema grave?

10 En un restaurante de Tijuana

Estáis de viaje por México con vuestros padres y tenéis que hacer de intérprete. Estáis en un restaurante y el camarero os explica algunos de los platos.

Los padres	El camarero
Können Sie uns etwas Typisches empfehlen?	Les recomiendo que prueben los chiles en nogada.
Was sind diese «Chiles»?	Son unos chiles rellenos[1] de carne con frutas y con una salsa[2] hecha de crema con nueces[3] y granada[4].
Ist das Gericht sehr scharf?	No, no es muy picante.
Wir probieren sie gerne. Was für Nachspeisen haben Sie?	De postre pueden tomar capirotada.
Was ist diese «Capirotada»?	Es un dulce[5] hecho con pan blanco, miel[6], pasas[7], nueces y queso. Es un poco pesada.
Macht nichts. Wir probieren sie auch.	¿Y qué desean para tomar?
Bringen Sie uns bitte drei Gläser «agua de jamaica»[8].	Muy bien, agua de jamaica[8]. Entonces ya saben qué es eso, ¿verdad?

[1] **relleno, -a** gefüllt – [2] **una salsa** eine Soße – [3] **una nuez** eine Walnuss – [4] **una granada** ein Granatapfel – [5] **un dulce** eine Süßspeise – [6] **la miel** der Honig – [7] **una pasa** eine Rosine – [8] **el agua de jamaica** eisgekühlter Hibiskustee

7 Jóvenes y medios

1 Una película

a En los fotogramas *(Standbilder)* veis algunas escenas de una película en orden cronológico. Describidlas y dad vuestra opinión sobre el lugar, la época y las situaciones o emociones representadas.

b Comprobad y completad vuestras suposiciones con el tráiler de la película. Haced una breve descripción de los personajes que se ven en los fotogramas y en el tráiler e imaginaos cómo es su vida.

c Con los resultados de los ejercicios anteriores contad lo que pensáis que pasa en la película. En la casilla y en la ficha encontráis algunas expresiones de cine. ¿A qué género creéis que pertenece la película?

3

plano general

4

7

8

plano aéreo (vista de pájaro)

Machuca, Chile / España / Francia / Gran Bretaña: Andrés Wood, SUNFILM Entertainment, 2004.

Ficha técnica

Título: Machuca
Año: 2004
País: Chile
Género: ......
Director: Andrés Wood
Guión: R. Brodsky, M. Hassan, A. Wood
Director de fotografía: Miguel J. Littín (AEC)
Montaje: Fernando Pardo
Música: José Miguel Miranda, José Miguel Tobar
Reparto: Matías Quer, Ariel Mateluna, Manuela Martelli, Ernesto Malbrán

Con estas expresiones puedo ...

... describir y comentar una película
- el argumento
- un personaje
- un papel
- un actor / una actriz
- un / una intérprete
- la sinopsis
- una reseña
- el tráiler
- un cartel
- una cámara
- los subtítulos
- la versión original
- rodar (-ue-)
- doblar
- un largometraje
- un cortometraje
- La película trata el tema de... / tiene lugar en...
- El marco histórico de la película son los años...
- El mensaje de la película me parece interesante / aburrido / triste / ... porque ...

... y su género
- una comedia
- un drama
- la ciencia ficción
- los dibujos animados
- una película histórica
- una película de terror
- una película de fantasía
- una película de acción
- una película de amor / romántica

2 Nuevos amigos

Vais a escuchar ahora un fragmento de la película. Qué pensáis:

- ¿Quiénes son y dónde están las personas que hablan?
- ¿Qué quiere decir el señor que habla cuando dice: «Ahora son compañeros. Espero que los recibamos correctamente»?
- ¿Qué pasará después de esta escena?

La película Machuca

Informaos en el glosario cultural sobre la historia de Chile y después leed el texto.

Sinopsis

Santiago de Chile, 1973. El director anglosajón de un colegio religioso para la clase alta, el padre McEnroe, inicia un proyecto de integración social, poniendo en las clases a chicos de familias pobres que viven cerca. Es así como Pedro Machuca y Gonzalo Infante, de once años y provenientes de dos clases sociales muy diferentes, se hacen amigos. El proyecto encaja bien en el gobierno socialista de Allende, pero tendrá que terminar después del golpe de Estado de Pinochet. La historia está basada en acontecimientos reales que vivió el director Andrés Wood y fue un éxito de crítica nada más la estrenaron.

6 **encajar en** passen zu – 9 **estrenar** zum ersten Mal aufführen

ZINEFRIKIS

INICIO | BLOGGERS | CATEGORÍAS | CONTACTO | AYUDA   BUSCAR

23 de julio

Supernova: Hola, ayer vi «Machuca», una película buenísima, porque, casualmente, fui a uno de los pequeños cines que todavía echan películas que no son comerciales. Supongo que ya habréis oído hablar de ella o, incluso, ya la habréis visto. Se trata de una película chilena que cuenta la historia de dos niños de clases sociales muy distintas, uno, hijo de una familia acomodada, y otro humilde, que se hacen amigos poco antes del golpe de Estado de Pinochet. Bueno, no voy a contar más, por si la veis. La película sabe combinar la historia personal de estos chicos con los acontecimientos históricos. Analiza muy bien el rompecabezas político del Chile de esos años evitando caer en los estereotipos. Eso me ha gustado mucho. También me ha gustado la interpretación. Alucinante. No sé si los actores eran tan jóvenes como parecían. En todo caso, interpretan sus papeles a la perfección. Además, el director hace un estupendo uso de los primeros planos, la fotografía es preciosa y las escenas y los diálogos son muy dinámicos y, por eso, la película se pasa muy rápido. Lo peor, el final, pero no os lo cuento. En resumen, que os recomiendo que la veáis si tenéis oportunidad porque es fantástica.

COMENTARIOS

25 de julio

Bogart: Hola, Supernova. Te hice caso y me bajé «Machuca» de Internet. La película es un sinfín de escenas sentimentaloides y manipuladoras, como la mayoría de esas películas. Para nada estoy de acuerdo con tu comentario de la película. No es una película objetiva y la escena de despedida del padre McEnroe me parece el mejor ejemplo. Es la típica historia de buenos y malos para gente llorona. La película me pareció un rollo patatero.

25 de julio

Schumacher: Hola, Supernova, he intentado pedir el DVD en una página de alquiler de Internet. No ha sido nada fácil porque soy alemán y quería ver la película en español, con subtítulos también en español. Al final he encontrado una versión de «Machuca» que los lleva. Supongo que la semana que viene ya habrá llegado y podré comentar qué me ha parecido.

26 de julio

Buñuel: Bogart, me parece fatal que bajes películas de Internet. Si todo el mundo hiciera como tú, dentro de poco ya nadie iría al cine o compraría DVDs y entonces, quizás, a las productoras ya no les interesaría hacer películas. Supongo que lo mejor que podemos hacer para fomentar el cine es ir a ver películas y comprar o alquilar DVDs, aunque suponga pagar un poco de dinero, como cualquier otro pasatiempo. Por cierto, ya vi la película y me gustó muchísimo. Es un poco agridulce, pero muy buena.

6 **un rompecabezas** ein Puzzle – 8 **alucinante** genial – 12 **hacer caso a alguien** hacer lo que alguien propuso – 22 **una productora** eine Produktionsfirma – 24 **suponer (-g-)** voraussetzen – 25 **agrio, -a** sauer

1 Una película agridulce

a En el blog, los participantes expresan su opinión sobre la película «Machuca». Buscad en los textos las expresiones que describen la película y ordenadlas en forma de mapa mental en vuestros cuadernos.

historia **aspectos formales** **actores**

b Para hacer una película, la cámara toma la escena y los personajes desde perspectivas diferentes. En el lenguaje de cine se habla de *plano general, plano medio, primer plano* y *plano aéreo*. ¿Qué otros fotogramas de las páginas 88 – 89 podrían corresponder a estos planos?

c Mirad ahora en la casilla las «tomas de cámara» *(Kameraeinstellungen)*. Según vuestra opinión, ¿qué función tienen los diferentes planos y tomas?

Con estas expresiones puedo describir las tomas de cámara en películas

plano general:	presenta a los personajes con su entorno *(Umgebung)*.
plano aéreo:	muestra un plano general desde arriba.
plano medio:	presenta la figura de cuerpo medio, desde la cintura *(Taille)* hasta la cabeza.
plano americano:	muestra la figura cortada por las rodillas *(Knie)*.
plano entero:	muestra el personaje desde los pies a la cabeza.
primer plano:	presenta la cabeza desde el cuello *(Hals)* o los hombros *(Schultern)*.
primerísimo primer plano:	muestra la cara muy de cerca.
plano detalle:	muestra una pequeña parte del cuerpo o un objeto muy de cerca.

2 Diálogos de cine

a Leed el diálogo, que es una de las escenas centrales de «Machuca». Discutid lo que pensáis sobre las posibilidades de Gonzalo y de Pedro para el futuro en educación, trabajo, familia y amistades.

A

B

Padre de Pedro: ¿Y él quién es?
Pedro: Un amigo.
Padre: ¿Un amigo? *(se ríe)* Unos amiguitos que tenía … ¿Sabí[1] dónde va a estar tu amigo en cinco años más? Pechando[2] en la universidad.
Pedro: *(despacio)* Váyase, papá.
Padre: ¿Y tú? Vai[3] a estar limpiando baños.
Pedro: *(despacio)* ¿Por qué no se va?
Padre: En diez años más tu amigo va a estar trabajando en la empresa del papito. ¿Y tú? Vai a seguir limpiando baños. Y en quince años más tu amigo va a ser dueño de la empresa del papito. ¿Y tú? ¡Adivina! Vai a seguir limpiando baños. ¡Tu amigo!

C

D

Machuca, Chile / España / Francia / Gran Bretaña: Andrés Wood, SUNFILM Entertainment, 2004

b Imaginaos que Pedro y Gonzalo se vuelven a encontrar después de mucho tiempo. Escribid un diálogo entre ellos.

c Practicad el diálogo en parejas y representadlo en clase.

[1] **sabí** sabes *(Chile)* – [2] **pechar** no hacer nada *(Chile)* – [3] **vai** vas *(Chile)*

3 Formación de palabras (§ 19)

a Como en alemán, en español existen palabras compuestas. Buscad ejemplos en el texto, ordenadlos en una tabla en vuestro cuaderno y traducidlos. Comentad las diferencias entre el alemán y el español.

verbo + sustantivo	preposición + sustantivo	adjetivo + adjetivo
		agridulce

b Mirad las fotos y formad palabras compuestas a partir de los elementos de las listas.

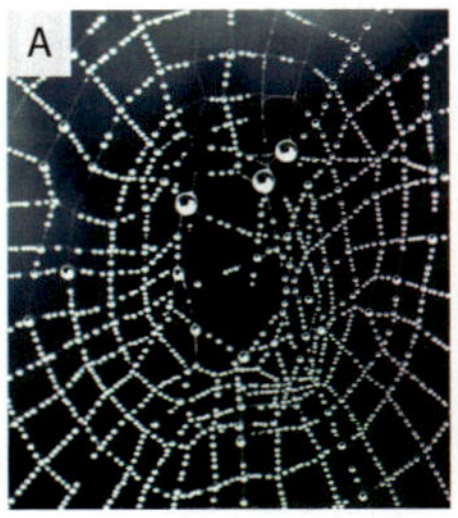

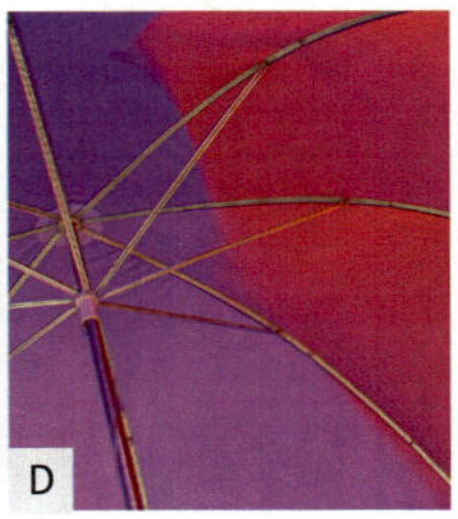

abre-
tela-
mata-
coli-
saca-
espanta-
para-
casca-

\+

-araña
-aguas
-pájaros
-nueces
-flor
-latas
-moscas
-corchos

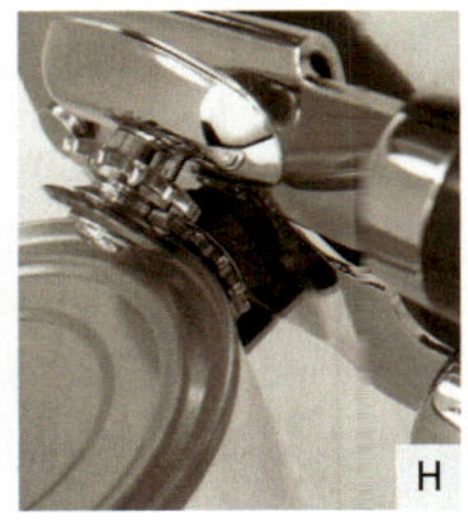

4 Prefijos (§ 20)

a Aquí tenéis una lista de prefijos frecuentes y algunos ejemplos de palabras formadas con ellos. Buscad más ejemplos para cada prefijo. Podéis usar un diccionario. Después explicad qué significado tiene cada prefijo.

b Algunos prefijos se usan para formar la negación de algo. Combinadlos con las palabras de la casilla y formad palabras correctas. Comprobad vuestros resultados con un diccionario.

prefijo	ejemplo
em- / en-	una empanada, envolver
e- / ex-	emigrar, extraer
i- / im- / in-	irregular, imponer, integrar
inter-	internacional
pos- / post-	posponer, posterior
sobre-	el sobrepeso
sub-	subrayar

Prefijos negativos
a-
de- / des-
i- / in- / im-

\+

- motivar
- típico
- usual
- posible
- cargar
- hacer
- olvidable
- político
- animar
- seguro
- tolerancia
- normal
- dependencia
- formal
- justicia
- agradable
- aparecer
- cubrir
- igualdad

c ¿Qué significado tiene el prefijo *re-* en las siguientes palabras?

repetir • rehacer • renovar • reactivar • reanimar • reponer

d En Latinoamérica el prefijo *re-*, *rete-* o *requete-* tiene además otro significado en la lengua hablada. Adivinad qué significa en las siguientes palabras.

rebueno • retecaro • requetegrande • refuerte • requetelejos

Enlace

Para saber más mirad e
Online-Link 535630-0016.

5 Un futuro perfecto (§ 21)

a Mirad las siguientes frases, tomadas del texto de la página 90. Fijaos primero en las formas del verbo haber, después en la otra. ¿Cómo se forma este nuevo tiempo verbal?

1. Supongo que ya … la habréis visto (l. 2–3).
2. … la semana que viene ya habrá llegado y podré comentar qué me ha parecido (l. 19–20).

b Mirad las frases otra vez, también en su contexto y decid cuál puede ser el significado de este tiempo verbal.

c El responsable de una película en una productora está pensando en su trabajo y los problemas que tiene. Reformulad las frases o partes de frases en **negrita** con el futuro compuesto.

Ejemplo: Si Pedro no llega dentro de 5 minutos, **la película empezará antes de que llegue.**
→ Si Pedro no llega dentro de 5 minutos, **la película habrá empezado (antes de que llegue).**

Supongo que el director ya ha vuelto al lugar del rodaje. Me pregunto si entretanto se ha enterado del nuevo problema. Si todavía no ha hablado con su asistente, **probablemente todavía no ha encontrado ninguna solución.** Llevamos ya ocho meses rodando la película. **Me pregunto si de verdad el rodaje estará terminado el próximo mes.** Si es así, **vamos a conseguir nuestros objetivos.**

6 ¿Qué habrá pasado? (§ 21)

a Haced suposiciones acerca de qué les ha pasado a Pedro Machuca y Gonzalo Infante, usando el futuro o el futuro compuesto. (Podéis usar vuestros resultados del ejercicio 2a.)

Ejemplos: ¿Pedro y Gonzalo serán todavía amigos? Pedro no habrá terminado la escuela.

b Mirad la foto de al lado y escribid por lo menos tres frases con suposiciones sobre lo que habrá hecho el chico y lo que pasará. Usad el futuro o el futuro compuesto.

7 Herramientas *(Tools)* de Internet

a Elegid una de las siguientes tareas. Después de hacerla, presentad vuestros resultados a vuestros compañeros y compañeras.

1. Bogart se bajó «Machuca» de Internet, y Buñuel lo critica por eso. Discutid en clase sobre la piratería de películas y música o la piratería de productos en general. Tratad los siguientes puntos: posibles soluciones, las plataformas P2P, el futuro de la distribución de cine y música.
2. Muchas personas utilizan un blog para compartir sus opiniones y debatir. ¿Tenéis experiencias en blogs, chats o sitios webs de interacción social? ¿Qué temas se tratan y por qué son interesantes?
3. Muchos jóvenes ponen información, fotos o vídeos sobre ellos en Internet, en redes sociales o canales de vídeo. Discutid por qué éstos tienen tanto éxito y qué peligros hay.

b ¿Por qué no abrís un blog propio en español? No es tan difícil hacerlo con ayuda de cualquiera de las páginas que ofrecen espacios gratuitos para blogs. Pensad en varios temas de los que vais a hablar. Podríais también colgar *(aufhängen)* en la pared del aula alguna de vuestras tareas.

1 El cine español

Fijaos en esta página del periódico sobre la cartelera *(Kinoprogramm)*.

RETROSPECTIVAS: CINE ESPAÑOL

El Bola. Drama. España. 2000. Dir.: Achero Mañas. Reparto: Juan José Ballesta, Pablo Balán, Alberto Jiménez, Manuel Morón.
Sinopsis: El Bola es un niño que vive en un hogar violento y terrible. La llegada de un nuevo compañero a la escuela le hace descubrir la amistad, el cariño y otro modelo de familia. Este descubrimiento lo lleva a enfrentarse a su propia realidad con más fuerza. Película magistral sobre la infancia y el drama de los malos tratos.

El laberinto del fauno. Fantasía. España / México. 2006. Dir.: Guillermo del Toro. Reparto: Ivana Vaquero, Ariadna Gil, Sergi López, Maribel Verdú.
Sinopsis: España 1944. La madre de Ofelia se ha casado con un cruel militar franquista. Madre e hija tienen que ir a vivir con él a un pueblo de las montañas donde también actúa la resistencia a la dictadura. En medio de una realidad oscura y angustiosa, Ofelia descubre un día un laberinto donde vive un fauno, un laberinto que conduce a un mundo mágico donde tampoco estará a salvo de peligros. Uno de los éxitos más grandes del cine en lengua española de todos los tiempos.

Alas de mariposa. Drama. España. 1991. Dir.: Juanma Bajo Ulloa. Reparto: Silvia Munt, Fernando Valverde, Laura Vaquero.
Sinopsis: Un matrimonio de clase humilde tiene una hija, aunque su gran deseo era tener un hijo. La relación entre madre e hija se desarrolla de forma armoniosa hasta que llega el hijo varón deseado y la relación familiar se muestra frágil como las alas de una mariposa. Film extraordinariamente estético. Una de las mejores películas españolas de los noventa.

a Las sinopsis tienen que atraer la atención del público sobre una película. Fijaos en el tipo de lenguaje:

- ¿Qué tiempo verbal se utiliza?
- ¿Qué parte(s) de la película se cuentan?
- ¿Cómo se presenta el final?
- ¿Cómo termina la sinopsis?

b Fijaos ahora también en los carteles de las películas. ¿Qué elementos de la publicidad convencional utilizan? Analizadlos según la clásica fórmula AIDA:

A: atención (llamar la atención)
I: interés (ganar el interés)
D: deseo (despertar el deseo)
A: acción (provocar la acción de comprar, ver, etc.)

Tomad como elementos analizables la fotografía, los colores, el tipo de letra *(Schriftart)*, el tamaño *(Schriftgröße)*, el texto, etc. ¿Cuál de los carteles os motivaría más para ir a ver la película? ¿Por qué?

1 **una retrospectiva** eine Rückblende – 5 **el cariño** die Zuneigung – 7 **magistral** meisterhaft – **la infancia** cuando uno es niño – 7/8 **malos tratos** Misshandlungen – 14 **angustioso, -a** que da miedo – 15 **conducir a** führen zu – **a salvo** en seguridad – 18 **un ala de mariposa** *ver cartel* – 22 **varón** masculino – 24 **los noventa** 1990–1999

2 Entender vídeos y películas

Estrategia

Hör-/Sehverstehen

Beim Hör-/Sehverstehen bekommt ihr Informationen sowohl durch die Bilder als auch durch den Ton (Sprache, Geräusche, Musik).

Filmsequenzen schaut ihr euch am Besten mehrmals an:

- Das erste Mal werdet ihr euch sicher auf Bilder, Geräusche, Gestik und Mimik konzentrieren, um erste Informationen zum Ort, der Zeit und Art des Geschehens zu bekommen.
- Beim zweiten Mal werdet ihr schon einige Wörter und Wendungen verstehen.
- Weiteres Hören und Sehen hilft euch Details herauszubekommen. Diesmal ist es normal, wenn ihr weniger aufs Bild achtet und euch mehr auf die Sprache konzentriert (z. B. indem ihr nur zuhört, ohne das Bild anzuschauen).

Wichtig ist es auch, euch Informationen über den Film wie z. B. Rezensionen in Fachzeitschriften, dem Internet etc. zu beschaffen, was ihr sicher immer macht, bevor ihr ins Kino geht.

a Mirad en el cedé un fragmento del cortometraje «Diez minutos», primero sin tono. Observad los lugares, las personas, sus movimientos y expresiones. Haced suposiciones sobre estas preguntas:

- ¿Quien es la chica? ¿Dónde y en qué trabaja?
- ¿Quien es el chico? ¿Cómo es el ambiente dónde está? ¿Qué estilo de vida tendrá?
- ¿De qué estarán hablando? ¿Qué emociones expresan sus caras y sus gestos?

b Mirad la escena con tono y comprobad vuestras suposiciones. Responded a estas preguntas:

- ¿Cuál es el problema del chico?
- ¿Qué respuesta le da la chica? ¿Por qué?

c Inventad la continuación de la historia y apuntadla en forma de guión *(Drehbuch)*.

Diez minutos, España: Alberto Ruiz Rojo, cortometraje, 2004.

3 La televisión manipuladora

Imaginaos que queréis invitar al cine a un amigo español y le proponéis ir a ver esta película de la que habéis leído la sinopsis. Contadle de qué trata y por qué os parece interesante.

[…] mit Unterschichtenfernsehen der stumpfsinnigsten Sorte scheffelt TV-Produzent Rainer (Moritz Bleibtreu) Kohle, Quote[1] und Ansehen ohne Ende. Vollgekokst liegt ihm die Welt zu Füßen. Als ihm jedoch eine junge Frau (Elsa Sophie Gambard) mit voller Absicht in die Seite fährt, weil eines seiner Programme ihren Großvater in den Selbstmord getrieben hat, beginnt Rainer umzudenken. Mit dem anspruchsvollen Format „Dinge, die die Menschen wissen sollten" will er sich als besserer Mensch profilieren, doch die intellektuelle Sendung erweist sich als der quotentechnische Supergau. Für Rainer ist diese Pleite nicht zu akzeptieren und so erforscht er die Herkunft der Quoten – lediglich 5.000 ausgewählte Haushalte liegen den Werten zugrunde, die von der Firma IMA ermittelt werden. Zunächst glaubt Rainer an eine große Verschwörung, doch bei seinen Recherchen muss er feststellen, dass die Menschen wirklich nur Müll sehen, die Quoten also stimmen. Doch so leicht gibt Rainer nicht auf: Er mietet sich in einem leerstehenden Dorfhotel ein, besorgt sich einen Haufen Arbeitsloser und beginnt seinerseits, die TV-Quoten zu manipulieren. Fortan werden Rainer-Werner-Fassbinder-Retrospektiven und ambitionierte Dokumentationen – zumindest was die offiziellen Quoten angeht – zu absoluten Erfolgsformaten. Mit ungeahnten Folgen für Deutschland …

Christoph Petersen. Kritik zu *Free Rainer* (Hans Weingartner, Deutschland, 2007). www.filmstarts.de (fragmento)

Estadísticas televisivas

Si queréis saber más sobre el consumo de televisión en España, mirad el **Online-Link** 535630-0017.

4 El consumo de televisión

a Fijaos en el siguiente gráfico que muestra el consumo de televisión medio de jóvenes españoles entre 13 y 24 años. Intentad explicar la variación de consumo en los diferentes meses y los diferentes días de la semana.

Minutos de visionado[2]

Evolución de los minutos de visionado (AÑO MÓVIL)

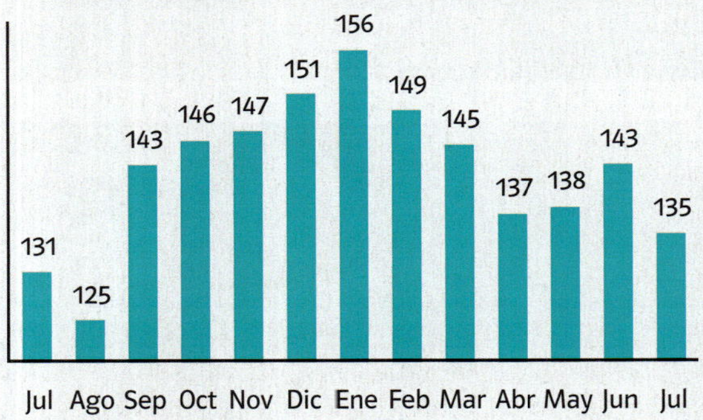

Minutos de visionado por persona y día

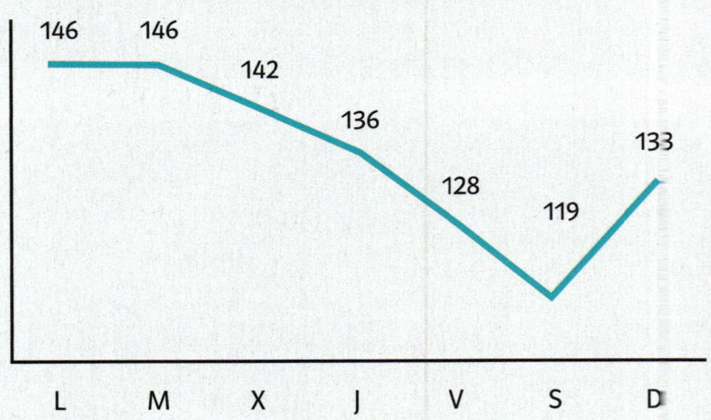

Fuente: www.marketingdirecto.com (2006)

b Discutid: ¿Os parece un consumo excesivo? ¿Cuánto tiempo le dedicáis vosotros a la televisión?

[1] **TV-Quoten** cuotas de audiencia – [2] **el visionado** die Fernsehzeit / das Fernsehen

5 Programas y canales

a Fijaos ahora en las programaciones de varias cadenas españolas. ¿Son parecidas a las de la tele en vuestro país? ¿Qué tipo de programas creéis que atraen más la atención de la audiencia de vuestra edad?

MIÉRCOLES

TVE 1

- 7.00: Telediario matinal
- 9.00: Los desayunos de TVE (debate)
- 10.30: Saber vivir (magazine)
- 12.00: Por la mañana (magazine)
- 14.00: Informativo territorial
- 14.30: Corazón de invierno (crónica rosa)
- 15.00: Telediario
- 16.00: Mundo de Fieras (telenovela)
- 17.30: Los Lunnis (infantil)
- 19.00: España directo (magazine)
- 20.00: Gente (crónica rosa y negra)
- 21.00: Telediario
- 22.00: Cine: "Lost Highway"

- 24.00: En Portada (documental)

LA 2

- 7.30: Dibujos animados
- 9.00: Los Lunnis (infantil)
- 11.00: Documental: "El Camino de Santiago"

- 12.30: Deporte: Tenis. Copa Davis
- 15.00: Saber y ganar (concurso)
- 16.00: Grandes Documentales: "Cristóbal Colón"
- 18.00: Mucho viaje (reportaje)
- 19.00: One Tree Hill (serie)
- 20.00: Smallville (serie)
- 21.00: Hijos de Babel. Casting. (concurso)
- 22.00: La 2 Noticias
- 23.00: Miradas 2 (Magazine cultural)
- 24.00: Cine de madrugada: "Alas de Mariposa"

ANTENA 3

- 7.00: Las noticias de la mañana
- 9.00: Espejo público (magazine)
- 12.30: La rueda de la suerte (concurso)
- 14.00: Los Simpson

- 15.00: Noticias
- 16.00: Hermosa e indomable (telenovela)
- 17.00: Paraíso Perdido (telenovela)
- 18.00: A3 Bandas (magazine)
- 19.30: Diario y Medio (talk-show)
- 21.00: Noticias
- 22.00: Al pie de la letra (concurso)
- 23.00: ¿Dónde estás corazón? (crónica rosa)
- 00.30: Noticias

TELE 5

- 7.00: Informativo matinal
- 9.00: Cine: "El Bola"
- 10.45: El Programa de Ana Rosa (magazine)
- 14.30: Karlos Arguiñano en tu cocina
- 15.00: Informativos Tele5
- 15.45: Aquí hay tomate (crónica rosa)
- 17.00: Yo soy Bea (telenovela)
- 18.30: Está pasando (magazine)
- 20.15: Pasapalabra (concurso)
- 21.00: Informativos
- 21.45: Escenas de matrimonio (humor)

- 22.15: Tú sí que vales (concurso)
- 00.00: En concierto

b Si os fijáis en la programación de las diferentes cadenas, ¿cuáles creéis que pretenden ser una televisión de entretenimiento *(Unterhaltung)*? ¿Cuáles tienen una visión más educativa?

c En vuestra opinión, ¿qué función debe tener la televisión? En grupos, preparad un debate.

Con estas expresiones puedo hablar sobre los programas de los canales de televisión

- un programa
- un canal *(ein Sender)*
- las noticias / el telediario
- una telenovela
- un concurso
- (un programa de) deportes
- un talk-show
- un documental
- una serie
- un programa rosa / del corazón
- (un programa de) crónica social
- un magazine
- un corto(metraje)
- un largometraje

6 Nuevos lenguajes

«DICNARIO XAT» para verdaderos mensajes cortos …

Comunícate con todos por xat

Este nuevo «idioma», o bien, forma de escribir, ya se ha vuelto normal entre los jóvenes, quienes lo encuentran rápido de escribir, sencillo, menos cansado y más difícil de «sapear».

Una campaña publicitaria del año pasado apoyó el envío de mensajes cortos «vía celular», eso hizo que la venta de los teléfonos móviles aumentara ¡en un 35 %! Eso sí, padres, profes y «académicos de la lengua» quedaron medio saltones con esta forma de escribir abreviada y, a veces, hasta incomprensible para los adultos.
Pero lo cierto es que para los adolescentes – grupo que más utiliza este novedoso «diccionario» – ha sido el mejor invento de los últimos años. Sobre todo si se piensa en que un mensaje de texto es normalmente más barato que una llamada por móvil. Además, por cada mensaje tienes una cantidad limitada de caracteres, por eso es mucho mejor escribir «ora» que «ahora», o «k cntas» que «qué cuentas». Rápido de escribir, entretenido, súper sencillo, menos cansado y más difícil de «sapear» … así es el nuevo diccionario chat que a continuación te presentamos… una manera de facilitarte las cosas.

4 **sapear** mirar indiscretamente *(Chile)* – 5 **vía** por – 7 **abreviado, -a** abgekürzt – 8 **novedoso, -a** neuartig

a Explicad cuáles son las ventajas del «dicnario xat» según el texto.

b Buscad en el texto los sinónimos de las siguientes palabras:

sorprendido • divertido • los jóvenes • subir • un móvil • fácil • una letra

c Hablad del uso que hacéis del móvil, si lo dedicáis más para hablar, para enviar sms, para bajar y escuchar música, etc. Imaginaos un día sin móvil: ¿qué alternativas de comunicación se os ocurren?

d El lenguaje xat se usa en el chat, en los sms y los emails. Los emoticonos son típicos de este lenguaje. Decid en español qué significan los siguientes emoticonos:

:-))   :-P   :-(-x

7 Diccionario chat

a El lenguaje chat se basa en simplificar la escritura, suprimir *(auslassen)* vocales y sustituir sonidos (*ch* es *x*; *que* es *q* o *k*). Aquí tenéis un pequeño diccionario de este lenguaje.

Con estas abreviaturas puedo escribir chat, SMS, mail

adiós	a2	hora	hr
beso	b	hasta luego	HL
bien	bn	igual	=
casa	ksa	mañana	mñna
cuando	qndo / kndo	más o menos	+ o -
coche	kxe	mejor	mjr
como	kmo	mensaje	msj
cumpleaños	qmple	mucho	mxo
de	d	para / por	x
favor / por favor	fa / xfa	porque	xq
fin de semana	finde / find	que	q / k
gracias	thanx	dinero	$

Pp dce q pdms kmprar dvd 12 mnos xq a A l gsta mxo Brd Pitt :-))

Ola, ktl? Fsta d qmple l find n ksa d Miguel. a k hr kdmos pa kmprar rglo? Yamm! Avsa tb a ls xik@s!

b Intentad ahora descifrar los mensajes de las casillas. No todas las palabras aparecen en el diccionario.

c Escribid ahora un mensaje en lenguaje xat y dádselo a un compañero / una compañera. ¿Quién ha escrito el mensaje más difícil de *sapear*?

Tu película favorita

a Escribid la ficha técnica y un comentario sobre vuestra película favorita o la película que más os ha impresionado. Estructuradla según el siguiente esquema y acompañad la sinopsis con un collage.

anuncios | tráilers de estrenos | película cine | ver películas | estrenos cine | películas nuevas

Un chileno en Europa

Ficha técnica

Año:

País:

Género:

Director:

Intérpretes:

Marco histórico:

Sinopsis:

Comentario crítico:

Opinión personal:

Me gusta especialmente por:
- los actores
- el argumento
- la fotografía
- la música
- el mensaje
- etc.

Los personajes son:
- profundos
- evolucionan a lo largo de la película
- estereotipos

OK

b Leed vuestra ficha a la clase empezando por la opinión personal y terminando con el año. Describid la sinopsis con ayuda de vuestro collage. Los demás tienen que adivinar qué película es.

8 Chile: literatura y política

1 Chile entre el fuego y el hielo

a Mirad el mapa de Chile y las fotos. Describid el clima, los paisajes y la naturaleza de Chile.

b Chile se encuentra en el hemisferio sur *(Südhalbkugel)*. ¿En qué región hace más frío? ¿En qué meses del año es invierno y en qué meses es verano?

c Chile, por sus paisajes y climas muy variados, atrae a muchos turistas. En parejas representad esta escena: una persona es un agente de una oficina de turismo, la otra es un cliente *(Kunde)* que tiene vacaciones en enero o febrero y busca un destino que sea agradable durante estos meses. El agente le propone Chile. Le describe los atractivos del país y las actividades que se pueden llevar a cabo. Además, informa sobre el clima. Usad la información de estas páginas y del glosario cultural. Si necesitáis más información, mirad en el **Online-Link** 535630-0018.

1 Norte Grande

2 Norte Chico

4 Sur

5 Patagonia

2 Mi país inventado

a Escuchad la lectura de un fragmento del libro de Isabel Allende «Mi país inventado» y con ayuda del mapa contestad las siguientes preguntas:

- ¿Por qué dice Isabel Allende que Chile es el fin de todos los caminos?
- Según vosotros, ¿le gusta a la escritora su país?

b Apuntad algunas de las características de Chile, según Isabel Allende.

c Leed el poema del poeta Pablo Neruda citado por Isabel Allende y decid a qué características de Chile se refieren las palabras en cursiva.

Noche, *nieve* y *arena* hacen la forma
de mi *delgada* patria,
todo el silencio está en su *larga línea*,
toda la *espuma* sale de su *barba marina*,
todo el carbón la llena de sus misteriosos
besos.

Pablo Neruda

Pablo Neruda: «XVIII Descubridores de Chile» (fragmento), en: *Canto general*. Celesa, 2003. © Fundación Pablo Neruda, 2010.

1 **la arena** der Sand – 2 **la patria** das Vaterland – 4 **la espuma** der Schaum – **marino, -a** del mar – 5 **el carbón** die Kohle

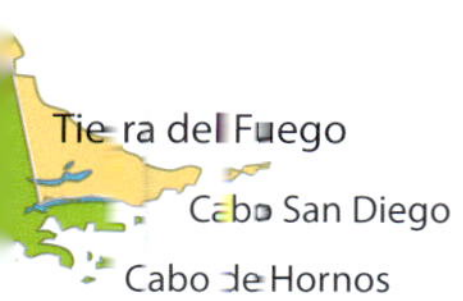

1 Chile ayer y hoy

a ¿Quiénes eran Salvador Allende y Augusto Pinochet? Recordad y anotad lo que ya sabéis.

b Escuchad el programa de radio en el cedé. Decid si las afirmaciones son ciertas, falsas o si la información no está en el texto.

Salvador Allende

1. En 1970 Salvador Allende fue elegido presidente de Chile.
2. Sus ideales políticos eran socialistas.
3. Bajo su gobierno las escuelas públicas eran muy caras.
4. La política de Allende mejoraba la situación de los latifundistas[1].
5. Su gobierno nacionalizó muchas empresas extranjeras.
6. Había una inflación muy alta.

Augusto Pinochet

1. El 11 de septiembre de 1973 el general Augusto Pinochet tomó el poder.
2. Pinochet persiguió[2] a sus enemigos políticos.
3. Muchos de sus enemigos fueron torturados o desaparecieron.
4. Su gobierno recibió apoyo internacional.
5. Cerca de mil personas se fueron al exilio.

[1] **un latifundista** ein Großgrundbesitzer
[2] **perseguir (-i-/-i-)** verfolgen

2 En el colegio de Machuca

En la película «Machuca» (p. 88–90) el director de un colegio católico admite a todos los alumnos, sean ricos o pobres, ya que la nueva política de Salvador Allende busca más justicia social.

a Leed los siguientes textos. Explicad qué piensan las madres de Gonzalo Infante y de Pedro Machuca sobre los cambios en el colegio.

Madre de Gonzalo Infante: ¿Cuál es la idea de mezclar las peras con las manzanas? Bueno, no digo que seamos mejores o peores, pero, pucha, ¡que somos distintos!… ¡compadre! … yo quiero entender …

Madre de Pedro Machuca: Cuando yo era niña, vivía allá en un fundo cerca de San Nicolás, mi padre era uno de los inquilinos que cuidaba el ganado. Cuando le pasaba algo a algún animal lo descontaban de los víveres que nos daban a fin de mes. No importaba la razón de la pérdida, el culpable siempre era mi padre. Yo me vine así a Santiago a los 15, porque no quería que mis hijos fueran los culpables de todo siempre, pero parece que aquí en la ciudad es igual, los culpables siempre son los mismos, así es como tiene que ser y a ustedes nadie los va a culpar por seguir la misma historia …

Machuca, Chile / España / Francia / Gran Bretaña: Andrés Wood, SUNFILM Entertainment, 2004.

b Las dos mujeres son representantes típicas de sus clases. Con la información del texto y lo que ya sabéis sobre Pedro y Gonzalo, comparad sus vidas y sus ideas. Si no encontráis las respuestas en el texto, utilizad vuestra imaginación.

	madre de Gonzalo	**madre de Pedro**
su vida y su pasado	*es blanca, de una familia acomodada …*	…
su clase social		
su opinión sobre los niños pobres en el colegio		
¿Apoya la política de Allende o de Pinochet? ¿Por qué?		

1 **mezclar** vermischen – 2 **¡compadre!** Mann!, Mensch! – 3 **un fundo** ein Bauernhof – 4 **un inquilino** persona que vive en un piso alquilado – **el ganado** das Vieh – **descontar algo** etw. abziehen – **los víveres** los alimentos – 5 **un culpable** ein Schuldiger

3 La hora del cambio ...

a En parejas mirad la foto. Haced una hipótesis sobre lo que pueden significar el «no» y el arco iris (*Regenbogen*). Fijaos también en la expresión de las caras. Después leed el texto y comprobad vuestras hipótesis.

La protesta social

En 1983 tienen lugar las primeras protestas sociales organizadas por la oposición política contra la dictadura militar. A las restricciones a los derechos políticos y sindicales y reiteradas violaciones a los derechos humanos se sumó una aguda crisis económica, con una caída del Producto del 14,5 % y un desempleo real que superó el 30 %.

El rechazo masivo al régimen militar, que incluyó a sectores de clase media y acomodada, alentó a los opositores a formar un bloque unitario, por encima de sus diferencias ideológicas. La acción concertada de los partidos de izquierda y el centro político obliga finalmente a Pinochet a llamar a un plebiscito en octubre de 1988, convencido de que ganaría ampliamente, como ocurrió en dos ocasiones anteriores.

Con una papeleta de voto y un lápiz en la mano como única arma los chilenos dijeron NO al gobierno militar el 5 de octubre de 1988. Fue el principio del fin de un sistema político que se caracterizó por las continuas violaciones a los derechos humanos, la pérdida de los derechos civiles y el aislamiento internacional.

Ya avanzada la madrugada del 6 de octubre, el gobierno reconoció a regañadientes el triunfo del NO. Pinochet se retira de La Moneda cabizbajo mientras miles de chilenos salen a las calles a celebrar.

www.tvn.cl/noticias/especiales/130415/protestas.asp

b Trabajad en grupos y elaborad una definición para las siguientes palabras. Comentadlas con toda la clase y poneos de acuerdo sobre una versión.

- las protestas sociales (l. 2)
- la oposición política (l. 3)
- la dictadura militar (l. 3/4)
- los derechos humanos (l. 5)
- una crisis económica (l. 6)
- la clase media y acomodada (l. 10)
- un plebiscito (l. 13)
- una papeleta de voto (l. 15)
- un sistema político (l. 16)

c Contestad las siguientes preguntas.

1. ¿Por qué se iniciaron las primeras protestas sociales en el año de 1983?
2. ¿Quiénes obligaron a Pinochet a llamar a un plebiscito?
3. ¿Qué respondieron los chilenos en el plebiscito del 5 de octubre de 1988?
4. ¿Por qué fue el principio del fin de un sistema político?

d ¿Qué creéis que pasó en Chile después del plebiscito? ¿Qué habrá hecho Pinochet? ¿Qué cambios políticos y sociales habrá habido? Escribid un pequeño texto.

4 **una restricción** eine Einschränkung, eine Restriktion – 5 **reiterar** repetir – **una violación** *hier:* eine Verletzung – 6 **una aguda crisis** una fuerte crisis – 7 **el desempleo** la situación de quien no tiene trabajo – **superar** übersteigen – 10 **alentar** animar – 12 **concertar algo** ponerse de acuerdo sobre algo – 19 **avanzada la madrugada** poco antes de salir el sol – **a regañadientes** con disgusto – 20 **La Moneda** sede del Presidente de Chile – **cabizbajo** sin ánimo

4 Un paso hacia la democracia

a Después del plebiscito, Chile comenzó una nueva etapa política y los chilenos eligieron a un nuevo presidente: Patricio Aylwin. ¿Qué creéis que querrá cambiar el nuevo presidente? ¿Qué dificultades y peligros tendrá que enfrentar? ¿Quiénes se pondrán de su lado y quiénes no?

b Haced grupos de tres. Cada uno de vosotros lee una parte del texto: [1], [2], [3]. Escribid las ideas principales de lo que el presidente quiso expresar y presentadlas dentro de vuestro grupo. Explicad también a qué hechos históricos se refiere Patricio Aylwin.

c Comparad vuestra interpretación con los demás grupos.

Reconstruir nuestra democracia

(Discurso de Patricio Aylwin en el Estadio Nacional)

Santiago, 12 de marzo de 1990

[1] Este es Chile, el Chile que anhelamos, el Chile por el cual tantos, a lo largo de la historia, han entregado su vida; el Chile libre, justo, democrático. La nación de hermanos. [...]

Desde este recinto, que en tristes días de ciego odio, de predominio de la fuerza sobre la razón, fue para muchos compatriotas lugar de presidio y de tortura, decimos a todos los chilenos y al mundo que nos mira: ¡Nunca más! ¡Nunca más atropellos a la dignidad humana! ¡Nunca más odio fratricida! ¡Nunca más violencia entre hermanos! [...]

[2] Hoy asumimos el compromiso de reconstruir nuestra democracia con fidelidad a los valores que nos legaron los Padres de la Patria. [...] ¡Estos valores imperarán de nuevo entre nosotros!

Es hermosa y múltiple la tarea que tenemos por delante: restablecer un clima de respeto y de confianza en la convivencia entre los chilenos, cualesquiera que sean sus creencias, ideas, actividades o condición social, sean civiles o militares, sí señores, sí compatriotas, civiles o militares: ¡Chile es uno solo! ¡Las culpas de personas no pueden comprometer a todos! ¡Tenemos que ser capaces de reconstruir la unidad de la familia chilena! Sean trabajadores o empresarios, obreros o intelectuales. [...]

[3] Todo en la vida requiere tiempo. ¿Cuántos años nos costó recuperar la democracia? El hecho de que ahora tengamos un gobierno del pueblo no significa que los problemas se van a solucionar milagrosamente; significa, sí, que de inmediato, desde ahora mismo nos vamos a poner a trabajar para solucionarlos, y contamos para ello con el esfuerzo y participación de todos. Sólo así consolidaremos nuestra democracia y resolveremos los problemas. [...]

Discurso de Patricio Aylwin en el Estadio Nacional, Santiago, 12.03.1990, http://es.wikisource.org (fragmentos)

d Patricio Aylwin usa una serie de recursos estilísticos *(Stilmittel)* para caracterizar el Chile de la dictadura y el Chile democrático. Sacad las expresiones que usa y discutid qué efecto tienen.

el Chile de la dictadura	el Chile democrático
un recinto de predominio de la fuerza sobre la razón	una nación de hermanos ...

3 **anhelar** ersehnen – 4 **entregar** dar – 7 **un recinto** ein Gelände, abgegrenzter Raum – 8 **el predominio** die Vorherrschaft – 9 **un presidio** una cárcel – 11 **un atropello** eine Verletzung – **la dignidad** die Würde – 12 **fratricida** brudermörderisch – 14 **asumir** übernehmen, auf sich nehmen – **un compromiso** eine Verpflichtung – 15 **la fidelidad** die Treue – 15/16 **imperar** herrschen – 19 **restablecer (-zco)** wiederherstellen – 24 **comprometer** hacer a alguien responsable de algo – 28 **requerir** necesitar – 31/32 **milagrosamente** auf wunderbare Weise

5 Intentos de reconciliación

a Según las palabras del presidente Aylwin, una de las tareas del país era restablecer un clima de respeto y de confianza.
Completad el siguiente texto con las formas correctas del pretérito indefinido o pretérito imperfecto.

En 1990 Patricio Aylwin **1** **(ser)** elegido presidente de Chile. Le **2** **(resultar)** muy difícil al nuevo presidente conseguir reformas porque el ejército, cuyo Comandante en Jefe **3** **(seguir)** siendo Pinochet, **4** **(tener)** todavía mucha influencia y **5** **(estar)** en contra de los cambios. Sin embargo **6** **(crearse)** la Comisión Nacional de Verdad y Reconciliación. Su objetivo **7** **(ser)** investigar las violaciones a los derechos humanos cometidas durante la dictadura. Esta comisión, aunque **8** **(tener)** muy pocos derechos, también **9** **(ser)** criticada por los militares. Por ejemplo, no **10** **(poder)** ni siquiera publicar los nombres de autores de delitos como la tortura. A pesar de todo, en 8 meses **11** **(realizar)** un informe que **12** **(entregar)** al Presidente. Éste lo **13** **(hacer)** público en la televisión. Además, **14** **(pedir)** perdón a las familias de las víctimas y **15** **(anunciar)** apoyo para éstas. En la primera versión del informe (de 1991) **16** **(hablarse)** de 2.279 víctimas (entre ellas 2.147 muertos). Una nueva versión, en 1996, **17** **(mencionar)** 3.197 muertos, entre ellos más de 1.000 desaparecidos.

b Explicad con vuestras propias palabras cuál fue una de las medidas del presidente para restablecer la confianza en el país.

6 La política de hoy

El 15 de enero de 2006, Michelle Bachelet ganó las elecciones presidenciales y se convirtió en la primera mujer presidente de Chile.

a Leed la siguiente entrevista. En parejas anotad las ideas principales y responded a las siguientes preguntas:

1. ¿Cómo ve Michelle Bachelet el problema de la pobreza?
2. ¿Cómo se ve a sí misma?

ENTREVISTA A MICHELLE BACHELET

La socialista Michelle Bachelet, de 54 años, se convertirá el próximo 11 de marzo en la primera mujer que accede a la presidencia de Chile.

P ¿En sólo cuatro años de gobierno y sin reelección habrá tiempo suficiente para acortar la brecha entre ricos y pobres, uno de los principales problemas de la economía chilena?
R Obviamente, la distribución del ingreso no se resuelve por completo en un Gobierno; es una tarea para varios. Hemos contribuido a disminuir fuertemente la pobreza, que era del 44% en 1990; hoy es del 18%. Sin duda hemos avanzado, pero se mantiene una relación de 14 a uno en los ingresos autónomos de los más ricos y más pobres, que no hemos bajado. […] Trabajaremos a través del plan de igualdad de oportunidades para generar más empleos y sacar a la gente de la pobreza. Hay tareas con resultados a largo plazo, que vamos a iniciar o consolidar en los cuatro años.

P ¿Cuál es el modelo de izquierda en el que usted cree?
R No me gustan los estereotipos ni me califico con uno determinado. Quisiera más bien ser recordada como una presidenta que trabajó sin descanso por avanzar en la justicia social, por un país más solidario y amable, más integrado y sin exclusiones. Y para eso hay distintos instrumentos. Probablemente por mi historia personal, hablo de un país inclusivo en el sentido de que la diversidad política es una riqueza, sobre todo cuando se puede expresar en democracia. Yo soy una mujer fuertemente pluralista.

Jorge Marirodriga / Manuel Délano, *El País Internacional*. Santiago, 22.01.2006 (fragmentos)

b Buscad información en el Internet sobre Michelle Bachelet y elaborad su ficha bibliográfica. Escribid una conclusión de lo que ha sido la vida personal y política de esta mujer.

5 **acceder** ein Amt antreten – 10 **una brecha** ein Abstand – 12 **obviamente** claramente
– **el ingreso** lo que ganan los habitantes de un país – 20/21 **a largo plazo** langfristig

7 Ardiente paciencia *(Brennende Geduld)*

a Informaos en la casilla sobre Pablo Neruda. ¿Cuál es su importancia para Chile?

b Leed el siguiente extracto de la novela *Ardiente paciencia* de Antonio Skármeta (→ glosario cultural), que trata de la vida de Pablo Neruda.

Pablo Neruda (1904–1973)

El poeta y diplomático Pablo Neruda, cuyo nombre verdadero fue Neftalí Reyes, nació en Parral (Chile) el 12 de julio de 1904. Entre sus libros de poemas más conocidos se encuentra «Veinte poemas de amor y una canción desesperada».
Al comenzar la Guerra Civil española (1936) tiene que dejar su cargo consular en España.
En 1945 recibe el Premio Nacional de Literatura. Se une al Partido Comunista de Chile y denuncia los abusos del sistema, por eso sufre persecuciones políticas. Huye de Chile y va a Argentina, a otros países latinoamericanos y después a Europa. En 1954 vuelve a Chile y publica «Odas elementales», en las que expresa sus inquietudes políticas y sociales.
En 1970 acepta ser candidato presidencial del Partido Comunista, pero renuncia a favor de su amigo Salvador Allende, quien finalmente ganará las elecciones.
En 1971 recibe el Premio Nobel de Literatura. Luego de haber trabajado como embajador en Francia, vuelve a Chile en 1972, donde muere un año después.

—¿Qué te pasa?
—¿Don Pablo?
—Te quedas ahí parado como un poste.
Mario torció el cuello y buscó los ojos del poeta desde abajo:
—¿Clavado como una lanza?
—No, quieto como torre de ajedrez.
—¿Más tranquilo que gato de porcelana?
Neruda soltó la manilla del portón y se acarició la barbilla.
—Mario Jiménez, aparte de *Odas elementales* tengo libros mucho mejores. Es indigno que me sometas a todo tipo de comparaciones y metáforas.
—¿Don Pablo?
—¡Metáforas, hombre!
—¿Qué son esas cosas?
El poeta puso una mano sobre el hombro del muchacho.
—Para aclarártelo más o menos imprecisamente, son modos de decir una cosa comparándola con otra.
—Deme un ejemplo.
Neruda miró su reloj y suspiró.
—Bueno, cuando tú dices que el cielo está llorando. ¿Qué es lo que quieres decir?
—¡Qué fácil! ¡Que está lloviendo, pu'.
—Bueno, eso es una metáfora.
—¿Y por qué si es una cosa tan fácil, se llama tan complicado?
—Porque los nombres no tienen nada que ver con la simplicidad o complejidad de las cosas. Según tu teoría una cosa chica que vuela no debiera tener un nombre tan largo como *mariposa*. Piensa que *elefante* tiene la misma cantidad de letras que *mariposa* y es mucho más grande y no vuela — concluyó Neruda exhausto. Con un resto de ánimo le indicó a Mario solícito el rumbo hacia la caleta. Pero el cartero tuvo la prestancia de decir:
—¡P'tas que me gustaría ser poeta!
—¡Hombre! En Chile todos son poetas. Es más original que sigas siendo cartero. Por lo menos caminas mucho y no engordas. En Chile todos los poetas somos guatones.
Neruda retomó la manilla de la puerta, y se disponía a entrar, cuando Mario mirando el vuelo de un pájaro invisible, dijo:
—Es que si fuera poeta podría decir lo que quiero.
—¿Y qué es lo que quieres decir?
—Bueno, ése es justamente el problema. Que como no soy poeta, no puedo decirlo.

[...] Neruda apretó los dedos en el codo del cartero y lo fue conduciendo con firmeza hacia el farol donde había estacionado la bicicleta.
—[...] Si quieres ser poeta, comienza por pensar caminando. ¿O eres como John Wayne, que no podía caminar y mascar chiclets al mismo tiempo? Ahora te vas a la caleta por la playa y, mientras observas el movimiento del mar, puedes ir inventando metáforas.
—¡Deme un ejemplo!

3 **un poste** ein Pfahl – 4 **torcer el cuello** den Hals verrenken – 6 **clavado, -a** eingeschlagen, angenagelt – 7 **una torre de ajedrez** ein Turm beim Schach – 9 **una manilla** eine Klinke – 10 **la barbilla** das Kinn – 12 **indigno, -a** unwürdig – **someter a alguien a algo** jdn. etw. aussetzen – 17 **el hombro** die Schulter – 23 **suspirar** seufzen – 32 **chico, -a** pequeño, -a – 33 **una mariposa** ein Schmetterling – 35 **volar (-ue-)** fliegen – 36 **exhausto, -a** muy cansado – 37 **solícito, -a** nachdrücklich – 38 **una caleta** eine kleine Bucht – **un cartero** ein Briefträger – **la prestancia** die Vortrefflichkeit – 43 **guatón, -ona** *(Chile)* gordo, -a – 51 **un codo** ein Ellbogen – 53 **un farol** eine Laterne – 56 **un chicle(t)** ein Kaugummi

—Mira este poema:

Aquí en la Isla,
el mar,
y cuánto mar.
Se sale de sí mismo
a cada rato.
Dice que sí, que no,
que no, que no, que no.
Dice que sí, en azul,
en espuma, en galope.
Dice que no, que no.
No puede estarse quieto.
Me llamo mar, repite
pegando en una piedra
sin lograr convencerla.
Entonces
con siete lenguas verdes,
de siete perros verdes,
de siete tigres verdes,
de siete mares verdes,
la recorre, la besa,
la humedece,
y se golpea el pecho
repitiendo su nombre.

Hizo una pausa satisfecho.
—¿Qué te parece?
—Raro.
—«Raro» ¡Qué crítico más severo que eres!
—No, don Pablo. Raro no es el poema. Raro es como yo me sentía cuando usted recitaba el poema.
—Querido Mario, a ver si te desenredas un poco, porque no puedo pasar toda la mañana disfrutando de tu charla.
—¿Cómo se lo explicara? Cuando usted decía el poema, las palabras iban de acá pa'llá.
—¡Como el mar, pues!
—Sí, pues, se movían igual que el mar.
—Eso es el ritmo.
—Y me sentí raro, porque con tanto movimiento me marié.
—Te mareaste.
—¡Claro! Yo iba como un barco temblando en sus palabras.
Los párpados del poeta se despegaron lentamente.
—«Como un barco temblando en mis palabras.»
—¡Claro!
—¿Sabes lo que has hecho, Mario?
—¿Qué?
—Una metáfora.

Antonio Skármeta, *Ardiente paciencia (El cartero de Neruda)*, Barcelona: Plaza & Janés, 1996, p. 23 – 26 (fragmentos) © Antonio Skármeta, 1985

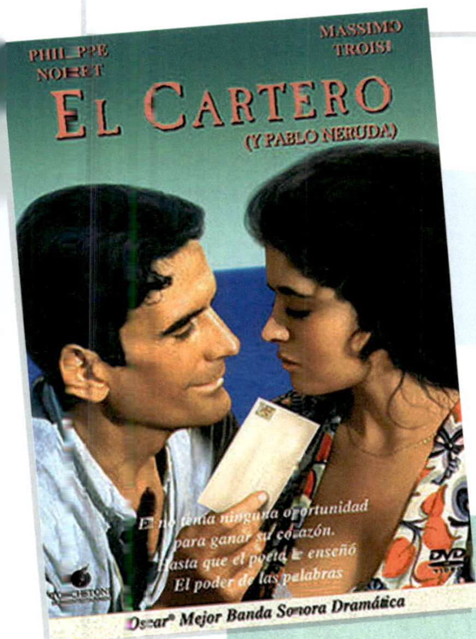

Cartel de la película de Michael Radfort (1994), adaptación cinematográfica de *Ardiente paciencia*

Fotos de la película *El Cartero (y Pablo Neruda)*

70 **la espuma** der Schaum – 81 **recorrer** *hier:* umspülen – 82 **humedecer** befeuchten – 92 **desenredarse** *hier:* ordenar los pensamientos – 96 **de acá pa'llá (> para allá)** de aquí para allá – 101 **me marié** me mareé *(error de Mario)* – 103 **temblar** zittern – 105 **un párpado** ein Augenlid – **despegarse** *aquí:* abrirse

8 El poeta y el cartero

a Describid la relación entre el poeta y el cartero. Tened en cuenta lo que habéis aprendido sobre la posición social de Neruda.

b ¿Qué imagen de Neruda transmite Antonio Skármeta?

c Mario dice: «... si fuera poeta podría decir lo que quiero» (l. 47). Buscad razones por las que el cartero se pudiera interesar tanto por la poesía.

9 El lenguaje de la poesía

a ¿Qué es una metáfora según el texto de la página 106 – 107? ¿Qué expresan las metáforas que las expresiones normales no pueden decir?

b Mirad los dibujos y relacionadlos con las metáforas. ¿En qué contexto se puede decir qué frase?

- Tiene un nudo en la garganta.
- Decidieron tomar caminos distintos.
- Siente mariposas en el estómago.
- Es un rompecorazones.
- Tiene un corazón de oro.

c Haced una lista de las metáforas y comparaciones que aparecen en el fragmento de la novela de Skármeta y explicad lo que significan.

d En la casilla de abajo hay otros recursos estilísticos. Buscad ejemplos en el poema sobre el mar (p. 107). ¿Conocéis más recursos estilísticos *(Stilmittel)*? Explicadlos y buscad ejemplos.

Con estas expresiones puedo analizar el estilo de textos literarios

Recursos estilísticos

- **aliteración:** Se repite el mismo sonido inicial en el principio de dos o más palabras consecutivas *(aufeinanderfolgend)* o ligeramente separadas: «Mi mamá me mima» *(verwöhnen)*.
- **onomatopeya:** Los sonidos de las palabras imitan los ruidos que existen en la naturaleza.
- **anáfora:** Se repiten una o varias palabras al principio de varios versos o frases.
- **paralelismo:** Se distribuyen paralelamente palabras y frases.
- **elipsis:** Se elimina algún elemento de la frase porque se sobreentiende *(von selbst verstehen)*: «Los niños beben agua, los padres vino».
- **antítesis / contraste:** Se contraponen ideas opuestas: «Es tan corto el amor, y tan largo el olvido», Pablo Neruda.
- **personificación:** Se atribuyen *(zuschreiben)* cualidades *(Eigenschaften)* humanas a cosas y seres *(Wesen)* inanimados: «El amor nace y muere».

10 Entre hombres

a Escuchad el diálogo entre Mario y Neruda. ¿Qué se aprende en él sobre las personas de las fotos? ¿Qué relaciones existen entre ellas? Describid los problemas de Mario y Neruda.

Fotogramas de la película *El Cartero (y Pablo Neruda)* de Michael Radford

Mario

Pablo Neruda

Beatriz

Dante Alighieri

(→ glosario cultural)

b ¿Cómo va a reaccionar el poeta a la última frase de Mario? Continuad el diálogo.

c Imaginaos los sentimientos de Beatriz. ¿Qué habrá pensado después de aquella conversación con Mario? ¿Cuáles habrán sido sus planes y estrategias? Imaginad un diálogo entre Beatriz y una amiga o su madre.

d ¿Cómo podría continuar la historia de Mario y Beatriz? Acordaos que, según Neruda, «las Beatrices producen amores incomensurables» *(unermesslich)*.

e ¿Creéis que es posible enamorarse en 10 minutos o menos? ¿Conocéis ejemplos de amores a primera vista ya sean reales o de película o literatura? ¿Cómo terminan?

11 Cómo ligar *(anbändeln)*

Mirad las ilustraciones y comparad las ventajas y desventajas de estas y otras formas de buscar pareja.

quien te kiere kmo yo
te kiero!!!!! Xavi nngna
niña te kerrá como yo
ya lo entdste?
conkistast mi corzn.

12 Los poetas y el amor

a Para cada uno de los dos poemas identificad el «yo» y describid la situación en la que se encuentra. Resumid el contenido del poema.

Alfonsina Storni
(→ glosario cultural)

José Martí
(→ glosario cultural)

Dos palabras

Esta noche al oído me has dicho dos palabras
comunes. Dos palabras cansadas
de ser dichas. Palabras
que de viejas son nuevas.

Dos palabras tan dulces que la luna que andaba
filtrando entre las ramas
se detuvo en mi boca. Tan dulces dos palabras
que una hormiga pasea por mi cuello y no intento
moverme para echarla.

Tan dulces dos palabras
que digo sin quererlo –¡oh, qué bella, la vida!–
tan dulces y tan mansas
que aceites olorosos sobre el cuerpo derraman.

Tan dulces y tan bellas
que nerviosos, mis dedos,
se mueven hacia el cielo imitando tijeras.
Oh, mis dedos quisieran
cortar estrellas.

Alfonsina Storni

La niña de Guatemala

Quiero, a la sombra de un ala,
contar este cuento en flor:
la niña de Guatemala,
la que se murió de amor.

[…]

Ella dio al desmemoriado
una almohadilla de olor;
él volvió, volvió casado;
ella se murió de amor.

[…]

Ella, por volverlo a ver,
salió a verlo al mirador;
él volvió con su mujer,
ella se murió de amor.

[…]

Se entró de tarde en el río,
la sacó muerta el doctor;
dicen que murió de frío,
yo sé que murió de amor.

Allí, en la bóveda helada,
la pusieron en dos bancos:
besé su mano afilada,
besé sus zapatos blancos.

Callado, al oscurecer,
me llamó el enterrador;
nunca más he vuelto a ver
a la que murió de amor.

José Martí

b Analizad y comparad la estructura de los dos poemas.

c Buscad en los dos textos algunos recursos estilísticos que ya conocéis.

d ¿Dónde se podrían añadir o quitar unos versos o incluso una estrofa? ¿Qué ideas o aspectos se podrían incluir en los poemas? Cambiad los poemas y presentad las diferentes adaptaciones en clase.

Dos palabras: 3 **común** normal – 6 **la luna** der Mond – 7 **una rama** ein Zweig – 8 **detenerse** para – 9 **una hormiga** eine Ameise – 14 **el aceite** das Öl – **derramar** ausgießen – 19 **una estrella** ein Stern
La niña de Guatemala: 2 **la sombra** der Schatten – **un ala** ein Flügel – 6 **desmemoriado, -a** sin memoria – 7 **una almohadilla** ein (kleines) Kissen – 11 **un mirador** un balcón – 18 **una bóveda** ein Gewölbe – 20 **afilado, -a** scharf – 22 **al oscurecer** cuando cae la noche – 23 **un enterrador** ein Totengräber

Elegid una de las siguientes dos tareas.

1 Llegó la poesía a buscarme

Con este poema termina la película *El cartero (y Pablo Neruda)* de Michael Radford. Leedlo y explicad cómo y por qué el «yo» del poema empezó a escribir. ¿Qué habrá pasado? ¿Qué significado tiene la poesía para él? Comparad vuestra solución con las de vuestros compañeros.

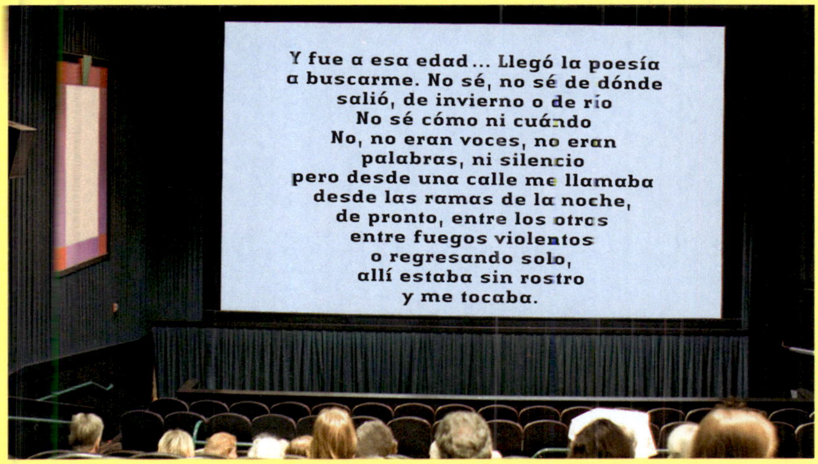

8 **una rama** ein Zweig
9 **de pronto** de repente
11 **regresar** volver
12 **el rostro** la cara

Pablo Neruda, «La poesía» (fragmento), en: *Memorial de Isla Negra*, Losada 1964.

2 Un poema para Beatriz

En la novela *Ardiente paciencia* y en la película *El cartero (y Pablo Neruda)* Mario quiere recitarle un poema a Beatriz, pero le faltan las palabras. Ayudadlo a expresar sus sentimientos y escribidle un poema con el que pueda conquistar el corazón de Beatriz. Seguid los siguientes consejos:

Fotograma de la película «El Cartero (y Pablo Neruda)» de Michael Radfort (1994).

a Utilizad metáforas y otros recursos estilísticos. Para describir la reacción de Mario ante una mujer tan guapa podéis utilizar metáforas y comparaciones del diálogo de Mario con el poeta (p. 106 – 107), por ejemplo:

– *Me quedo ahí parado como un poste.*
– *Clavado como una lanza.*
– *Quieto como torre de ajedrez.*

b Para hablar de Beatriz o del amor podéis serviros de ideas, palabras o expresiones de los poemas de la página anterior.

c También podéis escribir un poema cuyos versos empiecen con las letras del nombre de Beatriz, es decir el primer verso empieza con B, el segundo con E, el tercero con A, etc.

Diplomas de Español como Lengua Extranjera

Beim Instituto Cervantes könnt ihr eine DELE-Prüfung *(Diploma de Español como Lengua Extranjera)* ablegen. Dafür gibt es drei Niveaustufen: *nivel inicial, nivel intermedio, nivel avanzado.* Nach *Línea amarilla 5* habt ihr ein Kompetenzniveau erreicht, das zwischen *nivel inicial* und *nivel intermedio* liegt. Wenn ihr eure Spanischkenntnisse bescheinigen lassen möchtet, dann schaut euch im Internet DELE-Modelltests an und entscheidet dann, welches Niveau ihr euch zutraut.
Im Folgenden findet ihr typische Übungen für DELE, nivel intermedio.

Enlaces

Tenéis direcciones útiles en el **Online-Link** 535630-0019.

DELE

1 Comprensión lectora

Se busca jurado para elegir la canción de Eurovisión 2008

CARMEN ANIORTE

[MADRID] Hoy se cumplen 15 días desde que TVE y el portal MySpace abrieron sus dominios para que los posibles candidatos a Eurovisión mandaran sus candidaturas. De esta manera, la cadena pública junto con el conocido portal rompían con la tradicional forma de selección y firmaban una alianza -bajo el lema «Salvemos Eurovisión»- para encontrar la persona o grupo que estará sobre el escenario del Belgrado Arena el próximo 24 de mayo.
Hasta el 10 de febrero, todos los ciudadanos españoles y residentes en el país -tal y como marca la normativa de Eurovisión- pueden enviar un vídeo con su candidatura. Durante este tiempo, el público podrá ver los perfiles, canciones e incluso vídeos de los aspirantes para votar a sus preferidos. Las cinco canciones más votadas por los internautas, así como otras cinco seleccionadas por un comité de expertos se medirán en una gala final. Este programa se emitirá el 1 de marzo en horario de máxima audiencia. En esta ocasión -de nuevo se contará con la audiencia- serán los espectadores quienes con sus llamadas y sms decidirán el ganador y representante.

«Evitar el fenómeno fan»
En palabras de Rosalía Lloret, responsable de Medios Interactivos de TVE, «queremos evitar el fenómeno fan y que no se discrimine a los cantantes que menos apoyo tengan».
En estos momentos, TVE ultima la localización del jurado, que serán «gente de la casa y un experto en música». Durante este proceso de selección, el programa de La 2 «No disparen al pianista» hará un seguimiento especial del mismo. Además, está pendiente ofrecer un espacio -verá la luz en la segunda quincena de febrero- para potenciarlo.
Hasta la fecha son más de 40 los aspirantes que han presentado su candidatura. Sobre los estilos, la variedad es la tónica: pop, rock clásico, flamenco, heavy metal, baladas e incluso hip hop. Aunque la gran mayoría de los que se han presentado son desconocidos, también se encuentran artistas que trabajan con discográficas.

Eurovision SONG CONTEST BELGRADE 2008

ABC 29.01.08, www.abc.es

1 Según el texto todas las personas hispanohablantes pueden enviar un vídeo con su candidatura.
a) verdadero
b) falso

2 Según el texto los telespectadores decidirán el ganador.
a) verdadero
b) falso

3 Según el texto hay una gran variedad de los estilos de música.
a) verdadero
b) falso

4 Según el texto, los candidatos pueden enviar sus candidaturas
a) hasta el 15 de enero.
b) hasta el 10 de febrero.
c) hasta el 24 de mayo.

5 Los jurados para elegir la canción serán:
a) los telespectadores
b) la gente desde su casa y un pianista
c) un experto de música y gente que trabaja en TVE

DELE 2 Comprensión auditiva

a Escuchad la noticia siguiente y marcad las opciones correctas.

1 Según la noticia a los jóvenes no les importa ver anuncios comerciales.
a) verdadero
b) falso

2 Según la audición, los jóvenes de entre 16 y 24 años ven menos la televisión que el resto de españoles.
a) verdadero
b) falso

3 El objetivo del estudio ha sido…
a) conocer las costumbres de los jóvenes en relación con la televisión.
b) saber si los españoles están satisfechos con la televisión.
c) mostrar a los jóvenes posibilidades para el tiempo libre.

4 Según el estudio un veinte por ciento de los jóvenes…
a) escucha la radio y lee el periódico con frecuencia.
b) tiene su propia página web o un blog.
c) ve la televisión en el ordenador.

b Volved a escuchar la noticia para comprobar las respuestas.

DELE 3 Expresión escrita

Escribe una carta de 150–200 palabras (15–20 líneas). Este verano vas a hacer un curso de español en Chile. Un amigo chileno te ha ayudado a encontrar la escuela y a la familia con la que vas a vivir. Escríbele una carta en la que debes:

- saludarlo
- comunicarle la noticia
- darle las gracias por su ayuda
- pedirle que se encuentre contigo cuando estés en Chile, indicándole cuándo y dónde os podéis ver

Escribir textos

Antes de poneros a escribir apuntad brevemente lo que queréis decir y ordenad vuestras ideas. Después escribid el texto: usad conjunciones y adverbios para conectar vuestras ideas y formar oraciones más complejas. Para saber más, mirad el **Online-Link** 535630-0020.

DELE

4 Gramática y vocabulario

1. Antonio no ? hablar alemán.
   a) puede
   b) sabe
   c) está

2. En la Constitución ? escrito que todos los españoles ? iguales ante la ley.
   a) está / son
   b) es / están
   c) es / son

3. ? febrero estudio literatura española en la Universidad de Salamanca.
   a) Desde
   b) De

4. Me gusta comprar ropa ? Internet.
   a) por
   b) para

5. ¿ ? dónde sale este autobús? ? Sevilla.
   a) Para / Para
   b) Entre / Entre

6. ¿Cuál es más bonito, el azul o el blanco? ? mí, el azul te queda[1] mejor.
   a) Para
   b) Por

7. Me molestó que tú ? a mi casa sin llamarme.
   a) vengas
   b) hubieras venido

8. ¡ ? usted el favor de dejarme en paz!
   a) Haz
   b) Haga

9. Me gustaría ? alguna ciudad española en las vacaciones.
   a) visito
   b) visitar

10. Se quedó en la cama porque ? enfermo.
    a) estaba
    b) era
    c) fue

11. Si en el norte de España no ? tanto, no ? todo tan verde.
    a) lloviera/ estaría
    b) llovería / estuvo
    c) llueva/ estuviera

12. Si ? más tiempo, ? venir conmigo al cine.
    a) tendrías/ pudieras
    b) tenías / pudiste
    c) tuvieras / podrías

13. «Estoy muy contento con mi colegio, también mis compañeros son muy simpáticos y hemos hecho muchas cosas juntos.» Valentín escribió que ? muy contento con su colegio, también sus compañeros ? muy simpáticos y ? muchas cosas juntos.
    a) está / estaban / han hecho
    b) estaba/ eran/ habíamos hecho
    c) estaba / eran / habían hecho

14. ¿Vienes conmigo al estadio? Estoy seguro de que mi equipo favorito ? .
    a) gane
    b) ganará
    c) gana

15. No, no tengo tiempo y no estoy seguro de que ? tu equipo favorito.
    a) gane
    b) ganará
    c) gana

16. —¿Podría hablar con Ana, por favor?
    —Lo siento, ? .
    a) no es
    b) no podría
    c) no está

[1] **quedar(le) a alguien** jdm. stehen

17. ¿El Paseo Marítimo, por favor?

a) No tenemos. Lo vendimos todo.
b) En el tercer piso.
c) Creo que es la primera a la izquierda.

18. La niña tiene que ir a comprar los ingredientes[1] de una paella. Su madre dice «**?** al supermercado, por favor.»

a) venga
b) ve
c) vas

19. El profesor les dice a sus alumnos: «**?** las frases al español, por favor.»

a) traducid
b) traduce
c) traducen

20. A mí no me gusta ir al teatro.

a) A mí también
b) A mí tampoco
c) A mí no

21. No parece que Julia **?** casa.

a) está a
b) esté en
c) es en

22. En mis últimas vacaciones fui **?** Stuttgart **?** avión **?** Madrid.

a) desde / por / a
b) de / con / a
c) desde / en / hasta

23. Toda su vida sueña **?** hacer un viaje a México.

a) de
b) con
c) por

24. Ayer alguien vino a buscar a Marta. ¿Sabes quién **?** ?

a) era
b) fue
c) estaba

25. **?** escribiendo una carta y me **?** mi hermano.

a) Estaba / llamó
b) Estuve / llamaba
c) Era / llamó

Sustituye las palabras o expresiones en *cursiva* por las de abajo que signifiquen lo mismo

26. *Aun* no sé lo que voy a hacer después del examen.

a) ni siquiera
b) todavía
c) incluso

27. No voy a ir de viaje porque *me parece* muy caro.

a) me desagrada
b) lo considero
c) se compra

28. No sé *de quién es* ese coche.

a) quién hay en
b) con quién estás en
c) a quién pertenece

29. Vamos a *iniciar* el examen.

a) empezar
b) terminar
c) seguir con

30. La contaminación *causará* problemas más graves.

a) dará lugar a
b) apoyará
c) solicitará

[1] **los ingredientes** die Zutaten

Glosario cultural

España

Lugares, monumentos, historia

Al-Ándalus → U3
Territorio de la Península Ibérica que estuvo bajo poder árabe durante la Edad Media. el nombre después dio origen a Andalucía.

Aranés → U3
Dialecto de la antigua lengua d'oc, la cual es una variante de las lenguas romances que surgieron a principios de la Edad Media al sur del río francés Loira (Loire). Cerca de dos millones de personas en el noroeste de Cataluña y en el sur de Francia hablan esta lengua, aunque casi siete millones en esa zona pueden entenderla y hablarla pero no la usan de forma cotidiana. En el Valle de Arán en España se enseña esta lengua en las escuelas desde 1984.

Asturiano o bable → U3
Lengua minoritaria de ↑ Asturias. Cuenta con 100.000 hablantes nativos y unos 450.000 que usan el bable como segunda lengua. Tiene tres variantes principales: asturiano occidental, asturiano central y asturiano oriental. En la escuela se estudia como asignatura integrante, es decir, el alumno decide libremente si quiere estudiarla o no, pero la escuela tiene que ofrecer siempre la materia.

Asturias → U1
Comunidad Autónoma y provincia en el noroeste de España, entre Galicia, Castilla y León y Cantabria. Su capital es Oviedo, aunque la ciudad más grande es Gijón. Asturias es una zona de turismo, rica en monumentos históricos, parques naturales y playas bonitas en su Costa Verde del Mar Cantábrico. Tiene montañas altísimas, entre ellas, los famosos Picos de Europa. Durante la Guerra Civil (1936–1939) fue parte de la zona republicana. Muchos asturianos hablan una lengua llamada ↑ asturiano o bable.

Bable → véase Asturiano → U3

Batasuna → U3
Partido político de la izquierda independentista vasca, fundado después de la dictadura franquista. Batasuna, una palabra vasca, quiere decir «unidad». Debido a su posible relación con el grupo terrorista ETA, que utiliza métodos no políticos como la violencia para defender su causa, este partido es ilegal en España. Sin embargo tiene presencia legal en el País Vasco francés.

Caló o romaní español → U3
Lengua de origen indoeuropeo que habla la comunidad gitana en España. El vocabulario tiene raíces variadas, con mucha influencia del español, pero también de otras lenguas como el árabe o el vasco. Además tiene palabras que en español y catalán ya no se dicen. La gramática es muy parecida a la del español.

Camino de Santiago (o Ruta Jacobea) → U1
Camino que hacen los peregrinos para llegar a la Catedral de Santiago de Compostela (Galicia). Se cree que en la catedral están los restos del apóstol Santiago el Mayor, llegados milagrosamente a Galicia. En la Edad Media se convirtió en el camino de peregrinos más visitado de Europa. En 1985 la UNESCO lo declaró «Patrimonio Universal de la Humanidad». Con motivo del Año Santo Jacobeo (o *Xacobeo* en gallego) de 1993, se hizo una gran campaña de publicidad para revivir la tradición de visitar el Camino, la cual tuvo muchísimo éxito. Hoy en día, hacer el Camino a pie o en bicicleta se ha convertido en un evento tanto religioso como deportivo y sociocultural. El año Xacobeo siempre ocurre cuando el 25 de julio (un día santo) cae en domingo, así el último fue en 2010.

Cataluña → U3
Comunidad autónoma en el noreste de la Península Ibérica. Limita al norte con Francia y al este con el mar Mediterráneo. Su capital es Barcelona. Cataluña ha sido tradicionalmente la región más industrializada de España. Además, es una zona comercial muy importante. El puerto de Barcelona es uno de los más grandes

del Mediterráneo. Cataluña también tiene zonas turísticas muy importantes, por ejemplo la Costa Brava o Barcelona. Desde 1979 tiene estatuto de autonomía que, entre muchas otras cosas, reconoce el catalán como una de las lenguas oficiales de la Comunidad. Sin embargo hay grupos que quieren conseguir una autonomía completa / independencia del Estado español.

ETA → U3

Grupo separatista vasco que desea obtener la independencia del territorio vasco. Para presionar al Gobierno español lleva a cabo actos terroristas. Estudiantes que estaban en contra de la dictadura de Franco formaron ETA en los sesenta. En 1997 ETA secuestró a Miguel Ángel Blanco (concejal del Partido Popular) y exigió que se liberaran 460 miembros encarcelados de ETA. El Gobierno no cumplió esta petición y el grupo separatista asesinó a Blanco. Esta situación hizo que muchos simpatizantes dejaran de apoyar al grupo separatista y que numerosos grupos de personas se manifestaran en las calles, no sólo de las ciudades españolas, sino también de países vecinos, solidarios con los familiares de las víctimas de ETA.

FAD → L2

Fundación de **A**yuda contra la **D**rogadicción es una ONG que lucha contra el consumo de drogas usando estrategias educativas. Su presidenta de honor es la Reina. Esta fundación existe desde 1986 y su meta principal ha sido prevenir el consumo de drogas.

Generación del 98 → U1

Grupo de escritores amigos, que luchó contra la vuelta a la monarquía después de la Primera República (1873–1874). Entre ellos estaban Miguel de Unamuno, Ramón María del Valle Inclán, Pío Baroja, Azorín y Antonio Machado. El nombre viene del año 1898, cuando España perdió sus últimas colonias (Cuba, Puerto Rico y Filipinas) en una guerra contra EE. UU. y dejó de ser un imperio durante el gobierno del rey Alfonso XII. Estos escritores reaccionaron ante la pasividad y descontento del pueblo y se dirigieron al pueblo con un lenguaje sencillo y un vocabulario apropiado.

Guerra Civil Española (1936–1939) → U3

En 1931 se proclamó la II República en España y en 1936 la izquierda ganó las elecciones. Descontentos con las reformas republicanas que se estaban ralizando, el ejército, los empresarios y la Iglesia se levantaron contra el Gobierno. Francisco ↑ Franco dirigió este movimiento. Debido a que los republicanos no consiguieron organizarse bien y a que Franco recibió apoyo de Alemania e Italia, el movimiento franquista logró avanzar en España. Después de casi tres años de luchas violentas y crueldades cometidas por ambos bandos, la guerra terminó con la victoria franquista, que impuso una dictadura.

Historia de España (siglo XX) → U3

1902	El Rey Alfonso XIII es declarado mayor de edad. España tiene un periodo de inestabilidad política.
1923–1930	Miguel Primo de Rivera, general de Cataluña, forma parte del nuevo gobierno (dictadura militar).
1931–1936	Segunda República: el Rey Alfonso XIII abandona España. Triunfo de la izquierda. Período de mucha tensión política.
1936–1939	↑ Guerra Civil Española.
1939	↑ Francisco Franco toma Madrid el 1 de abril; así acaba la Guerra Civil Española y comienza la dictadura franquista.
1939–1975	Franco impone una dictadura en España.
1975	Después de la muerte de Franco, España inicia su camino hacia la democracia.
1978	Aprobación de la Constitución.
1986	Entrada de España en la Unión Europea.

Mayo del 68 → U3

Movimiento estudiantil francés que estaba en contra de la sociedad de consumo, el estado autoritario y el imperialismo. Años antes de 1968 hubo cambios en el mundo que motivaron a los universitarios franceses: la Revolución cubana, la guerra por la independencia de Argelia, la Revolución Cultural en China. A los estudiantes se unieron grupos de trabajadores, lo que condujo a una huelga general. Fue un movimiento repentino, de gran fuerza, pero de poco tiempo. A largo plazo resultaron de ello reformas políticas y sociales. El Mayo del 68 fue imitado a su vez por otros países, entre ellos México.

Organizaciones no gubernamentales (ONG) → U1

Organizaciones privadas que agrupan a voluntarios para ayudar a otras personas o para proteger los derechos humanos. Muchas de ellas ayudan a nivel internacional, por ejemplo: la Cruz Roja, WWF, Intermón-Oxfam.

El País Vasco → U3
Comunidad autónoma, formada por tres provincias. Se sitúa en el norte de España, junto al mar Cantábrico. Su capital es Vitoria-Gasteiz. La ciudad más poblada, con unos 355.000 habitantes, es Bilbao.
Región fuertemente industrializada desde el siglo XIX, el País Vasco es, junto con Cataluña, una de las regiones más ricas de España. Cuenta también con muchos atractivos naturales y culturales, quizás el más conocido internacionalmente es el Museo Guggenheim de Bilbao.
El País Vasco tiene una larga historia, ricas tradiciones culturales y una lengua propia, el euskera, que no tiene ninguna relación con las lenguas romances y que probablemente es una de las más antiguas del continente europeo. Prohibida durante la dictadura franquista, fue reconocida como segunda lengua oficial de la Comunidad con el Estatuto de autonomía de 1979. Con éste consiguió, además, otros derechos autonómicos. Sin embargo, hay grupos nacionalistas que consideran que los vascos históricamente no pertenecen a España y que por eso estos derechos no son suficientes. Ellos luchan por un País Vasco independiente. El más radical que recurre a la violencia, es el grupo terrorista ↑ETA.

Reconquista (722–1492) → U3
Período en el que los reinos cristianos del norte de España trataron de recuperar los territorios que los árabes habían conquistado desde su entrada en la Península en el año 711. El proceso terminó en 1492 con la conquista de Granada por parte de los ↑Reyes Católicos.

Santiago de Compostela → U1
Capital de Galicia y destino final del ↑Camino de Santiago. La ciudad de más de 90.000 habitantes forma parte del Patrimonio Cultural de la Humanidad y tiene una gran tradición universitaria, pues su universidad fue fundada en el siglo XVI. Actualmente en la ciudad hay cerca de 30.000 estudiantes. En 1940 la ciudad se convirtió en Conjunto Histórico Artístico y Monumento Nacional.

Personajes

Carlos I de España, V de Alemania (1500–1558) → U3
Hijo de Felipe de Habsburgo y Juana de Castilla. Fue rey de España (1516–1556), y además emperador del Sacro Imperio Romano Germánico (1519–1558). Por parte de su abuelo paterno recibió los territorios de Austria; por parte de su abuela paterna, los Países Bajos; de Fernando V, su abuelo materno, Aragón, Sicilia y Nápoles y de Isabel I, su abuela materna, obtuvo Castilla, Canarias y el Nuevo Mundo.

Cortés, Hernán (1485 – 1547) → U5
Conquistador español del Imperio azteca, en el actual México. Estudió Derecho en Salamanca, pero abandonó los estudios y decidió buscar aventuras en el Nuevo Mundo. En 1504 salió hacia América. En 1511 participó en la conquista de Cuba y en 1518 empezó la conquista de Yucatán. Allí tuvo noticias de que existía un gran imperio en el centro el país y en 1519 entró en la capital del Imperio azteca, Tenochtitlan, que conquistó después de una guerra contra los aztecas.

Franco, Francisco (1892–1975) → U3
Dictador que gobernó España durante casi 40 años. Intervino en la lucha militar contra el gobierno republicano que dio origen a la ↑Guerra Civil española. En 1936 recibió plenos poderes sobre el Ejército y el Gobierno, que mantuvo hasta su muerte. Cuando terminó la Guerra Civil, el 1 de abril de 1939, muchos españoles se exiliaron. Aquellos que se quedaron sufrieron una amplia política de represión, pues hubo grandes injusticias, como fusilamientos, encarcelamientos y condenas a trabajos forzados.

Juan Carlos I (*1938 Roma, Italia) → U3
Rey de España desde 1975. Pertenece a la dinastía de los Borbones. Nació en Italia, donde la Familia Real vivía en el exilio desde la proclamación de la Segunda República en 1931. A los 10 años volvió a España para ser educado como futuro rey de España según los deseos del dictador Francisco ↑Franco. A pesar de esto se puso del lado de la reforma después de la muerte de Franco y tuvo un papel político importante en los primeros años de la democracia.

Machado, Antonio → véase Generación del 98

Reyes Católicos (Reinado de 1474–1516) → U3
Nombre que se usa para hablar de Isabel I de Castilla y Fernando V de Aragón, quienes reinaron durante treinta años. Durante su reinado ocurrieron los siguientes acontecimientos:
- El final de la Reconquista cristiana contra los árabes de España.
- El descubrimiento de América por Cristóbal Colón.
- La creación de la Inquisición.
- La expulsión de los judíos.
- La publicación de la primera gramática de la lengua española por Antonio de Nebrija.

Romero Hernández, Juan José (–1999) → U2
Escritor costumbrista de las Islas Canarias. El costumbrismo usa los temas y el habla típicos de una región para no perder la identidad cultural de sus habitantes. Romero Hernández escribió anécdotas en torno a su personaje Juan Canario.

América Latina

Lugares, monumentos, historia

Aztecas → U5
Civilización precolombina que se situó en el Valle de México (hoy ↑ Ciudad de México). Se cree que los aztecas eran una de las siete tribus nahuatlacas, que venían del norte de México. En 1325 fundaron Tenochtitlan (↑ U5, p. 62). Desde ese momento dominaron a los pueblos vecinos y construyeron un gran imperio que fue derrotado por los españoles. Hoy en día los arqueólogos siguen encontrando vestigios de los aztecas en la ciudad de México; entre los últimos (diciembre de 2007) está una pirámide de 11 metros de altura en Tlatelolco probablemente construida antes de la fundación de Tenochtitlan. Entre su herencia cultural se encuentran la Piedra del Sol (calendario de piedra), las pirámides del Templo Mayor y Tlatelolco y numerosos préstamos léxicos al español.

Chicano → U6
Ciudadano de Estados Unidos de América de origen mexicano. «Chicano» es una forma corta de «mexicano». En algunas partes de México y Estados Unidos la palabra puede usarse de forma negativa. Los que se llaman chicanos a sí mismos están orgullosos de su identidad cultural particular, pues no son ni estadounidenses típicos, ni mexicanos de nacimiento, sino una mezcla con identidad propia.

Chicano Movement → U6
Movimiento político, social y cultural de los sesenta y setenta. Defendía a los estadounidenses ↑ chicanos. En los medios los chicanos eran mostrados de forma negativa; este movimiento quería deshacer los prejuicios que los estadounidenses tenían sobre los chicanos.

Chile → U7, U8
País latinoamericano que está entre los Andes y el Océano Pacífico (suroeste de Sudamérica). De norte a sur mide unos 4.000 km y tiene varios climas: desértico en el norte, templado en el centro y ártico en el sur. Le pertenece, además, la Isla de Pascua («Rapa Nui» en lengua indígena) que se encuentra en medio del Océano Pacífico. La capital, Santiago, es la ciudad más grande de Chile (aprox. 5.000.000 de habitantes). El parlamento está en Valparaíso, la tercera ciudad más grande (aprox. 900.000 habitantes). Junto con Argentina y Uruguay forma una zona cultural llamada Cono Sur. Chile es el mayor productor de cobre del mundo y es un país asociado del Mercosur (Mercado Común del Sur). Los mapuches son el grupo indígena más numeroso de Chile (4% de la población total), pero no pertenecen a la alta sociedad. El idioma oficial es el español, aunque hay regiones con otros idiomas.

Ciudad de México / México D.F. → U4, U5
Capital de México, conocida como Distrito Federal (D.F.) o Ciudad de México. La ciudad se construyó encima de los restos de la capital azteca Tenochtitlan (↑ U5, p. 62). El D.F. es el centro político, cultural y económico del país. Se divide en 16 delegaciones. En una de ellas, Xochimilco, el turista puede tener una idea de cómo era Tenochtitlan antes de la llegada de los españoles: una ciudad rodeada por un lago. Su centro histórico, llamado «Zócalo», y el campus central de su universidad (la ↑ UNAM) han sido declarados Patrimonio de la Humanidad por la UNESCO. La ciudad tiene varios estadios de fútbol. Uno de ellos, el Estadio Azteca, cuenta con más de 100.000 asientos y por tanto es el tercer estadio más grande del mundo. Ciudad de México y 41 ciudades cercanas forman la Zona Metropolitana del Valle de México

(ZMVM), la cual tiene aproximadamente 20 millones de habitantes, siendo una de las regiones urbanas más grandes del mundo. Todavía sigue creciendo. Hoy en día, debido a su gran población, la falta de agua para el consumo se ha convertido en uno de sus grandes problemas. Para satisfacer la sed de la gran ciudad, se toma agua de los ríos Lerma y Cutzamala y se les quita así gran parte del agua a las comunidades indígenas de la región, como a los ↑ mazahuas.

Golpe de Estado en Chile → U7, U8

Golpe militar que ocurrió el 11 de septiembre de 1973 contra el gobierno de Allende, que tenía problemas con otros grupos políticos que estaban en contra del socialismo. El Ejército comenzó a pelear el 11 de septiembre muy de mañana. A las 8:00 Allende comunicó a la población que una parte del Ejército se había rebelado, pidió calma. A las 8:42 el Ejército informó a Allende de su petición: Allende debía dejar su cargo a los jefes supremos, que eran Pinochet, Merino, Leigh y Mendoza. Los militares argumentaron que (1) la crisis económica estaba destruyendo al país, (2) el Gobierno actual no podía reaccionar y que (3) había cada vez más grupos paramilitares en todo el país. Además se le dio un ultimátum a Allende: si el Palacio de Gobierno no quedaba libre antes

de las 11:00, sería atacado. Poco antes de las 10:00 comenzó el ataque militar a medios de comunicación y grupos que apoyaban al presidente. Allende se dirigió por radio nuevamente al pueblo diciendo que no renunciaría y que lamentaba que el Ejército rompiera la promesa de apoyo al Gobierno. A las 10:30 el Palacio de Gobierno (La Moneda) fue atacado. Según uno de los doctores de Allende, Patricio Gijón, Allende se quitó la vida antes de que entraran los militares.

Historia de Chile →U7, U8

1541 Fundación de Santiago por parte de los españoles. Conquista del territorio de los mapuches, aunque el mestizaje con los mapuches no existe totalmente. Muchos de ellos viven en «reservas».
1810 Independencia. Período de guerras civiles (1829, 1851), varias repúblicas y dictaduras.
1848 Colonización alemana especialmente en el sur de Chile.
1945 Una gran cantidad de ex nazis alemanes llega a Chile.
1970 El Gobierno de Salvador Allende es boicoteado por EE. UU. Chile tiene serios problemas económicos.
1973 Golpe de Estado por fuerzas militares. Allende muere. Pinochet gobierna con una política económica neoliberal.
1988 Plebiscito, comienzo del cambio en Chile. Período de Transición.
1993 Exilio de Erich Honecker, ex presidente de la RDA, en Chile.
1998 Arresto de Pinochet en Inglaterra, liberación por razones de salud.
2006 Michelle Bachelet, socialista, primera mujer elegida presidente de Chile. Muerte de Pinochet.
2010 En las elecciones de diciembre de 2009 y enero de 2010 Sebastián Piñera es elegido presidente.
2010 En febrero un violento terremoto, seguido por un tsunami, sacude el centro y el sur de Chile, causando muchas víctimas y daños enormes.

Historia de México →U5

1810–1821 Independencia de España.
1846–1848 El presidente Antonio López de Santa Anna reconoce la independencia de Texas, Nuevo México y Alta California.
1864–1867 Segundo Imperio bajo Maximiliano de Habsburgo.
1876–1911 Dictadura de Porfirio Díaz (Porfiriato): pobreza en el campo.
1910–1920 Revolución Mexicana: levantamientos en el norte (Francisco Villa) y en el estado de Morelos (Emiliano Zapata).
1929 Fundación del Partido Revolucionario Institucional (PRI), que gobernará hasta 2000.
1968 Protestas estudiantiles en Ciudad de México.
1991–1993 Firma del Tratado de Libre Comercio (TLC, conocido como NAFTA por sus siglas en inglés), un convenio comercial entre México, Canadá y Estados Unidos.
1994 Levantamiento del Ejército Zapatista de Liberación Nacional (EZLN), que pide mayor atención del Estado a Chiapas y sobre todo a los grupos indígenas.

2000 Vicente Fox del PAN toma la presidencia. Es el primer candidato presidencial que no pertenece al PRI en ganar las elecciones presidenciales.
2003 México es reconocido por la Unión Europea como un país estratégico.

Mayas → U5
Civilización precolombina que se situó en el sureste de México, Guatemala y Honduras entre los siglos III y XV. Los mayas hablaban diferentes lenguas y se organizaban en ciudades-estado independientes unas de otras.

Las construcciones mayas eran de madera y piedra básicamente y se conservan hasta ahora importantes pirámides con escaleras de piedra. Una de ellas, la pirámide de Kukulkán en Chichén Itzá, fue reconocida en 2007 como una de las nuevas siete maravillas del mundo moderno. Los mayas desarrollaron el sistema de escritura más completo de todos los pueblos indígenas americanos. Con éste escribieron todo tipo de textos: de medicina, de botánica, de historia, de matemáticas, de astronomía. Como otras culturas mesoamericanas, los mayas también tenían un juego de pelota, que llamaban «pok-ta-pok» y que tenía fines religiosos y políticos. Actualmente existen poblaciones indígenas de origen maya. Después de los nahuatlacas (↑ aztecas), los mayas son el grupo de indígenas más numeroso en México (más de un millón según cifras del Instituto Nacional de Estadística y Geografía de 09.08.2006).

Mazahuas → U4
Grupo indígena mayormente campesino que vive en el noroeste de México y en una pequeña zona del estado de Michoacán. Viven del maíz, los frijoles, el trigo y otros productos. La agricultura en esa zona es difícil porque es territorio montañoso. Algunas montañas tienen bosques que se usan para la producción de madera. Ahí se encuentra una parte del ↑ Santuario de la Mariposa Monarca. Algunos pueblos mazahuas se dedican a producir artesanías de barro o a tejer. Debido a que algunas familias no consiguen sobrevivir por medio de la agricultura, algunos de ellos migran a ↑ Ciudad de México o a Toluca.

México (invasión norteamericana) → U6
Al conseguir su independencia de España en 1810, México era mucho más grande que hoy y comprendía también parte del sur de los actuales EE. UU. A principios del siglo XIX el estado de Texas recibió migrantes estadounidenses y para 1830 la población de Texas era de 20.000, de los cuales sólo 3.000 eran de origen mexicano. En 1836 Texas declaró su independencia de México debido a los problemas políticos, pues el presidente, López de Santa Anna prefirió un gobierno dictatorial. En 1845 EE. UU. aceptó que Texas fuera parte del territorio norteamericano. De esto resultó una guerra entre México y EE. UU. México perdió y fue invadido por el ejército estadounidense. En 1848 México firmó un acuerdo en el que cedió los actuales estados California, Nuevo México, Arizona, Nevada, Utah, Texas y gran parte de Colorado a EE. UU. El origen latinoamericano de esta región se ve todavía en los nombres de los estados o de ciudades como Los Ángeles, San Diego, San Antonio, El Paso y otros muchos. Además, muchos ciudadanos estadounidenses en los actuales estados del sur de EE. UU conservan las tradiciones mexicanas.

Spanglish → U6
Palabra inglesa mezcla de «English» y «Spanish» que se refiere principalmente a dos cosas:
1. Al inglés de los latinos que usan palabras, expresiones y pronunciaciones españolas al hablar inglés.
2. Al español influenciado por el inglés ya sea en el léxico o en la gramática. Esta influencia se encuentra en las comunidades hispanas de EE. UU. y en los países hispanohablantes; aunque en España la influencia no es tan fuerte como en EE. UU. Con este significado, el spanglish es comparable a la palabra alemana «Denglisch».

Universidad Nacional Autónoma de México (UNAM) → U4
La universidad pública más grande de Latinoamérica. Es una de las primeras universidades en América, tiene quinientos años de antigüedad. La UNAM es un centro de estudios con gran prestigio en todo el mundo. Está al sur de la ↑ Ciudad de México y tiene un campus muy grande conocido como Ciudad Universitaria, además

de otros campus menores, un estadio deportivo (construido para los Juegos Olímpicos de 1968), varios museos de ciencia y arte, un programa de televisión, varias

bibliotecas así como institutos de investigación en la Ciudad de México y otros estados del país.

Personajes

Allende, Isabel (*1942) → U8

Escritora chilena de enorme éxito mundial perteneciente al movimiento literario «Realismo mágico», cuyo máximo representante es García Márquez. Hija de Tomás Allende, diplomático chileno en Perú y primo de Salvador ↑ Allende. De 1959 a 1965 trabajó en la Organización de las Naciones Unidas para la Agricultura y la Alimentación (FAO) en Santiago de Chile y después como periodista y autora en varios medios de comunicación. En 1975 se fue con su familia por motivos políticos de Chile a Venezuela, donde trabajó como maestra y periodista. Su primera novela *La casa de los espíritus* (1982) le dio fama mundial y se adaptó al cine. Hoy vive en Estados Unidos.

Allende, Salvador (1908–1973) → U7, U8

Médico y político chileno. Fue diputado, ministro, senador, presidente del Senado y cuatro veces candidato a la presidencia del país. Llegó a ser elegido presidente en 1969 como candidato de varios partidos de izquierda. Nacionalizó el cobre y otras partes de la economía para empezar una reforma fundamental del país hacia una sociedad igualitaria. El boicot por parte de EE. UU. y otros factores llevaron a Chile a una guerra civil. El 11 de septiembre de 1973 el general Augusto Pinochet tomó el poder en un violento golpe militar (↑ Golpe de Estado en Chile). Debido a las circunstancias de la muerte de Salvador Allende no se sabe si realmente se suicidó o fue asesinado.

Aylwin, Patricio (*1918) → U8

Político chileno. Fue líder de la oposición durante el gobierno de Salvador ↑ Allende y tenía cierta simpatía para el gobierno de Augusto ↑ Pinochet, de lo que se arrepintió pronto. Se convirtió en el primer presidente democráticamente elegido de Chile después de la dictadura. Fundó la Comisión Nacional de Verdad y Reconciliación, con lo que contribuyó a reconocer las víctimas de la dictadura.

Díaz, Porfirio (*1830–1915) → U5

Político y militar mexicano. Fue dos veces presidente de México (1877–1880 y 1884–1911). Nacido en una familia humilde, hizo carrera en el ejército. Se rebeló varias veces contra el presidente y en 1877 llegó finalmente al poder. Su presidencia se caracteriza por un avance en la economía y una relativa estabilidad que se tradujo también en un florecimiento de la cultura. Pero sobre todo fue marcada por injusticias y represalias contra los campesinos. El gobierno autoritario de Porfirio Díaz fue una de las causas de la Revolución mexicana.

Guevara de la Serna, Ernesto Rafael (1928–1967?) → U5

Ernesto Guevara de la Serna nació en 1928 en Argentina. Estudió medicina en Buenos Aires. En 1955, mientras viajaba por diferentes países de América Latina, conoció a Fidel Castro y comenzó a trabajar como médico de la Revolución Cubana. En 1957 participó en el primer combate que ganó este grupo de rebeldes en La Plata. Después del triunfo de la Revolución participó en movimientos revolucionarios de África y Bolivia, país en el que fue asesinado. Su cuerpo fue enterrado en secreto. En 1997 fueron encontrados sus restos y llevados a Cuba, donde fueron enterrados con honores por el régimen de Fidel Castro.

Kahlo, Frida (1907–1954) → U4, U5

Pintora mexicana. En su adolescencia tuvo un accidente de autobús en el que sufrió gravísimas heridas, siendo la más grave una fractura de la columna vertebral. A lo largo de su vida tuvo que someterse a una treintena de operaciones y pasar largas temporadas en la cama sin poder apenas moverse. Por esto, el dolor es un tema central en su pintura. Las pinturas de Frida Kahlo reflejan su vida, se basan en el arte folclórico mexicano y son en su mayoría autorretratos y naturalezas muertas *(Stillleben)*. Se casó con el muralista mexicano Diego ↑ Rivera. Frida expuso sus obras una vez en México y dos veces en el extranjero (París y Nueva York). Su pintura *Raíces* es –al menos hasta 2006– la obra latinoamericana más cara del mundo (fue subastada por 5,6 millones de dólares). En el cuadro aparece Frida con muchas raíces, está acostada y con su sangre representa la vida. En la Casa Azul, donde vivió con Diego Rivera, se abrió oficialmente el Museo Frida Kahlo en 1958, aunque sus obras no se exhiben allí, sino en otros museos de Ciudad de México o de Estados Unidos.

Les Luthiers → U2

Grupo musical humorístico argentino fundado en los años sesenta. Los miembros son Marcos Mundstock, Carlos Nuñez Cortés, Carlos López Puccio, Daniel Rabinovich y Jorge Maronna. Con sus obras llenas de humor y, además acompañadas muchas veces de instrumentos musicales originales inventados por ellos, tienen mucho éxito en el mundo hispanohablante.

La Malinche (1500 – 1527) → U5

Mujer indígena cuyo nombre en náhuatl era Malintzin, pero conocida como La Malinche o Doña Marina entre los españoles. Como sabía maya, se convirtió en intérprete de Cortés, con quien tuvo un hijo. Muchos mexicanos la consideran una traidora. Su nombre dio origen a la palabra «malinchismo», con la cual los mexicanos se refieren negativamente a la actitud de simpatía o gusto por lo extranjero y rechazo o menosprecio por la propia cultura mexicana.

Maná → U5

Grupo de rock y pop mexicano mundialmente famoso. Sus canciones más conocidas son *En el muelle de San Blas* y, en colaboración con Carlos Santana, *Corazón espinado*. Maná usa su influencia para apoyar el movimiento ecologista, la protección de los derechos humanos, la educación sexual, la lucha por una reforma del campo en México y otros asuntos sociales. Estos temas también se encuentran en muchas de sus canciones, como en *Cuando los ángeles lloran*, que habla del asesinato de Chico Mendes, un ecologista brasileño que defendía la selva amazónica.

Martí, José (1853-1895) → U8

Poeta, periodista y político cubano nacido en la Habana. Creó el Partido Revolucionario Cubano (PRC). Por motivos políticos estuvo en la cárcel a los 16 años. Su padre logró sacarlo, pero Martí no pudo quedarse en Cuba y se fue a España. En Zaragoza estudió Derecho y Filosofía. Después volvió a Latinoamérica y trabajó como profesor en una universidad de Guatemala. Allí conoce a María García Granados, hija de un ex presidente guatemalteco. Para ella escribe el famosísimo poema «La niña de Guatemala». Después de varios años, consiguió volver a Cuba. Trabajó ahí como abogado, pero nuevamente tuvo que salir de su país. Esta vez fue a Estados Unidos, desde donde apoyó el movimiento de independencia en Cuba. Durante estos años escribió algunos poemas y novelas y participó como periodista en muchos diarios americanos. Al comenzar la guerra de independencia, Martí se unió al combate. El 19 de mayo de 1895 murió en la guerra. Entre sus obras más importantes están «Ismaelillo» (1882), colección de versos que escribió a su hijo; y «Versos sencillos» (1891).

Pinochet, Augusto (1915 – 2006) → U7, U8

Dictador chileno. Participó en el Golpe de Estado contra ↑ Allende en 1973. Defendió una política de derechas y neoliberal. Subió al poder como Jefe Supremo de la Nación y fue parte del Senado. Tiempo después, en 1990 tomó el poder Patricio Aylwin gracias a un plebiscito, aunque Pinochet siguió como jefe del Ejército hasta 1998, cuando se volvió senador para toda la vida. Desde que dejó la Presidencia tuvo que enfrentar una serie de juicios por violar los derechos humanos. El informe de la Comisión Nacional de Verdad y Reconciliación (↑ U8, p. 105) es uno de los casos más importantes que lo acusa. En1998 Pinochet viajó a Londres para ser operado, y España aprovechó la ocasión a través del juez Garzón para pedir su detención y juzgar a Pinochet por la muerte de españoles en Chile durante la dictadura. Sin embargo, Pinochet regresó a Chile. En 2001 fue juzgado nuevamente por su relación con la «Caravana de la muerte», la que asesinó a 74 presos políticos. Fue liberado debido a que Pinochet tenía «demencia vascular irreversible». En 2005 fue juzgado otra vez porque se descubrió que tenía cuentas bancarias millonarias en Estados Unidos. Murió en diciembre de 2006 en el Hospital Militar de Santiago. La entonces presidente Michelle Bachelet se negó a rendir honores al dictador por parte del Estado. Se cree que 3.200 personas murieron por la represión del gobierno de Pinochet, cerca de 28.000 fueron torturadas y 300.000 tuvieron que salir del país durante su gobierno por motivos políticos.

Rivera, Diego (1886 – 1957) → U5

Pintor mexicano mundialmente famoso por sus murales y por su relación con la pintora mexicana Frida

↑ Kahlo. Sus trabajos más importantes se encuentran en EE. UU. y México (en el Palacio de Bellas Artes, en el Palacio Nacional y en la Secretaría de Eduación Pública). En la mayoría de sus obras Rivera muestra sus ideas políticas sobre el comunismo y el patriotismo mexicano y además su respeto por el folclore indígena, pasión que lo llevó a abrir un museo en 1963 con una colección de 57 mil piezas de arte indígena, el Anahuacalli («casa en la orilla del agua»).

Romero, Frank (* 1941) → U6
Pintor ↑ chicano que nació y creció en Los Ángeles. Se hizo famoso como miembro del grupo de artistas chicanos «Los Four». Pinta en murales y otras formas de arte visual la vida urbana de EE. UU. desde el punto de vista de los chicanos. En 1981 organizó la exhibición *The murals of Aztlan*, una de las exhibiciones más importantes del arte chicano.

Santiago, Esmeralda (*1948) → U6
Escritora estadounidense de origen puertorriqueño. Casi todos sus artículos y libros están en inglés. En su autobiografía *When I was Puerto Rican*, traducida por ella misma al español como *Cuando era puertorriqueña* (1994), describe cómo llegó a Nueva York. Estudió drama y danza. Recibió una beca para estudiar en la Universidad de Harvard, donde se graduó con honores (1976). Junto con su marido fundó una compañía dedicada a hacer documentales. Actualmente escribe para periódicos estadounidenses y prepara una novela.

Skármeta, Antonio (*1940) → U8
Escritor de prosa y teatro, guionista cinematográfico chileno. Una vez terminados sus estudios en Chile, realizó un posgrado en Nueva York. Se exilió a Europa durante la dictadura de ↑ Pinochet. A partir de 1975 vivió con su familia en Alemania gracias a becas del DAAD y de la Fundación Friedrich Naumann. Además trabajó desde los años setenta con el director cinematográfico alemán Peter Lilienthal en varios proyectos. Su novela *Ardiente paciencia* se adaptó para el radio, el cine y el teatro. La película *El cartero y (Pablo Neruda)*, del director americano Michael Radford, basada en la novela, lo hizo mundialmente famoso. Volvió a Alemania como embajador chileno de 2000 a 2003.

Storni, Alfonsina (~1892-1938) → U8
Poeta y escritora argentina. Nació en Suiza. Cuando era niña fue con su familia a Argentina. De joven trabajó como actriz de teatro. A los veinte años se fue a Buenos Aires, y trabajó de cajera. Por esos años conoció a muchos poetas famosos de Latinoamérica como Amado Nervo (México) y Horacio Quiroga (Uruguay). Además fue amiga de las poetas más importantes de la época: Gabriela Mistral (Chile) y Juana de Ibarbourou (Uruguay). Entre sus libros más conocidos está «Languidez» (1920). Posteriormente hace varios viajes a Europa, donde conoce a otras mujeres escritoras. Pocos años después de cumplir cuarenta, le da cáncer y se vuelve muy depresiva. En 1936 su amigo Horacio Quiroga se suicida. En 1938 envía una carta de despedida a su hijo y se suicida en el mar. Esta poeta, una de las más queridas por el público popular hasta ahora, ha inspirado una canción muy conocida en España y Latinoamérica: «Alfonsina y el mar».

Subcomandante Marcos → U5
Líder del Ejército Zapatista de Liberación Nacional en el estado de Chiapas, México. Marcos se nombró representante de los grupos más discriminados de la sociedad mexicana, campesinos e indígenas, para evitar que siguiera habiendo tantas injusticias y para protestar contra la política neoliberal del entonces presidente Carlos Salinas. El 2 de noviembre de 2007 dio una de sus pocas entrevistas y afirmó que el movimiento zapatista había pasado de moda y que su figura había perdido influencia en la izquierda mexicana al haber criticado públicamente en 2006 al candidato presidencial de izquierda Manuel López Obrador. Además comunicó que en los «caracoles», zonas gobernadas por zapatistas, ya no había hambre y se había reducido la mortandad infantil. Además de dirigir al EZLN ha publicado cuentos y una novela junto con el famoso escritor mexicano de novela policial Paco Ignacio Taibo II, *Muertos incómodos*.

Valdés, Gina (*1973) → U6
Escritora y poeta nacida en Los Ángeles, California. Es una de las representantes de la cultura chicana más importantes hoy en día. Ha publicado un libro bilingüe, *Comiendo lumbre, Eating Fire*. También tiene un libro de poemas, *Puentes y Fronteras*, escrito en español. En esta obra la autora usa formas poéticas de tradición oral. En *Puentes y Fronteras* habla de temas como las fronteras físicas, las personales y las culturales entre personas de diferentes orígenes.

Venegas, Julieta (* 1970) → U6
Cantautora mexicana nacida en Tijuana, ganadora de varios premios internacionales como el Premio MTV y el Grammy Latino. Comenzó a cantar en una banda. Después salió del grupo y presentó su primer disco como solista, *Aquí*. Actualmente trabaja como solista y en ocasiones aparece en proyectos con otros músicos tanto

nacionales como internacionales. Ha tenido también participaciones en televisión.

Villa, Pancho (aprox. 1878 – 1923) → U5

Revolucionario mexicano. Luchó con un bando contra los hacendados que trataron muy mal a sus trabajadores, por lo que fue buscado por el dictador Porfirio Díaz. En 1910 se unió a las tropas revolucionarias. Junto con Emiliano Zapata (↑ U5, p. 62) es una de las figuras legendarias de la Revolución Mexicana. Murió asesinado en un atentado en 1923.

Otros

Alighieri, Dante (1265 – 1321) → U8

Poeta italiano nacido en Florencia. En su obra *Vida nueva* escribió por primera vez sobre su musa Beatriz, por quien sentía un amor platónico, pero ella nunca respondió a su amor. Su obra más famosa es la *Divina Comedia*. En esta obra Dante le hizo un homenaje a Beatriz, que probablemente murió cuando él estaba trabajando en la obra. La *Divina Comedia* es un poema que combina elementos reales con no reales y que representa la lucha de tres mundos: Infierno, Purgatorio y Paraíso. Los personajes de esta obra están tomados de la mitología pagana y de la Biblia. Entre los principales están Dante, Virgilio y Beatriz. En el Paraíso se encuentra Beatriz, quien tiene que guiar a Dante en su viaje. Su personaje representa la virtud, es decir, ella posee los valores que un hombre bueno debería tener.

Calificaciones en España y México → U2

	España y México	Alemania
sobresaliente	9 – 10	sehr gut
notable	7 – 8	gut
bien	6	befriedigend
suficiente	5	ausreichend
insuficiente / suspenso	menos de cinco	mangelhaft
		ungenügend

Se dice:
He sacado un sobresaliente en mates. (España)
He suspendido inglés. (España)
Saqué diez en mate. (México)
Reprobé inglés. (México)

Sistema escolar español → U2

		Universidad	
	2º 1º	Bachillerato título del Bachiller	Formación profesional de grado superior / Formación profesional de grado medio
obligatorio	4º 3º 2º 1º	ESO (Enseñanza Secundaria Obligatoria)	
obligatorio	6º … 1º	Educación Primaria	
	de 0 a 6 años de edad	Educación Infantil	

Se dice: *Estudio cuarto* de E.S.O.

Sistema escolar mexicano → U2

		Universidad (Licenciatura y Postgrado)	
	6º 5º 4º	Preparatoria título de Bachiller	Bachillerato especializado o tecnológico
obligatorio y gratuito	3º 2º 1º	Secundaria	Capacitación para el trabajo (1–4 años)
obligatorio y gratuito	6º … 1º	Primaria	
	de 3 a 5 años	Preescolar	
	de 0 a 3 años	Inicial	

Se dice: *Estudio cuarto* de prepa.

Vocabulario

Das *Vocabulario* enthält den Lernwortschatz aus allen Lektionen. Dieser ist nicht identisch mit den unbekannten Vokabeln in Texten und Übungen: nicht verzeichnet sind v. a. erschließbare oder unter dem Text angegebene Wörter und Ausdrücke, die weniger wichtig sind als andere, und die ihr deshalb im Augenblick nicht aktiv beherrschen müsst.
Darüber hinaus findet ihr hier Hinweise auf bekannte spanische Wörter aus der gleichen Wortfamilie sowie Synonyme und Antonyme.
Die farbig gedruckten Beispielsätze zeigen das Wort im Kontext, denn in einem sinnvollen Zusammenhang kann man sich neue Wörter besser merken.
In den gelben Übersichtskästchen wird die neue Grammatik jeder Lektion anhand von Beispielen verdeutlicht. Die Angabe § *(+ Zahl)* verweist auf den entsprechenden Paragraphen im Grammatischen Beiheft.

Abkürzungen

adj.	*adjetivo* (= Adjektiv)
adv.	*adverbio* (= Adverb)
col.	*coloquial* (= umgangssprachlich)
etw.	etwas
f.	*femenino* (= feminin, weiblich)
jdn.	jemanden
jdm.	jemandem
lat.am.	*latinoamericano* (= lateinamerikanisch)
m.	*masculino* (= maskulin, männlich)
pl.	*plural* (= Plural)
pron.	*pronombre* (= Pronomen)
sg.	*singular* (= Singular)
sust.	*sustantivo* (= Substantiv)

≡ Synonym ⇔ Antonym ⇨ Wortfamilie

D Deutsch E Englisch
F Französisch LAT Latein

1 Jóvenes en camino

Primer paso

una expresión	ein Ausdruck E expression F une expression
Tengo que aprenderme estas expresiones.	Ich muss diese Ausdrücke lernen.
una estadística	eine Statistik
un quinto (de)	ein Fünftel
Dos quintas partes de los estudiantes contestaron que no.	Zwei Fünftel der Studenten antworteten mit nein.
un décimo (de) ⇨ un décimo	ein Zehntel ⇨ ein Losanteil (bei der Weihnachtslotterie)
aproximadamente	ungefähr E approximately
Aproximadamente la mitad de mis amigos estudia español.	Ungefähr die Hälfte meiner Freunde lernt Spanisch.
la frecuencia	die Häufigkeit E frequency
Mi hermano practica deporte con mucha frecuencia.	Mein Bruder treibt sehr häufig Sport.
menor *(comparativo de* pequeño*)* ⇔ mayor (comparativo de *grande*)	kleiner, geringer, jünger ⇔ größer, älter
con mayor / menor frecuencia	häufiger, weniger häufig
superior *(comparativo de* alto*)*	höher, größer *(v. a. in übertragener Bedeutung)*
inferior *(comparativo de* bajo*)*	niedriger, geringer
una cantidad	eine Anzahl, eine Menge E quantity F une quantité
La cantidad de jóvenes que no tiene móvil es cada vez menor.	Die Anzahl der Jugendlichen, die kein Handy haben, wird immer geringer.
una cifra	eine Ziffer, eine Zahl
Las cifras de la estadística son de este año.	Die Zahlen der Statistik sind aus diesem Jahr.
una minoría	eine Minderheit E minority F une minorité
En España los extranjeros son una minoría.	In Spanien stellen Ausländer eine Minderheit dar.

Fracciones **§ 2**

- **La mitad** de los jóvenes lee el periódico.
- **Dos tercios** escuchan música.
- **Un cuarto** de los estudiantes va a clase en autobús.
- Sólo **un décimo** va al teatro con frecuencia.

Recursos

Verano en Asturias

apuntarse a algo	sich zu etw. anmelden
Me voy a apuntar a la excursión a Galicia.	Ich werde mich für den Ausflug nach Galicien anmelden.
abandonado, -a ⇨ abandonar algo / a alguien	verlassen, verfallen ⇨ etw. / jdn. verlassen, etw. aufgeben
Paso miedo si duermo en una casa abandonada.	Ich habe Angst, wenn ich in einem verlassenen Haus schlafe.

descansar Después de subir la montaña, descansamos.	sich ausruhen, sich erholen Wenn wir auf den Berg gestiegen sind, ruhen wir uns aus.
el desarrollo El turismo rural es importante para el desarrollo de algunas regiones.	die Entwicklung Der ländliche Tourismus ist wichtig für die Entwicklung einiger Regionen.
turístico, -a ⇨ el turismo; un / una turista	touristisch ⇨ der Tourismus; ein Tourist, eine Touristin
una región No me gusta esa región porque es demasiado turística.	ein Gebiet, eine Gegend D eine Region Diese Gegend gefällt mir nicht, weil sie zu touristisch ist.
colaborar en algo / con alguien ¿Colaboras en alguna ONG? Es importante que los gobiernos colaboren con las ONG.	bei etw. mitarbeiten, mit jdm. zusammenarbeiten Arbeitest du in irgendeiner Nichtregierungsorganisation mit? Es ist wichtig, dass die Regierungen mit Nicht-regierungsorganisationen zusammenarbeiten.
a pesar de (que) ≡ aunque A pesar de que me gusta el deporte, no quiero ir a nadar.	trotz, obwohl ≡ obwohl Obwohl ich Sport mag, möchte ich nicht schwimmen gehen.
(estar) motivado, -a Carlos está muy motivado por el curso de español.	motiviert (sein) Carlos ist wegen des Spanischkurses sehr motiviert.
máximo, -a (*superlativo de grande*) El número máximo de horas que podéis trabajar es de ocho.	größte, -r, -s, höchste, -r, -s LAT maximus Die höchste Zahl an Stunden die ihr arbeiten dürft, beträgt acht.
al máximo En ese proyecto hay que trabajar al máximo.	so viel wie möglich In diesem Projekt muss man so viel wie möglich arbeiten.
siempre que ⇨ siempre	immer wenn, vorausgesetzt, dass ⇨ immer

Oraciones subordinadas temporales §3

- Cuando **llego** a casa, me ducho.
- Esperé hasta que **llegó** el autobús.
- Siempre que **puede**, va al cine.
- Cuando **llegue** a casa, me ducharé.
- Esperaré hasta que **llegue** el autobús.
- Puedes ir solo, siempre que tengas cuidado.
- Compra las entradas antes de que **se acaben**.

el material ¿De qué material es la mochila?	das Material Aus welchem Material ist der Rucksack?
a (*+ Artikel + Zeitraum*) Trabajamos ocho horas al día.	pro (*+ Zeitraum*) Wir arbeiten acht Stunden am Tag.
de modo que La clase empezaba a las ocho, de modo que tuvimos que levantarnos pronto. Tenemos que levantarnos pronto, de modo que podamos llegar a tiempo.	sodass Der Unterricht fing um acht Uhr an, sodass wir früh aufstehen mussten. Wir müssen früh aufstehen, sodass wir rechtzeitig ankommen können.
una organización ⇨ organizar algo Esa organización me ha ofrecido un trabajo.	eine Organisation ⇨ etw. organisieren Diese Organisation hat mir eine Arbeit angeboten.

Oraciones subordinadas consecutivas §3

- Llegamos tarde, **de modo que** perdimos el tren.
- Le explicaré el problema, **de modo que** pueda entenderlo.

deportivo, -a ⇨ el deporte En verano la ciudad organiza actividades deportivas.	sportlich ⇨ der Sport Im Sommer organisiert die Stadt sportliche Aktivitäten.
ya que Ya que estás cansado, descansa.	da (ja), denn Da du ja müde bist, ruh dich aus.
una experiencia	ein Erlebnis, eine Erfahrung E experience F une expérience
fantástico, -a ≡ guay (*col.*), genial, fenomenal Ir a Santiago es una experiencia fantástica que no olvidarás.	fantastisch, toll ≡ klasse, toll, großartig Nach Santiago zu gehen ist eine wunderbare Erfahrung, die du nie vergessen wirst.
quizá(s) ≡ a lo mejor, tal vez Quizá tengas razón, pero no lo creo. Es verdad, quizá tienes razón.	vielleicht ≡ vielleicht Vielleicht hast du Recht, aber ich glaube es nicht. Richtig, vielleicht hast du Recht.

Expresar posibilidad §3

- A lo mejor **voy**.
- Quizá **voy/vaya**.
- Tal vez **voy/vaya**.

¡Qué vacaciones!

dar(le) la gana a alguien ⇨ tener ganas No me da la gana de trabajar.	Lust haben / bekommen ⇨ Lust haben Ich habe keine Lust zu arbeiten.
mínimo, -a (*superlativo de pequeño*) ⇔ máximo, -a Los cambios son mínimos.	minimal, winzig ⇔ größte, -r, -s, höchste, -r, -s Die Änderungen sind minimal.
lo más mínimo Subir a la montaña no me gusta lo mas mínimo.	das Geringste, im Geringsten Auf Berge steigen gefällt mir überhaupt nicht.
ocuparse de algo / alguien ⇨ (estar) preocupado, -a; preocuparse Estoy harta: ¡siempre tengo que ocuparme de todo!	sich um etw. / jdn. kümmern ⇨ besorgt (sein); sich Sorgen machen Ich habe es satt: Immer muss ich mich um alles kümmern.

No veas qué …	Du kannst dir nicht vorstellen, wie / was für…
¡No veas qué problema tengo!	Du kannst dir nicht vorstellen, was für ein Problem ich habe!
pesado, -a Juan es pesado.	schwer, lästig Juan ist lästig.
dar guerra a alguien ⇨ una guerra Mi hermano no da ninguna guerra ni molesta.	anstrengend sein ⇨ ein Krieg Mein Bruder ist nicht sehr anstrengend und stört auch nicht.
el estrés Mi padre tiene mucho estrés en su nuevo trabajo.	der Stress Mein Vater hat viel Stress bei seiner neuen Arbeit.
el volumen	die Lautstärke

Oraciones subordinadas causales § 3

- Ya que / Como te gusta el disco, te lo regalo.
- Le he comprado un cedé porque / ya que le gusta la música.
- No me gusta bailar y por eso me voy de la fiesta.

un televisor ⇨ la televisión	ein Fernseher ⇨ das Fernsehen F un téléviseur
¿Puedes bajar el volumen del televisor?	Kannst du den Fernseher leiser stellen?
tener(le) a alguien de los nervios ⇨ (estar) nervioso, -a Mi hermano me tiene de los nervios.	jdm. auf die Nerven gehen ⇨ nervös (sein) Mein Bruder geht mir auf die Nerven.
resistir algo ⇨ soportar algo	etw. aushalten ⇨ etw. aushalten, etw. ertragen E to resist F résister
No resisto el estrés del trabajo.	Ich halte den Stress in der Arbeit nicht aus.
aunque *(+ subjuntivo)* Aunque llueva, iremos al parque.	auch wenn Auch wenn es regnet, gehen wir in den Park.

Oraciones subordinadas concesivas § 3

- Aunque / a pesar de que **me gusta** la música, no voy a conciertos.
- Aunque **quiera** ir de viaje, sus padres no lo van a dejar.

asegurar(le) algo a alguien ⇨ seguro, -a	jdm. etw. versichern ⇨ sicher E to assure F assurer
Te aseguro que no iré.	Ich versichere dir, dass ich nicht gehen werde.
un remedio	eine Abhilfe, ein Heilmittel E remedy LAT remedium F remède
¿Conoces algún remedio contra el dolor de cabeza?	Kennst du ein Mittel gegen Kopfschmerzen?

Comparativos y superlativos irregulares

- Soy el **mejor** en matemáticas.
- Mi hermano es **mayor** que yo.
- Vive en el piso **inferior**.
- Hemos elegido la **peor** solución.
- La cifra de entrevistados es **menor** este año.
- Su calidad es **superior**

No me queda más remedio. Como no tengo dinero, no me queda más remedio que trabajar en las vacaciones.	Mir bleibt nichts anderes übrig. Da ich kein Geld habe, bleibt mir nichts anderes übrig als in den Ferien zu arbeiten.
menudo, -a *(+ sust.)* ¡Menudo regalo!	was für *(+ Subst.)* Was für ein Geschenk!

Panorama

Mochileros hacia Santiago de Compostela

(estar) inquieto, -a ⇔ tranquilo, -a Estaba muy inquieto y no pude dormir.	unruhig (sein) ⇔ ruhig Ich war sehr unruhig und konnte nicht schlafen.
(estar) ilusionado, -a	erwartungsvoll (sein)
partir (de un lugar) (a hacer algo) Estoy muy ilusionado: mañana parto hacia España.	aufbrechen, abreisen Ich freue mich schon sehr: morgen breche ich nach Spanien auf.
acompañar a alguien ¿Me acompañas al cine?	jdn. begleiten Begleitest du mich ins Kino?
un / una representante	ein Vertreter, eine Vertreterin E representative F un répresentant, une répresentante
La mejor cantante fue la representante de Alemania.	Die beste Sängerin war die Vertreterin Deutschlands.
tratar (de hacer) algo ≡ intentar (hacer) algo Traté de convencerle.	etw. (zu tun) versuchen ≡ etw. (zu tun) versuchen Ich habe versucht ihn zu überzeugen.
la solidaridad ⇨ solidario, -a	die Solidarität ⇨ solidarisch, für einander einstehend
Necesitamos tu solidaridad. ¡Colabora con nosotros!	Wir brauchen deine Solidarität. Arbeite mit uns zusammen!
la convivencia ⇨ vivir	das Zusammenleben ⇨ leben
la educación	die Erziehung, die Bildung E education F la éducation
La educación es importante para una convivencia sin dificultades.	Erziehung ist für ein problemloses Zusammenleben wichtig.
el amor	die Liebe F l'amour
El amor es la fuerza que cambia el mundo.	Die Liebe ist die Kraft, die die Welt verändert.
histórico, -a ⇨ la historia Es un lugar con significado histórico.	geschichtlich, historisch ⇨ die Geschichte Das ist ein Ort mit historischer Bedeutung.
artístico, -a ⇨ el arte	künstlerisch ⇨ die Kunst E artistic F artistique
Las profesiones artísticas son muy interesantes.	Künstlerische Berufe sind sehr interessant.

subrayar algo Subrayad todas las palabras importantes. Han subrayado que es un proyecto importante.	etw. unterstreichen Unterstreicht alle wichtigen Wörter. Sie haben hervorgehoben, dass es ein wichtiges Projekt ist.

El IES Séneca en su segunda etapa

reinar (sobre) ⇨ un rey, una reina La paz reina en el grupo.	regieren, herrschen (über) ⇨ ein König, eine Königin [LAT] regnare [F] régner In der Gruppe herrscht Frieden.
temer a algo / alguien ≡ tener miedo de algo / alguien No le tememos al frío.	sich vor etw. / jdm. fürchten ≡ vor etw. / jdm. Angst haben [LAT] timere Wir fürchten uns nicht vor der Kälte.
cansarse ⇨ descansar; (estar) cansado, -a Los chicos han andado mucho y se han cansado.	müde werden ⇨ sich ausruhen, sich erholen; müde (sein) Die Jugendlichen sind weit gelaufen und sind müde geworden.
añadir algo ⇔ quitar algo No tengo nada que añadir. ¿Añadimos un poco de verdura a la sopa?	etw. hinzufügen ⇔ etw. wegnehmen Ich habe nichts hinzuzufügen. Geben wir noch ein wenig Gemüse in die Suppe?
ocurrir ≡ pasar ¿Qué ha ocurrido?	passieren ≡ passieren Was ist passiert?
ambos, -as Ambos libros son interesantes.	beide [LAT] ambo Beide Bücher sind interessant.
mantener (-g-) algo He mantenido mi opinión.	etw. behalten, etw. beibehalten Ich bin bei meiner Meinung geblieben.
(estar) satisfecho, -a ≡ contento, -a Estamos muy satisfechos con el viaje.	zufrieden (sein) ≡ fröhlich, zufrieden [E] satisfied [LAT] satisfactus [F] satisfait Wir sind sehr zufrieden mit der Reise.
un comportamiento El comportamiento de los chicos ha sido estupendo.	ein Verhalten [F] un comportement Das Verhalten der Jugendlichen war großartig.
evitar (hacer) algo La policía evita que la droga entre en el país. Ten cuidado y evita los errores.	etw. (zu tun) vermeiden, etw. verhindern [F] éviter Die Polizei verhindert, dass Drogen ins Land kommen. Pass auf und vermeide Fehler.
un sueño ⇨ soñar Tuve un sueño terrible: creía que moría.	ein Traum ⇨ träumen Ich hatte einen schrecklichen Traum: Ich dachte, ich sterbe.

Taller

reservar algo Me gustaría reservar una habitación.	etw. reservieren Ich würde gern ein Zimmer reservieren.
una habitación individual / doble Tenemos habitaciones individuales libres.	ein Einzel-/Doppelzimmer [D] individuell Wir haben noch Einzelzimmer frei.
una ducha ⇨ ducharse Todas las habitaciones tienen ducha.	eine Dusche ⇨ (sich) duschen Alle Zimmer haben eine Dusche.
un servicio El hotel es caro, pero el servicio es muy bueno.	eine Dienstleistung [D] ein Service Das Hotel ist teuer, aber der Service ist sehr gut.
el aire acondicionado ⇨ el aire No se puede resistir el verano en Andalucía sin aire acondicionado.	die Klimaanlage ⇨ die Luft Ohne Klimaanlage kann man den Sommer in Andalusien nicht aushalten.
un ascensor ¿Subes por la escalera o en el ascensor?	ein Aufzug [F] un ascenseur Nimmst du die Treppe oder fährst du mit dem Aufzug?
la calefacción ⇨ el calor La calefacción no funciona.	die Heizung ⇨ die Hitze, die Wärme Die Heizung funktioniert nicht.
una tarjeta de crédito	eine Kreditkarte
en efectivo ¿Paga en efectivo o con tarjeta de crédito?	mit Bargeld Bezahlen Sie bar oder mit Kreditkarte?
indicar algo Por favor, indique las fechas de su viaje.	etw. angeben [E] indicate [F] indiquer Geben Sie bitte Ihre Reisedaten an.
un dato	eine Angabe [D] die Daten
deletrear algo ¿Puede deletrear su apellido?	etw. buchstabieren Könnten Sie Ihren Nachnamen buchstabieren?
confirmar algo Por favor, confirme los datos.	etw. bestätigen [E] confirm [F] confirmer [LAT] confirmare Bitte bestätigen Sie die Angaben.

2 Ser joven: ¡qué difícil es!

Primer paso

dañar algo / a alguien El viento ha dañado el tejado.	etw. / jdn. schädigen Der Wind hat das Dach beschädigt.
el daño El accidente ha causado muchos daños.	der Schaden, die Schädigung [LAT] damnum Der Unfall hat viele Schäden verursacht.

perjudicar algo ≡ dañar Fumar perjudica la salud.	etw. schädigen, etw. zerstören ≡ dañar Rauchen schadet der Gesundheit.
pasar de algo A mucha gente le cuesta pasar del tabaco.	auf etw. verzichten, etw. nicht nötig haben Vielen Leuten fällt es schwer, auf Tabak zu verzichten.
el tabaco El tabaco causa muchas muertes.	der Tabak Der Tabak verursacht viele Todesfälle.
el alcoholismo	der Alkoholismus
la drogadicción La FAD es una organización contra el alcoholismo y la drogadicción.	die Drogenabhängigkeit Die FAD ist eine Organisation gegen Alkohol- und Drogenabhängigkeit.
irreparable Las drogas pueden causar daños irreparables.	irreparabel Drogen können irreparable Schäden verursachen.
la responsabilidad ⇨ responsable Vivir sin drogas es tu responsabilidad.	die Verantwortung ⇨ verantwortungsbewusst E responsibility F la responsabilité Es liegt in deiner Verantwortung ohne Drogen zu leben.
una pastilla El médico me dio una pastilla para los dolores de cabeza.	eine Pille, eine Tablette Der Arzt gab mir eine Tablette gegen Kopfschmerzen.

Recursos

No soy un empollón

un empollón, una empollona	ein Streber, eine Streberin
sacar buenas / malas notas ⇨ sacar algo Un empollón siempre saca buenas notas.	gute / schlechte Noten bekommen ⇨ etw. (heraus)nehmen Ein Streber bekommt immer gute Noten.
el resto (de) Quiero pasar el resto del año en otro país.	der Rest; die übrigen Ich möchte den Rest des Jahres in einem anderen Land verbringen.
un tutor, una tutora	ein Klassenlehrer, eine Klassenlehrerin
llevarse (bien / mal) con alguien Me llevo bien con mi tutor.	sich mit jdm. (gut / schlecht) vertragen; mit jdm. (gut / schlecht) zurechtkommen Ich komme gut mit meinem Klassenlehrer zurecht.

Pretérito imperfecto de subjuntivo (formas y uso) §§ 6, 7

- Se fue antes de que **pudiera** hablar con él.
- No podía creer que **sacaras** un diez en el examen.
- Los grandes almacenes buscaban a una vendedora que **hablara** inglés.
- No soportaba que **destruyéramos** el medio ambiente.
- Os pedíría que no lo **hicierais**.
- Me había parecido mal que **se fueran** sin pagar.

dirigir la palabra a alguien El profesor me dirigió la palabra.	sich an jdn. wenden, das Wort an jdn. richten Der Lehrer wandte sich an mich.
las mates *(col.)* ⇨ las matemáticas Odio las mates.	Mathe ⇨ Mathematik *(Schulfach)* Ich hasse Mathematik.
caer (caigo) bien a alguien No creo que le caiga bien a los padres de mi novia.	jdm. sympathisch sein, jdn. leiden können Ich glaube nicht, dass die Eltern meiner Freundin mich leiden können.

Pretérito imperfecto de subjuntivo nach aunque § 7

- Aunque **soy** alemán, me gusta hablar español.
- Aunque **fuera** español, me gustaría vivir aquí.

atractivo, -a El nuevo vecino es un chico atractivo.	hübsch, attraktiv E attractive Der neue Nachbar ist ein hübscher junger Mann.
popular La Latina es un barrio muy popular de Madrid.	beliebt La Latina ist ein sehr beliebtes Viertel in Madrid.
justificarse Se tuvo que justificar por llegar tarde.	sich rechtfertigen E to justify F se justifier Er musste sich dafür rechtfertigen, dass er zu spät gekommen war.
resultar fácil / difícil a alguien	jdm. leicht-/schwerfallen
la (Escuela) Primaria La Primaria me resultó muy fácil, pero el Instituto me está resultando muy difícil.	die Grundschule Die Grundschule ist mir sehr leicht gefallen, aber das Gymnasium fällt mir sehr schwer.
valorar algo / a alguien ⇨ el valor Valoro mucho la amistad.	etw. / jdn. schätzen ⇨ der Wert Ich schätze die Freundschaft sehr.
la conciencia No he hecho nada y tengo la conciencia tranquila.	das Bewusstsein, das Gewissen E conscience F la conscience LAT conscientia Ich habe nichts getan und habe ein ruhiges Gewissen.
a conciencia Me dijo una mentira a conciencia.	absichtlich Er hat mir absichtlich eine Lüge erzählt.
suspender	durchfallen
recuperar (algo) Ha suspendido las matemáticas y tiene que recuperarlas en septiembre. Olvidé mi móvil en el tren, pero ya lo he recuperado.	etw. wiedererlangen, etw. zurückbekommen; *(Schule)* im zweiten Anlauf bestehen Er / Sie ist in Mathematik durchgefallen und muss es im September bestehen. Ich habe mein Handy im Zug vergessen, aber ich habe es bereits wiederbekommen.
jugarse algo ⇨ un juego Si suspendes, te juegas tu futuro.	etw. aufs Spiel setzen ⇨ ein Spiel Wenn du durchfällst, setzt du deine Zukunft aufs Spiel.

aceptar algo / a alguien	etw. / jdn. akzeptieren, etw. / jdn. annehmen
Tengo que aceptar que ya no me quieres.	Ich muss akzeptieren, dass du mich nicht mehr liebst.
hacer amigos	Freunde finden, Freundschaft schließen
estar perdido, -a	verloren (sein), in einer ausweglosen Lage (sein)
⇨ perder (-ie-) algo	⇨ etw. verlieren
Si no haces amigos, estarás perdido en tu nuevo instituto.	Wenn du keine Freundschaften schließt, wirst du an deiner neuen Schule verloren sein.
resolver (-ue-) un problema	ein Problem lösen
	E to solve
Tenemos que resolver el problema.	Wir müssen das Problem lösen.
murmurar algo	etw. murmeln
Murmuró una respuesta que no pude entender.	Er/Sie murmelte eine Antwort, die ich nicht verstehen konnte.
tratar a alguien de algo	jdn. als etwas behandeln
Me tratan de loco porque no soy como los demás.	Sie behandeln mich als sei ich verrückt, nur weil ich nicht so bin wie die anderen.
un soplón, una soplona	ein Petzer, eine Petzerin
Un soplón cuenta secretos.	Ein Petzer verrät Geheimnisse.
sociable	gesellig, umgänglich
Las personas sociables hablan mucho.	Gesellige Menschen sprechen viel.
estar de acuerdo con algo / alguien	mit etw. / jdm. einverstanden sein, mit jdm. einer Meinung sein
No estoy de acuerdo contigo.	Ich bin nicht deiner Meinung.

Acoso escolar

grave	schwer, schlimm, schwerwiegend
	F grave
Es un error grave pensar que el alcohol no es una droga.	Es ist ein schlimmer Fehler zu glauben, dass Alkohol keine Droge ist.
un riesgo	ein Risiko, eine Gefahr
No es posible vivir sin riesgo.	Es ist nicht möglich ohne Risiko zu leben.
sufrir algo	etw. erleiden
	E to suffer
	F souffrir
	LAT suffere
una víctima (de algo / alguien)	ein Opfer (von etw. / jdm.)
	E victim
	F une victime
Ayer hubo un accidente con muchas víctimas.	Gestern gab es einen Unfall mit vielen Opfern.
pegar a alguien	jdn. schlagen, jdn. verprügeln
¡No pegues a tu hermano!	Du sollst deinen Bruder nicht schlagen!
a menudo	oft
≡ con mucha frecuencia, muchas veces	≡ häufig; oft
Voy a menudo al cine.	Ich gehe oft ins Kino.

una amenaza	eine Drohung, eine Bedrohung
La pobreza es la mayor amenaza para la paz.	Armut ist die größte Bedrohung für den Frieden.

Panorama

¿Generación ni-ni o generación cero?

una generación	eine Generation
Los jóvenes de nuestra generación se llevan bien con los padres.	Die Jugendlichen unserer Generation verstehen sich gut mit ihren Eltern.
una frase	ein Satz
	F une phrase
Dime una frase en español.	Sag mir einen Satz auf Spanisch.
la intención	die Absicht
Su intención es vivir solo, pero no tiene dinero.	Er/Sie hat die Absicht alleine zu wohnen, aber er/sie hat kein Geld.
tolerar algo	etw. tolerieren, etw. dulden
⇨ tolerante	⇨ tolerant
No podemos tolerar la probreza.	Wir dürfen die Armut nicht tolerieren.
la paga	das Taschengeld
⇨ pagar	⇨ zahlen
semanal	wöchentlich
⇨ una semana	⇨ eine Woche
Recibo una paga semanal de quince euros.	Ich bekomme ein wöchentliches Taschengeld von 15 Euro.
los gastos	die Ausgaben
⇨ gastar(se) algo	⇨ etw. ausgeben
Si vives solo, los gastos son muy altos.	Wenn du alleine wohnst, sind die Ausgaben sehr hoch.
un fenómeno	ein Phänomen, eine Erscheinung
Vivir con los padres después de los treinta no es sólo un fenómeno español.	Bei den Eltern zu wohnen, wenn man bereits über 30 ist, ist nicht nur ein spanisches Phänomen.
un término	ein Ausdruck, ein Fachausdruck
definir algo	etw. definieren
El diccionario define todos los términos.	Das Wörterbuch definiert alle Begriffe.
público, -a	öffentlich
	E public F publique
la identidad	die Identität
De muchas personas famosas sólo conocemos su identidad pública.	Von vielen berühmten Personen kennen wir nur ihre öffentliche Identität.
la vergüenza	die Scham, die Schande
⇨ avergonzarse; estar avergonzado, -a	⇨ sich schämen; beschämt sein
los estudios	das Studium
⇨ estudiar; un / una estudiante	⇨ studieren, lernen; ein Student, eine Studentin
¡Qué vergüenza! Tienes treinta años y no has terminado todavía tus estudios.	Schäm dich! Du bist 30 Jahre alt und bist immer noch nicht mit dem Studium fertig.

una perspectiva Tengo buenas perspectivas de trabajo.	eine Perspektive, eine Aussicht Ich habe gute Berufsaussichten.
hacer gracia a alguien Suspender las mates no me hace ninguna gracia.	etw. lustig finden In Mathe durchzufallen finde ich gar nicht lustig.
dar igual Me da igual si vienes a verme o no.	egal sein Es ist mir egal, ob du mich besuchen kommst oder nicht.
defender (-ie-) algo	etw. verteidigen E to defend F défendre LAT defendere
no … en absoluto No te creo en absoluto.	überhaupt nicht Ich glaube dir überhaupt nicht.
una definición ⇨ definir algo ¿Encuentras la definición en el diccionario?	eine Definition ⇨ etw. definieren Findest du die Definition im Wörterbuch?
la envidia Si hay algo que no tolero es la envidia.	der Neid Wenn es etwas gibt, was ich nicht dulde, dann ist das Neid.
pasar por la cabeza a alguien No se me pasa por la cabeza irme al extranjero.	jdm. durch den Kopf gehen, jdm. einfallen Es fällt mir nicht im Traum ein, ins Ausland zu gehen.
profesional Al elegir una carrera, piensa en las posibilidades profesionales.	beruflich E professional F professionnel,le Wenn du eine Studienrichtung wählst, denk an die beruflichen Möglichkeiten.
aún ≘ todavía	noch ≘ noch
contratar a alguien ⇨ un contrato Aún no me han contratado, pero me han asegurado que voy a tener el trabajo.	jdn. einstellen ⇨ ein Vertrag Sie haben mich noch nicht eingestellt, aber sie haben mir versichert, dass ich die Stelle bekomme.
despedir (-i-/-i-) a alguien ⇨ despedirse (-i-/-i-); la despedida Me han despedido sin darme explicaciones.	jdn. entlassen ⇨ sich verabschieden; der Abschied Sie haben mich entlassen, ohne mir eine Erklärung zu geben.
durar	dauern F durer
la formación profesional ¿Cuánto dura la formación profesional que vas a hacer?	die Berufsausbildung, die Berufschule Wie lange dauert die Berufsausbildung, die du machen wirst?
una crisis (*pl.* las crisis) Todas las crisis empiezan y también terminan.	eine Krise Alle Krisen beginnen und enden auch (wieder).
una base de datos ⇨ un dato Por Internet estamos en muchas bases de datos sin saberlo.	eine Datenbank ⇨ eine Angabe Durch das Internet sind wir in vielen Datenbanken, ohne es zu wissen.
más adelante Más adelante quiero estudiar Derecho.	später Später möchte ich Jura studieren.
como mucho Como mucho voy a ganar mil euros.	höchstens, wenn überhaupt Ich werde höchstens tausend Euro verdienen.
unas prácticas Es importante hacer unas prácticas durante los estudios.	ein Praktikum Es ist wichtig, während des Studiums ein Praktikum zu machen.
unos grandes almacenes En unos grandes almacenes es posible comprar casi todo.	ein Kaufhaus In einem Kaufhaus kann man fast alles kaufen.
una oportunidad Ahora tienes la oportunidad de decidir tu futuro.	eine Gelegenheit, eine Chance E opportunity Jetzt hast du die Gelegenheit über deine Zukunft zu entscheiden.

¿Qué es ser adulto?

suponer algo Supongo que tienes hambre, ¿no?	etw. annehmen Ich nehme an du hast Hunger, oder?
la seguridad ⇨ seguro, -a En la vida todos necesitamos seguridad.	die Sicherheit ⇨ sicher Wir alle brauchen Sicherheit im Leben.
(ser) listo, -a ≘ inteligente ¡Qué lista eres!	schlau, klug (sein) ≘ intelligent Wie klug du (doch) bist!

Taller

un currículum vitae (CV) Voy a escribir mi currículum vitae.	ein Lebenslauf Ich werde meinen Lebenslauf schreiben.
el nacimiento ⇨ nacer (-zco) En Navidad celebramos el nacimiento de Jesús.	die Geburt ⇨ geboren werden An Weihnachten feiern wir die Geburt Jesu.
el lugar de nacimiento	der Geburtsort
la fecha de nacimiento Por favor, escriba aquí su lugar y fecha de nacimiento.	das Geburtsdatum Schreiben Sie bitte hier Ihr Geburtsdatum und den Geburtsort hin.
un título Para el éxito profesional se necesita un título.	ein Schulabschluss, ein Diplom Um beruflichen Erfolg zu haben, benötigt man einen Schulabschluss.
una empresa	ein Unternehmen, eine Firma
Estimado, -a … Estimada Sra. Martínez:	Sehr geehrte, -r … Sehr geehrte Frau Martínez,
Apreciado, -a … Apreciado Sr. González:	Sehr geehrte, -r … Sehr geehrter Herr González,
comprobar (-ue-) algo En la empresa comprueban si hablas bien inglés. Tienes que comprobar que sabes inglés.	etw. überprüfen, etw. beweisen In der Firma überprüfen sie, ob du gut Englisch sprichst. Du musst nachweisen, dass du Englisch kannst.

un candidato, una candidata — ein Bewerber, eine Bewerberin
Hay tres candidatos para el puesto de trabajo. — Es gibt drei Bewerber für die Arbeitsstelle.

una firma — eine Unterschrift
En la carta falta sólo tu firma. — In dem Brief fehlt nur noch deine Unterschrift.

3 Identidades

Primer paso

considerar a alguien algo — jdn. als etwas betrachten, jdn. für etw. halten
Te considero muy inteligente. — Ich halte dich für sehr intelligent.

reclamar algo — etw. fordern, etw. verlangen
F réclamer
Los empleados reclaman más dinero. — Die Angestellten fordern mehr Geld.

rechazar algo — etw. ablehnen, etw. zurückweisen
Han rechazado todas sus ideas. — Alle seine / ihre Ideen wurden abgelehnt.

la autodeterminación — die Selbstbestimmung

la independencia — die Unabhängigkeit
⇨ independiente — ⇨ unabhängig
E independence
F l'indépendance
Un partido catalán quiere conseguir la autodeterminación e independencia de Cataluña. — Eine katalanische Partei will die Selbstbestimmung und Unabhängigkeit Kataloniens erreichen.

una bandera — eine Fahne
La bandera española es roja y amarilla. — Die spanische Flagge ist rot und gelb.

el reconocimiento — die Anerkennung
F la reconnaissance
Luchan por el reconocimiento de sus derechos. — Sie kämpfen um die Anerkennung ihrer Rechte.

Recursos

Un cumpleaños con memoria

un recuerdo — eine Erinnerung
⇨ recordar (-ue-) algo — ⇨ sich an etw. erinnern
Esta playa está llena de recuerdos. — Dieser Strand steckt voller Erinnerungen.

vasco, -a — baskisch
Bilbao es una ciudad vasca. — Bilbao ist eine baskische Stadt.

el vasco — Baskisch; die baskische Sprache

el castellano — Kastilisch; die spanische Sprache
El vasco y el castellano son dos idiomas muy diferentes. — Das Baskische und das Kastilische sind zwei sehr unterschiedliche Sprachen.

Vaya suerte — Was für ein Glück
En la vacaciones vas a Argentina. ¡Vaya suerte! — In den Ferien fährst du nach Argentinien. Was für ein Glück!

la lengua materna — die Muttersprache
Mi lengua materna es el gallego. — Meine Muttersprache ist Galicisch.

El estilo indirecto con el imperfecto de subjuntivo § 10

- «Por favor, **habla** con el profesor.» — • Le <u>pidió</u> a su padre que **hablara** con el profesor.
- «¡No **comas** tanto chocolate!» — • Le <u>decía</u> que no **comiera** tanto chocolate.

intelectual — intellektuell, geistig
Estudiar es una actividad intelectual. — Lernen ist eine geistige Tätigkeit.

un artista, una artista — ein Künstler, eine Künstlerin
⇨ el arte (*f.*); artístico, -a — ⇨ die Kunst; künstlerisch
E artist
F un / une artiste
En este barrio viven muchos artistas. — In diesem Stadtviertel wohnen viele Künstler.

una reunión — eine Versammlung, ein Treffen
F une réunion
La reunión es a las diez. — Die Versammlung findet um zehn Uhr statt.

la defensa — die Verteidigung
⇨ defender (-ie-) — ⇨ verteidigen
Alguien tiene que organizar la defensa de la ciudad. — Irgendjemand muss die Verteidigung der Stadt organisieren.

en defensa de — für, zur Verteidigung von
Tengo que decir en mi defensa que yo ese día no estaba en la ciudad. — Ich muss zu meiner Verteidigung sagen, dass ich an jenem Tag nicht in der Stadt war.

una clase — eine (gesellschaftliche) Klasse, eine Schicht
En algunos países hay grandes diferencias entre los ricos y las otras clases. — In einigen Ländern gibt es große Unterschiede zwischen den Reichen und den anderen Schichten.

la injusticia — die Ungerechtigkeit
⇨ justo, -a; justificarse — ⇨ gerecht; sich rechtfertigen
Es una injusticia: tú tienes más paga que yo. — Das ist eine Ungerechtigkeit: du hast mehr Taschengeld als ich.

representar algo / a algo / alguien — etw. darstellen, etw. / jdn. repräsentieren,
⇨ un representante, una representante — ⇨ ein Vertreter, eine Vertreterin
E to represent
LAT repraesentare
F représenter
¿Qué representa ese cuadro? — Was stellt dieses Gemälde dar?
El rey representa a España. — Der König repräsentiert Spanien.

el modo — die Art und Weise
No me gusta el modo como canta. — Mir gefällt die Art nicht wie er/sie singt.

conservador, -ora — konservativ

revolucionario, -a Los jóvenes son más revolucionarios, la gente mayor más conservadora.	revolutionär Jugendliche sind revolutionärer, ältere Menschen konservativer.
católico, -a En España la mayoría de la población es católica.	katholisch In Spanien ist der größte Teil der Bevölkerung katholisch.
enamorarse de alguien ⇨ el amor; (estar) enamorado, -a Me he enamorado de un chico que conoces.	sich in jdn. verlieben ⇨ die Liebe; verliebt (sein) Ich habe mich in einen Jungen verliebt, den du kennst.
un / una anarquista Antes de la Guerra Civil había muchos anarquistas en Cataluña.	ein Anarchist, eine Anarchistin Vor dem Bürgerkrieg gab es viele Anarchisten in Katalonien.

Oraciones subordinadas de infinitivo § 8

- **De ser** verdad eso, tendremos que hablar con el profesor.
- **A pesar de ser** tan caro, lo va a comprar.
- **Al salir** de casa se encontró con su padre.
- **Antes de comer,** fueron a comprar pan.
- **Después de dormir**, se ducharon.
- Se fue a clase **sin desayunar**.
- ¡Levántate temprano **para llegar** a tiempo!
- Ha tenido muchos problemas **por conducir** tan rápido.

horrible	fürchterlich, schrecklich E horrible LAT horribilis F horrible
una batalla He perdido una batalla, pero no la guerra.	eine Schlacht Ich habe die Schlacht verloren, aber nicht den Krieg.
la represión Después de la Guerra Civil hubo una represión horrible.	die Unterdrückung Nach dem Bürgerkrieg herrschte schreckliche Unterdrückung.
un/una nacionalista Los nacionalistas quieren la autodeterminación de su región.	ein Nationalist, eine Nationalistin Die Nationalisten wollen die Selbstbestimmung ihrer Region.
un/una franquista Los franquistas luchaban contra la Segunda República.	ein Frankist, eine Frankistin *(Anhänger/in Francos)* Die Frankisten kämpften gegen die Zweite Republik.
una atmósfera ☰ el ambiente Después de discutir, la atmósfera en clase era muy mala.	eine Atmosphäre, eine Stimmung ☰ das Ambiente, die Stimmung Nach der Diskussion war die Stimmung in der Klasse sehr schlecht.

Oraciones subordinadas con participio § 9

- **Terminados sus estudios**, empezó a trabajar.
- La candidata, **propuesta ayer y elegida hoy**, quiere cambios.
- **Una vez prometido**, tienes que hacerlo.
- **Escrito el examen**, ya podéis ir a jugar.

el franquismo El franquismo terminó en 1975.	der Frankismus *(Regierung Francos)* Der Frankismus ging 1975 zu Ende.
el recelo Me miró con recelo.	das Misstrauen Er/Sie schaute mich misstrauisch an.
(estar) prohibido, -a Está prohibido fumar en los bares.	verboten (sein) Es ist verboten, in Bars zu rauchen.
anterior Los socialistas ganaron las anteriores elecciones.	frühere, -r, -s, vorige, -r, -s Die vorigen Wahlen gewannen die Sozialisten.
una manifestación	eine Demonstration F une manifestation
democrático, -a Los gobiernos democráticos toleran las manifestaciones.	demokratisch Demokratische Regierungen dulden Demonstrationen.
un cambio ⇨ cambiar Después de 1975 en España hubo muchos cambios.	eine Änderung ⇨ ändern Nach 1975 gab es in Spanien viele Veränderungen.
la aprobación La cámara votó la aprobación de la ley.	die Billigung, die Verabschiedung (eines Gesetzes) Die Kammer stimmte über die Verabschiedung des Gesetzes ab.
comparar algo / a alguien con algo / alguien No es justo comparar a una persona con otra.	etw. / jdn. mit etw. / jdm. vergleichen Es ist nicht fair eine Person mit einer anderen zu vergleichen.

Condicional compuesto (formas y uso) § 12

- Nunca lo **habría hecho**.
- ¿**Habrías visto** ya la película?
- Nos **habría gustado** ir contigo.
- Te **habríamos ayudado**, pero no podíamos.
- ¿Lo **habríais pensado**?
- Ayer no pudieron salir. ¿**Habrían tenido** problemas con sus padres?

desarrollado, -a ⇨ el desarrollo Es una reunión de países desarrollados.	entwickelt ⇨ die Entwicklung Das ist eine Versammlung von Industrieländern.
los Juegos Olímpicos El jugador de baloncesto quiere participar en los próximos Juegos Olímpicos.	die Olympischen Spiele Der Basketballspieler möchte an den nächsten Olympischen Spielen teilnehmen.
(estar) determinado, -a Elige tu futuro, porque el futuro no está determinado.	festgelegt (sein), vorherbestimmt (sein) Wähle deine Zukunft, denn die Zukunft ist nicht vorherbestimmt.
de *(+ inf.)*	wenn, falls

Antes todo era diferente

ordenar algo a alguien	jdm. etw. befehlen [E] to order [F] ordonner
El rey les ordenó que se retiraran.	Der König befahl ihnen, sich zurückzuziehen.
prohibir (prohíbo) algo a alguien ⇨ (estar) prohibido	jdm. etw. verbieten ⇨ verboten (sein) [LAT] prohibere
Nos han prohibido fumar en la oficina.	Uns wurde verboten, im Büro zu rauchen.
exigir algo de alguien	etw. von jdm. verlangen
El profesor exige de los alumnos que estudien más.	Der Lehrer verlangt von den Schülern, dass sie mehr lernen.
permitir algo a alguien ⇔ prohibir	jdm. etw. erlauben ⇔ verbieten
No te permito que me hables así.	Ich erlaube (dir) nicht, dass du so mit mir sprichst.

Panorama

Las lenguas en España

la existencia ⇨ existir	die Existenz ⇨ existieren
¿Crees en la existencia de Dios?	Glaubst du an die Existenz Gottes?
reconocer (-zco) algo / a alguien ⇨ conocer	etw. / jdn. anerkennen ⇨ kennen, kennenlernen
Reconozco que tienes razón.	Ich gebe zu, dass du recht hast.
el euskera	die baskische Sprache
el valenciano	das Valenzianische, die valenzianische Sprache
utilizar algo ≡ usar	etw. benutzen ≡ verwenden
No puedes utilizar un diccionario en el examen.	Du darfst in der Prüfung kein Wörterbuch benutzen.
comunicarse con alguien	mit jdm. kommunizieren, sich mit jdm. verständigen
los compatriotas	die Landsleute
Gracias a Internet muchos extranjeros se comunican con sus compatriotas.	Dank dem Internet kommunizieren viele Ausländer mit ihren Landsleuten.
la humanidad	die Menschheit [E] humanity [F] l'humanité *(f.)*
la protección ⇨ proteger algo / a alguien	der Schutz ⇨ etw. / jdn. schützen
La protección del medio ambiente afecta a toda la humanidad.	Der Umweltschutz betrifft die ganze Menschheit.
internacional	international
un peligro ⇨ peligroso, -a	eine Gefahr ⇨ gefährlich [LAT] periculum
La película trata de una ciudad llena de peligros. El presidente ha recibido una amenaza y está en peligro de muerte.	Der Film handelt von einer Stadt voller Gefahren. Der Präsident hat eine Drohung erhalten und ist in Lebensgefahr.
un evento	ein Ereignis [E] event
Los Juegos Olímpicos son un gran evento.	Die Olympischen Spiele sind ein großes Ereignis.
un debate	eine Debatte, eine Diskussion
Los candidatos presentaron sus ideas en un debate.	Die Kandidaten stellten ihre Ideen in einer Diskussion vor.
un planeta	ein Planet
una tradición ⇨ tradicional	eine Tradition ⇨ traditionell
Se están perdiendo tradiciones antiguas.	Alte Traditionen gehen (immer mehr) verloren.
fundamental	grundlegend, Grund- [D] fundamental
¿Cuáles son las ideas fundamentales de tu partido?	Was sind die grundlegenden Ideen deiner Partei?
personal	persönlich
Esto es un asunto personal.	Das ist eine persönliche Angelegenheit.
reflexionar sobre algo	über etw. nachdenken
Tenemos que reflexionar sobre nuestro papel en este planeta.	Wir müssen über unsere Rolle auf diesem Planeten nachdenken.

Conversación con 'dos niñas de la guerra'

un conflicto	ein Konflikt
Tienes que solucionar el conflicto con tus padres.	Du musst den Konflikt mit deinen Eltern lösen.
el País Vasco	das Baskenland
La capital del País Vasco es Vitoria.	Die Hauptstadt des Baskenlandes ist Vitoria.
soltero, -a	unverheiratet
Estuvo muchos años soltero, hasta que conoció a mi abuela.	Er war viele Jahre ledig, bis er meine Oma kennengelernt hat.
una sospecha	ein Verdacht
Tengo la sospecha de que no dice la verdad.	Ich habe den Verdacht, dass er / sie nicht die Wahrheit sagt.
charlar con alguien ≡ hablar	mit jdm. reden, sich mit jdm. unterhalten ≡ sprechen
En el patio podéis charlar con vuestros compañeros, pero no en clase.	Im Schulhof könnt ihr euch mit euren Klassenkameraden unterhalten, aber nicht im Unterricht.
un muerto, una muerta ⇨ la muerte; morir (-ue-/-u-)	ein Toter, eine Tote ⇨ der Tod; sterben
la nacionalidad	die Nationalität
Ayer se encontraron en la costa dos muertos de nacionalidad desconocida.	Gestern wurden an der Küste zwei Tote unbekannter Nationalität gefunden.
negar (-ie-) con la cabeza	den Kopf schütteln
Me preguntó si tenía sed y yo negué con la cabeza.	Er / sie fragte mich, ob ich Durst habe, und ich schüttelte den Kopf.
acusar a alguien	jdn. anklagen, jdn. beschuldigen
Lo acusaron de asesinar al policía.	Er wurde beschuldigt, den Polizisten getötet zu haben.
indicar algo a alguien	(auf) etw. zeigen, jdn. auf etw. hinweisen
¿Me puedes indicar el camino a la estación?	Kannst du mir den Weg zum Bahnhof zeigen?

cumplirse ⇨ cumplir … años Quiero que se cumplan todos mis deseos.	sich erfüllen ⇨ … Jahre alt werden Ich möchte, dass alle meine Wünsche sich erfüllen.

Taller

apoyar algo / a alguien Mucha gente apoya al nuevo gobierno.	etw. / jdn. unterstützen F appuyer Viele Leute unterstützen die neue Regierung.
la justicia ⇔ la injusticia ⇨ justo, -a El partido quiere conseguir la justicia social.	die Gerechtigkeit ⇔ die Ungerechtigkeit ⇨ gerecht E justice F la justice LAT justitia Die Partei will soziale Gerechtigkeit erreichen.
el apoyo ⇨ apoyar Necesito tu apoyo mañana durante el partido.	die Unterstützung ⇨ unterstützen Morgen während des Spiels brauche ich deine Unterstützung.
el desempleo ⇨ un empleado, una empleada El desempleo es el prinicipal problema económico de España.	die Arbeitslosigkeit ⇨ ein Angestellter, eine Angestellte Die Arbeitslosigkeit ist das wirtschaftliche Hauptproblem Spaniens.
consistir en algo / en que El problema consiste en que nunca me escuchas.	in etw. bestehen, darin bestehen, dass Das Problem besteht darin, dass du mir nie zuhörst.

4 Vivir en la gran ciudad

Recursos

Ser joven en la gran ciudad

gratuito, -a El concierto es gratuito.	kostenlos, gratis Das Konzert ist kostenlos.
un estadio Han construido un nuevo estadio de fútbol.	ein Stadion Sie haben ein neues Fußballstadion gebaut.
azteca La capital azteca se llamaba Tenochtitlan.	aztekisch Die aztekische Hauptstadt hieß Tenochtitlan.
centenares *(m. pl.)* de ⇨ cien En la manifestación había centenares de personas.	Hunderte von ⇨ hundert F une centaine Auf der Demonstration waren Hunderte von Menschen.
aprovechar algo	etw. (aus-)nutzen, von etw. profitieren
una ocasión Hay que aprovechar la ocasión.	eine Gelegenheit E occasion LAT occasio F une occasion Man muss die Gelegenheit nutzen.
entrevistar a alguien Un periodista ha entrevistado a nuestro profesor.	jdn. interviewen Ein Journalist hat unseren Lehrer interviewt.
cotidiano, -a El tráfico es un problema cotidiano.	täglich, alltäglich LAT quotidie F quotidien Der Verkehr ist ein alltägliches Problem.
una ventaja	ein Vorteil E advantage F un avantage
una desventaja Es un coche con muchas ventajas y ninguna desventaja.	ein Nachteil E disadvantage F un désavantage Das ist ein Auto mit vielen Vorteilen und keinem Nachteil.
un acontecimiento ≡ un evento Dime un acontecimiento histórico importante.	ein Ereignis ≡ ein Ereignis Nenn mir ein wichtiges historisches Ereignis.
urbano, -a ⇔ rural No soporto la vida urbana, prefiero el campo.	städtisch ⇔ ländlich E urban LAT urbanus F urbain Ich ertrage Leben in der Stadt nicht, ich ziehe das Land vor.
referirse (-ie-/-i-) a algo ¿A qué te refieres?	sich auf etw. beziehen E to refer F se référer Worauf beziehst du dich? / Was meinst du eigentlich?
una alergia En mayo y junio tengo alergia.	eine Allergie Im Mai und Juni habe ich eine Allergie.
una industria En Alemania antes había muchas industrias. La industria causa muchos daños ecológicos.	eine Industrie, eine Fabrik Ich Deutschland gab es früher viele Fabriken. Die Industrie verursacht viele Umweltschäden.
circular En Inglaterra los coches circulan por la izquierda.	sich bewegen, zirkulieren E to circulate F circuler In England fahren die Autos links.
una cantidad	eine Menge
un gas	ein Gas
respirar (algo) En la montaña podemos respirar aire limpio.	atmen, etw. einatmen F respirer LAT respirare In den Bergen können wir reine Luft atmen.
tener gracia ≡ ser divertido, -a ⇨ gracioso, -a; hacer gracia Lo que contó no tenía mucha gracia.	lustig sein ≡ lustig sein ⇨ lustig; etw. lustig finden Was er / sie erzählte, war nicht sehr lustig.
la (escuela) preparatoria *(mex.)* ⇨ preparar algo Jaime estudia 5° de preparatoria en México.	das Gymnasium *(mex., entspricht der Sekundarstufe II / Oberstufe)* ⇨ etw. vorbereiten Jaime geht in die fünfte Klasse der *preparatoria* in Mexiko.
un factor Es un factor de riesgo.	ein Faktor Das ist ein Risikofaktor.

juntarse ⇨ junto, -a; junto a Se juntaron muchos factores. Nos hemos juntado con los amigos.	zusammentreffen ⇨ zusammen; nahe bei Viele Faktoren trafen zusammen. Wir haben uns mit unseren Freunden getroffen.
una consecuencia ¿Qué consecuencias va a tener?	eine Folge D eine Konsequenz Welche Folgen wird das haben?
en consecuencia Olvidé la cámara y en consecuencia no te puedo enseñar ninguna foto.	folglich Ich habe die Kamera vergessen und kann dir folglich überhaupt keine Bilder zeigen.
una vivienda ☰ un piso ⇨ vivir En algunas ciudades no hay suficientes viviendas	eine Wohnung ☰ eine Wohnung ⇨ leben, wohnen In manchen Städten gibt es nicht genug Wohnungen.
la renta *(méx.)* ☰ el alquiler No he pagado todavía la renta de este mes.	die Miete *(mex.)* ☰ die Miete Ich habe die Miete für diesen Monat noch nicht bezahlt.
americano, -a	amerikanisch
realista ⇨ la realidad Hay que buscar soluciones realistas.	realistisch ⇨ die Wirklichkeit Man muss realistische Lösungen suchen.

Subordinadas condicionales irreales § 14

- Si **viviéramos** cerca del instituto, no **tendría** que levantarme tan pronto.
- Si no **tomarais** tanto café, **dormiríais** mejor.
- Si **hubieras desayunado** más, ahora no **tendrías** hambre.
- Si se **hubiera levantado** a tiempo, no **habría llegado** tarde.

apenas Sonia apenas sale los fines de semana.	kaum F à peine Sonia geht am Wochenende kaum aus.
establecerse (-zco) Sergio se ha establecido en México.	sich niederlassen E to establish F s'établir Sergio hat sich in Mexiko niedergelassen.
el papeleo ⇨ el papel Necesito hacer mucho papeleo.	der Papierkram ⇨ das Papier Ich muss viel Papierkram erledigen.
lo cual Voy a escribir la carta en español, lo cual no es tan fácil.	(das), was Ich werde den Brief auf Spanisch schreiben, was nicht so einfach ist.
mexicano, -a Me gusta mucho la cultura mexicana.	mexikanisch Ich mag die mexikanische Kultur sehr.

El Estadio Azteca

una decena (de) ⇨ diez ; décimo, -a	etwa zehn (von) ⇨ zehn; zehntens LAT decimus
decenas *(f. pl)* (de)	zig (von)
miles *(m. pl.)* de ⇨ mil	Tausende (von) F / LAT mille ⇨ tausend
millares *(m. pl.)* de	Tausende (von) F milliers
millones *(m. pl)* de	Millionen (von)
decenas de miles (de)	Zehntausende (von)

Números colectivos

- **Una decena de** amigos.
- **Una docena de** huevos.
- **Un centenar de** cartas.
- Más de **un millar de** participantes.
- Muchos **miles de** euros.
- **Decenas de miles de** personas.
- Varios **millones de** habitantes.

Panorama

La Ciudad de México única en su tipo

alcanzar algo ☰ conseguir algo En la vida hay cosas que no podemos alcanzar.	etw. erreichen ☰ etw. erreichen, etw. schaffen Im Leben gibt es Dinge die wir nicht erreichen können.
la altura ⇨ alto, -a No tengas miedo de la altura.	die Höhe ⇨ hoch LAT altitudo Hab keine Angst vor der Höhe.
constituir algo Un tejado constituye una protección contra la lluvia.	etw. bilden Ein Dach bildet einen Schutz gegen Regen.
una circulación ⇨ circular La circulación de dinero es posible gracias a los bancos.	der Kreislauf, die Zirkulation ⇨ sich bewegen, zirkulieren Der Geldkreislauf ist möglich dank der Banken.
aislar algo / a alguien La falta de amigos nos aísla.	etw. / jdn. isolieren Das Fehlen von Freunden isoliert uns.
la formación ⇨ formar algo Para la formación de un nuevo equipo de baloncesto necesitamos dinero.	die Bildung, die Herausbildung ⇨ etw. bilden Für die Bildung einer neuen Basketballmannschaft brauchen wir Geld
natural ⇨ la naturaleza Me gusta el olor natural de una rosa.	natürlich ⇨ die Natur Ich mag den natürlichen Duft einer Rose.
producir (-zco) algo ⇨ un producto Esa empresa produce papel.	etw. herstellen, etw. produzieren ⇨ ein Produkt Dieses Unternehmen stellt Papier her.

caliente ⇨ el calor La sopa está demasiado caliente.	warm, heiß ⇨ die Hitze Die Suppe ist zu heiß.
situarse ≡ estar, encontrarse El Real Madrid se sitúa en primer lugar.	sich legen, sich befinden ≡ sein, sich befinden F se situer Real Madrid befindet sich auf dem ersten Platz.
frío, -a ⇨ el frío Cierra la ventana, que entra un viento muy frío.	kalt ⇨ die Kälte Schließ das Fenster, denn es kommt ein sehr kalter Wind herein.
contaminante ⇨ la contaminación ¡Evita los medios de transporte contaminantes!	umweltschädlich ⇨ die Umweltverschmutzung Meide umweltschädliche Verkehrsmittel!
proveniente de Es una familia proveniente de México.	stammend aus Das ist eine aus Mexiko stammende Familie.
denso, -a La niebla era muy densa.	dicht Der Nebel war sehr dicht.
dar lugar a algo La contaminación dará lugar a otros problemas.	etw. auslösen Die Umweltverschmutzung wird weitere Probleme auslösen.
un nivel ⇨ el nivel del mar El nivel del examen era demasiado alto.	ein Niveau, eine Höhe ⇨ der Meeresspiegel Das Niveau der Prüfung war zu hoch.
(estar) incompleto, -a La redacción está incompleta: falta el final.	unvollständig (sein) Der Aufsatz ist unvollständig: es fehlt der Schluss.
reducir algo Tenemos que reducir la emisión de gases.	etw. reduzieren Wir müssen die Gasemissionen reduzieren.
aumentar algo El supermercado ha aumentado el precio de la mantequilla.	etw. erhöhen Der Supermarkt hat die Butterpreise erhöht.

¿Y qué piensan los mexicanos?

negar (-ie-) algo ⇨ negar con la cabeza No niego que tengas razón.	etw. leugnen, etw. bestreiten ⇨ den Kopf schütteln Ich bestreite nicht, dass du Recht hast.
un porcentaje ⇨ por ciento El porcentaje de extranjeros es muy bajo.	ein Prozentsatz; ein Anteil ⇨ Prozent E percentage F un pourcentage Der Ausländeranteil ist sehr niedrig.
una fuente El racismo es la fuente de muchos conflictos.	eine Quelle E fountain LAT fons F une fontaine Rassismus ist der Ursprung vieler Konflikte.
la población ⇨ poblar (-ue-) algo Los gobiernos tienen que decir la verdad a la población.	die Bevölkerung ⇨ etw. besiedeln Die Regierungen müssen der Bevölkerung die Wahrheit sagen.
enfrentar algo / a alguien ⇨ enfrente de No evites el problema; tienes que enfrentarlo.	etw. / jdm. begegnen, sich etw. / jdm. stellen ⇨ gegenüber von Geh dem Problem nicht aus dem Weg; du musst dich ihm stellen.

Rebelión mazahua

intenso, -a Después de una búsqueda muy intensa encontraron al niño.	intensiv Nach intensiver Suche fanden sie das Kind.
bajar (algo) ⇨ bajarse ⇔ subir Baja al tercer piso y pregúntale al vecino si tiene harina.	(etw.) hinuntergehen ⇨ aussteigen ⇔ hinaufgehen Geh runter in den dritten Stock und frag den Nachbarn, ob er Mehl hat.
una lucha ⇨ luchar Marx escribió sobre la lucha de clases.	ein Kampf ⇨ kämpfen Marx schrieb über den Klassenkampf.
una comunidad	eine Gemeinschaft D eine Kommune E community F une communauté LAT communitas
una red Internet es la mayor red del mundo.	ein Netz Das Internet ist das größte Netz der Welt.
contar (-ue-) con La comunidad cuenta con una fuente de agua potable.	über etw. verfügen Die Gemeinde verfügt über eine Trinkwasserquelle.
engañar a alguien No me engañes ni me digas mentiras.	jdn. täuschen, jdn. betrügen Mach mir nichts vor und erzähl mir auch keine Lügen.
un arma *(f.)*	eine Waffe E arms F une arme LAT arma
tomar las armas Los indígenas tomaron las armas para luchar contra el ejército.	zu den Waffen greifen Die Ureinwohner griffen zu den Waffen, um gegen die Armee zu kämpfen.
lograr algo ≡ conseguir (-i-/-i-) algo Hemos logrado encontrar la solución.	etw. erreichen, etw. schaffen ≡ etw. erreichen, etw. schaffen Wir haben es geschafft, die Lösung zu finden.
una gota El niño miraba las gotas de agua en la ventana.	ein Tropfen F une goutte Das Kind sah die Wassertropfen auf dem Fenster an.
por mi / tu / su / … parte ⇨ una parte Por mi parte no tengo nada que añadir.	meinerseits, deinerseits … ⇨ ein Teil Ich meinerseits habe nichts mehr hinzuzufügen.

Taller

en la parte superior	im oberen Teil
en la parte inferior	im unteren Teil

un mural En Ciudad de México hay murales muy famosos.	ein Wandgemälde In Mexiko-Stadt gibt es sehr berühmte Wandgemälde.
transmitir algo Esta canción transmite sentimientos tristes.	etw. übertragen, etw. vermitteln Dieses Lied vermittelt traurige Gefühle.
una queja ⇨ quejarse de algo Ha habido muchas quejas por el ruido.	eine Klage, eine Beschwerde ⇨ sich über etw. beschweren Es gab viele Beschwerden wegen des Lärms.
poner algo en duda No pongo en duda que los aviones dañen el medio ambiente, pero son necesarios.	etw. in Zweifel ziehen, etw. bezweifeln Ich bezweifle nicht, dass Flugzeuge der Umwelt schaden, aber sie sind notwendig.
aludir a algo	auf etw. anspielen
un motivo Picasso utiliza motivos que aluden a su vida personal.	ein Motiv Picasso verwendet Motive, die auf sein persönliches Leben anspielen.
una figura La figura principal de la obra de teatro es Don Carlos.	eine Figur Die Hauptfigur des Theaterstücks ist Don Carlos.
un chiste El chiste no tiene gracia.	ein Witz Der Witz ist nicht lustig.
un símbolo La cruz es un símbolo cristiano.	ein Symbol Das Kreuz ist ein christliches Symbol.
una alusión ¿Lo que has dicho es una alusión?	eine Anspielung Ist das, was du gesagt hast, eine Anspielung?

5 Culturas antiguas y sus herederos

Primer paso

egipcio, -a ¿Qué monumentos egipcios conoces?	ägyptisch Welche ägyptischen Sehenswürdigkeiten kennst du?
griego, -a La cultura griega es la más importante del mundo antiguo.	griechisch Die griechische Kultur ist die wichtigste der antiken Welt.
extenderse por El idioma español se extendió por América.	sich verbreiten in, sich erstrecken über Die spanische Sprache hat sich in Amerika verbreitet.
fundar algo El conquistador fundó la ciudad.	etw. gründen Der Eroberer gründete die Stadt.
un imperio El imperio de Roma se extendía por casi toda Europa.	ein (Kaiser-, Welt-)Reich Das Römische Reich erstreckte sich über fast ganz Europa.
un calendario	ein Kalender
una pirámide La cultura azteca nos ha dejado sus pirámides y calendarios.	eine Pyramide Die aztekische Kultur hat uns ihre Pyramiden und Kalender hinterlassen.
pertenecer (-zco) a algo / a alguien México en esa época pertenecía al imperio español.	jdm. / zu etw. gehören Mexiko gehörte zu jener Zeit zum spanischen Weltreich.
construir algo ⇔ destruir algo	etw. bauen ⇔ etw. zerstören
una piedra Los aztecas utilizaban piedras para construir las pirámides.	ein Stein Die Azteken benutzten Steine um die Pyramiden zu bauen.

Recursos

el poder Los aztecas tenían mucho poder en Centroamérica.	die Macht E power Die Azteken besaßen viel Macht in Mittelamerika.
gobernar (-ie-) algo ⇨ el gobierno El rey de España no gobierna, sino el Presidente del Gobierno.	etw. regieren ⇨ die Regierung E to govern F gouverner Der König von Spanien regiert nicht, sondern der Ministerpräsident.
un emperador, una emperatriz	ein Kaiser, eine Kaiserin E emperor LAT imperator F un empereur, une impératrice
tomar una ciudad El emperador Carlos V tomó Roma en 1527.	eine Stadt einnehmen Kaiser Karl V. nahm Rom im Jahre 1527 ein.
conquistar algo ⇨ un conquistador; la conquista Cortés conquistó Tabasco en 1519.	etw. erobern ⇨ ein Eroberer; die Eroberung Cortés eroberte Tabasco 1519.
central ⇨ el centro ¿Cuál es la idea central de este texto?	zentral, wesentlich ⇨ das Zentrum Was ist der Hauptgedanke dieses Textes?
un traidor, una traidora Para que lo sepas: no me gustan los traidores.	ein Verräter, eine Verräterin E traitor F un traître Damit du es weißt: ich mag keine Verräter.
la inteligencia ⇨ inteligente Para resolver los problemas de la vida no sólo se necesita inteligencia.	die Intelligenz ⇨ intelligent Um die Probleme des Lebens zu lösen, braucht man nicht nur Intelligenz.
un / una intérprete	ein Dolmetscher, eine Dolmetscherin
un traductor, una traductora Voy a estudiar la carrera de Traductor e Intérprete.	ein Übersetzer, eine Übersetzerin F un traducteur Ich werde Übersetzen und Dolmetschen studieren.

continuar con algo Hace demasiado calor. ¿Continuamos mañana con el trabajo?	mit etw. fortfahren, mit etw. weitermachen Es ist zu heiß. Machen wir morgen mit der Arbeit weiter?
un prisionero, una prisionera	ein Gefangener, eine Gefangene [E] prisoner [F] un prisonnier
debido a El prisionero murió debido a una enfermedad.	wegen Der Gefangene starb wegen einer Krankheit.
un abuso ⇨ usar algo	ein Missbrauch ⇨ etw. benutzen [E] abuse [F] un abus
rebelarse (contra algo) Los aztecas se rebelaron contra los abusos.	(gegen etw.) rebellieren Die Azteken rebellierten gegen den Missbrauch.
(artículo +) propio, -a *(+ sust.)* ⇨ propio, -a Los propios trabajadores defendieron la empresa.	selbst ⇨ eigene, -r, -s Die Arbeiter selbst haben die Firma verteidigt.
la facilidad ⇨ fácil Sonia aprende idiomas con mucha facilidad.	die Leichtigkeit ⇨ leicht Sonia lernt Sprachen mit großer Leichtigkeit.
una revolución ⇨ revolucionario, -a	eine Revolution ⇨ revolutionär
tener lugar ⇨ un lugar En Cuba tuvo lugar una revolución en 1959.	stattfinden ⇨ ein Ort In Kuba fand 1959 eine Revolution statt.
una guerra civil ⇨ una guerra La Guerra Civil española duró de 1936 a 1939.	ein Bürgerkrieg ⇨ ein Krieg Der spanische Bürgerkrieg dauerte von 1936 bis 1939.
un sistema Este sistema de gobierno es democrático.	ein System Dieses Regierungssystem ist demokratisch.
las condiciones de vida ⇨ una condición Antes las condiciones de vida eran muy duras.	die Lebensbedingungen ⇨ eine Bedingung Früher waren die Lebensbedingungen sehr hart.
un campesino, una campesina ⇨ el campo	ein Bauer, eine Bäuerin ⇨ das Land, das Feld
recuperar algo ⇔ perder algo Los campesinos quieren recuperar sus tierras.	etw. zurückbekommen ⇔ etw. verlieren [LAT] recuperare [F] récuperer Die Bauer wollen ihre Ländereien zurückbekommen.
la desigualdad ⇨ igual La revolución lucha contra la desigualdad social.	die Ungleichheit ⇨ gleich Die Revolution kämpft gegen die soziale Ungleichheit.
a diferencia de ⇨ diferente; una diferencia	im Unterschied zu ⇨ unterschiedlich; ein Unterschied
respetar algo / a alguien A diferencia de ti, yo respeto la opinión de los demás.	etw. einhalten, etw. respektieren Im Unterschied zu dir respektiere ich die Meinung der anderen
la igualdad ⇔ la desigualdad ⇨ igual La igualdad de todos es un sueño muy bonito.	die Gleichheit, die Gleichberechtigung ⇔ die Ungleichheit ⇨ gleich Die Gleichheit aller ist ein sehr schöner Traum.
un héroe, una heroína En el mundo antiguo, los héroes eran como dioses.	ein Held, eine Heldin [E] hero [F] un héros, une héroïne In der antiken Welt waren die Helden wie Götter.
un tema ¿Sobre qué tema escribimos la redacción?	ein Thema Über welches Thema schreiben wir den Aufsatz?
una pintura ≡ un cuadro ⇨ un pintor, una pintora; pintar Me encantan las pinturas de Frida Kahlo.	ein Gemälde ≡ ein Gemälde ⇨ ein Maler, eine Malerin; malen [F] une peinture Frida Kahlos Gemälde gefallen mir sehr.
una canción popular «La Bamba» es una canción popular mexicana.	ein Volkslied „La Bamba" ist ein mexikanisches Volkslied.

La voz pasiva §15

- Zapata **fue elegido** jefe de los revolucionarios.
- La Malinche **fue considerada** una traidora.
- Frida Kahlo **es considerada** como una de las mejores pintoras de su época.
- Los aztecas **eran gobernados** por emperadores.
- Los años de 1910 hasta 1917 **son conocidos** generalmente como «Revolución mexicana».

Panorama

Entrevista al Subcomandante Marcos

una raíz (*pl.* raíces) Los indígenas defienden sus raíces culturales.	eine Wurzel [LAT] radix Die Ureinwohner verteidigen ihre kulturellen Wurzeln.
un indio, una india	ein Indio, eine India
un mestizo, una mestiza Los mestizos son hijos de blancos e indios.	ein Mischling Mestizen sind Kinder von Weißen und Indios.
precisamente Es la profesora adecuada precisamente para los que sacan malas notas en inglés.	genau, eben Sie ist genau die richtige Lehrerin für diejenigen, die in Englisch schlechte Noten haben.
un pensamiento ⇨ pensar en algo Mi novia cree que puede leer mis pensamientos.	ein Gedanke ⇨ an etw. denken Meine Freundin glaubt, dass sie meine Gedanken lesen kann.

un pueblo ⇨ un pueblo Los griegos eran un pueblo muy inteligente.	ein Volk ⇨ ein Dorf Die Griechen waren ein sehr intelligentes Volk.
reafirmar algo El ministro reafirmó su intención de luchar contra la miseria.	etw. stärken, etw. bekräftigen Der Minister bekräftigte seine Absicht, gegen das Elend zu kämpfen.
un movimiento Detrás de cada revolución hay un movimiento social fuerte.	eine Bewegung E movement F un mouvement Hinter jeder Revolution steht eine starke soziale Bewegung.
una comparación ⇨ comparar algo No hay comparación entre nuestro equipo y el suyo: son mucho mejores.	ein Vergleich ⇨ etw. vergleichen E comparison F une comparaison Es ist kein Vergleich zwischen unserer Mannschaft und ihrer: sie sind viel besser.
injusto, -a ⇨ justo, -a una injusticia	ungerecht, unrecht ⇔ gerecht ⇨ eine Ungerechtigkeit
la manera ☰ la forma; el modo Es injusto que despidan al empleado de esa manera.	die Art und Weise ☰ die Form, die Art und Weise Es ist ungerecht, dass sie den Angestellten auf diese Weise entlassen.
de ninguna manera —¿Quieres venir? —De ninguna manera.	keinesfalls „Möchtest du kommen?“ „Auf keinen Fall.“
un objetivo Nuestro objetivo es la igualdad entre hombres y mujeres.	ein Ziel Unser Ziel ist die Gleichheit zwischen Männern und Frauen.
un anuncio He visto ese anuncio en la televisión.	eine Anzeige E announcement F une annonce Ich habe diese Anzeige im Fernsehen gesehen.

Maná llama a 'globalifóbicos' a evitar violencia en Cancún

llamar a alguien a (hacer) algo ⇨ llamar; una llamada El Presidente llamó a sus compatriotas a que le apoyaran.	jdn. zu etw. aufrufen ⇨ jdn. rufen, jdn. anrufen; ein Anruf Der Präsident rief seine Landsleute dazu auf ihn zu unterstützen.
violento, -a ⇨ la violencia Esta película es muy violenta.	gewalttätig ⇨ die Gewalt E / F violent LAT violentus Dieser Film ist sehr gewalttätig.
una sede ¿Dónde tiene su sede la empresa?	ein Sitz (einer Organisation) Wo hat die Firma ihren Sitz?
una cumbre En la cumbre sobre el cambio climático hubo varios ministros.	ein Gipfel, ein Gipfeltreffen Beim Gipfeltreffen zum Klimawandel waren mehrere Minister (anwesend).
fijarse en algo / alguien Te tienes que fijar más en lo que haces.	auf etw. / jdn. achtgeben, etw. / jdn. anschauen Du musst mehr auf das achten, was du tust.
la globalización La globalización no sólo tiene consecuencias positivas.	die Globalisierung Die Globalisierung hat nicht nur positive Folgen.
una cita Alex no vino a nuestra cita. Tengo cita con el médico mañana.	ein Termin, ein Treffen Alex kam nicht zu unserem Treffen. Ich habe morgen einen Arzttermin.
sobrar Sobra un poco de tortilla. ¿Quién la quiere? Sobran las razones para que ayudemos al Tercer Mundo.	(zu) viel sein, übrig sein Es ist noch etwas Tortilla übrig. Wer möchte sie? Es gibt sehr viele Gründe, der Dritten Welt zu helfen.
a fin(al) de cuentas Vamos a descansar. A fin(al) de cuentas hoy es domingo.	letztendlich Wir werden uns ausruhen. Schließlich ist heute Sonntag.
una propiedad ⇨ propio, -a Estas tierras son propiedad del estado.	ein Besitz ⇨ eigene, -r, -s Diese Ländereien sind Staatsbesitz.
venerar algo / a alguien Muchos españoles veneran a Santiago.	etw. / jdn. verehren Viele Spanier verehren den Heiligen Jakob.
tras ☰ después de Tras una semana de lluvia hizo por fin sol.	hinter, nach ☰ nach Nach einer Woche Regen schien endlich die Sonne.
destinar algo a algo Se destinó mucho dinero a ayudar a los países pobres.	etw. für etw. bestimmen Man hat viel Geld für die Hilfe für arme Länder bestimmt.
particularmente Estoy satisfecho con vuestros exámenes, particularmente con el de Ana.	insbesondere, vor allem E particularly F particulièrement Ich bin sehr zufrieden mit euren Prüfungen, vor allem mit der von Ana.

Critica nieto de Zapata festejo de Bicentenario

pronunciarse contra algo ⇨ pronunciar algo La cumbre se pronunció contra la violencia en el mundo.	sich gegen etw. aussprechen ⇨ etw. aussprechen Das Gipfeltreffen sprach sich gegen die Gewalt in der Welt aus.
federal Alemania es un estado federal.	Bundesstaat- Deutschland ist ein Bundesstaat.
una acción Las acciones, buenas o malas, tienen consecuencias.	eine Aktion, eine Handlung Handlungen, gute wie schlechte, haben Folgen.
llevar a cabo algo Los alumnos de 4°B han llevado a cabo un proyecto muy interesante.	etw. durchführen, etw. vollbringen Die Schüler aus der 4°B haben ein sehr interessantes Projekt durchgeführt.
reprobar algo Los padres reprobaron el comportamiento de su hijo.	etw. missbilligen Die Eltern missbilligten das Verhalten ihres Sohnes.

un centenario El próximo año se celebra el centenario de nuestro instituto.	eine Hundertjahrfeier Nächstes Jahr wird das hundertjährige Bestehen unserer Schule gefeiert.
sostener algo Colón sostenía que nuestro planeta era redondo.	etw. behaupten, (eine Meinung) vertreten Kolumbus vertrat die Meinung, dass unser Planet rund ist.
extremo, -a Hazlo con extremo cuidado.	extrem, äußerst Mach es mit äußerster Vorsicht.
un político, una política ⇨ político, -a; la política	ein Politiker, eine Politikerin ⇨ politisch; die Politik
un hecho De los políticos me importan los hechos, no sus ideas.	eine Tatsache Bei den Politikern sind mir Tatsachen wichtig, nicht ihre Ideen.
un ideal No es posible vivir sin ideales.	ein Ideal Man kann nicht ohne Ideale leben.
hacia atrás ⇨ detrás de Hay que pensar en el futuro y no mirar hacia atrás.	rückwärts ⇨ hinter Man muss an die Zukunft denken und nicht zurückschauen.
un aumento ⇨ aumentar algo La razón de la crisis es el aumento de los precios.	eine Erhöhung, ein Anstieg ⇨ etw. erhöhen Die Ursache der Krise ist der Preisanstieg.
los impuestos ¿Has pagado ya los impuestos?	die Steuern F les impôts Hast du die Steuern schon gezahlt?
la participación ⇨ participar en algo Necesitamos tu participación en la manifestación.	die Teilnahme ⇨ an etw. teilnehmen Wir brauchen deine Teilnahme an der Demonstration.

Taller

la apariencia ⇨ aparecer (-zco) La apariencia no es tan importante.	das Aussehen, das Äußere ⇨ erscheinen, auftauchen Das Äußere ist nicht so wichtig.
una expresión de la cara La expresión de tu cara es tan triste que quiero saber qué te pasa.	ein Gesichtsausdruck Dein Gesichtsausdruck ist so traurig, dass ich wissen will, was mit dir los ist.
agradable Eva es una chica muy agradable.	angenehm, freundlich Eva ist ein sehr nettes Mädchen.
desagradable Fue bastante desagradable ver otra vez a mi antiguo novio.	unangenehm, unfreundlich Es war ziemlich unangenehm, meinen Exfreund wieder zu sehen.
(estar) desesperado, -a Estoy desesperado: no he estudiado y mañana tengo el examen.	verzweifelt (sein) Ich bin verzweifelt: ich habe nicht gelernt und morgen ist meine Prüfung.

6 Cruzando fronteras

Recursos

realizar algo A veces es mejor si no realizamos nuestros deseos.	etw. verwirklichen F réaliser Manchmal ist es besser, wenn wir unsere Wünsche nicht verwirklichen.
relativamente El piso ha sido relativamente barato.	relativ, verhältnismäßig Die Wohnung war verhältnismäßig billig.
acomodado, -a ≡ rico, -a Viene de una familia acomodada.	wohlhabend ≡ reich Er/sie kommt aus einer wohlhabenden Familie.

Oraciones subordinadas con gerundio § 17

- Puedes hacerte rico **comprando y vendiendo** casas.
- Conoció a su novio **haciendo** un curso de inglés en Oxford.
- Entró a casa **cantando**.
- Aun **enviando** currículos a muchísimas empresas, no encontró trabajo.
- **Habiéndose duchado** rápido, salió sin desayunar.

depender de algo / alguien ⇨ la independencia; independiente A los treinta años, todavía depende de sus padres.	von etw. / jdm. abhängen ⇨ die Unabhängigkeit; unabhängig E to depend of F dépendre Mit dreißig ist er/sie immer noch von seinen/ihren Eltern abhängig.
expirar	ablaufen (die Gültigkeit verlieren) E to expire F expirer
un visado Su visado expiró la semana pasada.	ein Visum Sein/ihr Visum ist letzte Woche abgelaufen.
detener a alguien Ayer detuvieron a la mujer que había robado los pendientes.	jdn. verhaften Gestern hat man die Frau verhaftet, die die Ohrringe gestohlen hatte.
cualquier —¿Qué quieres comer? —Cualquier cosa.	irgendein, -e, -r „Was willst du essen?" „Irgendwas."
solicitar algo Vengo a solicitar un nuevo pasaporte.	etw. beantragen F solliciter Ich komme, um einen neuen Pass zu beantragen.
un permiso de residencia ⇨ permitir algo Sin permiso de residencia no encontrarás trabajo.	eine Aufenthaltsgenehmigung ⇨ etw. erlauben Ohne Aufenthaltsgenehmigung wirst du keine Arbeit finden.
graduarse Mi hermana se graduó el año pasado.	einen (Schul-, Universitäts-) Abschluss machen E to graduate Meine Schwester hat letztes Jahr ihren Abschluss gemacht.

la moda	die Mode
Helma trabaja en una empresa de moda.	Helma arbeitet in einem Modeunternehmen.
un atentado	ein Attentat, ein Anschlag
Ayer hubo un atentado en el País Vasco.	Gestern gab es einen Anschlag im Baskenland.
cuyo, -a	dessen, deren
aun	selbst, sogar
Aun trabajando mucho, no lo lograré.	Selbst wenn ich viel arbeite, werde ich das nicht schaffen.
un título	ein Titel, eine Überschrift
¿Qué título tiene el libro que estás leyendo?	Welchen Titel hat das Buch, das du gerade liest?
el esquí	der Ski, das Skifahren
Mi deporte preferido es el esquí.	Mein Lieblingssport ist das Skifahren.
una entrevista ⇨ entrevistar a alguien	ein Interview ⇨ jdn. interviewen
La entrevista al Subcomandante Marcos es muy interesante.	Das Interview mit dem Subcomandante Marcos ist sehr interessant.
una orquesta	ein Orchester
La orquesta toca muy bien.	Das Orchester spielt sehr gut.
enseñar a alguien ⇨ enseñar algo a alguien	jdn. unterrichten ⇨ jdm. etw. zeigen
Si quieres, te puedo enseñar francés por la tarde.	Wenn du möchtest, kann ich dich nachmittags in Französisch unterrichten.

El pronombre relativo cuyo, -a § 18

- Mi amiga Karin, **cuyo** novio es argentino, habla muy bien español.
- A mis primos, **cuyo** padre es músico, les encanta la música.
- El artista, de **cuya** obra hablamos, está hoy con nosotros.
- Estos productos, **cuyas** ventajas voy a presentar, son fantásticos.

Panorama

Cuando era puertorriqueña

un certificado de nacimiento ⇨ la fecha / el lugar de nacimiento	eine Geburtsurkunde ⇨ das Geburtsdatum, der Geburtsort
Para solicitar el pasaporte necesitas el certificado de nacimiento.	Um den Pass zu beantragen brauchst du die Geburtsurkunde.
(estar) desanimado, -a ⇨ ¡ánimo!	mutlos, langweilig (sein) ⇨ nur Mut!
una sonrisa	ein Lächeln F un sourire
Cuando alguien está desanimado, necesita una sonrisa.	Wenn jemand mutlos ist, braucht er ein Lächeln.
un formulario	ein Formular
llenar algo ⇨ lleno, -a	etw. (aus-)füllen ⇨ voll
Por favor, llene el formulario con sus datos personales.	Bitte füllen sie das Formular mit ihren persönlichen Daten aus.
un grado *(lat. am.)*	eine Klasse, eine Jahrgangsstufe
Javier acaba de empezar el tercer grado.	Javier hat gerade mit der dritten Klasse angefangen.
señalar algo	etw. anzeigen, auf etw. hinweisen
Todos han señalado la importancia de la decisión.	Alle haben auf die Wichtigkeit der Entscheidung hingewiesen.
sonreír (a alguien) ⇨ una sonrisa	lächeln; jdm. zulächeln ⇨ ein Lächeln F sourire
Rita sonrió al pensar en las vacaciones.	Rita lächelte, als sie an die Ferien dachte.
encoger los hombros	mit den Schultern zucken
La niña encogió los hombros porque no sabía qué decir.	Das Mädchen zuckte mit den Schultern, weil es nicht wusste, was es sagen sollte.
el progreso	der Fortschritt E progress F le progrès
¿Crees que el progreso es siempre positivo?	Glaubst du, dass der Fortschritt immer positiv ist?
tachar algo	etw. durchstreichen
Si algo está mal, lo tachas, ¿vale?	Wenn etwas falsch ist, streichst du es durch, ja?
el margen	der Rand D marginal
Quiero un cuaderno con márgenes muy grandes.	Ich möchte ein Heft mit sehr breitem Rand.
exclamar algo	etw. ausrufen
¡Dios mío! —exclamó mi madre al verme.	„Mein Gott!“, rief meine Mutter aus, als sie mich sah.
atrevido, -a	kühn, gewagt
Si quieres alcanzar algo en la vida, sé atrevido.	Wenn du im Leben etwas erreichen willst, sei kühn.
mal educado, -a ⇨ la educación	ungezogen ⇨ die Erziehung, die Bildung
Es un niño muy mal educado que no respeta a nadie.	Das ist ein sehr ungezogenes Kind, das niemanden respektiert.

7 Jóvenes y medios

Primer paso

un director, una directora (de cine) ⇨ un director, una directora	ein Regisseur, eine Regisseurin ⇨ ein Leiter, eine Leiterin E director
Guillermo del Toro es un director de cine mexicano.	Guillermo del Toro ist ein mexikanischer Filmregisseur.
un guión	ein Drehbuch
¿Quién ha escrito el guión de Titanic?	Wer hat das Drehbuch von Titanic geschrieben?
el argumento (de una obra literaria o una película)	die Handlung (eines literarischen Werkes oder eines Films)
¿Me cuentas el argumento de la peli?	Erzählst du mir die Handlung des Films?

un personaje El personaje principal del libro es muy interesante.	eine Person, eine Figur Die Hauptfigur des Films ist sehr interessant.
una sinopsis He leído la sinopsis de la película y me parece muy buena.	eine Inhaltsangabe Ich habe die Inhaltsangabe des Films gelesen und finde sie sehr gut.
una reseña Me han pedido que escriba una reseña sobre ese libro.	eine Rezension Ich soll eine Rezension zu diesem Buch schreiben.
un tráiler	ein Trailer, eine Vorschau
los subtítulos ⇨ un título	die Untertitel ⇨ eine Überschrift
una versión	eine Version, eine Fassung
la versión original ¿Vemos «Good bye, Lenin» en versión original y con subtítulos?	die Originalversion Schauen wir uns „Good bye, Lenin" in der Originalfassung mit Untertiteln an?
doblar una película En España se doblan siempre las películas al español.	einen Film synchronisieren In Spanien werden Filme immer spanisch synchronisiert.
un cortometraje ≡ un corto	ein Kurzfilm ≡ ein Kurzfilm
un largometraje Primero fue un cortometraje, pero ahora quieren hacer un largometraje con el mismo argumento.	ein Spielfilm Am Anfang war es ein Kurzfilm, aber jetzt möchten sie einen Spielfilm mit der gleichen Handlung daraus machen.
tratar (un tema) El libro trata la Revolución Mexicana.	(ein Thema) behandeln [F] traiter Das Buch behandelt die mexikanischen Revolution.
un marco El marco histórico es Italia en el siglo XV.	ein Rahmen Den geschichtlichen Rahmen bildet Italien im 15. Jahrhundert.
un género ¿Qué género de películas prefieres?	eine Gattung [D] ein Genre Welche Gattung / Art von Filmen magst du am liebsten?
una comedia La última película de Almodóvar es una comedia.	eine Komödie Der letzte Film von Almodóvar ist eine Komödie.
un drama	ein Drama
la ciencia ficción	die Science-Fiction
los dibujos animados	ein Zeichentrickfilm
una película de terror	ein Horrorfilm
una película de fantasía	ein Fantasyfilm
una película de acción	ein Actionfilm
una película de amor	ein Liebesfilm
romántico, -a	romantisch, Liebes-

Recursos

La película Machuca

religioso, -a Mi familia es muy religiosa.	religiös Meine Familie ist sehr religiös.
la clase alta En Marbella la clase alta organiza fiestas.	die Oberschicht In Marbella veranstaltet die Oberschicht Feste.
la integración Hay organizaciones para la integración social de los extranjeros.	die Integration, die Eingliederung Es gibt Organisationen für die soziale Integration von Ausländern.
encajar en algo La historia encaja muy bien en el contexto histórico.	zu etw. passen Die Geschichte passt sehr gut in den historischen Kontext.
estar basado, -a en algo La película está basada en un libro.	auf etw. basieren Der Film basiert auf einem Buch.
la crítica ⇨ criticar algo / a alguien Los actores han recibido buenas críticas.	die (Literatur-, Film-)Kritik ⇨ etw. / jdn. kritisieren Die Schauspieler haben gute Kritiken erhalten.
estrenar algo No han estrenado la película aún.	etw. zum ersten Mal aufführen Der Film läuft noch nicht.
casualmente Casualmente me encontré con mi profesor en Madrid.	zufälligerweise Ich habe meinen Lehrer zufälligerweise in Madrid getroffen.
echar (películas) ¿Qué película están echando en el cine Maravillas?	(Filme) aufführen, laufen Welcher Film läuft gerade im Kino Maravillas?
comercial Hoy en día casi todo el arte es comercial.	kommerziell Heutzutage ist fast alle Kunst kommerziell.
humilde ≡ pobre Tomás nació en una familia humilde.	ärmlich, bescheiden ≡ arm Tomás wurde in einer armen Familie geboren.
por si Te doy dinero por si quieres comprar algo.	falls Ich gebe dir Geld, falls du etwas kaufen möchtest.
combinar algo con algo La historia combina el dolor con la alegría.	etw. mit etw. kombinieren Die Geschichte verbindet den Schmerz mit der Freude.
analizar algo Vamos a analizar la situación de los jóvenes en Alemania.	etw. untersuchen, etw. analysieren Wir werden die Situation der Jugendlichen in Deutschland analysieren.
un estereotipo	ein Stereotyp, ein Klischee
una interpretación La interpretación de Banderas es buena, pero su personaje es un estereotipo.	eine Deutung, eine Interpretation Die Interpretation von Banderas ist gut, aber seine Figur ist ein Stereotyp.
alucinante La peli es alucinante, tienes que verla.	irre, klasse Der Film ist klasse, du musst ihn anschauen.

interpretar un papel Ese actor interpreta el papel de médico.	eine Rolle spielen Dieser Schauspieler spielt die Rolle des Arztes.
la perfección ⇨ perfecto, -a El jugador jugó a la perfección; sin embargo perdió.	die Perfektion ⇨ perfekt Der Spieler hat perfekt gespielt; trotzdem hat er verloren.

El futuro compuesto § 21

- El año que viene, en este mes, **habré terminado** los estudios.
- Cuando volvamos del cine te **habrás ido** ya a la cama.
- ¿Qué le **habrá pasado** a tu hermano?
- Si no se ha comido el bocadillo es porque no le **habrá gustado**.
- Cuando llegues, nosotros ya **habremos comido**.
- ¿**Habrán llegado** a tiempo?

el uso ⇨ usar algo Te voy a explicar el uso de este aparato.	der Gebrauch, die Verwendung ⇨ etw. verwenden Ich werde dir den Gebrauch dieses Gerätes erklären.
la fotografía ⇨ una foto Voy a hacer un curso de fotografía.	die Fotografie ⇨ ein Foto Ich werde einen Fotografiekurs machen.
una escena Mi escena preferida es cuando él llega a casa después del viaje.	eine Szene Meine Lieblingsszene ist die, in der er / sie nach der Reise nach Hause kommt.
dinámico, -a Se buscan jóvenes dinámicos y con ganas de aprender.	dynamisch Wir suchen dynamische junge Menschen, die Lust haben, etwas zu lernen.
en resumen Ya no te lo pido más. En resumen, si quieres, tienes mi número y me puedes llamar.	kurz gesagt, kurz und gut Ich bitte dich nicht mehr darum. Kurzum, wenn du willst, hast du meine Nummer und kannst mich anrufen.
un comentario ⇨ comentar algo Hay comentarios que duelen.	ein Kommentar ⇨ etw. mitteilen, etw. sagen Es gibt Kommentare, die weh tun.
hacer caso a alguien ¡No le hagas caso!	auf jdn. hören Hör nicht auf ihn/sie!
bajar(se) algo (de Internet) ⇨ bajar algo Alex se pasa horas bajando música y películas.	(sich) etw. herunterladen ⇨ etw. hinuntergehen Alex verbringt Stunden damit, Musik und Filme herunterzuladen.
un sinfín ≡ un montón *(col.)* Tengo un sinfín de trabajo.	eine Unmenge ≡ ein Haufen Ich habe eine Unmege Arbeit.
sentimentaloide	schnulzig, allzu gefühlsbetont
manipulador, -ora	manipulierend
objetivo, -a ⇨ un objetivo Cuando criticamos a alguien, tenemos que ser objetivo.	objektiv ⇨ ein Ziel Wenn wir jemanden kritisieren, müssen wir objektiv sein.
llorón, llorona ⇨ llorar Mi hermana es muy llorona.	weinerlich, wehleidig weinen Meine Schwester ist sehr wehleidig.
ser un rollo patatero *(col.)*	total langweilig sein
llevar subtítulos	Untertitel haben
una productora ⇨ producir algo; un producto Almodóvar tiene su propia productora.	eine Produktionsfirma ⇨ etw. herstellen; ein Produkt Almodóvar hat seine eigene Produktionsfirma.
fomentar algo Hay que fomentar que los jóvenes lean más.	etw. fördern Man muss fördern, dass die jungen Leute mehr lesen.
suponer algo Ser libre supone ser responsable.	etw. voraussetzen Frei sein setzt voraus, verantwortungsbewusst zu sein.
un pasatiempo ≡ una afición ¿Cual es tu pasatiempo preferido?	ein Zeitvertreib, ein Hobby ≡ ein Hobby Welches ist dein Lieblingshobby?
agridulce La historia tiene un final agridulce: no sabes si reír o llorar.	bittersüß Die Geschichte hat ein bittersüßes Ende: Man weiß nicht, ob man lachen oder weinen soll.

La composición de palabras § 20

- **agridulce** (adjetivo + adjetivo)
- el **cumpleaños** (verbo + sustantivo)
- una **fotocopia** (sustantivo + sustantivo)
- un **sinfín** (preposición + sustantivo)

Panorama

Retrospectivas: cine español

un modelo Antes de pintar, mirad bien el modelo.	ein Modell, ein Vorbild Seht euch das Modell vor dem Malen gut an.
un descubrimiento ⇨ descubrir algo El descubrimiento de América se celebra el 12 de octubre.	eine Entdeckung ⇨ etw. entdecken, etw. finden Die Entdeckung Amerikas wird am 12. Oktober gefeiert.
cruel Todas las guerras son crueles.	grausam [E] / [F] cruel [LAT] crudelis Alle Kriege sind grausam.
la resistencia	der Widerstand [E] resistence [F] la résistance [LAT] resistentia
conducir a algo Desgraciadamente la resistencia contra Franco no condujo a nada.	zu etw. führen Leider führte der Widerstand gegen Franco zu nichts.
(estar) a salvo Junto al río nadie está a salvo de inundaciones.	in Sicherheit (sein) In Flussnähe ist niemand vor Überschwemmungen sicher.
una relación La relación con mi novio no es fácil.	eine Beziehung, ein Verhältnis Die Beziehung zu meinem Verlobten ist nicht einfach.

desarrollarse ⇨ el desarrollo; desarrollado, -a El país se ha desarrollado muy rápido.	sich entwickeln ⇨ die Entwicklung; (hoch) entwickelt Das Land hat sich sehr schnell entwickelt.
varón Si es un niño varón, se va a llamar Alberto.	männlich Wenn es ein Junge wird, wird er Alberto heißen.
frágil Cuidado con ese paquete: es muy frágil.	zerbrechlich [E] / [F] fragile [LAT] fragilis Vorsicht mit diesem Paket, es ist sehr zerbrechlich.
extraordinario, -a Es extraordinaria: no hay nadie como élla.	außergewöhnlich, hervorragend [E] extraordinary [F] extraordinaire Sie ist außergewöhnlich: es gibt niemanden, der so ist wie sie.

Programas y canales

un canal (de televisión) ¿Qué canal estás viendo?	ein (Fernseh)Sender Welchen Sender siehst du gerade?
el telediario Quiero ver el telediario de las ocho.	die Nachrichten Ich möchte die Acht-Uhr-Nachrichten sehen.
un concurso Me encantan los concursos sobre animales.	ein Wettbewerb, ein Quiz Ich liebe Quizsendungen über Tiere.
un documental	ein Dokumentarfilm
una serie (de televisión) Siempre discuten porque él quiere ver documentales y ella series.	eine (Fernseh)Serie Sie streiten sich immer, weil er Dokumentarfilme sehen will und sie Serien.

Nuevos lenguajes

una campaña publicitaria Para vender este producto necesitamos una buena campaña publicitaria.	eine Werbekampagne Um dieses Produkt zu verkaufen, brauchen wir eine gute Werbekampagne.
el envío ⇨ enviar algo a alguien El envío del paquete cuesta ocho euros.	das Senden, das Verschicken ⇨ jdm. etw. schicken Der Versand des Paketes kostet acht Euro.
la venta ⇨ vender algo	der Verkauf ⇨ etw. verkaufen
aumentar ≡ subir La venta de gafas de sol aumenta en verano.	steigen ≡ steigen Der Verkauf von Sonnenbrillen steigt im Sommer.
abreviado, -a Nando es la forma abreviada de Fernando.	abgekürzt Nando ist die Kurzform von Fernando.
incomprensible ⇨ comprender algo Es incomprensible que mi país no ayude a los países pobres.	unverständlich ⇨ etw. verstehen Es ist unverständlich, dass mein Land den armen Ländern nicht hilft.
un / una adolescente ≡ un / una joven Los adolescentes no piensan como sus padres.	ein Jugendlicher, eine Jugendliche; ein Teenager, eine Teenagerin ≡ ein Jugendlicher, eine Jugendliche [F] un adolescent, une adolescente Jugendliche denken nicht wie ihre Eltern.
un invento La fregona es un invento español.	eine Erfindung [E] invention [F] une invention Der Wischmopp ist eine spanische Erfindung.
un texto	ein Text
a continuación ⇨ continuar A continuación analizamos el texto que leímos ayer.	im Folgenden ⇨ fortfahren, weitermachen Im folgenden analysieren wir den Text, den wir gestern gelesen haben.
facilitar algo a alguien ⇨ fácil Los ordenadores nos facilitan mucho la vida.	jdm. etw. erleichtern ⇨ leicht Computer erleichtern uns das Leben sehr.

8 Chile: literatura y política

[Panorama político]

En el colegio de Machuca

mezclar algo con algo En sus cuadros el pintor mezcla un estilo antiguo con un estilo moderno.	etw. mit etw. vermischen In seinen Bildern mischt der Maler einen alten mit einem modernen Stil.
el ganado ⇨ la ganadería En Argentina hay mucho ganado.	das Vieh ⇨ die Viehzucht In Argentinen gibt es viel Vieh.
descontar (-ue-) algo Si compras cinco entradas, te descuento el 10%.	etw. abziehen Wenn du fünf Eintrittskarten kaufst, ziehe ich dir 10% ab.
una pérdida ⇨ perder algo Su muerte es una pérdida muy grande.	ein Verlust ⇨ etw. verlieren Sein Tod ist ein sehr großer Verlust.
un / una culpable Están buscando a los culpables de su muerte.	ein Schuldiger, eine Schuldige Man sucht (noch) die Schuldigen an seinem/ihrem Tod.
culpar a alguien Lo han culpado de todos los problemas.	jdn. beschuldigen Sie haben ihm/ihr die Schuld für alle Probleme gegeben.

La protesta social

una protesta ⇨ protestar	ein Protest ⇨ protestieren
la oposición El Gobierno no hace caso a las protestas de la oposición.	die Opposition Die Regierung hört nicht auf die Proteste der Opposition.
una violación ⇨ una violación Considero sus llamadas de teléfono una violación a mi libertad personal.	eine Verletzung, eine Vergewaltigung ⇨ ein Überfall E violation F une violation Ich betrachte seine / ihre Anrufe als eine Verletzung meiner persönlichen Freiheit.
los derechos humanos ⇨ un derecho Hay que respetar siempre los derechos humanos.	die Menschenrechte ⇨ ein Recht Man muss die Menschenrechte immer respektieren.
económico, -a ⇨ la economía	wirtschaftlich ⇨ die Wirtschaft E economic F économique
real ⇨ la realidad La película cuenta una historia real.	wirklich, echt ⇨ die Wirklichkeit E / F real Der Film erzählt eine wahre Geschichte.
superar algo Sus deudas superan los 10 000 euros.	etw. übertreffen, etw. übersteigen Seine / Ihre Schulden sind höher als 10 000 Euro.
incluir algo La exposición incluye varios estilos diferentes.	etw. einschließen, etw. umfassen E to include LAT includere Die Ausstellung umfasst mehrere verschiedene Stile.
la clase media ⇨ la clase alta La crisis está afectando mucho a la clase media.	die Mittelschicht ⇨ die Oberschicht Die Krise wirkt sich sehr auf die Mittelschicht aus.
un plebiscito ≡ un referéndum Va a haber un plesbiscito sobre la posibilidad de fumar en los bares.	eine Volksabstimmung ≡ eine Volksabstimmung Es wird eine Volksabstimmung geben über die Möglichkeit, in Kneipen zu rauchen.
ganar algo ⇔ perder Mi equipo ganó el partido.	etw. gewinnen ⇔ verlieren F gagner Meine Mannschaft hat das Spiel gewonnen.
el voto Todavía no sé a quién daré mi voto.	die Stimme E vote Ich weiß noch nicht, wem ich meine Stimme geben werde.
una papeleta de voto	ein Stimmzettel
continuo, -a ⇨ continuar Gracias por tu continuo apoyo.	ständig, anhaltend ⇨ fortfahren, weitermachen Danke für deine ständige Unterstützung.
los derechos civiles La democracia tiene que defender los derechos civiles.	die Bürgerrechte Die Demokratie muss die Bürgerrechte verteidigen.

Reconstruir nuestra democracia

un discurso No me ha gustado el discurso del director de nuestro instituto.	eine Rede Die Rede des Direktors unseres Gymnasiums hat mir nicht gefallen.
entregar algo a alguien ≡ dar Tienes que entregar el formulario a esa señora.	jdm. etw. überreichen, jdm. etw. aushändigen ≡ geben Du musst das Formular dieser Dame übergeben.
una nación Chile es una nación independiente desde 1810.	eine Nation Chile ist seit 1810 eine unabhängige Nation.
la tortura	die Folter E torture F la torture
la dignidad La tortura es una violación de la dignidad de las personas.	die Würde E dignity F la dignité LAT dignitas Folter ist eine Verletzung der Würde von Personen.
humano, -a Los médicos conocen bien el cuerpo humano.	menschlich E human F humain LAT humanus Ärzte kennen den menschlichen Körper sehr gut.
asumir algo Tenemos que asumir nuestra responsabilidad.	etw. übernehmen, etw. auf sich nehmen Wir müssen unsere Verantwortung übernehmen.
un compromiso Todos tenemos el compromiso de construir un mundo mejor.	eine Verpflichtung Wir haben alle die Verpflichtung, eine bessere Welt zu errichten.
la fidelidad Sin fidelidad no hay amor.	die Treue E fidelity F la fidelité LAT fidelitas Ohne Treue gibt es keine Liebe.
una tarea En este proyecto nuestra tarea es ayudar a familias pobres.	eine Aufgabe In diesem Projekt ist es unsere Aufgabe, armen Familien zu helfen.
el respeto ⇨ respetar algo / a alguien	der Respekt ⇨ etw. / jdn. respektieren
la confianza ⇨ confiar en alguien No es posible trabajar sin el respeto y la confianza del jefe.	das Vertrauen ⇨ jdm. vertrauen E confidence F la confiance LAT confidentia Es ist nicht möglich, ohne den Respekt und das Vertrauen des Chefs zu arbeiten.
una creencia ⇨ creer ¿De qué país eres y cuál es tu creencia religiosa?	ein Glaube, eine Überzeugung ⇨ glauben Aus welchem Land kommst du und welches sind deine religiösen Überzeugungen?

la culpa ⇨ un / una culpable No es mi culpa, yo no he hecho nada.	die Schuld ⇨ ein Schuldiger, eine Schuldige Es ist nicht meine Schuld, ich habe nichts getan.
requerir (-ie- /-i-) algo	etw. erfordern
de inmediato	sofort, unverzüglich
un esfuerzo Este asunto requiere de inmediato un gran esfuerzo por nuestra parte.	eine Anstrengung Diese Angelegenheit erfordert unverzüglich eine große Anstrengung unsererseits.

Entrevista a Michelle Bachelet

acceder a algo ¿Cómo puedo acceder a mi correo electrónico?	Zugang zu etw. haben, ein Amt antreten Wie kann ich auf meine E-Mails zugreifen?
los ingresos Mis ingresos no son suficientes para comprar un coche.	das Einkommen Mein Einkommen reicht nicht aus, um ein Auto zu kaufen.
contribuir a algo Reciclando contribuyes a proteger el medio ambiente.	zu etw. beitragen Durch Recycling trägst du dazu bei, die Umwelt zu schützen.
avanzar (-c-) (con algo) ⇨ avanzado, -a No he avanzado nada con los deberes.	vorwärts gehen, mit etw. vorankommen ⇨ fortgeschritten Ich bin mit den Hausaufgaben überhaupt nicht voran gekommen.
bajar algo ≡ reducir algo ⇔ subir algo; aumentar algo El gobierno quiere bajar los impuestos.	etw. senken ≡ etw. reduzieren ⇔ etw. erhöhen Die Regierung will die Steuern senken.
a través de A través de Internet puedes acceder a ese curso.	über, durch Auf diesen Kurs kannst du per Internet zugreifen.
un resultado ¿Conoces ya el resultado de tu examen?	ein Ergebnis D ein Resultat Kennst du schon das Ergebnis deiner Prüfung?
a largo plazo Sé que a largo plazo no puedo seguir así.	langfristig Ich weiß, dass ich langfristig nicht so weitermachen kann.
determinado, -a Sólo puedes solicitar el nuevo pasaporte hasta una fecha determinada.	bestimmt, -e, -r, -s Den neuen Pass kannst du nur bis zu einem bestimmten Datum beatragen.
probablemente ≡ a lo mejor, quizás, tal vez No nos esperes; probablemente volvamos tarde.	wahrscheinlich ≡ vielleicht, vermutlich, möglicherweise E probably F probablement Warte nicht auf uns; wir kommen wahrscheinlich spät zurück.

Panorama literario

Ardiente paciencia

un poeta García Lorca es un poeta español del siglo XX.	ein Dichter E poet F un poète LAT poeta García Lorca ist ein spanischer Dichter des 20. Jahrhunderts.
soltar (-ue-) algo Durante la despedida la niña no soltaba la mano de su madre.	etw. loslassen Während des Abschieds ließ das Mädchen die Hand seiner Mutter nicht los.
acariciar algo / a alguien ¿Quieres acariciar a mi perro?	etw. / jdn. streicheln Willst du meinen Hund streicheln?
la barbilla ⇨ la barba El emperador Carlos V tenía una barbilla muy grande.	das Kinn ⇨ der Bart Kaiser Karl V hatte ein sehr großes Kinn.
aparte de ⇨ una parte Aparte de ti, no conozco a nadie aquí.	abgesehen von, außer ⇨ ein Teil Außer dir kenne ich niemanden hier.
una metáfora «Eres la luz de mi vida» es una metáfora.	eine Metapher „Du bist das Licht meines Lebens" ist eine Metapher.
un hombro Durante el partido recibí un golpe en el hombro.	eine Schulter Während des Spiels erhielt ich einen Schlag auf die Schulter.
suspirar Desde que está enamorado, siempre está suspirando.	seufzen F soupirer Seit er verliebt ist, seufzt er immer.
una teoría En el examen tuve que explicar una teoría de Einstein.	eine Theorie In der Prüfung musste ich eine Theorie von Einstein erklären.
volar (-ue-) No entiendo cómo pueden volar los aviones.	fliegen F voler Ich verstehe nicht, wie Flugzeuge fliegen können.
una letra ⇨ deletrear; la letra La letra Ñ sólo existe en español.	ein Buchstabe ⇨ buchstabieren; der Liedtext E letter F une lettre LAT littera Der Buchstabe Ñ existiert nur auf Spanisch.
concluir algo ≡ terminar algo; acabar El político concluyó el discurso con una metáfora.	etw. beenden, etw. vollenden ≡ etw. beenden; enden Der Politiker beendete die Rede mit einer Metapher
un cartero	ein Briefträger
disponerse a hacer algo Me disponía a salir de casa cuando llegó el cartero.	sich anschicken, etw. zu tun Ich schickte mich gerade an, das Haus zu verlassen, als der Briefträger kam.

un vuelo ⇨ volar (-ue-) Después de un vuelo de dos horas llegué a Madrid.	ein Flug ⇨ fliegen Nach einem zweistündigen Flug kam ich in Madrid an.
invisible Antes había una serie de televisión sobre un hombre invisible.	unsichtbar E / F invisible LAT invisibilis Früher gab es eine Fernsehserie über einen unsichtbaren Mann.
justamente Esto pasó justamente hace dos años.	eben, genau F justement Das passierte vor genau zwei Jahren.
un codo	ein Ellbogen F un coude
inventar algo ⇨ un invento ¿Quién inventó el teléfono?	etw. erfinden ⇨ eine Erfindung Wer erfand das Telefon.
un poema ⇨ un poeta	ein Gedicht ⇨ ein Dichter
un crítico, una crítica ⇨ criticar algo / a alguien; la crítica El crítico ha escrito una reseña muy interesante del libro.	ein Kritiker, eine Kritikerin ⇨ etw. / jdn. kritisieren; die (Literatur-, Film-)Kritik Der Kritiker hat eine sehr interessante Rezension des Buches geschrieben.
severo, -a Elisa no puede salir porque sus padres son muy severos.	streng F sévère Elisa darf nicht ausgehen, weil ihre Eltern sehr streng sind.
recitar algo ¿Quieres que te recite un poema?	etw. vortragen, etw. rezitieren Soll ich dir ein Gedicht vortragen?
una charla ≡ una conversación ⇨ charlar con alguien Después del examen tuve una charla con el profesor de Historia.	eine Plauderei, eine Unterhaltung ≡ eine Unterhaltung ⇨ sich mit jdm. unterhalten Nach der Prüfung hatte ich eine Unterhaltung mit dem Geschichtslehrer.
moverse (-ue-) ⇨ un movimiento Creíamos que el perro estaba muerto, pero de repente se movió.	sich bewegen ⇨ eine Bewegung E to move Wir dachten, dass der Hund tot ist, aber plötzlich bewegte er sich.
temblar (-ie-) Temblaba de frío.	zittern, beben Er/sie zitterte vor Kälte.

Diccionario

Alphabetisches Wörterverzeichnis

Das alphabetische Wörterverzeichnis enthält den gesamten Lernwortschatz von *Línea amarilla 1* bis *Línea amarilla 5*. Bei jedem Wort ist das erste Vorkommen angegeben. Nicht verzeichnet sind Wörter, die nicht zum Lernwortschatz gehören. Dies können erschließbare Vokabeln aus den Texten und Übungen oder Wörter aus den Annotationen unter den jeweiligen Texten, sofern sie nicht zum Lernwortschatz gehören.
Die Ziffern und Buchstaben hinter den Vokabeln geben den Ort an, an dem das Wort zu ersten Mal vorkommt.
Die mit < > gekennzeichneten Stellenangaben beziehen sich auf Lektionen in den Bänden 1–4, die nicht in allen Bundesländern verpflichtend sind.
Bei den Verben ist jeweils in Klammern angegeben, wenn sie von den regelmäßigen Formen abweichen. Mehr Informationen dazu findet ihr im Anhang des Grammatischen Beihefts.

Zeichen in den Stellenangaben	
I	*Línea amarilla* 1
II	*Línea amarilla* 2
III	*Línea amarilla* 3
IV	*Línea amarilla* 4
V	*Línea amarilla* 5
2B	Text der Unidad 2B
5	Text der Unidad 5
6, 3	Unidad 6, Übung 3
Estr.	Estrategia
PA	Panorama
PP	Primer paso
R	Recursos
TA	Taller
< >	fakultativ (nicht verpflichtend)

Kennzeichnungen der Verben	
c-qu	*c* wird zu *qu* (vor Endungen, die mit *e* beginnen)
g-j	*g* wird zu *j* (vor *o*)
g-gu	*g* wird zu *gu* (vor *e*)
gu-g	*gu* wird zu *g* (vor *a* und *o*)
-ie-	*e-ie*-Wechsel im Präsens
-ie- / -i-	wie -ie-, zusätzlich *i* statt *e* im *gerundio* sowie in der 3. Person des *pretérito indefinido*
-i- / -i-	*e-i*-Wechsel im Präsens sowie im *gerundio* und in der 3. Person des *pretérito indefinido*
-ío	*die betonten Endungen der Verben tragen im Präsens einen Akzent*
irr.	*irregular* (unregelmäßig)
-ue-	*o-ue-* bzw. *u-ue*-Wechsel im Präsens
-ue- / -u-	wie -ue-, zusätzlich *u* statt *o* im *gerundio* sowie in der 3. Pers. des *pretérito indefinido*
-üe-	*wie -ue-, aber ü statt u vor Endungen, die mit e beginnen*
-úo	die betonten Endungen der Verben tragen im Präsens einen Akzent
-y-	*i* wird zu *y* in der 1.–3. Pers. Sg. und 3. Pers. Plural von Indikativ und *subjuntivo* Präsens sowie *pretérito indefinido* und *imperfecto de subjuntivo*
z-c	*z* wird zu *c* (vor *e*)
-zco	*zco* statt *o* in der 1. Pers. Sg. Präsens

Español – Alemán

A

a I4A nach, (hin) zu
a *(+ Artikel + Zeitraum)* V1, R pro *(+ Zeitraum)*
a ver I2A (lass) mal sehen
a lo mejor I3B vielleicht
¿**A** qué hora? I4A Um wieviel Uhr?
a la derecha I4B, PP rechts
a la izquierda I4B, PP links
a su lado I7A neben ihm / ihr
a ti también I8B dir auch
a principios de *(+ Zeitraum)* II7, PP Anfang *(+ Zeitraum)*
a finales de los años… II7, PP Ende *(+ Zeitraum)*
a por III1 auf zu …
(estar) **a** salvo V7, PA in Sicherheit (sein)
abajo II3 hinunter
abandonado, -a V1, R verlassen, verfallen
abandonar algo / a alguien III4 etw. / jdn. verlassen, etw. aufgeben
un **abrazo** II1 eine Umarmung
abreviado, -a V7, PA abgekürzt
un **abrigo** I6, 10 ein (leichter) Mantel
abril *(m.)* I7B, PP April
abrir algo I3A etw. öffnen
no … en **absoluto** V2, PA überhaupt nicht
el **abuelo**, la **abuela** I3A, PP der Großvater, der Opa, die Großmutter, die Oma
los **abuelos** I3A, PP die Großeltern
aburrido, -a II6 langweilig
(estar) **aburrido, -a** II2, PP gelangweilt (sein)
aburrirse con algo III5 sich bei etw. langweilen
un **abuso** V5, R ein Missbrauch

acá II 9 dort *(lat.am.)*
acabar II 2 enden
acabar de hacer algo I 8A gerade etw. getan haben
acariciar algo / a alguien V 8, PA etw. / jdn. streicheln
acaso IV 7 vielleicht, möglicherweise, etwa
acceder a algo V 8, PA Zugang zu etw. haben, ein Amt antreten
un **accidente** II 1 ein Unfall
una **acción** V 5, PA eine Aktion, eine Handlung
una película de **acción** V 7, PP ein Actionfilm
un **acento** III 1 ein Akzent
aceptar algo <II 10> etw. akzeptieren
aceptar algo / a alguien V 2, R etw. / jdn. akzeptieren, etw. / jdn annehmen
acercarse (c-qu) a algo / alguien III 1 sich etw. / jdm. nähern
acomodado, -a V 6, R wohlhabend
acompañar a alguien V 1, PA jdn. begleiten
el aire **acondicionado** V 1, TA die Klimaanlage
un **acontecimiento** V 4, R ein Ereignis
acordarse (-ue-) de algo / alguien III 1 sich an etw. / jdn. erinnern
un **acordeón** IV 1 ein Akkordeon
acostarse (-ue-) I 6, PP ins Bett gehen, sich hinlegen
una **actividad** I 5A eine Tätigkeit, eine Beschäftigung
activo, -a III 5 aktiv
un **actor**, una **actriz** <I 9>; III 2 ein Schauspieler, eine Schauspielerin
actualmente II 8 zur Zeit, heutzutage
estar de **acuerdo** con algo / alguien V 2, R mit etw. / jdm. einverstanden sein, mit jdm. einer Meinung sein
acusar a alguién V 3, PA jdn. anklagen, jdn. beschuldigen
adecuado, -a III 5 passend
más **adelante** V 2, PA später
además I 4A, PP außerdem
adentro II 3 hinein
Adiós. I 2A Auf Wiedersehen.
adjunto, -a II 8 angehängt, beigefügt
un / una **adolescente** V 7, PA ein Jugendlicher, eine Jugendliche; ein Teenager, eine Teenagerin
¿adónde? I 4A, PP wohin?
un **adulto**, una **adulta** IV 4 ein Erwachsener, eine Erwachsene
advertir (-ie-/-i-) que IV 6 darauf hinweisen, dass
un **aeropuerto** I 8A, PP ein Flughafen
afectar a algo / alguien IV 6, PP sich auf etw. / jdn. auswirken, etw. / jdn. betreffen
una **afición** III 5 ein Hobby
aficionado, -a IV 4 Hobby-, -liebhaber
África *(f.)* III 4, PP Afrika
agosto *(m.)* I 7B, PP August
(estar) **agotado, -a** <I 9>; II 1 erschöpft (sein)
agradable V 5, TA angenehm, freundlich
la **agricultura** II 8, PP die Landwirtschaft
agridulce V 7, R bittersüß
el **agua** *(f.)* I 7A, 7 das Wasser
el **agua** *(f.)* potable III 8, 4 das Trinkwasser
un **aguacate** I 2B eine Avocado
ahí I 4B da, dort
ahora I 3A jetzt
ahora mismo I 5B jetzt gleich, jetzt sofort
los **ahorros** IV 3 die Ersparnisse

el **aire** IV 6, PP die Luft
el **aire** acondicionado V 1, TA die Klimaanlage
aislar (aíslo) algo / a alguien V 4, PA etw. / jdn. isolieren
al lado de I 4E, PP neben
al centro II 3 in die Mitte
al final II 2 schließlich, letztendlich
al menos II 6 wenigstens
al máximo V 1, R so viel wie möglich
un **albergue** juvenil II 1, PP eine Jugendherberge
alcanzar (z-c) algo V 4, PA etw. erreichen
el **alcohol** III 5 der Alkohol
el **alcoholismo** V 2, PP die Alkoholabhängigkeit
alegrarse de (+ *inf.* / *sust.)* II 2, PP sich freuen über / auf
alegre III 5 fröhlich
la **alegría** III 6 die Freude
el **alemán** I 2A Deutsch, die deutsche Sprache
un **alemán**, una **alemana** I 2B, PP ein Deutscher, eine Deutsche
alemán, alemana I 8A deutsche, -r, -s
Alemania *(f.)* I 3B Deutschland
una **alergia** V 4, R eine Allergie
una **alfombra** IV 1, 5 ein Teppich
algo I 3A etwas
¿Algo más? I 7A, PP Noch etwas?
alguien II 4 jemand
algún, alguno, -a II 6 irgendeine, -r, -s
los **alimentos** IV 5, PP die Lebensmittel
allí I 4A dort
el **alma** *(f.)* III 8, 1 die Seele
unos grandes **almacenes** V 2, PA ein Kaufhaus
una **almohada** IV 1, 5 ein Kopfkissen
el **almuerzo** IV 1 das Mittagessen
los **Alonso** I 8B die Alonsos
alquilar algo a alguien III 3 etw. mieten; jdm. etw. vermieten
el **alquiler** IV 1 die Miete
la clase **alta** V 7, R die Oberschicht
un **altiplano** III 8, 1 eine Hochebene
la **altitud** III 8, 2 die Höhe
alto, -a I 4B hoch, groß
III 5 laut
la **altura** V 4, PA die Höhe
alucinante V 7, R irre, klasse
aludir a algo V 4, TA auf etw. anspielen
un **alumno**, una **alumna** I 5B ein Schüler, eine Schülerin
una **alusión** V 4, TA eine Anspielung
un **ama** *(f.)* de casa III 1, PP eine Hausfrau
amable I 4B nett
amarillo, -a I 6, 10 gelb
ambicioso, -a III 5, PP ehrgeizig
el **ambiente** II 6 das Ambiente, die Stimmung
el medio **ambiente** IV 6, PP die Umwelt
ambos, -as V 1, PA beide
una **amenaza** V 2, R eine Drohung, eine Bedrohung
América *(f.)* III 4, PP Amerika
americano, -a V 4, R amerikanisch
un **amigo**, una **amiga** I 2A ein Freund, eine Freundin
hacer *(irr.)* **amigos** V 2, R Freunde finden, Freundschaft schließen
la **amistad** IV 7 die Freundschaft
el **amor** V 1, PA die Liebe
una película de **amor** V 7, PP ein Liebesfilm

añadir algo V 1, PA etw. hinzufügen
analizar (z-c) algo V 7, R etw. untersuchen, etw. analysieren
un / una **anarquista** V 3, R ein Anarchist, eine Anarchistin
un **anciano**, una **anciana** III 1, PP ein Senior, ein alter Mann; eine Seniorin, eine alte Frau
Anda. I 4A Ach, komm. *(Ausruf)*
Andalucía *(f.)* III 3 Andalusien
un **andaluz**, una **andaluza** II 1 ein Andalusier, eine Andalusierin
andar *(irr.)* IV 7 (zu Fuß) gehen; sein
una **anécdota** <IV 9> eine Anekdote
un **ángel** <I 9, PP> ein Engel
(estar) **animado, -a** II 2, PP lebhaft, fröhlich (sein)
los dibujos **animados** V 7, PP ein Zeichentrickfilm
un **animal** I 2B, PP ein Tier
una especie **animal** IV 6 eine Tierart
¡ánimo! III 1 nur Mut!
un **año** I 8A ein Jahr
tener *(irr.)* … **años** I 8A … Jahre alt sein
una estación del **año** II 9, 9 eine Jahreszeit
cumplir … **años** II 8 … Jahre alt werden
anoche IV 1 gestern Abend
anterior V 3, R vorherig
antes II 4 vorher
antes de (+ *inf.)* II 4 bevor
antes III 1 früher
antiguo, -a I 7A alt (bei Sachen) *(delante del sust.)* III 2, 10 früher, -e, -s
una crema **antimosquitos** III 8, 2 eine Mückenschutzcreme
un **anuncio** I 5B eine Ankündigung
apagar (g-gu) algo III 1 etw. ausschalten
un **aparato** III 1 ein Apparat, ein Gerät
aparecer (-zco) IV 7 Estr erscheinen, auftauchen
aparentemente IV 6 scheinbar, anscheinend
la **aparición** <I 9, PP> der Auftritt
la **apariencia** V 5, TA das Aussehen, das Äußere
un **apartamento** *(lat. am.)* IV 1 eine Wohnung
un **apartamento** compartido IV 1 eine Wohngemeinschaft
aparte de V 8, PA abgesehen von, außer
un **apellido** <IV 9> ein Nachname, ein Familienname
apenas V 4, R kaum
aplaudir <I 9> applaudieren, klatschen
apostar (-ue-) (algo) a que IV 2 auf etw. wetten, darauf wetten, dass
apoyar algo / a alguien V 3, TA etw. unterstützen
el **apoyo** V 3, TA die Unterstützung
Apreciado, -a … V 2, TA Sehr geehrte, -r …
apreciar algo / a alguien IV 7 etw. / jdn. schätzen
aprender algo I 3A etw. lernen
la **aprobación** V 3, R die Billigung, die Verabschiedung (eines Gesetzes)
aprovechar algo V 4, R etw. (aus-)nutzen, von etw. profitieren
aproximadamente V 1, PP ungefähr
apuntar (hacia) algo / alguien IV 8 (auf) etw. / jdn. zeigen
apuntarse a algo V 1, R sich zu etw. anmelden
aquel, aquella, aquellos, -as *(adj.)* I 7A jene, -r, -s

aquél, aquélla, aquello, aquéllos, -as (*pron.*) I7A jene, -r, -s
aquí I3A hier
árabe III4, PP arabisch
un **árbol** <IV9, PP> ein Baum
un **archivo** II8 eine Datei
arder IV2 brennen
Argelia (*f.*) IV3 Algerien
Argentina (*f.*) II7 Argentinien
argentino, -a II7 argentinisch
un **argentino**, una **argentina** II7 ein Argentinier, eine Argentinierin
el **argumento** (de una obra literaria o una película) V7, PP die Handlung (eines literarischen Werkes oder eines Films)
un **arma** (*f.*) V4, PA eine Waffe
tomar las **armas** V4, PA zu den Waffen greifen
un **armario** I6 ein (Kleider)Schrank
un **arquitecto**, una **arquitecta** II4, PP ein Architekt, eine Architektin
arreglar algo IV5 etw. reparieren
arrepentirse (-ie-/-i-) de algo IV5 etw. bereuen
arriba II3 hoch, hinauf
el **arte** IV1 die Kunst
la **artesanía** III8, 1 das Kunsthandwerk, die Handwerksarbeit
un **artículo** II9, PP ein (Zeitungs)Artikel
un / una **artista** V3, R ein Künstler, eine Künstlerin
artístico, -a V1, PA künstlerisch
un **ascensor** V1, TA ein Aufzug
el **asco** IV2, PP der Ekel
dar (*irr.*) **asco** a alguien IV2, PP jdn. abstoßen, sich ekeln vor
asegurar(le) algo a alguien V1, R jdm. etw. versichern
asesinar a alguien III6 jdn. ermorden
así I5A so, auf diese Weise
II1 solche, -r, -s
Asia (*f.*) III4, PP Asien
un **asiento** IV5 ein Sitz, ein Platz (*im Zug, Bus…*)
una **asignatura** I5A ein Unterrichtsfach
una **asociación** III6 eine Vereinigung, ein Verein
(estar) **asombrado, -a** II2, PP erschrocken (sein), erstaunt (sein)
el **aspecto** III2 das Aussehen, das Äußere
pasar la **aspiradora** I8A, 6 staubsaugen
asumir algo V8, PA etw. übernehmen, etw. auf sich nehmen
un **asunto** III2 ein Sachverhalt, eine Angelegenheit, ein Betreff (*im Brief*)
llamar la **atención** a alguien III4 jdm. auffallen
un **atentado** V6, R ein Attentat, ein Anschlag
atento, -a III1 aufmerksam
una **atmósfera** V3, R eine Atmosphäre, eine Stimmung
atractivo, -a V2, R hübsch, attraktiv
hacia **atrás** V5, PA rückwärts
atrevido, -a V6, PA kühn, gewagt
un **aula** III1 ein Klassenzimmer
aumentar algo V4, PA etw. erhöhen
aumentar V7, PA steigen
un **aumento** V5, PA eine Erhöhung, ein Anstieg
aun V6, R selbst, sogar
aún V2, PA noch
aunque III4 obwohl
(*+ subj.*) V1, R auch wenn
un **autobús** II5, PP ein (Auto)Bus
la **autodeterminación** V3, PP die Selbstbestimmung
una comunidad **autónoma** II1, 11 eine autonome Region (*entspricht etwa:* Bundesland)
una **autopista** II5, PP eine Autobahn
autorizar (z-c) algo a alguien IV5 jdm. etw. gestatten, jdm. etw. erlauben
avanzar (z-c) (en algo) V8, PA vorwärtsgehen, (mit etw.) vorankommen
un **avatar** III2 ein Avatar
una **avenida** (*abrev.* avda.) I3B, PP eine Allee
una **aventura** IV6 ein Abenteuer
aventurero, -a III5 abenteuerlustig
estar (*irr.*) **avergonzado, -a** IV2 beschämt sein, sich schämen
avergonzarse (-üe-/z-c) de algo IV2 sich schämen
un **avión** II1, PP ein Flugzeug
ir (*irr.*) en **avión** II1, PP fliegen
avisar a alguien de algo IV2 jdn. über etw. informieren, jdn. von etw. benachrichtigen; jdm. Bescheid sagen
ayer II7 gestern
la **ayuda** I2A die Hilfe
ayudar a alguien (*Akk.*) (a hacer algo) I5B jdm. helfen (etw. zu tun)
azteca V4, R aztekisch, Azteken-
el **azúcar** I7A, 7 der Zucker
azul I6, 10 blau

B

bailar I7B tanzen
un **baile** III7, PP ein Tanz, ein Ball
bajar algo V4, PA etw. hinuntergehen
V8, PA etw. senken
bajar(se) de algo II4, 12 aus etw. aussteigen
bajarse algo (de Internet) V7, R etw. (aus dem Internet) herunterladen
bajo, -a I4B niedrig
I5B, PP klein
el **baloncesto** I5B Basketball
un **banco** I4B, PP eine Bank
el **Banco** de España III1, PP die spanische Nationalbank
una **bandera** V3, PP eine Fahne
un **banquete** III7, PP ein Festessen
un **banquillo** II4 eine (Spieler)Bank (*Fußball*)
un **bar** I3A eine Bar, eine Kneipe
barato, -a I7A, PP billig
una **barba** III4 ein Bart
la **barbilla** V8, PA das Kinn
el **Barça** II4 FC Barcelona *Fußballclub von Barcelona*
un **barcelonés**, una **barcelonesa** II4, PP ein Einwohner / eine Einwohnerin von Barcelona
un **barco** II7 ein Schiff
una **barra** III1, PP eine Stange
una **barra** de pan III1, PP eine Baguette
la **barriga** IV2, 12 der Bauch
un **barrio** I4B, PP ein Stadtviertel
estar **basado, -a** en algo V7, R auf etw. basieren
una **base** de datos V2, PA eine Datenbank
¡Ya **basta**! I3A Es reicht jetzt!
bastante I4B ziemlich
tirar la **basura** I8A, 6 den Abfall wegwerfen
un camión de la **basura** II2 ein Müllfahrzeug
una **batalla** V3, R eine Schlacht
un **bautizo** III7, PP eine Taufe
un **bebé** II7, PP ein Baby
beber algo <I9>; II3 etw. trinken
una **bebida** I2A ein Getränk
una máquina de **bebidas** II5 ein Getränkeautomat
un **beduino**, una **beduina** <I9, PP> ein Beduine, eine Beduinin
la **belleza** III8, 1 die Schönheit
besar a alguien <IV9> jdn. küssen
un **beso** I5A ein Kuss (*auch Grußformel*)
una **biblioteca** I4A, PP eine Bibliothek, eine Bücherei
una **bicicleta** II1, PP ein Fahrrad
ir (*irr.*) en **bicicleta** II1, PP mit dem Fahrrad fahren
bien (*adv.*) I2A gut (*adv.*)
está **bien** I7A Ist gut. / In Ordnung.
estar (*irr.*) **bien** II7 (jdm.) gut gehen
bienvenido, -a II6 willkommen
un **billete** II5 eine Fahrkarte
un **billete** de avión I8A, PP ein Flugticket
un **billete** de lotería III1, PP ein Lotterielos
un **billete** III8, 2 ein Geldschein
blanco, -a I6 weiß
una **blusa** I6, 10 eine Bluse
la **boca** IV1 der Mund
un **bocadillo** I3A ein belegtes Brötchen
una **boda** II7, PP eine Hochzeit
Bolivia (*f.*) IV2 Bolivien
una **bolsa** I8B eine Tüte, ein Beutel
bonito, -a I4B hübsch, schön
un **bosque** III8, 1 ein Wald
una **botella** III8, 2 eine Flasche
bravo <I9> Bravo!
un **brazo** IV2, 12 ein Arm
un **brindis** (por) II3 ein Trinkspruch (auf)
una **broma** III2 ein Scherz
echar una **bronca** a alguien II5 jdn. zurechtweisen, mit jdm. schimpfen
bueno I2A na ja, na gut
bueno, -a I7A gut
Buenos días. I3B Guten Tag.
Buenas noches. I3B, 4 Guten Abend. Gute Nacht.
Buenas tardes. I3B, 4 Guten Tag. (*nachmittags*)
bueno, -a III1 brav; gutmütig
una **bufanda** I6, 10 ein Schal
hacer (*irr.*) **burla** de alguien IV2 sich über jdn. lustig machen, jdn. verspotten
un **burro** IV2, PP ein Esel
buscar (c-qu) algo / a alguien I2A etw. / jdn. suchen
venir (*irr.*) a **buscar** algo / a alguien II5 jmd. / etw. abholen
una **búsqueda** II8 eine Suche

C

un **caballo** <I9, PP>; II1 ein Pferd
montar a **caballo** II1 reiten
caber (*irr.*) en algo III1 in etw. (hinein)passen
la **cabeza** II5 der Kopf
romperse la **cabeza** III1 sich den Kopf zerbrechen

negar (-ie-; g-gu) con la **cabeza** V3, PA den Kopf schütteln
pasar por la **cabeza** a alguien V2, PA jdm. durch den Kopf gehen, jdm. einfallen
cada vez más *(+ adj./sust.)* III1 immer *(+ Steigerungsform des Adj.)*, immer mehr *(+ sust.)*
una **cadena** II9, PP ein Sender
caerse *(irr.)* II1 fallen
caer *(irr.)* bien a alguien V2, R jdn. sympathisch sein, jdn. leiden können
caer *(irr.)* enfermo, -a I7 krank werden
un **café** III3 ein Kaffee
una **caja** IV5 eine Kiste, ein Karton
los **calamares** I4A *panierte Tintenfischringe*
los **calcetines** I6,10 die Socken
la **calefacción** V1, TA die Heizung
un **calendario** V5, PP ein Kalender
el **calentamiento** IV6 die Erwärmung
de **calidad** IV6 Qualitäts-
cálido, -a III8,1 warm, heiß
caliente V4, PA warm, heiß
California *(f.)* III7 Kalifornien
callarse IV2 schweigen, still sein
una **calle** I3B, PP eine Straße
un niño de la **calle** III6 ein Straßenkind
el **calor** II1 die Hitze, die Wärme
una **cama** I6 ein Bett
una **cámara** IV8 eine Kammer *(Teil des Parlaments)*
una **cámara** de fotos III8,2 ein Fotoapparat
un **camarero**, una **camarera** II3, PP ein Kellner, eine Kellnerin
cambiar algo I8A etw. (ver)ändern
cambiar IV6 sich verändern
cambiar de línea II4,12 umsteigen
cambiarse de tren II4,12 umsteigen
cambiarse <I9> sich umziehen
el **cambio** III8,2 das Wechselgeld
un **cambio** V3, R eine Änderung
el **cambio** climático IV6, PP der Klimawandel
en **cambio** IV3 hingegen
caminar II1, PP wandern
un **camino** I4B ein Weg
un **camión** II2 ein Lastwagen, ein LKW
un **camión** de la basura II2 ein Müllfahrzeug
una **camisa** I6 ein Hemd, eine Bluse
una **camiseta** I6,10 ein T-Shirt
una tienda de **campaña** II1, PP ein Zelt
una **campaña** publicitaria V7, PA eine Werbekampagne
un **campesino**, una **campesina** <I9, PP> ein Bauer, eine Bäuerin *(in Lateinamerika)* V5, R ein Kleinbauer, eine Kleinbäuerin
el **campo** II1, PP das Land, die ländliche Gegend
un **campo** IV3, PP ein Feld
el **campo** IV5, PP das Feld
un **campo** de refugiados IV3 ein Flüchtlingslager
un **campo** de fútbol I4 ein Fußballfeld
un **canal** V7, PA ein Fernsehprogramm
las **Islas Canarias** IV7 die Kanarischen Inseln
un **canario** <IV9> ein Kanarienvogel
una **canción** I2A ein Lied
una **canción** popular V5, R ein Volkslied

un **candidato**, una **candidata** V2, TA ein Bewerber, eine Bewerberin
(estar) **cansado, -a** I6 müde (sein)
cansarse V1, PA müde werden
un / una **cantante** IV4, PP ein Sänger, eine Sängerin
cantar algo IV4, PP etw. singen
una **cantidad** V1, PP eine Anzahl V4, R eine Menge
el **canto** <IV9> der Gesang
caótico, -a IV1 chaotisch
(ser) **capaz** *(pl.* **capaces***)* de algo IV4 fähig (sein) zu etw.
la **capital** II8, PP die Hauptstadt
la **cara** III1 das Gesicht
una expresión de la **cara** V5, TA ein Gesichtsausdruck
el **carácter** IV1 der Charakter
tener *(irr.)* buen / mal **carácter** IV1 freundlich / unfreundlich sein
una **cárcel** III6 ein Gefängnis
el **Caribe** IV5, PP die Karibik
la **carne** I7A das Fleisch
un **carné** IV5 ein Ausweis
caro, -a II3 teuer
una **carrera** II8 eine Laufbahn, eine Studienrichtung
una **carretera** II5, PP eine Straße, eine Landstraße
una **carta** II3, PP eine Speisekarte II7 ein Brief
un **cartel** III2 ein Plakat
una **cartera** I3A,10 eine Schultasche, ein Schulranzen
un **cartero** V8, PA ein Briefträger
una **casa** I4A ein Haus
en **casa** I4A zu Hause
ir a **casa** de alguien I4A zu jdm. nach Hause gehen
(estar) **casado, -a** III1, PP verheiratet (sein)
casarse con alguien II7, PP jdn. heiraten
casi I5A fast, beinahe
un **caso** IV5 ein Fall
en este **caso** IV5 in diesem Fall
hacer *(irr.)* **caso** a alguien V7, R auf jdn. hören
(el) **castellano** II4, PP Spanisch *(Sprache)* V3, R kastilisch; die spanische Sprache
castigar (g-gu) a alguien IV7, PP jdn. bestrafen IV7 jdn. plagen, jdn. prüfen
un **castillo** III4, PP eine Burg
un **casting** III2 ein Casting
casualmente V7, R zufälligerweise
(el) **catalán** II4, PP Katalanisch *(Sprache)*
Cataluña *(f.)* II4 Katalonien
una **catarata** II8, PP ein Wasserfall
una **catedral** III4, PP eine Kathedrale, ein Dom
católico, -a V3, R katholisch
los Reyes **Católicos** III4 die Katholischen Könige
catorce I3B, PP vierzehn
causar algo III8,4 etw. verursachen
una **cazadora** I6,10 eine Jacke
un **cedé** I2A eine CD
celebrar algo I7A etw. feiern
celebrar IV8, PP (Wahlen etc.) abhalten
una **cena** II6 ein Abendessen
cenar I4A zu Abend essen

centenares *(m. pl.)* de V4, R Hunderte von
un **centenario** V5, PA eine Hundertjahrfeier
un **céntimo** I7A, PP ein Cent
un **centollo** II3 eine Meeresspinne *(Delikatesse)*
central V5, R zentral, wesentlich
el **centro** I4A das Zentrum IV7Estr die Bildmitte
Centroamérica *(f.)* III8,4 Mittelamerika
un **cepillo** de dientes II6 eine Zahnbürste
(estar) **cerca** (de) I4B, PP in der Nähe (von), bei … (sein)
un **cerdo** IV2, PP ein Schwein
cero I3B, PP null
cerrar (-ie-) algo II2 etw. schließen
un **certificado** de nacimiento V6, PA eine Geburtsurkunde
una **charcutería** I4B, PP eine Metzgerei
una **charla** V8, PA eine Plauderei, eine Unterhaltung
charlar con alguien V3, PA mit jdm. reden, sich mit jdm. unterhalten
chatear con alguien II9 mit jdm. chatten
un **chaval**, una **chavala** III2 ein Junge, ein Bursche, eine junge Frau
un **chico**, una **chica** I1 ein Junge / ein Mädchen
mi **chico**, mi **chica** III5 mein (fester) Freund, meine (feste) Freundin
el **chile** I7A der Chili
un **chileno**, una **chilena** IV1 ein Chilene, eine Chilenin
un **chiste** V4, TA ein Witz
el **chocolate** I7A die Schokolade
una **churrería** III1, PP ein Café *(in dem Churros, eine Gebäckspezialität, verkauft werden)*
un **churro** III3 *frittiertes Spritzgebäck*
ciego, -a III1, PP blind
el **cielo** <IV9, PP> der Himmel
cien / ciento I3B, PP hundert
la **ciencia** ficción V7, PP die Science-Fiction
(las) **ciencias** de la naturaleza I5A, PP Naturwissenschaften *(Schulfach)*
ciento diez II5, PP hundertzehn
ciento uno II5, PP hunderteins
cierto IV1 richtig, genau
por **cierto** I5A übrigens, apropos
una **cifra** V1, PP eine Zahl, eine Ziffer
cinco I3B, PP fünf
cincuenta I3B, PP fünfzig
un **cine** I4A, PP ein Kino
una **circulación** V4, PA ein Kreislauf, eine Zirkulation
circular V4, R zirkulieren, sich bewegen
una **cita** V5, PA ein Termin, ein Treffen
una **ciudad** I4B eine Stadt
tomar una **ciudad** V5, R eine Stadt einnehmen
una guerra **civil** V5, R ein Bürgerkrieg
los derechos **civiles** V8, PA die Bürgerrechte
claro I2A klar, natürlich
(azul, verde, …) **claro** IV7Estr hell(blau, -grün, …)
una **clase** I5A eine Unterrichtsstunde, (der) Unterricht, eine Klasse V3, R eine (gesellschaftliche) Klasse, eine Schicht
la clase **alta** V7, R die Oberschicht
la clase **media** V8, PA die Mittelschicht

clásico, -a IV4 klassisch
el **clima** III8,1 das Klima
el cambio **climático** IV6, PP der Klimawandel
un **club** III7 ein Klub, ein Verein
un / una **cobardica** II5 ein Feigling
cobrar algo a alguien III1, PP jdm. etw. berechnen, von jdm. etw. verlangen
¿Me **cobras**? III1, PP Zahlen, bitte!
un **coche** II1, PP ein Auto
ir (*irr.*) en **coche** II1, PP mit dem Auto fahren
una **cocina** I4A eine Küche
IV1,5 ein Herd
cocinar algo IV1 etw. kochen
un **codo** V8, PA ein Ellbogen
coger (g-j) algo IV2 nehmen, festhalten
una **cola** IV5, PP eine (Warte-)Schlange
colaborar en algo / con alguien V1, R bei etw. mitarbeiten, mit jdm. zusammenarbeiten
un / una **colega** *(col.)* III2 ein Kumpel, ein Freund, eine Freundin
un **colegio** I4B, PP eine Grundschule
III1 eine Schule
colgar (-ue-; g-gu) II5 auflegen *(Telefon)*
Colombia *(f.)* II1 Kolumbien
un **colombiano**, una **colombiana** I5B ein Kolumbianer, eine Kolumbianerin
Cristóbal **Colón** II4 Christoph Kolumbus
una **colonia** II1, PP ein Ferienlager, eine Jugendfreizeit
colonial III8,1 Kolonial-, aus der Kolonialzeit
un **color** I6 eine Farbe
una **coma** IV5,10 ein Komma
combinar algo con algo V7, R etw. mit etw. kombinieren
una **comedia** V7, PP eine Komödie
un **comedor** I4A,5 ein Esszimmer
comentar algo III6 etw. mitteilen, etw. sagen
un **comentario** V7, R ein Kommentar
comenzar (-ie-; z-c) algo III1, PP etw. anfangen, etw. beginnen
comer algo I3A etw. essen
comercial V7, R kommerziell
un **cómic** II9 ein Comic
la **comida** I8A,6 das Essen
preparar la **comida** I8A,6 das Essen zubereiten
el **comienzo** II2 der Anfang, der Beginn
como I5B wie
como Dios manda II6 ordentlich, wie es sich gehört
¿cómo? I1, PP wie?
como *(Konj.)* III1 da, weil
un **compañero**, una **compañera** (de clase) I5B ein Klassenkamerad / Mitschüler, eine Klassenkameradin / Mitschülerin
un **compañero**, una **compañera** IV5 ein Genosse, eine Genossin
la **compañía** IV4 die Gesellschaft, die Begleitung
una **comparación** V5, PA ein Vergleich
comparar algo con algo V3, R etw. mit etw. vergleichen
un piso / un apartamento **compartido** IV1 eine Wohngemeinschaft
compartir algo (con alguien) I8A etw. (mit jdm.) teilen
los **compatriotas** V3, PA die Landsleute
(estar) **completo, -a** <IV9> vollständig (sein)
complicado, -a III1 kompliziert
el **comportamiento** V1, PA das Verhalten
hacer *(irr.)* la **compra** I7A einkaufen *(Lebensmittel)*
comprar algo I2A, PP etw. kaufen
comprender algo / a alguien I3A etw. / jdn. verstehen
comprensivo, -a III5, PP verständnisvoll
comprobar (-ue-) algo V2, TA etw. überprüfen, etw. beweisen
un **compromiso** V8, PA eine Verpflichtung
comunicarse (c-qu) con alguien V3, PA mit jdm. kommunizieren, sich mit jdm. verständigen
comunicativo, -a III5, PP kontaktfreudig
una **comunidad** V4, PA eine Gemeinschaft
una **comunidad** autónoma II1,11 eine autonome Region (*entspricht etwa:* Bundesland)
la **Comunidad** de Madrid III1 Madrid *(als autonome Region)*
la Primera **Comunión** II4 die Erste Heilige Kommunion, die Erstkommunion
con I2A mit
la **conciencia** V2, R das Bewusstsein, das Gewissen
a **conciencia** V2, R absichtlich
un **concierto** I4A, PP ein Konzert
concluir (-y-) algo V8, PA etw. beenden, etw. vollenden
un **concurso** V7, PA ein Wettbewerb, ein Quiz
una **condición** IV4 eine Bedingung
sin **condiciones** IV4 bedingungslos, uneingeschränkt
las **condiciones** de vida V5, R die Lebensumstände, die Lebensbedingungen
conducir (-zco) a algo V7, PA zu etw. führen
la **confianza** V8, PA das Vertrauen
confiar (-ío) en alguien III5 jdm. vertrauen
confirmar algo V1, TA etw. bestätigen
un **conflicto** V3, PA ein Konflikt
el **Congreso** de los Diputados IV8 das Abgeordnetenhaus
conocer (-zco) algo / a alguien I8A, PP etw. / jdn. kennen, kennenlernen
conocido, -a I5A bekannt
un **conocido**, una **conocida** IV3 ein Bekannter, eine Bekannte
la **conquista** IV7, PP die Eroberung
un **conquistador** IV7, PP ein Eroberer
conquistar algo V5, R etw. erobern
una **consecuencia** V4, R eine Folge, eine Konsequenz
en **consecuencia** V4, R folglich
conseguir (-i-/-i-; gu-g) algo III6 etw. erreichen, etw. schaffen
un **consejo** III8,2 ein Rat, ein Tipp
conservador, -ora V3, R konservativ
considerar a alguien algo V3, PP jdn. als etwas betrachten, jdn. für etw. halten
consistir en algo / en que V3, TA in etw. bestehen, darin bestehen, dass
constante III5, PP zielstrebig
la **Constitución** IV8, PP die Verfassung
constituir (-y-) algo V4, PA etw. bilden
construir (-y-) algo V5, PP etw. bauen
consumir algo IV6 etw. verbrauchen
el **consumo** IV6 der Verbrauch
un **contacto** III5 ein Kontakt
la **contaminación** III8,4 die Umweltverschmutzung
contaminado, -a III8,4 verschmutzt *(Umwelt)*
contaminante V4, PA umweltschädlich
contar (-ue-) algo a alguien I5B jdm. (vor) etw. erzählen
(estar) **contento, -a** I6 froh, fröhlich, zufrieden (sein)
contestar algo a alguien I2A jdm. etw. antworten
un **continente** II8, PP ein Kontinent
a **continuación** V7, PA im Folgenden
continuar (-úo) con algo V5, R mit etw. fortfahren, mit etw. weitermachen
continuo, -a V8, PA ständig, anhaltend
todo lo **contrario** IV4 ganz im Gegenteil
contratar a alguien V2, PA jdn. einstellen
un **contrato** IV3, PP ein Vertrag
contribuir (-y-) a algo V8, PA zu etw. beitragen
convencer (c-z) a alguien (de algo) IV7 jdn. (von etw.) überzeugen
una **conversación** I2A ein Gespräch
convertirse (-ie-/-i-) en IV8, PP werden zu, sich verwandeln in
la **convivencia** V1, PA das Zusammenleben
el **corazón** IV4 das Herz
una **cordillera** II8, PP eine Gebirgskette, ein Gebirgszug
un **correo** electrónico I3B eine E-Mail
correr II5 rennen, laufen
cortar algo III2 etw. (ab-)schneiden
una **cortina** II2 ein Vorhang
corto, -a I5B, PP kurz
un **corto** III3 ein Kurzfilm
un **cortometraje** V7, PP ein Kurzfilm
una **cosa** I4B eine Sache, ein Ding
la **cosecha** IV5, PP die Ernte
la **costa** I1 die Küste
la **Costa** Brava I1 die Costa Brava
costar (-ue-) I7A, PP kosten
¿Cuánto **cuesta**? I7A, PP Wie viel kostet das?
costar (-ue-) mucho a alguien IV4 jdm. schwerfallen
cotidiano, -a V4, R täglich, alltäglich
una **creación** IV1 eine Schöpfung, eine Erschaffung
crear algo III2 etw. erschaffen
crecer (-zco) II8 heranwachsen, aufwachsen
una tarjeta de **crédito** V1, TA eine Kreditkarte
una **creencia** V8, PA ein Glaube, eine Überzeugung
creer algo I7A etw. glauben, etw. meinen
creer que… I7B glauben / meinen, dass…
una **crema** III8,2 eine Creme
una **crema** antimosquitos III8,2 eine Mückenschutzcreme
la **criminalidad** III8,4 die Kriminalität
una **crisis** (*pl.* las crisis) V2, PA eine Krise
cristiano, -a III4, PP christlich
Cristóbal Colón II4 Christoph Kolumbus
la **crítica** V7, R die (Literatur-, Film-)Kritik
criticar (c-qu) algo / a alguien IV4 etw. / jdn. kritisieren
un **crítico**, una **crítica** V8, PA ein Kritiker, eine Kritikerin
cruel V7, PA grausam
una **cruz** IV7, PP ein Kreuz
cruzar (z-c) algo I4B, PP etw. überqueren
un **cuaderno** I3A,10 ein Heft
un metro **cuadrado** IV1 ein Quadratmeter
un **cuadro** II4 ein Gemälde
lo **cual** V4, R (das), was

¿**cuál**? I4, PP welche, -r, -s?
cualquier V6, R irgendein, -e, -r, -s
cuando I6 als
I7B (dann) wenn
de vez en **cuando** III5 ab und zu, manchmal
¿**cuándo**? I5A wann?
cuánto, -os, cuánta, -as I7A, PP wie viel?, wie viele?
cuanto más / menos *(+ adj. / sust. / verbo)* …, mejor IV6 je mehr / weniger … desto …
cuarenta I3B, PP vierzig
un **cuarto** I6 ein Zimmer
un **cuarto** de baño I4A, 5 ein Badezimmer
un **cuarto** III5, 7 ein Viertel
cuarto, -a II2 vierte, -r, -s
cuatro I3B, PP vier
cuatrocientos, -as II5, PP vierhundert
Cuba *(f.)* IV5, PP Kuba
un **cubano**, una **cubana** IV5, PP ein Kubaner, eine Kubanerin
un **cuenco** II3 eine kleine Schüssel, ein Schälchen
por *(+ Poss.pron.)* **cuenta** II9 auf eigene Faust
a final de **cuentas** V5, PA letztendlich
un **cuerpo** IV7 ein Körper
el **cuidado** I8B die Vorsicht
¡Ten **cuidado**! I8B Vorsicht!
cuidar a alguien III1, PP sich um jdn. kümmern
la **culpa** V8, PA die Schuld
un / una **culpable** V8, PA ein Schuldiger, eine Schuldige
una **cultura** III4, PP eine Kultur
cultural III8, 4 kulturell
una **cumbre** V5, PA ein Gipfel, ein Gipfeltreffen
el **cumpleaños** I6 der Geburtstag
cumplir … años II8 … Jahre alt werden
cumplirse V3, PA sich erfüllen
curioso, -a III3 neugierig
un **currículum** vitae (CV) V2, TA ein Lebenslauf
cuyo, -a V6, R dessen, deren

D

dañar algo / a alguien V2, PP etw. / jdn. schädigen
el **daño** V2, PP der Schaden, die Schädigung
dar(le) *(irr.)* algo a alguien I8A jdm. etw. geben
dar *(irr.)* I8A geben, bereiten
dar *(irr.)* trabajo I8A Arbeit machen
dar *(irr.)* igual V2, PA das ist mir egal
darse *(irr.)* cuenta de algo III4 etw. bemerken
un **dato** V1, TA eine Angabe
de I1, PP von
¿**de** dónde? I1, PP woher?
de la Costa Brava I1 an der Costa Brava
de nuevo II8 wieder, erneut
de repente II9 plötzlich
de siempre I4A übliche, -r, -s, der, die das gleiche wie immer
de verdad I3A wirklich
de vez en cuando III5 ab und zu
de *(+ inf.)* V3, R wenn, falls
debajo de I8B, PP unter
un **debate** V3, PA eine Debatte, eine Diskussion

deber (hacer algo) IV7 (etw. tun) müssen
deber de (+ *inf.*) IV2 wohl (+ *inf.*) müssen (*Vermutung*)
los **deberes** I5A die Hausaufgaben
debido a V5, R wegen, aufgrund von
una **decena** de V4, R etwa zehn (von)
decenas *(f. pl.)* de V4, R zig (von)
decenas de miles de V4, R Zehntausende von
decidir algo II5 etw. entscheiden, etw. beschließen
décimo, -a II2 zehnte, -r, -s
un **décimo** V1, PP ein Zehntel
III3 ein Losanteil
decir *(irr.)* algo a alguien I5B jdm. etw. sagen
una **decisión** II7 eine Entscheidung
la **decoración** III7, PP die Dekoration
un **dedo** II3 ein Finger
defender (-ie-) algo V2, PA etw. verteidigen
la **defensa** V3, R die Verteidigung
en **defensa** de V3, R für, zur Verteidigung von
una **definición** V2, PA eine Definition
definir algo V2, PA etw. definieren
dejar algo a alguien I8B jdm. etw. (über) lassen
delante de I5 3 vor *(örtl.)*
deletrear algo V1, TA etw. buchstabieren
delgado, -a I5B, PP schlank
un **delito** III6 ein Verbrechen
los / las **demás** I4B die Übrigen / anderen
demasiado III1 zu *(+ adj.)*, zuviel
la **democracia** IV8, PP die Demokratie
democrático, -a V3, R demokratisch
denso, -a V4, PA dicht
dentro de III5 in, bis *(zeitl.)*
una **denuncia** IV5 eine Strafanzeige
depender de algo / alguien V6, R von jdm. / etw. abhängen
el **deporte** I1 der Sport
practicar (c-qu) **deporte** I2A, PP Sport treiben
deportivo, -a V1, R sportlich, Sport-
(estar) **deprimido, -a** II2, PP deprimiert (sein)
deprisa *(adv.)* II4 schnell *(adv.)*
a la **derecha** I4B, PP rechts
(el) **Derecho** II8 (das) Recht, Jura
los **derechos** civiles V8, PA die Bürgerrechte
los **derechos** humanos V8, PA die Menschenrechte
derretirse (-i-/-i-) IV6 schmelzen
desagradable V5, TA unangenehm, abstoßend
(estar) **desanimado, -a** V6, PA mutlos, langweilig
desaparecer (-zco) III4 verschwinden
desarrollado, -a V3, R (hoch) entwickelt
desarrollarse V7, PA sich entwickeln
el **desarrollo** V1, R die Entwicklung
un **desastre** I1 eine Katastrophe
ser un **desastre** *(col.)* I2A chaotisch / unmöglich sein
desayunar algo I6, PP etw. frühstücken
un **desayuno** I7B ein Frühstück
descansar V1, R sich ausruhen, sich erholen
desconocido, -a IV7 unbekannt
desconsiderado, -a III5, PP rücksichtslos
descontar (-ue-) algo V8, PA etw. abziehen
describir algo a alguien II4, PP jdm. etw. beschreiben

un **descubrimiento** V7, PA eine Entdeckung
descubrir algo III4 etw. entdecken, etw. finden
desde II1 aus, von
IV2 seit
desear algo II3, PP etw. wünschen
el **desempleo** V3, TA die Arbeitslosigkeit
un **deseo** III7 ein Wunsch
(estar) **desesperado, -a** V5, TA verzweifelt (sein)
por **desgracia** III7 leider
desgraciadamente II8 leider
un **desierto** III4, PP eine Wüste
la **desigualdad** V5, R die Ungleichheit
(estar) **desnudo, -a** IV7, PP nackt (sein)
(estar) **desordenado, -a** I8A unordentlich (sein), unaufgeräumt (sein)
(estar) **desorientado, -a** IV4 orientierungslos, verwirrt (sein)
una **despedida** <I9> ein Abschied
despedir (-i-/-i-) a alguien de alguien IV3 jdn. (zum Abschied) von jdm. grüßen
despedir (-i-/-i-) a alguien V2, PA jdn. entlassen
despedirse (-i-/-i-) de alguien II3 sich von jdm. verabschieden
un **despertador** I6 ein Wecker
despertarse (-ie-) I6, PP aufwachen
después I2A danach
después de *(+ inf.)* II4 nachdem
destinar algo a algo V5, PA etw. für etw. bestimmen
destruir (-y-) algo IV6, PP etw. zerstören
una **desventaja** V4, R ein Nachteil
detener *(irr.)* a alguien V6, R jdn. verhaften
determinado, -a V8, PA bestimmt, -e, -r, -s
(estar) **determinado, -a** V3, R festgelegt (sein), vorherbestimmt (sein)
detrás de I8B, PP hinter
las **deudas** III7 die Schulden
devolver (-ue-) algo a alguien <II10> jdm. etw. zurückgeben
un **día** I3B ein Tag
II7 eines Tages
Buenos **días**. I3B Guten Tag.
un **diálogo** III3 ein Dialog
un **diario** I7B ein Tagebuch
la **diarrea** IV2, 12 der Durchfall
un **dibujo** IV7Estr eine Zeichnung
los **dibujos** animados V7, PP ein Zeichentrickfilm
un **diccionario** I8B ein Wörterbuch
diciembre *(m.)* I7B, PP Dezember
la **dictadura** IV8, PP die Diktatur
dieci… I3B, PP …zehn *(bei den Zahlen 16–19)*
un **diente** I6, PP ein Zahn
lavarse los **dientes** I6, PP sich die Zähne putzen
un cepillo de **dientes** II6 eine Zahnbürste
diez I3B, PP zehn
una **diferencia** I5B ein Unterschied
a **diferencia** de V5, R im Unterschied zu
diferente I7A anders, unterschiedlich
difícil I7A schwierig
resultar **difícil** a alguien V2, R jdm. schwerfallen
una **dificultad** III6 eine Schwierigkeit
¡**Dígame**! I4A *Formel beim Abnehmen des Telefons* (*wörtl.* Sagen Sie mir.)

la **dignidad** V8, PA die Würde
dinámico, -a V7, R dynamisch
el **dinero** II3 das Geld
(el) **Dios** II6 (der) Gott
como **Dios** manda II6 wie es sich gehört
¡**Dios** mío! II6 Mein Gott!
un **diputado**, una **diputada** IV8 ein Abgeordneter, eine Abgeordnete
una **dirección** I2B, PP eine Adresse
directo, -a IV4 direkt, unmittelbar
en **directo** IV8 live
un **director**, una **directora** III6 ein Direktor, ein Leiter, eine Direktorin, eine Leiterin
un **director**, una **directora** (de cine) V7, PP ein Regisseur, eine Regisseurin
dirigir (g-j) la palabra a alguien V2, R sich an jdn. wenden, das Wort an jdn. richten
una **disco** III7 eine Diskothek
un **disco** IV7 eine Scheibe
un **discurso** V8, PA eine Rede
discutir I7B streiten, diskutieren
discutir algo con alguien I7B etw. mit jdm. diskutieren
discutir algo a alguien IV5 jdm. etw. streitig machen, etw. bestreiten
disfrutar (de algo) III7 (etw.) genießen
disponerse *(irr.)* a hacer algo V8, PA sich anschicken, etw. zu tun
distinto, -a III1 anders, unterschiedlich
divertido, -a I4B lustig
divertirse (-ie-/-i-) I6, PP sich amüsieren
doblar una película V7, PP einen Film synchronisieren
una habitación **doble** V1, TA ein Doppelzimmer
doce I3B, PP zwölf
una **docena** III3 ein Dutzend
un **documental** V7, PA ein Dokumentarfilm
un **documento** III8, 2 ein Dokument
un **dólar** III6 ein Dollar
doler (-ue-) IV2 schmerzen, weh tun
el **dolor** IV2, 12 der Schmerz
domingo *(m.)* I5A Sonntag
donde II6 wo
¿**dónde**? I3A wo?
¿de **dónde**? I1, PP woher?
dormir (-ue-/-u-) I6, PP schlafen
dormirse (-ue-/-u-) I6 einschlafen
un **dormitorio** I4A, 5 ein Schlafzimmer
dos I3A, PP zwei
doscientos, -as II5, PP zweihundert
doscientos, -as diez II5, PP zweihundertzehn
un **dragón** II4, PP ein Drache
un **drama** V7, PP ein Drama
una **droga** III6 eine Droge
la **drogadicción** V2, PP die Drogenabhängigkeit
una **ducha** V1, TA eine Dusche
ducharse I6, PP (sich) duschen
sin **duda** II6 ohne Zweifel
poner *(irr.)* algo en **duda** V4, TA etw. in Zweifel ziehen, etw. bezweifeln
un **dueño**, una **dueña** <IV9> ein Besitzer, eine Besitzerin
durante *(+ sust.)* II6 während *(+ sust.)*
durar V2, PA dauern
duro, -a I5A streng
II2 hart, beschwerlich
un **DVD** III1 eine DVD; ein DVD-Player

E

e I8A und *(vor i- oder hi-)*
echar algo I7A etw. dazugeben, etw. werfen
echar (películas) V7, R (Filme) aufführen, laufen
echar de menos algo / a alguien II2, PP jdn. / etw. vermissen
echar una bronca a alguien II5 jdn. zurechtweisen, mit jdm. schimpfen
ecológico, -a IV6 ökologisch, umweltfreundlich
un / una **ecologista** IV6 ein Umweltschützer, eine Umweltschützerin
la **economía** IV6 die Wirtschaft
económico, -a V8, PA wirtschaftlich
la **edad** II9 das Alter
un **edificio** I4B ein Gebäude
la **educación** V1, PA die Erziehung, die Bildung
(la) **educación** plástica y visual I5A, PP Kunsterziehung *(Schulfach)*
mal **educado, -a** V6, PA ungezogen
en **efectivo** V1, TA mit Bargeld
un **efecto** IV6, PP eine (Aus-)Wirkung
egipcio, -a V5, PP ägyptisch
un **ejemplo** I8A ein Beispiel
por **ejemplo** I8A zum Beispiel
un **ejército** IV8 eine Armee, ein Heer
el, la I1 der, die, das *(bestimmter Artikel, sg.)*
el *(+ Wochentag)* I5A am / diesen (+ Wochentag)
el que III3 der(jenige), welcher
él I2B er
una **elección** IV8, PP eine Wahl
un correo **electrónico** I3B eine E-Mail
elegante IV2 elegant
elegir (-i-/-i-; g-j) algo II3 etw. (aus)wählen
un **elemento** IV4 ein Element, ein Bestandteil
elevado, -a III8, 1 hoch, hoch gelegen
ella I2B sie *(sg.)*
ellos, ellas I2B sie *(pl.)*
un **e-mail** I3B eine E-Mail
sin **embargo** III3 dennoch
un / una **emigrante** II7 ein Emigrant, eine Emigrantin
una **emisión** IV6, PP der Ausstoß, die Emission
emitir algo IV8 etw. senden *(Radio, Fernsehen)*
emocionante III5 aufregend, spannend
una **empanada** II1 eine Pastete *(galizische Spezialität)*
un **emperador**, una **emperatriz** V5, R ein Kaiser, eine Kaiserin
empezar (-ie-; z-c) (a hacer) algo I5A etw. (zu tun) anfangen, beginnen
un **empleado**, una **empleada** III4 ein Angestellter, eine Angestellte
un **empollón**, una **empollona** V2, R ein Streber, eine Streberin
una **empresa** V2, TA ein Unternehmen, eine Firma
en I1 in, an, auf
en la playa I1 am Strand
en casa I4A zu Hause
en 19… (mil novecientos…) II7, PP im Jahr 19… (neunzehnhundert…)
en 20…(dos mil…) II7, PP im Jahr 20… (zweitausend…)
a la(s) … **en** punto I4A genau um … Uhr, pünktlich um … Uhr
en fin II8 kurz und gut
en resumen V7, R kurz gesagt, kurz und gut
en serio I5B im Ernst
en total I7A insgesamt, alles zusammen
(estar) **enamorado, -a** II2, PP verliebt (sein)
enamorarse de alguien V3, R sich in jdn. verlieben
encajar en algo V7, R zu etw. passen
(estar) **encantado, -a** I7A erfreut (sein)
encantar(le) a alguien I8A jdn. begeistern, jdm. sehr gut gefallen
encender (-ie-) algo III1 etw. anschalten
III7 etw. anzünden
encima de I8B, PP auf
encoger (g-j) los hombros V6, PA mit den Schultern zucken
encontrar (-ue-) algo I6 etw. finden
encontrarse (-ue-) en un lugar III6 sich an einem Ort befinden
encontrarse (-ue-) con II2 sich treffen (mit)
un **encuentro** IV7 eine Begegnung
una **encuesta** IV4 eine Umfrage
la **energía** IV6 die Energie
enero *(m.)* I7B, PP Januar
(estar) **enfadado, -a** I6 verärgert (sein), böse (sein)
enfadarse por algo III1 sich über etw. ärgern
el **enfado** IV2 der Ärger
una **enfermedad** III8, 2 eine Krankheit
un **enfermero**, una **enfermera** I8A ein Krankenpfleger, eine Krankenschwester
enfermo, -a II7 krank
caer *(irr.)* **enfermo, -a** II7 krank werden
enfrentar algo / a alguien V4, PA etw. / jdm. begegnen, sich etw. / jdm. stellen
enfrente de I4B, PP gegenüber (von)
engañar a alguien V4, PA jdn. täuschen, jdn. betrügen
enorme II3 riesig, groß
un **ensayo** I5B eine Probe
enseguida *(adv.)* II4 sofort *(adv.)*
enseñar(le) algo a alguien I8A jdm. etw. zeigen, jdm. etw. beibringen
enseñar a alguien V6, R jdn. unterrichten
entender (-ie-) algo / a alguien I5A etw. / jdn. verstehen
no **entender** (-ie-) ni papa III1 nur Bahnhof verstehen
enterarse de algo I7B etw. erfahren, etw. mitbekommen
entonces … I2B dann
una **entrada** I7B eine Eintrittskarte
entrar (en) I3B eintreten, hineingehen (in)
entre II7 zwischen, unter
entregar (g-gu) algo a alguien V8, PA jdm. etw. überreichen, jdm. etw. aushändigen
entretanto II7 in der Zwischenzeit
una **entrevista** V6, R ein Interview
entrevistar a alguien V4, R jdn. interviewen
enviar(le) (-ío) algo a alguien II8 jdm. etw. schicken
la **envidia** V2, PA der Neid
el **envío** V7, PA das Senden, das Verschicken
una **época** IV7 eine Epoche, eine Zeit
un **equipo** I5A eine Mannschaft, ein Team
un **equipo** de música I8B, PP eine Stereoanlage

equivocarse (c-qu) IV2 sich irren, einen Fehler machen
un **error** I7B ein Fehler
es que I4A es ist (nämlich) so, dass … / daher kommt daher, dass …
¿**Es** todo? I7A, PP Ist das alles?
Es verdad. I3A Das stimmt. Das ist wahr.
una **escalera** II2 eine Treppe, ein Treppenhaus
una **escena** V7, R eine Szene
un **esclavo**, una **esclava** IV7, PP ein Sklave, eine Sklavin
esconder algo III4 etw. verstecken
escribir algo / a alguien I3A etw. / jdm. schreiben
un **escritorio** I8B, PP ein Schreibtisch
escuchar algo / a alguien I2A, PP etw. / jdn. hören, jdm. zuhören
una **escuela** III3 eine Schule
la (**Escuela**) Primaria V2, R die Grundschule
ese, esa, esos, esas *(adj.)* I7A diese, -r, -s dort
ése, ésa, ésos, ésas *(pron.)* I7A diese, -r, -s dort
un **esfuerzo** V8, PA eine Anstrengung
eso I5E das
un **espacio** <IV9> ein Raum, ein Platz
la **espalda** IV2, 12 der Rücken
España *(f.)* I5A Spanien
(el) **español** I2A, PP Spanisch, die spanische Sprache
un **español**, una **española** I2B ein Spanier, eine Spanierin
español, -a I8A, PP spanisch
especial I7B besonders, speziell
una **especialidad** IV2 eine Spezialität
una **especie** animal IV6 eine Tierart
espectacular II6 spektakulär, herrlich, toll
la **esperanza** III6 die Hoffnung
esperar algo / a alguien I2B etw. / jdn. erwarten, auf etw. / jdn. warten
esperar algo III2 etw. hoffen
el **esquí** V6, R der Ski, das Skifahren
una **esquina** I4B, PP eine Ecke
establecerse (-zco) V4, R sich niederlassen, sich ansiedeln
una **estación** de tren II1 ein Bahnhof
una **estación** del año II9, 9 eine Jahreszeit
un **estadio** V4, R ein Stadion
una **estadística** V1, PP eine Statistik
un **estado** IV8 ein Staat
(los) **Estados Unidos** I8 (die) USA, die Vereinigten Staaten
una **estantería** I8B, PP ein Regal
estar *(irr.)* I4A sein, sich befinden
está bien I7A Ist gut. / In Ordnung.
ya **está** I8B fertig
estar *(irr.)* a … kilómetros II5 … Kilometer entfernt sein
estar *(irr.)* bien II7 (jdm.) gut gehen
estar *(irr.)* con deudas III7 verschuldet sein
estar *(irr.)* sentado, -a I5 sitzen
este, esta, estos, estas *(adj.)* I7A diese, -r, -s hier
esta tarde I7A heute Nachmittag
el **este** II8, PP der Osten
éste, ésta, éstos, éstas *(pron.)* I7A diese, -r, -s hier
éste es, **ésta** es I1 dies ist
un **estereotipo** V7, R ein Stereotyp, ein Klischee
un **estilo** III8, 1 ein Stil, ein Baustil
Estimado, -a … V2, TA Sehr geehrte, -r …

esto II2 dies *(neutrales Demonstrativpron.)*
una **estrella** <IV9, PP> ein Stern
estrenar algo V7, R etw. zum ersten Mal aufführen
el **estrés** V1, R der Stress
el **estribillo** IV4 PP der Refrain
un **estuche** I3A, 10 ein Mäppchen
un / una **estudiante** III3 ein Student, eine Studentin
estudiar algo I2A, PP etw. studieren, etw. lernen
un **estudio** II9 ein Studio
los **estudios** V2, PA das Studium
estupendo, -a III6 wunderbar
un **euro** I7A, PP ein Euro
Europa [europa] *(f.)* II8 Europa
la Unión **Europea** IV8, PP die Europäische Union
un **europeo**, una **europea** IV7, PP ein Europäer, eine Europäerin
el **euskera** V3, PA die baskische Sprache
evadirse de algo IV4 vor etw. fliehen, etw. entkommen
un **evento** V3, PA ein Ereignis, eine Begebenheit
evidente IV5 offensichtlich
evitar (hacer) algo V1, PA etw. (zu tun) vermeiden; etw. verhindern
exacto, -a IV1 exakt, genau
un **examen** IV8 ein Examen, eine Prüfung(sarbeit)
exclamar algo V6, PA etw. ausrufen
una **excursión** II1, PP ein Ausflug
ir *(irr.)* de **excursión** II1, PP einen Ausflug machen
hacer *(irr.)* una **excursión** II1, PP einen Ausflug machen
exigir (g-j) algo de alguien V3, R etw. von jdm. verlangen
la **existencia** V3, PA die Existenz
existir III6 existieren
(no) tener *(irr.)* **éxito** III5, PP erfolgreich / erfolglos sein
el **éxito** III5, PP der Erfolg
exótico, -a IV7, PP exotisch
una **expedición** IV7 eine Expedition, eine (Forschungs-)Reise
una **experiencia** V1, R ein Erlebnis, eine Erfahrung
un **experto**, una **experta** IV6 ein Experte, eine Expertin
expirar V6, R auslaufen *(die Gültigkeit verlieren)*
una **explicación** III1 eine Erklärung
explicar (c-qu) algo a alguien II4 jdm. etw. erklären
exportar algo II8 etw. exportieren
una **exposición** III4 eine Ausstellung
expresar algo IV4 etw. ausdrücken
una **expresión** V1, PP ein Ausdruck
una **expresión** de la cara V5, TA ein Gesichtsausdruck
extenderse (-ie-) V5, PP sich verbreiten, sich erstrecken
un **extranjero**, una **extranjera** II7 ein Ausländer, eine Ausländerin
el **extranjero** II5 das Ausland
extranjero, -a IV3, PP fremd, ausländisch
extraño, -a IV8 seltsam

extraordinario, -a V7, PA außergewöhnlich, hervorragend
extremo, -a V5, PA extrem, äußerst

F

una **fachada** II4, PP eine Fassade
fácil I4B leicht
resultar **fácil** a alguien V2, R jdm. leichtfallen
la **facilidad** V5, R die Leichtigkeit
facilitar algo a alguien V7, PA jdm. etw. erleichtern
un **factor** V4, R ein Faktor
una **falda** I6, 10 ein Rock
la **falta** de algo III6 der Mangel an etw.
faltar I5B fehlen
una **familia** I3A, PP eine Familie
familiar III6 Familien-, familiär
famoso, -a II4, PP berühmt
una película de **fantasía** V7, PP ein Fantasyfilm
fantástico, -a V1, R fantastisch, toll
una **farmacia** I4B, PP eine Apotheke
fatal *(adv.)* II4 schrecklich *(adv.)*
un **favor** III3 ein Gefallen
por **favor** I2A bitte
febrero *(m.)* I7B, PP Februar
una **fecha** II7 ein Datum
la **fecha** de nacimiento V2, TA das Geburtsdatum
federal V5, PA Bundesstaat-
la **felicidad** III6 das Glück(sgefühl)
feliz III6 glücklich
fenomenal I4A, PP toll, großartig
un **fenómeno** V2, PA ein Phänomen, eine Erscheinung
feo, -a I5B, PP hässlich
la ciencia **ficción** V7, PP die Science-Fiction
la **fidelidad** V8, PA die Treue
la **fiebre** III1, PP (das) Fieber
una **fiesta** I7B ein Fest, eine Feier, eine Party
una **figura** V4, TA eine Figur
fijarse en algo / alguien V5, PA auf etw. / jdn. achtgeben, etw. / jdn. anschauen
por **fin** I5B endlich
un **fin** de semana II9 ein Wochenende
el **final** II2 das Ende
a **finales** de los años … II7, PP Ende *(+ Zeitraum)*
finalmente IV7 schließlich, endlich
una **firma** V2, TA eine Unterschrift
firmar algo <IV9> etw. unterschreiben
una **flor** <IV9, PP> eine Blume
un **folleto** II4 ein Prospekt
fomentar algo V7, R etw. fördern
el **fondo** IV7Estr der Hintergrund
la **forma** IV4 die Form, die Art und Weise
la **formación** V4, PA die Bildung, die Herausbildung
la **formación** profesional V2, PA die Berufsausbildung, die Berufsschule
formar algo IV7 etw. formen, etw. bilden
un **formulario** V6, PA ein Formular
una **foto** I5A ein Foto
una cámara de **fotos** III8, 2 ein Fotoapparat
una **fotocopia** III8, 2 eine Fotokopie
la **fotografía** V7, R die Fotografie
frágil V7, PA zerbrechlich

el **franquismo** V3, R der Frankismus
(*Regierung Francos*)
un / una **franquista** V3, R ein Frankist, eine Frankistin (*Anhänger/ in Francos*)
una **frase** V2, PA ein Satz
la **frecuencia** V1, PP die Häufigkeit
con mayor / menor **frecuencia** V1, PP häufiger / weniger häufig
un **fregadero** IV1, 5 ein Spülbecken
una **fregona** IV1, 5 ein Wischmopp
una **fresa** III7 eine Erdbeere
el **frío** II1 die Kälte
hacer (*irr.*) **frío** II1 kalt sein (*Wetter*)
frío, -a V4, PA kalt
una **frontera** II8, PP eine Grenze
la **fruta** I7A das Obst, die Frucht
un **fuego** II1 ein Feuer
una **fuente** V4, PA eine Quelle
fuera II5 draußen
fuerte II7 kräftig, stark
la **fuerza** IV3 die Kraft, die Stärke
fumar III5 rauchen
funcionar III1 funktionieren
fundamental V3, PA grundlegend, Grund-
fundar algo V5, PP etw. gründen
(estar) **furioso, -a** IV2 wütend
el **fútbol** I2A, PP der Fußball
un campo de **fútbol** II4 ein Fußballfeld
el **futuro** II7 die Zukunft

G

unas **gafas** I5B, PP eine Brille
unas **gafas** de sol I2A, PP eine Sonnenbrille
Galicia (*f.*) II1 Galizien
gallego, -a II8 galizisch
un **gallego**, una **gallega** II8 ein Galizier, eine Galizierin (*in vielen lat.am. Ländern auch Bezeichnung für die Spanier allgemein*)
una **gallina** IV2, PP ein Huhn
dar(le) (*irr.*) la **gana** a alguien V1, R Lust zu etw. haben / bekommen; etw. wollen
tener (*irr.*) **ganas** de hacer algo III5 Lust haben etw. zu tun
la **ganadería** II8, PP die Viehzucht
el **ganado** V8, PA das Vieh
ganar algo II7 etw. verdienen
V8, PA etw. gewinnen
el **gas** II3 die Kohlensäure
un **gas** V4, R ein Gas
gastar(se) algo III7 etw. ausgeben
los **gastos** V2, PA die Ausgaben
una **gata** IV1 eine (weibliche) Katze
un **gato** IV1 eine Katze, ein Kater
una **generación** V2, PA eine Generation
en **general** IV4 im Allgemeinen
un **género** V7, PP eine Gattung
generoso, -a III5, PP großzügig
¡Genial! I1 Toll!
genial I4A toll, genial
la **gente** I4B die Leute
(la) **geografía** I5A, PP Erdkunde (*Schulfach*)
girar I4B, PP abbiegen
la **globalización** V5, PA die Globalisierung
gobernar (-ie-) algo / a alguien V5, R etw. / jdn. regieren, über etw. / jdn. herrschen
un **gobierno** III8, 4 eine Regierung
un presidente del **gobierno** IV8 ein Regierungschef, ein Ministerpräsident
un **golpe** IV8 ein Schlag
un **golpe** de estado IV8 ein Staatsstreich, ein Putsch
golpear algo / a alguien IV2 etw. / jdn. schlagen
una **goma** I3A, 10 ein Radiergummi
gordo, -a I5B, PP dick
una **gorra** III1, PP eine Kappe
una **gota** V4, PA ein Tropfen
tener (*irr.*) **gracia** V4, R lustig sein
hacer (*irr.*) **gracia** a alguien V2, PA etw. lustig finden
gracias I4A danke
gracias por I5A danke für
gracias a II2 dank (*prep.*)
gracioso, -a I5B komisch, witzig
un **grado** II1 ein Grad
hacer (*irr.*) … **grados** II1 … Grad sein
un **grado** (*lat. am.*) V6, PA eine Klasse, eine Jahrgangsstufe
una fiesta de **graduación** III7, PP eine Abiturfeier, eine Examensfeier
graduarse (-úo) V6, R einen (Schul-, Universitäts-)Abschluss machen
un **gramo** I7A, 7 ein Gramm
grande I4B groß
gran (*delante del sust.*) III2 groß, großartig
gratis <I9, PP> gratis
gratuito, -a V4, R kostenlos, Gratis-
grave V2, R schwer, schlimm, schwerwiegend
griego, -a V5, PP griechisch
un **grifo** III8, 2 ein Wasserhahn
la **gripe** IV2, 12 die Grippe
gris I6, 10 grau
gritar algo III4 etw. schreien
un **grito** IV8 ein Schrei
un **grupo** II1 eine Gruppe
guapo, -a I5B, PP hübsch
guardar algo III3 etw. behalten
III8, 2 etw. aufbewahren
una **guardería** III1, PP ein Kindergarten, eine Kinderkrippe
la **Guardia** Civil IV8 *die kasernierte Polizei in Spanien*
un **guardia** civil IV8 *ein Angehöriger der spanischen kasernierten Polizei*
guatemalteco, -a III7 guatemaltekisch
un **guatemalteco**, una **guatemalteca** III1, PP ein Guatemalteke, eine Guatemaltekin
guay (*col.*) I5A klasse, toll
una **guerra** III4 ein Krieg
dar **guerra** a alguien V1, R anstrengend sein
una **guerra** civil V5, R ein Bürgerkrieg
un / una **guía** II4 ein Führer, eine Führerin
una **guía** de viajes III8, 2 ein Reiseführer (*Buch*)
una visita **guiada** III4 eine Führung
un **guión** V7, PP ein Drehbuch
gustar(le) a alguien I8A jdm. gefallen

H

haber (*irr.*) I7B haben / sein (*als Hilfsverb*)
una **habitación** I1 ein Zimmer
una **habitación** individual / doble V1, TA ein Einzel- / Doppelzimmer
un / una **habitante** II8, PP ein Einwohner, eine Einwohnerin
hablar (con alguien) I2A, PP (mit jdm.) sprechen, (mit jdm.) reden
hacer (*irr.*) algo I3B etw. machen, tun
hacer (*irr.*) algo por alguien III3 etw. für jdn. / anstelle von jdm. tun
hacer (*irr.*) (*+ inf.*) algo a alguien IV2 jdn. etw. tun lassen, jdn. dazu bringen etw. zu tun
hacer (*irr.*) gracia a alguien V2, PA etw. lustig finden
hacer (*irr.*) la compra I7A einkaufen (*Lebensmittel*)
hacer (*irr.*) una excursión II1, PP einen Ausflug machen
(**hacer**) mal tiempo II1 schlechtes Wetter (sein)
hace (*+ Zeitangabe*) II7 vor (*zeitlich*)
hace sol II1 die Sonne scheint
hacerse (*irr.*) (*+ adj.*) III3 (*Adj. +*) werden
hacia II4 in Richtung von
hacia atrás V5, PA rückwärts
¡Hala! I7B Ach Gott! / Du meine Güte!
el **hambre** (*f.*) II3 der Hunger
tener (*irr.*) **hambre** II3 Hunger haben
la **harina** I7A, 7 das Mehl
estar **harto, -a** de algo III2 etw. satt haben
hasta I3B bis (*Präp.*)
Hasta luego. I3B Bis später.
hasta pronto I5A bis bald
hasta que III3 bis (*Konj.*)
hay I4B, PP es gibt, da ist / sind
hay niebla II1, 8 es ist nebelig
hay que… I8A man muss
un **hecho** V5, PA eine Tatsache
un **helado** I1 ein Eis
un **hermano**, una **hermana** I1 ein Bruder, eine Schwester
los **hermanos** I2A die Geschwister
hermoso, -a III6 schön
un **héroe**, una **heroína** V5, R ein Held, eine Heldin
el **hielo** IV6 das Eis (*gefrorenes Wasser*)
el **hierro** IV5 das Eisen
tener una salud de **hierro** IV5 kerngesund sein
el **hijo**, la **hija** I3A, PP der Sohn, die Tochter
los **hijos** I3A, PP die Kinder
(la) **historia** I5A, PP Geschichte (*Schulfach*)
histórico, -a V1, PA historisch
el **hogar** III6 ein Zuhause, ein Heim
¡Hola! I1, PP Hallo!
un **hombre** II6 ein Mann
un **hombro** V8, PA eine Schulter
encoger (g-j) los **hombros** V6, PA mit den Schultern zucken
una **hora** I4A eine Stunde
un **horario** I5A, PP ein Stundenplan
el **horario** II1 der Fahrplan
horrible V3, R schrecklich, entsetzlich
un **hospital** II1 ein Krankenhaus
un **hotel** II1, PP ein Hotel
hoy I3B heute
un **huevo** I7A, 7 ein Ei
la **humanidad** V3, PA die Menschheit
humano, -a V8, PA menschlich
humilde V7, R einfach, bescheiden

I

la **ida** II5, PP die Hinfahrt
la **ida** y vuelta II5, PP die Hin- und Rückfahrt

una **idea** I2B eine Idee
Ni **idea.** I2B Keine Ahnung.
con mala **idea** IV2 in böser Absicht, gemein
un **ideal** V5, PA ein Ideal
la **identidad** V2, PA die Identität
un **idioma** II7 eine Sprache
una **iglesia** II4 eine Kirche
igual (que) I5B gleich, genauso (wie)
dar **igual** V2, PA das ist mir egal
la **igualdad** V5, R die Gleichheit, die Gleichstellung
ilegal III6 illegal
(estar) **ilusionado, -a** II2, PP begeistert (sein)
V1, PA erwartungsvoll (sein)
una **imagen** IV7 Estr ein Bild
la **imaginación** IV2 die Fantasie
imaginar (algo) III7 (etw.) annehmen, sich (etw.) vorstellen
imaginarse algo I8A sich etw. vorstellen
Imagínate. I8A Stell dir (nur) vor.
la **impaciencia** II8 die Ungeduld
un **imperio** V5, PP ein (Welt-)Reich, ein Kaiserreich
la **importancia** II2 die Bedeutung, die Wichtigkeit
importante I4B wichtig
importar(le) a alguien I8A jdm. wichtig sein, jdm. etw. ausmachen
No importa. I8A Das macht nichts.
imposible IV8 unmöglich
una **impresión** IV5 ein Eindruck *(Meinung)*
(estar) **impresionado, -a** II2, PP beeindruckt (sein)
los **impuestos** V5, PA die Steuern
incluir (-y-) V8, PA einschließen, umfassen
incluso III3 sogar
(estar) **incompleto, -a** V4, PA unvollständig (sein)
incomprensible V7, PA unverständlich
la **independencia** V3, PP die Unabhängigkeit
independiente III5, PP unabhängig
indicar (c-qu) algo V1, TA etw. angeben
un / una **indígena** III6 ein Ureinwohner, eine Ureinwohnerin
un **indio**, una **india** V5, PA ein Indio, eine India
una habitación **individual** V1, TA ein Einzelzimmer
una **industria** V4, R eine Industrie, eine Fabrik
inferior *(comparativo de* bajo*)* V1, PP niedriger, geringer
en la parte **inferior** V4, TA im unteren Teil
el **infinito** V2 die Unendlichkeit
una **información** III3 eine Information
las **infraestructuras** IV6 die Infrastruktur
un **ingeniero**, una **ingeniera** II8 ein Ingenieur, eine Ingenieurin
(el) **inglés** I5A, PP Englisch *(Schulfach)*
los **ingresos** V8, PA das Einkommen
la **injusticia** V3, R die Ungerechtigkeit
injusto, -a V5, PA ungerecht
de **inmediato** V8, PA sofort, unverzüglich
un / una **inmigrante** IV3, PP ein Einwanderer, eine Einwanderin
(estar) **inquieto, -a** V1, PA unruhig (sein)
un **instituto** I4B, PP ein Gymnasium
un **insti** III2 eine Schule *(Kurzform)*
un **instrumento** IV4 PP ein Instrument
la **integración** V7, R die Integration
intelectual V3, R intellektuell, geistig
la **inteligencia** V5, R die Intelligenz
inteligente I6 intelligent
la **intención** V2, PA die Absicht
intenso, -a V4, PA intensiv, stark
intentar algo III1 etw. versuchen
un **intercambio** I8A PP ein (Schüler-) Austausch
interesante I4B interessant
interesar a alguien III6 jdn. interessieren
internacional V3, PA international
(el) **Internet** II1 (das) Internet
la **interpretación** V7, R die Darstellung, die Interpretation
interpretar un papel V7, R eine Rolle spielen
un / una **intérprete** V5, R ein Dolmetscher, eine Dolmetscherin
interrumpir algo / a alguien IV1 etw. / jdn. unterbrechen
una **inundación** IV6, PP eine Überschwemmung
inútil IV2 zwecklos, unnütz
una **invasión** IV7 eine Invasion
inventar algo V3, PA etw. erfinden
un **invento** V7, PA eine Erfindung
el **invierno** II9, 9 der Winter
invisible V8, PA unsichtbar
una **invitación** III7, PP eine Einladung
una tarjeta de **invitación** III7, PP eine Einladungskarte
invitar a alguien I7B jdn. einladen
ir *(irr.)* I4A, PP gehen
ir *(irr.)* a casa de alguien I4A zu jdm. nach Hause gehen
ir *(irr.)* a hacer algo I5B etw. tun werden
¿Quién **va** ahora? I7A, PP Wer ist jetzt dran?
ir *(irr.)* de excursión II1, PP einen Ausflug machen
ir *(irr.)* en *(+ Verkehrsmittel)* II1, PP mit *(+ Verkehrsmittel)* fahren
ir *(irr.) (+ gerundio)* III3 etw. nach und nach / immer mehr tun
irse *(irr.)* I6 (weg)gehen
irreparable V2, PP irreparabel, nicht wieder gutzumachen
una **isla** II1, 11 eine Insel
las **Islas** Canarias IV7 die Kanarischen Inseln
a la **izquierda** I4B, PP links

J

un **jardín** I7B ein Garten
un **jefe**, una **jefa** IV8 ein Chef, eine Chefin; ein Leiter, eine Leiterin
el **Jefe** del Estado IV8 das Staatsoberhaupt
un **jersey** (*pl.* jerséis) I6, 10 ein Sweatshirt, ein Pullover
¡Jo! II4 He!
joven (*pl.* jóvenes) I5A jung
un **joven**, una **joven** (*pl.* jóvenes) I7A ein junger Mann, eine junge Frau; ein / eine Jugendliche
los **jóvenes** I7A die Jugendlichen
judío, -a III4, PP jüdisch
un **juego** I1 ein Spiel
No es un **juego.** I1 Das ist kein Kinderspiel.
los **Juegos** Olímpicos V3, R die Olympischen Spiele
jueves (*m.*) I5A, PP Donnerstag
un **jugador** I5A ein Spieler
jugar (-ue-; g-gu) algo / con alguien I5B etw. / mit jdm. spielen
jugarse (-ue-; g-gu) algo V2, R etw. aufs Spiel setzen
un **jugo** *(lat. am.)* IV1 ein Saft
julio *(m.)* I7B, PP Juli
junio *(m.)* I7B, PP Juni
juntarse V4, R zusammentreffen
junto, -a I4B gemeinsam, zusammen
junto a IV1 neben, nahe bei
jurar algo IV4 etw. schwören
justamente V8, PA eben, genau
la **justicia** V3, TA die Gerechtigkeit
justificarse (c-qu) V2, R sich rechtfertigen
justo, -a III6 gerecht
la **juventud** IV7 die Jugend

K

un **kayak** II1 ein Kajak
un **kilo** I7A, PP ein Kilo
un **kilómetro** II5, PP ein Kilometer
estar *(irr.)* a ... **kilómetros** II5 ... Kilometer entfernt sein
kitsch III7 kitschig

L

la I1 die *(bestimmter Artikel, sg.)*
la que III3 die(jenige), welche
la II3 sie *(Akkusativpron. f. sg.)*
un **lado** I4B, PP eine Seite
al **lado** de I4B, PP neben
a su **lado** I7A neben ihm / ihr
un **lago** II8, PP ein See
una **lámpara** IV1, 5 eine Lampe
un **lápiz** I3A, 10 ein Bleistift
un **lápiz** de color I3A, 10 ein Buntstift
largo, -a I5B, PP lang
un **largometraje** V7, PP ein Spielfilm
las II3 sie *(Akkusativpron. f. pl.)*
las que III3 die(jenigen), welche *(f. pl.)*
¡Qué **lástima**! I7B Schade!
es una **lástima** III6 es ist bedauerlich / traurig
un **lationamericano**, una **latinoamericana** III7 ein Lateinamerikaner, eine Lateinamerikanerin
una **lavadora** IV1, 5 eine Waschmaschine
lavar algo I8A, PP etw. waschen
lavar los platos I8A, 6 spülen, (Geschirr) abwaschen
lavarse I6, PP sich waschen
lavarse los dientes I6, PP sich die Zähne putzen
le I8A ihm / ihr *(Dativpron.)*
leer algo I3A etw. lesen
lejano, -a IV6 fern
(estar) **lejos** (de) I4B, PP weit weg, entfernt (von) ... (sein)
una **lengua** I5A, PP eine Sprache
la **lengua** materna V3, R die Muttersprache
(la) **lengua** y literatura I5A, PP Spanisch *(Schulfach, wie das Fach Deutsch in Deutschland)*
la **lengua** IV1 die Zunge
el **lenguaje** IV4 die Sprache, die Ausdrucksform
lento, -a IV4 PP langsam
un **león** III1 ein Löwe
les I8A ihnen *(Dativpron.)*

una **letra** V8, PA ein Buchstabe
la **letra** IV4 PP der (Lied-)Text
levantarse I6, PP aufstehen
una **ley** IV8, PP ein Gesetz
una **leyenda** III4 eine Legende
la **libertad** IV4 die Freiheit
libre II3 frei
el tiempo **libre** I5A die Freizeit
un **libro** I3A ein Buch
un **limón** I7A, PP eine Zitrone
limpiar algo I8A, 6 etw. putzen
limpiarse algo II3 sich (etw.) waschen
limpio, -a IV2, PP sauber, reinlich
lindo, -a II9 hübsch
una **línea** II4, 12 eine (Bus-, U-Bahn-)Linie
una **lista** I5B eine Liste
listo, -a V2, PA3 schlau, klug
la **literatura** I5A, PP die Literatur
un **litoral** IV6 eine Küste, ein Küstengebiet
una **llamada** II9 ein Anruf
llamado, -a IV6 sogenannt
llamar a alguien I3B jdn. rufen, jdn. anrufen
llamar (por teléfono) I3B jdn. anrufen
llamar algo a alguien II6 jdn. etw. nennen
Llaman. I8B Es läutet.
llamar (a la puerta) IV2 (an der Tür) läuten
llamar a alguien a (hacer) algo V5, PA jdn. zu etw. aufrufen / aufrufen etw. zu tun
llamar la atención a alguien III4 jdm. auffallen
llamarse I6 heißen
llamativo, -a III5 auffällig
la **llegada** II3 die Ankunft
llegar (g-gu) I2A (an)kommen
llenar algo V6, PA etw. ausfüllen
(estar) **lleno, -a** I6 voll (sein)
llevar algo I2A, PP etw. tragen
llevar algo / a alguien I7B etw. / jdn. mitnehmen
llevar II5 sein *(+ Zeitraum)*
llevar algo a alguien II7 jdm. etw. bringen
llevar *(+ Zeitraum) (+ gerundio)* III3 etw. schon seit *(+ Zeitraum)* tun
llevarse (bien / mal) con alguien V2, R sich mit jdm. (gut / schlecht) vertragen; mit jdm. (gut / schlecht) zurechtkommen
llevar subtítulos V7, R Untertitel haben
llevar a cabo algo V5, PA etw. durchführen, etw. vollbringen
llorar I7B weinen
llorón, llorona V7, R weinerlich, wehleidig
llover (-ue-) II1 regnen
la **lluvia** II2 der Regen
lo II3 ihn *(Akkusativpron.)*
lo II4 das *(neutrales Pronomen)*
lo más mínimo V1, R das Geringste, im Geringsten
lo mejor de **lo** mejor II4 das Beste vom Besten
lo siento I5A es tut mir leid
(estar) **loco, -a** III1 verrückt (sein)
tener *(irr.)* **loco, -a** a alguien III1 jdn. verrückt machen
lógico, -a III6 logisch
lograr algo V4, PA etw. erreichen, etw. schaffen
los II3 sie *(Akkusativpron. m. pl.)*
los, las I2A die *(bestimmter Artikel, pl.)*
los Alonso I8B die Familie Alonso, die Alonsos
los *(+ Wochentage)* I5A Montags, Dienstags, …
los que III3 die(jenigen), welche *(m. pl.)*
un billete de **lotería** III1, PP ein Lotterielos
una **lucha** V4, PA ein Kampf
luchar contra alguien III4 gegen jdn. kämpfen
Hasta **luego.** I3B Bis später.
un **lugar** I4B ein Ort, ein Platz
el **lugar** de nacimiento V2, TA der Geburtsort
dar *(irr.)* **lugar** a algo V4, PA etw. auslösen
tener *(irr.)* **lugar** V5, R stattfinden
la **luna** <IV9, PP> der Mond
lunes *(m.)* I5A, PP Montag
la **luz** I8B das Licht

M

la **madre** I3A, PP die Mutter
la Comunidad de **Madrid** III1 Madrid *(als autonome Region)*
una **madrina** III7, PP eine Taufpatin; eine Trauzeugin
el **maíz** IV7 der Mais
mal *(adv.)* I3B schlecht
(hacer) **mal** tiempo II1 schlechtes Wetter (sein)
¡**Maldita** sea! II5 Verflixt!, Verflucht!
una **maleta** I8A, PP ein Koffer
malo, -a I8A schlecht
III1 unartig, böse
con **mala** idea IV2 in böser Absicht, gemein
mamá I4A die Mama *(auch als Anrede)*
mañana I3B morgen
la **mañana** I4A der Morgen
por la **mañana** I5A morgens
mandar algo a alguien I8A, PP jdm. etw. schicken, senden
III2 jdm. etw. befehlen; das Sagen haben
la **manera** V5, PA die Art und Weise
de ninguna **manera** V5, PA keinesfalls
una **manifestación** V3, R eine Demonstration
manipulador, -ora V7, R manipulierend
una **mano** *(f.)* I5B eine Hand
manso, -a IV7 sanft
un **mantel** <IV9> eine Tischdecke
mantener *(irr.)* algo V1, PA etw. behalten, etw. beibehalten
la **mantequilla** I7A, 7 die Butter
una **manzana** I7A, PP ein Apfel
una **máquina** de bebidas II5 ein Getränkeautomat
el **mar** I2A, PP das Meer
el nivel del **mar** IV6 der Meeresspiegel
un **marco** V7, PP ein Rahmen
(estar) **mareado, -a** IV2, 12 mir ist übel / schwindlig
marearse IV2 übel / schwindelig werden
el **margen** V6, PA der Rand
el **marido** II7, PP der Ehemann
un **marisco** II3 eine Meeresfrucht
una **marisquería** II3 *ein Spezialitätenrestaurant für Meeresfrüchte*
marrón I6 braun
un / una **marroquí** *(pl.* marroquíes) IV3 ein Marokkaner, eine Marokkanerin
martes *(m.)* I5A, PP Dienstag
marzo *(m.)* I7B, PP März
más I5B mehr
¿Algo **más**? I7A, PP Noch etwas?
cada vez **más** *(+ adj. / sust.)* III1 immer mehr
lo **más** mínimo V1, R das Geringste, im Geringsten
más (+ *adj.* +) que II6, PP *Steigerungsform der Adjektive (mehr)*
una **mascota** IV1 ein Haustier
matar a alguien IV7, PP jdn. töten
(las) **matemáticas** I5A, PP Mathematik *(Schulfach)*
el **material** V1, R das Material
la lengua **materna** V3, R die Muttersprache
las **mates** *(fam.)* V2, R Mathe
un **matrimonio** III3 ein Ehepaar
máximo, -a IV5 maximal, höchste,r,s, Höchst-
(*superlativo de* grande) V1, R größte, -r, -s, höchste, -r, -s
al **máximo** V1, R so viel wie möglich
mayo *(m.)* I7B, PP Mai
mayor II8 alt; älter
IV6 größer, mehr / größten, meisten
el / la **mayor** I4B der / die Ältere
con **mayor** frecuencia V1, PP häufiger
la **mayoría** III5, 7 die Mehrheit, die meisten
me I8A mir *(Dativpron.)*
II3 mich *(Akkusativpron.)*
Me pone… I7A, PP Ich möchte … / Geben Sie mir …
una **medicina** IV2, 12 ein Medikament
un **médico**, una **médica** IV2, 12 ein Arzt, eine Ärztin
medio, -a I7A halbe, -r, -s
el **medio** ambiente IV6, PP die Umwelt
un **medio** de transporte IV6 ein Verkehrsmittel
medioambiental IV6, PP Umwelt-
(el) **mediodía** II1 (der) Mittag, mittags
el **Mediterráneo** IV3, PP das Mittelmeer, der Mittelmeerraum
mejor I4A beste, -r, -s
a lo **mejor** I3B vielleicht
lo **mejor** de lo **mejor** II4 das Beste vom Besten
mejorar algo IV6 etw. verbessern
menor (*comparativo de* pequeño) V1, PP kleiner, geringer, jünger
con **menor** frecuencia V1, PP weniger häufig
menos II4 weniger
menos (+ *adj.*) + que II6, PP *Steigerungsform der Adjektive (weniger)*
menos mal I5B zum Glück
un **mensaje** I2B eine Nachricht
una **mentira** IV5 eine Lüge
Parece **mentira.** IV5 Das darf doch wohl nicht wahr sein! Das glaube ich nicht!
menudo, -a *(+ sust.)* V1, R was für *(+ Subst.)*
a **menudo** V2, R oft
un **mercado** I7A, PP ein Markt
un **mes** I5A ein Monat
una **mesa** I8A, 6 ein Tisch
poner *(irr.)* la **mesa** I8A, 6 den Tisch decken
un **mesero**, una **mesera** *(lat. am.)* IV1 ein Kellner, eine Kellnerin
un **mestizo**, una **mestiza** V5, PA ein Mischling
una **metáfora** V8, PA eine Metapher
meter algo en algo I8B, PP etw. in etw. (hinein)stecken, etw. in etw. (hinein)legen
el **metro** I3A die U-Bahn

un **metro** II5 ein Meter
un **metro** cuadrado IV1 ein Quadratmeter
mexicano, -a V4, R mexikanisch
mezclar algo con algo V3, PA etw. mit etw. vermischen
una **mezquita** III4, PP eine Moschee
mi I3A mein, meine *(sg.)*
el **miedo** III4 die Angst
pasar **miedo** IV1 Angst haben
mientras *(+ verbo)* II6 während *(+ Verb)*
miércoles *(m.)* I5A, PP Mittwoch
mil II5, PP tausend
miles *(m. pl)* de V4, R Tausende von
militar V8 militärisch
millares *(m. pl)* de V4, R Tausende von
(un) **millón** *(pl.* millones) II9 (eine) Million
millones *(m. pl)* de V4, R Millionen von
mínimo, -a *(superlativo de* pequeño) V1, R minimal, winzig
lo más **mínimo** V1, R das Geringste, im Geringsten
un **ministro**, una **ministra** III8, 4 ein Minister, eine Ministerin
una **minoría** V1, PP eine Minderheit
un **minuto** II4 eine Minute
mío, -a; el **mío**, la **mía** III7 (das) meine, -r, -s; von mir
mirar I3A schauen
mirad I5B schaut (mal)
mirar algo / a alguien I3A schauen, etw. / jdn. anschauen
mis I3A meine *(pl.)*
una **misa** III7, PP eine Messe
la **miseria** III8, 4 das Elend, die Armut
una zona de **miseria** III8, 4 ein Elendsviertel
ahora **mismo** I5B jetzt gleich, jetzt sofort
mismo, -a II4, PP der-, die-, dasselbe
la **mitad** III5, 7 die Hälfte
una **mochila** III8, 2 ein Rucksack
la **moda** V6, R die Mode
una tienda de **moda** V6, R ein Bekleidungsgeschäft
un **modelo** V7, PA ein Modell, ein Vorbild
moderno, -a I4B modern
el **modo** V3, R die Art und Weise
de **modo** que V1, R sodass
mojado, -a II2 nass
molar a alguien *(fam.)* III1, PP jdm. sehr gefallen
molestar a alguien II3 jdn. stören
un **momento** II3 ein Moment, ein Augenblick
una **momia** III1 eine Mumie
la **monarquía** IV8, PP die Monarchie
la **moneda** IV8, PP die Währung
un **monje** IV7, PP ein Mönch
una **montaña** II1, PP ein Berg, ein Gebirge
montar a caballo II1 reiten
un **montón** (de) *(col.)* I4B ein Haufen, sehr viele
un **monumento** II1, 11 ein Denkmal, eine Sehenswürdigkeit
moreno, -a I5B, PP dunkelhaarig
morir (-ue-/-u-) II8 sterben
¡Qué **morro**! I2B Ganz schön frech!
mostrar (-ue-) algo a alguien III8, 4 jdm. etw. zeigen
(estar) **motivado, -a** V1, R motiviert (sein)
un **motivo** V4, TA ein Motiv
moverse (-ue-) V8, PA sich bewegen

un **móvil** I2A ein Handy, ein Mobiltelefon
un **movimiento** V5, PA eine Bewegung
un **MP3** [emepetres] <II10> ein MP3-Player
un **muchacho**, una **muchacha** III6 ein Junge, ein Mädchen
mucho *(adv.)* I2B viel, sehr
como **mucho** V2, PA höchstens, wenn überhaupt
mucho, -a I5A viel
mudarse III1, PP umziehen
mudo, -a IV7 stumm
un **mueble** I4B, PP ein Möbelstück
una tienda de **muebles** I4B, PP ein Möbelgeschäft
la **muerte** III8, 4 der Tod; der Todesfall
un **muerto**, una **muerta** V3, PA ein Toter, eine Tote
una **mujer** I7A eine Frau
la **mujer** <I9, PP>; II6 die Ehefrau
una **multinacional** II8 ein (internationaler) Konzern
mundial V5, PA weltweit, Welt-
el **mundo** <I9>; II6 die Welt
el Primer **Mundo** III6 die Erste Welt
una **muñeca** I8B eine Puppe
un **mural** V4, TA ein Wandgemälde
murmurar algo V2, R etw. murmeln
un **museo** I1 ein Museum
la **música** I2A, PP die Musik
IV4 PP die Melodie
musical IV4 musikalisch, Musik-
un **músico**, una **música** IV4 ein Musiker, eine Musikerin
muy *(adv.)* I2B sehr

N

nacer (-zco) II7, PP geboren werden
el **nacimiento** V2, TA die Geburt
el lugar de **nacimiento** V2, TA der Geburtsort
la fecha de **nacimiento** V2, TA das Geburtsdatum
un certificado de **nacimiento** V6, PA eine Geburtsurkunde
una **nación** V8, PA eine Nation
la **nacionalidad** V3, PA die Nationalität
un / una **nacionalista** V3, R ein Nationalist, eine Nationalistin
nada II5 nichts
De eso **nada**. III3 Nichts da!
nadar I2A, PP schwimmen
nadie II5 niemand
naranja I6, 10 orange
una **naranja** I7A, PP eine Orange
la **nariz** IV2 die Nase
estar hasta las **narices** de algo IV2 die Nase von etw. voll haben
natural V4, PA natürlich
una reserva (**natural**) III8, 1 ein Naturschutzgebiet
la **naturaleza** IV6, PP die Natur
(las) ciencias de la **naturaleza** I5A, PP Naturwissenschaften *(Schulfach)*
naturalmente II8 natürlich *(adv.)*
la **Navidad** III3 (das) Weihnachten
(las) **Navidades** II5 Weihnachten, die Weihnachtszeit
necesario, -a III6 notwendig

necesitar algo I2A etw. brauchen, etw. benötigen
negar (-ie-; g-gu) algo V4, PA etw. leugnen, etw. bestreiten
negar (-ie-; g-gu) con la cabeza V3, PA den Kopf schütteln
negro, -a I6, 10 schwarz
tener(le) *(irr.)* a alguien de los **nervios** V1, R jdm. auf die Nerven gehen
nervioso, -a II1 nervös
nevar (-ie-) II1, 8 schneien
una **nevera** IV1, 5 ein Kühlschrank
ni … **ni** II5 weder … noch
Ni idea. I2B Keine Ahnung.
la **niebla** II1, 8 der Nebel
hay **niebla** II1, 8 es ist nebelig
un **nieto**, una **nieta** I3A, PP ein Enkel, eine Enkelin
los **nietos** I3A, PP die Enkel
ningún, ninguno, -a II6 keine, -r, -s
de **ninguna** manera V5, PA keinesfalls
un **niño**, una **niña** I4B ein kleiner Junge, ein kleines Mädchen, ein Kind
un **niño** de la calle III6 ein Straßenkind
un **nivel** V4, PA ein Niveau, eine Höhe
el **nivel** del mar IV6 der Meeresspiegel
no I1 nein
I1 nicht *(Verneinung)*
No es verdad. I2B Das ist nicht wahr. / Das stimmt nicht.
una **noche** I6 eine Nacht
Buenas **noches**. I3B, 4 Guten Abend. Gute Nacht.
un **nombre** I3B, PP ein Name
normal I4B normal
el **norte** II8, PP der Norden
nos I8A uns *(Dativpron.)*
II3 uns *(Akkusativpron.)*
nosotros, -as I2B wir
una **nota** IV8 eine Note
sacar (c-qu) buenas / malas **notas** V2, R gute / schlechte Noten bekommen
notar algo / a alguien III1 etw. / jdn. bemerken
una **noticia** I3B eine Nachricht
novecientos, -as II5, PP neunhundert
noveno, -a II2 neunte, -r, -s
noventa I3B, PP neunzig
un **novio**, una **novia** II4, PP ein Verlobter, eine Verlobte, ein fester Freund, eine feste Freundin
la **novia** III7, PP die Braut
el **novio** III7, PP der Bräutigam
los **novios** III7, PP das Brautpaar
noviembre *(m.)* I7B, PP November
nuestro, -a I3B unser, unsere *(sg.)*
nuestros, -as I3B unsere *(pl.)*
nuestro, -a; el **nuestro**, la **nuestra** III7 (das) unsere, -r, -s; von uns
nueve I3B, PP neun
nuevo, -a II3 neu
de **nuevo** II8 erneut
un **número** I3B, PP eine Zahl, eine Nummer
un **número** de teléfono I3B, PP eine Telefonnummer
nunca II5 niemals

O

o I3B oder
ó II5 oder *(zwischen zwei Zahlen)*

un **objetivo** V5, PA ein Ziel
objetivo, -a V7, R objektiv
obligar (g-gu) a alguien a (hacer) algo IV7, PP jdn. zu etw. zwingen, jdn. dazu bringen etw. zu tun
una **obra** II4, PP ein (Kunst)Werk
  una **obra** de teatro I5A ein Theaterstück
un **obrero**, una **obrera** III6 ein Arbeiter, eine Arbeiterin
observar algo / a alguien III4 etw. / jdn. beobachten
una **ocasión** V4, R eine Gelegenheit
Oceanía *(f.)* III4, PP Ozeanien
un **océano** IV7 ein Ozean, ein Weltmeer
ochenta I3B, PP achtzig
ocho I3B, PP acht
ochocientos, -as II5, PP achthundert
octavo, -a II2 achte, -r, -s
octubre *(m.)* I7B, PP Oktober
ocuparse de algo / alguien V1, R sich um etw. / jdn. kümmern
ocurrir V1, PA passieren
odiar algo / a alguien I4B etw. / jdn. hassen
el **oeste** II8, PP der Westen
oficial IV7 offiziell
una **oficina** de turismo II4 ein Tourismusbüro, eine Touristeninformation
un **oficio** III6 ein Beruf
ofrecer (-zco) algo a alguien II7 jdm. etw. anbieten
oír *(irr.)* algo I6 etw. hören
un **ojo** I6 ein Auge
oler *(irr.)* (bien / mal) IV2, PP (gut) riechen / stinken
los Juegos **Olímpicos** V3, R die Olympischen Spiele
el **olor** IV2 der Geruch
olvidar algo / a alguien II6 etw. / jdn. vergessen
  olvidarse de algo IV4 etw. (völlig) vergessen, abschalten
once I3B, PP elf
una **ONG** III5 eine NGO, eine Nichtregierungsorganisation
una **operación** IV5 eine Operation
una **opinión** III7 eine Meinung
una **oportunidad** V2, PA eine Gelegenheit, eine Chance
la **oposición** V8, PA die Opposition
(la) **optativa** I5A, PP das Wahlpflichtfach
optimista III3 optimistisch
un **ordenador** I8A ein Computer
ordenar algo I8A, PP etw. aufräumen
  ordenar algo a alguien V3, R jdm. etw. befehlen
una **oreja** IV4 ein Ohr
una **organización** V1, R eine Organisation
organizar (z-c) algo III8, 2 etw. organisieren
(estar) **orgulloso**, -a de algo / alguien IV2 stolz auf etw. (sein)
el **Oriente** IV7 der Osten, der Orient
un **original** III8, 2 ein Original
la versión **original** V7, PP die Originalversion
el **oro** IV7, PP das Gold
una **orquesta** V6, R ein Orchester
os I8A euch *(Dativpron.)*
  II3 euch *(Akkusativpron.)*
(rojo, gris, …) **oscuro** IV7Estr dunkel(rot, grau, …)
el **otoño** II9, 9 der Herbst
otro, -a *(adj. + pron.)* I7B ein andere, -r, -s, noch ein, -e, -r, -s
  otra vez I7B noch einmal, wieder
oye I3A hör mal

P

la **paciencia** III5, PP die Geduld
  (no) tener *(irr.)* **paciencia** III5, PP (un)geduldig sein, (keine) Geduld haben
un / una **paciente** IV2, 12 ein Patient, eine Patientin
el **padre** I3A, PP der Vater
  los **padres** I3A, PP die Eltern
un **padrino** III7, PP ein Taufpate, ein Trauzeuge
una **paella** I1 eine Paella *(span. Reisgericht)*
la **paga** III1, PP das Taschengeld
pagar (g-gu) (algo) I7A (etw.) (be)zahlen
una **página** IV6 eine Seite
un **país** I8A ein Land
  el **País** Vasco V3, PA das Baskenland
un **paisaje** III4, PP eine Landschaft
un **pájaro** <IV9, PP> ein Vogel
una **palabra** II4, PP ein Wort
un **palacio** III4, PP ein Palast, ein Schloss
el **pan** I7A, PP das Brot
  una barra de **pan** III1, PP eine Baguette
una **panadería** I4B, PP eine Bäckerei
una **pandilla** III6 eine Bande, eine Gang
un **pantalón** I6 eine Hose
una **papa** *(lat. am.)* IV7 eine Kartoffel *(lat. am.)*
  no entender (-ie-) ni **papa** III1 nur Bahnhof verstehen
el **papá** I7B der Papa *(auch als Anrede)*
  los **papás** *(lat. am)* III7 die Eltern *(lat. am.)*
un **papel** I3A ein Papier
  III6 ein Papier, ein Dokument
  I5B eine Rolle *(im Theaterstück)*
  interpretar un **papel** V7, R eine Rolle spielen
el **papeleo** V4, R der Papierkram, der Papierkrieg
una **papelería** I4B, PP ein Schreibwarengeschäft
una **papeleta** de voto V8, PA ein Stimmzettel
un **paquete** IV5 ein Paket
un **par** de I4B einige
para I5B für
  para (+ *inf.*) I7A um … zu
  ¿**para** qué? II3 wofür?
una **parada** II4, 12 eine Haltestelle
un **paraíso** III8, 2 ein Paradies
parar II5 anhalten
parecer(le) (-zco) algo a alguien I8A jdm. etw. erscheinen, jdm. wie etw. vorkommen
una **pareja** III4 ein Paar
  III5 ein Partner, eine Partnerin
un / una **pariente** II8 ein Verwandter, eine Verwandte
parlamentario, -a IV8, PP parlamentarisch
un **parque** I4B, PP ein Park
una **parte** I8B ein Teil
  por mi / tu / su / … **parte** V4, PA meinerseits, deinerseits, seinerseits, ihrerseits
  en la **parte** inferior V4, TA im unteren Teil
  en la **parte** superior V4, TA im oberen Teil
  parte de I8B ein Teil von
la **participación** V5, PA die Teilnahme
participar en algo III3 an etw. teilnehmen
particularmente V5, PA insbesondere, vor allem
un **partido** I4A, PP ein Spiel *(beim Sport)*
  IV8, PP eine Partei
partir (de un lugar) (a hacer algo) V1, PA aufbrechen, abreisen
ser *(irr.)* una **pasada** II1 der Hammer sein
pasado, -a II7 vergangene, -s, -r, letzte, -r, -s
un **pasaje** IV5 eine Fahrkarte
un **pasajero** IV5 ein Passagier, ein Fahrgast
un **pasaporte** III8, 2 ein Reisepass
pasar I2A verbringen
  II2 passieren, geschehen
  IV1 hereinkommen
  pasar algo a alguien <II10> jdm. etw. (hinüber)reichen, geben
  pasar *(tren)* II5 (durch)fahren, vorbeikommen *(Zug)*
  pasar a ser algo IV7 zu etw. werden
  pasar de algo V2, PP auf etw. verzichten, etw. nicht nötig haben
  pasar la aspiradora I8A, 6 staubsaugen
  pasar miedo IV1 Angst haben
  pasar (por algo) I4B (an etw.) vorbeigehen
  pasar por la cabeza a alguien V2, PA jdm. durch den Kopf gehen, jdm. nicht im Traum einfallen
  pasarlo bien III1 Spaß haben
  pasarse I7B zu weit gehen
un **pasatiempo** V7, R ein Zeitvertreib, ein Hobby
un **paseo** II4, PP eine Promenade, eine Allee
  III6 ein Spaziergang
un **pasillo** I4A, 5 ein Flur, ein Gang
una **pastilla** V2, PP eine Pille, eine Tablette
una **patata** IV7 eine Kartoffel
ser *(irr.)* un rollo **patatero** *(col.)* V7, R total langweilig sein
una **patera** IV3, PP ein kleines Boot
un **patio** I5B ein (Schul)Hof
la **paz** III4 der Friede
el **pecho** IV2, 12 die Brust
pedir (-i-/-i-) algo II3 etw. bestellen
  pedir (-i-/-i-) algo a alguien III1, PP jdn. um etw. bitten
pegar (g-gu) a alguien V2, R jdn. schlagen, jdn. verprügeln
una **peli** III2 ein Film *(Kurzform)*
una **película** III1 ein Film
  una **película** de terror V7, PP ein Horrorfilm
  una **película** de fantasía V7, PP ein Fantasyfilm
  una **película** de acción V7, PP ein Actionfilm
  una **película** de amor V7, PP ein Liebesfilm
  doblar una **película** V7, PP einen Film synchronisieren
un **peligro** V3, PA eine Gefahr
peligroso, -a III4 gefährlich
el **pelo** I5B, PP die Haare
  tomar el **pelo** a alguien III2 jdn. auf den Arm nehmen
una **peña** II6 eine Clique
un **pendiente** III2 ein Ohrring
un **pensamiento** V5, PA ein Gedanke, ein Vorhaben
pensar (-ie-) en algo I5A an etw. denken
  pensar (-ie-) hacer algo I5A etw. vorhaben, etw. zu tun beabsichtigen

pensar (-ie-) que … I7B denken / meinen, dass …
peor I 6 schlimmer
pequeño, -a I4B klein
perder (-ie-) algo / a alguien II6 etw./jdn. verlieren
perder (-ie-) (el autobús) II5 (den Bus) verpassen
perderse (-ie-) algo III8, 2 etw. verpassen, sich etw. entgehen lassen
una **pérdida** V8, PA ein Verlust
(estar) **perdido, -a** V2, R verloren (sein), in einer ausweglosen Lage (sein)
Perdón. I4B, PP Entschuldigung.
Perdona. I5A Entschuldige.
perdonar(le) (algo) a alguien <I9> jdm. (etw.) verzeihen
la **perfección** V7, R die Perfektion
perfecto, -a I5A perfekt
un **perfume** IV2 ein Parfüm
un **periódico** II9, PP eine Zeitung
un / una **periodista** IV8 ein Journalist, eine Journalistin
perjudicar (c-qu) algo / a alguien V2, PP etw. / jdn. schädigen, etw. zerstören
un **permiso** IV5 eine Erlaubnis
con su **permiso** IV5 gestatten Sie
con tu **permiso** IV5 gestattest du
un **permiso** de residencia V6, R eine Aufenthaltsgenehmigung
un **permiso** de trabajo II8 eine Arbeitserlaubnis
permitir algo a alguien / que V3, R jdm. etw. erlauben, erlauben, dass
pero I2A aber
un **perro** I3A ein Hund
una **persona** I8A eine Person
un **personaje** V7, PP eine Person, eine Figur
personal V3, PA persönlich
una **perspectiva** V2, PA eine Perspektive
pertenecer (-zco) a algo / a alguien V5, PP jdm. / zu etw. gehören
pesado, -a V1, R schwer lästig
a **pesar** de que V1, R trotz, obwohl
una **peseta** III1, PP eine Pesete *(frühere spanische Währung)*
picante I7A scharf
un **pie** IV2, 12 ein Fuß
una **piedra** V5, PP ein Stein
una **pierna** II1 ein Bein
un **pijama** I6, PP ein Pyjama, ein Schlafanzug
pillar algo / a alguien III8, 2 etw. / jdn. treffen, etw. / jdn. erwischen
un **pimiento** I7A eine Paprika(schote)
una **piña** IV1 eine Ananas
pintar algo II4 etw. malen
un **pintor**, una **pintora** I4, PP ein Maler, eine Malerin
la **pintura** <IV9>; V5, R die Malerei, das Gemälde
una **pirámide** V5, PP eine Pyramide
los **Pirineos** II1 die Pyrenäen
una **piscina** IV6 ein Schwimmbad, ein Swimmingpool
un **piso** I8A eine Wohnung, ein Stockwerk
un **piso** compartido V1 eine Wohngemeinschaft
una **pistola** IV1 eine Pistole
un **pitido** II5 ein Pfiff
una **pizarra** I3A, 10 eine Tafel

un **plan** III8, 2 ein Plan
planchar algo I8A, PP etw. bügeln
un **planeta** V3, PA ein Planet
un **plano** II4 ein Plan
el primer **plano** IV7 Estr der Vordergrund
el segundo **plano** IV7 Estr der Hintergrund
(la) educación **plástica** y visual I5A, PP Kunsterziehung *(Schulfach)*
un **plato** I8A, 6 ein Teller
II3, PP ein Gericht
el segundo **plato** II3, PP das Hauptgericht
el primer **plato** II3, PP die Vorspeise
lavar los **platos** I8A, 6 spülen, *(Geschirr)* abwaschen
la **playa** I1 der Strand
en la **playa** I1 am Strand
una **plaza** I3B, PP ein Platz
a largo **plazo** V8, PA langfristig
un **plebiscito** V8, PA eine Volksabstimmung
una **pluma** I3A, 10 ein Füller
IV2 eine Feder
la **población** V4, PA die Bevölkerung
poblar (-ue-) algo IV7 etw. besiedeln
pobre II9 arm
(delante del sust.) III2, 10 arm, bedauernswert
la **pobreza** III6 die Armut
poco *(adv.)* I2B wenig
poco, -a I5A wenig
un **poco** I7B ein bisschen
poder *(irr.)* hacer algo I5B etw. tun können
el **poder** V5, R die Macht
un **poema** V8, PA ein Gedicht
un **poeta** V8, PA ein Dichter
un / una **policía** I5B ein Polizist, eine Polizistin
la **política** IV8 die Politik
político, -a IV8, PP politisch
un **político**, una **política** V5, PA ein Politiker, eine Politikerin
un **pollo** IV2 ein Hühnchen
quitar el **polvo** I8A, 6 Staub wischen
poner *(irr.)* algo I8B, PP etw. setzen, stellen, legen
poner *(irr.)* la mesa I8A, 6 den Tisch decken
poner *(irr.)* la tele(visión) IV8 den Fernseher anschalten
ponerse *(irr.)* a hacer algo III4 anfangen etw. zu tun
Ponen … I4A, PP Es läuft … (im Kino)
ponen (una película) I4A, PP sie zeigen (einen Film)
¿Qué te **pongo**? I7A, PP Was möchtest du? / Was darf es sein?
ponerse *(irr.)* algo I6, PP (sich) etw. anziehen
No te **pongas** así. IV5 Reg dich nicht so auf.
popular V2, R beliebt
una canción **popular** V5, R ein Volkslied
por III2 wegen
hacer *(irr.)* algo **por** alguien III3 etw. für jdn. / anstelle von jdm. tun
por III4 durch
por *(+ inf.)* IV2 wegen
un … **por** ciento III5, 7 … Prozent
por cierto I5A apropos, übrigens
por desgracia III7 leider
por eso I3B deswegen, deshalb
por favor I2A bitte
por fin I5B endlich
por la tarde I4A, PP nachmittags

por *(+ Poss.pron.)* cuenta II9 auf eigene Faust
¿**por** qué? I2B warum?
por si V7, R falls
por suerte II3 zum Glück
por supuesto III7 selbstverständlich
un **porcentaje** V4, PA ein Prozentsatz, ein Anteil
porque I2B weil
un **portero** I5A ein Torwart
la **posesión** IV7 der Besitz
una **posibilidad** III1 eine Möglichkeit
posible IV8 möglich
positivo, -a III1 positiv
una **postal** II1 eine Postkarte
un **póster** I7B ein Poster
el **postre** II3, PP der Nachtisch
el agua *(f.)* **potable** III8, 4 das Trinkwasser
un **pozo** IV3 ein Brunnen
practicar (c-qu) algo I2A, PP etw. üben
practicar (c-qu) deporte I2A, PP Sport treiben
unas **prácticas** V2, PA ein Praktikum
el **precio** II5, PP der Preis
precioso, -a I7B wunderschön
precisamente V5, PA genau, eben
preferido, -a I4B Lieblings-, bevorzugt
preferir (-ie-/-i-) algo (a algo / a alguien), **preferir** hacer algo I5A etw. / jdn. lieber mögen (als etw. / jdn.); etw. lieber tun
una **pregunta** II2 eine Frage
preguntar algo / a alguien I3A etw./jdn. fragen
preguntarse algo IV3 sich etw. fragen
(estar) **preocupado, -a** II2, PP besorgt (sein)
preocuparse II5 sich Sorgen machen
preparar algo I8A, PP etw. vorbereiten
preparar la comida I8A, 6 das Essen zubereiten
una **preparatoria** V4, R *(in Mexiko)* weiterführende Schule
presentar algo / alguien a alguien II4 etw. / jdn. jdm. vorstellen
presentarse IV1 sich vorstellen
un **presidente**, una **presidenta** I7 ein Präsident, eine Präsidentin
el **Presidente** del Gobierno IV8 der Regierungschef, der Ministerpräsident
la (Escuela) **Primaria** V2, R die Grundschule
la **primavera** II9, 9 der Frühling
primer / primero, -a II2G erste, -r, -s
el **Primer** Mundo III6 die Erste Welt
el **primer** plato II3, PP die Vorspeise
la **Primera** Comunión II4 die Erste Heilige Kommunion, die Erstkommunion
primero *(adv.)* I3B zuerst
1º II2 die erste Klasse der Sekundarstufe *(entspricht der 7. Klasse in Deutschland)*
un **primo**, una **prima** I1 ein Cousin, eine Cousine
principal I5B Haupt-
un **príncipe**, una **princesa** I6 ein Prinz, eine Prinzessin
el **principio** II9 der Beginn, der Anfang
a **principios** de *(+ Zeitraum)* II7, PP Anfang *(+ Zeitraum)*
un **prisionero**, una **prisionera** V5, R ein Gefangener, eine Gefangene
probablemente V8, PA wahrscheinlich
probar (-ue-) algo I7B probieren

probarse (-ue-) algo I 6 etw. (an)probieren
un **problema** (*m.*) I 5A ein Problem
resolver (-ue-) un **problema** V 2, R ein Problem lösen
proclamar (algo a alguien) IV 8, PP (jdn. zu etw.) ausrufen, proklamieren
producir (*irr.*) algo V 4, PA etw. herstellen, etw. produzieren
producirse (*irr.*) V 4, PA entstehen
un **producto** IV 7 ein Produkt, ein Erzeugnis
un / una **profe** (*col.*) I 5A ein Lehrer, eine Lehrerin
profesional V 2, PA beruflich
un **profesor**, una **profesora** I 2B ein Lehrer, eine Lehrerin
la sala de **profesores** III 1 das Lehrerzimmer
un **programa** II 9, PP eine Sendung
el **progreso** V 6, PA der Fortschritt
(estar) **prohibido, -a** V 3, R verboten (sein)
prohibir (-í-) algo a alguien V 3, R jdm. etw. verbieten
prometer algo a alguien <II 10> jdm. etw. versprechen
un **prometido**, una **prometida** IV 3 ein Verlobter, eine Verlobte
pronto I 5A bald
hasta **pronto** I 5A bis bald
pronunciar algo I 3A etw. aussprechen
pronunciarse contra algo V 5, PA sich gegen etw. aussprechen
una **propiedad** V 5, PA ein Besitz
propio, -a III 6 eigene, -r, -s
(*Art.* +) **propio, -a** (+ *sust.*) V 5, R selbst
proponer(le) (*irr.*) algo a alguien I 8B jdm. etw. vorschlagen
la **protección** V 3, PA der Schutz
proteger (g-j) algo / a alguien IV 6, PP etw. / jdn. schützen
una **protesta** V 8, PA ein Protest
protestar IV 5 protestieren, sich beschweren
proveniente de V 4, PA herkommend von, stammend aus
una **provincia** III 1 eine Provinz
próximo, -a II 5 nächste, -r, -s
un **proyecto** II 9 ein Projekt
un **pub** (*lat.am*) II 9 eine Bar (*lat. am.*)
la **publicidad** II 4 die Werbung
una campaña **publicitaria** V 7, PA eine Werbekampagne
el **público** <I 9> das Publikum
público, -a V 2, PA öffentlich
¡Pucha! II 8 Hoppla!; Na so was! (*argentin. Ausruf*)
un **pueblo** I 1 ein Dorf, ein kleiner Ort
V 5, PA ein Volk
una **puerta** I 3B eine Tür
un **puerto** III 8, 1 ein Hafen
pues I 4A also, nun
un **puesto** I 7A ein (Markt)Stand
un **puesto** de trabajo IV 6 ein Arbeitsplatz, eine Stelle
un **punto** III 5 ein Punkt
y **punto** III 3 und Schluss
puntual IV 1 pünktlich

Q

es **que** I 4A es ist (nämlich) so, dass … / das kommt daher, dass …
que I 4B der, die, das (*Relativpron.*)
… **que** viene I 5A kommende, -r, -s …, nächste, -r, -s …
el / la **que** III 3 der(jenige), welcher, die(jenige), welche
que I 7B dass
¿qué …? I 1 was …?
¿Qué es? I 1 Was ist das?
¿Qué pasa? I 2A Was ist los? Was passiert?
¿Qué tal? I 3B Wie geht's?
¿Qué te pongo? I 7A, PP Was möchtest du? / Was darf es sein?
Por **qué** I 2B Warum?
¡Qué …! I 4B Wie …!, Was für …!
¡Qué lástima! I 7B Schade! Wie schade!
¡Qué rollo! (*col.*) II 5 Wie blöd! (*ugs.*)
¡Qué va! I 7A Ach was! / Keine Rede!
quedar IV 6 werden
No me **queda** más remedio. V 1, R mir bleibt nichts anderes übrig
quedar con alguien I 4A sich mit jdm. verabreden
quedarse II 1, PP bleiben
una **queja** V 4, TA eine Klage, eine Beschwerde
quejarse de algo / alguien II 2 sich über etw. / jdn. beschweren
querer (*irr.*) (hacer) algo I 5A etw. (tun) wollen
querer (*irr.*) algo / a alguien IV 4 etw. / jdn. lieben
querido, -a II 1 lieb; liebe, -r (*auch als Anrede*)
el **queso** I 7A der Käse
¿quién?, (*pl.* **¿quienes?**) I 2A wer?
¿Quién va ahora? I 7A, PP Wer ist jetzt dran?
quince I 3B, PP fünfzehn
un **quinceañero**, una **quinceañera** III 7 ein 15-Jähriger, eine 15-Jährige
quinientos, -as II 5, PP fünfhundert
quinto, -a II 2 fünfte, -r, -s
un **quinto** V 1, PP ein Fünftel
un **quiosco** III 1, PP ein Kiosk
quitar algo a alguien I 8B, PP jdm. etw. wegnehmen, etw. wegtun, etw. entfernen
quitar el polvo I 8A, 6 Staub wischen
quizá(s) V 1, R vielleicht

R

el **racismo** IV 4 der Rassismus
la **radio** II 9, PP (das) Radio
una **raíz** (*pl.* raíces) V 5, PA eine Wurzel
rápido (*adv.*) I 3A schnell (*adv.*)
rápido, -a IV 3 schnell
raro, -a I 7B seltsam, komisch
un **rascacielos** IV 6 ein Hochhaus, ein Wolkenkratzer
un **rato** I 2A ein Augenblick, eine Weile
un **ratón** IV 2, PP eine Maus
una **raza** IV 7 eine Rasse
una **razón** III 6 ein Grund, eine Ursache
tener (*irr.*) **razón** I 8A Recht haben
reafirmar algo V 5, PA etw. stärken, etw. bekräftigen
real V 8, PA wirklich, echt
la **realidad** IV 1 die Realität, die Wirklichkeit
en **realidad** IV 1 in Wirklichkeit, eigentlich
realista V 4, R realistisch
realizar (z-c) algo V 6, R etw. verwirklichen
rebelarse (contra algo / alguien) V 5, R (gegen etw. / jdn.) rebellieren
rebelde IV 4 rebellisch
el **recelo** V 3, R das Misstrauen
rechazar (z-c) algo V 3, PP etw. ablehnen, etw. zurückweisen
recibir algo I 8A etw. empfangen, etw. bekommen
reciclar IV 6, PP recyceln
recitar algo V 8, PA etw. vortragen, etw. rezitieren
reclamar algo V 3, PP etw. fordern, etw. verlangen
recoger (g-j) algo / a alguien IV 5 etw. / jdn. abholen, etw. / jdn. aufnehmen
recomendar (-ie-) algo a alguien III 5 jdm. etw. empfehlen
reconocer (-zco) algo / a alguien V 3, PA etw. / jdn. anerkennen
el **reconocimiento** V 3, PP die Anerkennung
recordar (-ue-) algo I 5B sich an etw. erinnern
el **recreo** I 5A die Pause
todo **recto** I 4B, PP geradeaus
un **recuerdo** V 3, R eine Erinnerung
recuperar algo V 2, R etw. wiedererlangen, etw. zurückbekommen; (*Schule*) etw. im zweiten Anlauf bestehen
una **red** V 4, PA ein Netz
una **redacción** II 2 ein Aufsatz
redondo, -a IV 7 rund
reducir algo V 4, PA etw. reduzieren
un **referéndum** IV 8, PP ein Referendum, eine Volksabstimmung
referirse (-ie-/-i-) a algo V 4, R sich auf etw. beziehen
reflexionar sobre algo V 3, PA über etw. nachdenken
una **reforma** IV 8, PP eine Reform
un **refresco** <I 9> ein Erfrischungsgetränk
un campo de **refugiados** IV 3 ein Flüchtlingslager
regalar algo I 7A etw. schenken
un **regalo** I 7B ein Geschenk
el **reggaeton** III 7 der Reggaeton (*lat. am. Musikrichtung*)
una **región** V 1, R ein Gebiet, eine Gegend
un **reglamento** IV 5 die Vorschriften, die Bestimmungen
regular I 3B, 4 mittelmäßig, es geht so
una **reina** III 5 eine Königin
reinar (sobre) V 1, PA regieren, herrschen (über)
un **reino** IV 7 ein (König-)Reich
reírse (*irr.*) de algo / alguien III 2 über etw. / jdn. lachen
una **relación** V 7, PA eine Beziehung, ein Verhältnis
relajarse IV 4 sich entspannen
relativamente V 6, R relativ (*adv.*)
(la) **religión** I 5A, PP (die) Religion (*Schulfach*)
religioso, -a V 7, R religiös
un **remedio** V 1, R eine Abhilfe, ein Heilmittel
No me queda más **remedio**. V 1, R mir bleibt nichts anderes übrig
rendirse (-i-/-i-) IV 4 sich ergeben
la **renta** (*mex.*) V 4, R die Miete
de **repente** II 9 plötzlich
repetir (-i-/-i-) algo II 3 etw. wiederholen
un / una **representante** V 1, PA ein Vertreter, eine Vertreterin
representar algo / a algo / alguien V 3, R etw. repräsentieren, etw. darstellen
la **represión** V 3, R die Unterdrückung
reprobar (-ue-) algo V 5, PA etw. missbilligen

requerir (-ie-/-i-) algo V8, PA etw. erfordern
una **reseña** V7, PP eine Rezension
una **reserva** (natural) III 8, 1 ein Naturschutzgebiet
reservar algo V1, TA etw. reservieren
un permiso de **residencia** V6, R eine Aufenthaltsgenehmigung
la **resistencia** V7, PA der Widerstand
resistir algo V1, R etw. aushalten
resolver (-ue-) un problema V2, R ein Problem lösen
respetar algo / a alguien V5, R jdn. / etw. respektieren
el **respeto** V8, PA der Respekt
respirar (algo) V4, R atmen, etw. einatmen
responder algo a alguien II 1 jdm. etw. antworten
la **responsabilidad** V2, PP die Verantwortung, das Verantwortungsbewusstsein
responsable III 5, PP verantwortungsbewusst
una **respuesta** I 2B eine Antwort
un **restaurante** I 3B ein Restaurant
el **resto** (de) V2, R der Rest; die übrigen
un **resultado** V8, PA ein Ergebnis
resultar fácil / difícil a alguien V2, R jdm. leicht- / schwerfallen
en **resumen** V7, R kurz gesagt, kurz und gut
retirar algo <IV9> etw. zurückziehen, etw. wegnehmen
retirarse IV 2 sich zurückziehen
un **retrato** <IV9> ein Porträt
una **reunión** V3, R eine Versammlung
un **revisor**, una **revisora** I 5 ein Schaffner, eine Schaffnerin
una **revista** II 9, PP eine Zeitschrift
una **revolución** V5, R eine Revolution
revolucionario, -a V3, R revolutionär
un **rey**, una **reina** III 4 ein König, eine Königin
los **Reyes** Católicos III 4 die Katholischen Könige
rico, -a I 4B lecker
II 7 reich
ridículo, -a III 7 lächerlich
un **riesgo** V2, R ein Risiko, eine Gefahr
un **rincón** IV 1, 5 eine Ecke, ein Winkel
un **río** II 1, 11 ein Fluss
la **riqueza** III 8, 4 der Reichtum
el **ritmo** IV 4 PP der Rhythmus
robar algo IV 4 etw. stehlen
rodar (-ue-) III 3 drehen *(Film)*
(estar) **rodeado, -a** de III 8, 1 umgeben (sein) von
rodear algo / a alguien (de algo) IV 7 jdn. (mit etw.) umgeben
rojo, -a I 6 rot
¡Qué **rollo**! *(col.)* II 5 Wie blöd! *(ugs.)*
ser *(irr.)* un **rollo** patatero (col.) V7, R total langweilig sein
romántico, -a V7, PP romantisch, Liebes-
romperse la cabeza III 1 sich den Kopf zerbrechen
la **ropa** I 4B die Kleidung
rosa I 6 rosa
una **rosa** II 4 eine Rose
(estar) **roto, -a** II 1 gebrochen (sein), kaputt (sein)
rubio, -a I 5B, PP blond
el **ruido** II 3 der Lärm
una **ruina** III 8, 2 eine Ruine
rural IV 6 ländlich
una **ruta** III 8, 2 eine Route, ein Weg

S

sábado *(m.)* I 5A Samstag
saber *(irr.)* algo I 3B etw. wissen
saber *(irr.)* hacer algo I 6 etw. tun können (gelernt haben)
saber *(irr.)* a algo IV 2 nach etw. schmecken
sacar (c-qu) algo I 6 etw. (heraus)nehmen
sacar (c-qu) buenas / malas notas V2, R gute / schlechte Noten bekommen
un / una **saharaui** IV 3 ein Einwohner / eine Einwohnerin der Westsahara
una **sala** III 4 ein Saal
una **sala** de estar I 4A ein (kleines) Wohnzimmer
la **sala** de profesores III 1 das Lehrerzimmer
la **salida** II 5, PP die Abfahrt, die Abfahrtszeit
salir *(irr.)* I 4A weggehen; ausgehen; verlassen
IV 3 abfahren, abreisen
un **salón** de actos <I 9, PP> eine Aula, ein Veranstaltungsraum
la **salsa** III 7 Salsa *(lat. am. Tanz)*
la **salud** IV 5 die Gesundheit
tener una **salud** de hierro IV 5 kerngesund sein
saludar a alguien <I 9>; II 7 jdn. grüßen
un **saludo** II 1 ein Gruß
un **sándwich**, *(pl.* -es) I 7B ein Sandwich
(estar) **satisfecho, -a** V1, PA zufrieden (sein)
seco, -a IV 6, PP trocken
un **secreto** III 6 ein Geheimnis
la **sed** I 7B der Durst
una **sede** V5, PA ein Sitz *(einer Organisation)*
seguir (-i-/-i-; gu-g) a alguien III 4 jdm. folgen
seguir (-i-/-i-; gu-g) *(+ gerundio)* II 3 mit etw. fortfahren, weiterhin etw. tun
según II 4 entsprechend, nach, laut
segundo, -a II 2 zweite, -r, -s
2º II 2 die zweite Klasse der Sekundarstufe *(entspricht der 8. Klasse in Deutschland)*
el **segundo** plato II 3, PP das Hauptgericht
la **seguridad** V2, PA3 die Sicherheit
seguro *(adv.)* III 3 sicher *(adv.)*
(estar) **seguro, -a** <II 10> sicher (sein)
seguro, -a III 8, 2 sicher
seis I 3B, PP sechs
seiscientos, -as II 5, PP sechshundert
una **selva** II 8, PP ein (Regen)Wald
una **semana** I 5A, PP eine Woche
un fin de **semana** II 9 ein Wochenende
semanal V2, PA wöchentlich
semejante IV 7 ähnlich, solch
señalar algo V6, PA etw. anzeigen, auf etw. hinweisen
sencillo, -a IV 4 PP einfach
un **señor** *(abrev.* Sr.), una **señora** *(abrev.* Sr., Sra.) I 4B ein Herr, eine Frau / eine Dame
una **señorita** IV 2 ein Fräulein
estar *(irr.)* **sentado, -a** II 5 sitzen
sentarse (-ie-) <I 9>; II 3 sich hinsetzen
el **sentido** IV 4 die Richtung
sentimentaloide V7, R schnulzig, allzu gefühlsbetont
un **sentimiento** IV 4 ein Gefühl
sentirse (-ie-/-i-) I 6 sich fühlen
sentirse (-ie-/-i-) *(+ adj.)* II 2, PP sich *(+ adj.)* fühlen
lo **siento** I 5A es tut mir leid
separarse de alguien III 2 sich von jdm. trennen
septiembre *(m.)* I 7B, PP September
séptimo, -a II 2 siebte, -r, -s
la **sequía** IV 6, PP die Dürre, die Trockenheit
ser *(irr.)* I 1, PP sein
ser *(irr.)* de I 1, PP kommen aus, stammen aus
ser *(irr.)* de algo I 5A Fan von etw. sein
una **serie** V7, PA eine (Fernseh-)Serie
serio, -a II 7 ernst
un **servicio** V1, TA eine Dienstleistung
servir (-i-/-i-) para II 3 nützen zu, nützlich / gut sein für
sesenta I 3B, PP sechzig
setecientos, -as II 5, PP siebenhundert
setenta I 3B, PP siebzig
severo, -a V8, PA streng
el **sexo** III 5 das Geschlecht, der Sex
sexto, -a II 2 sechste, -r, -s
si II 5 ob
IV 3 wenn
sí I 1 ja
siempre I 1 immer
de **siempre** I 4A übliche, -r, -s
siempre que V1, R immer wenn, vorausgesetzt, dass
una **sierra** III 4, PP eine Bergkette
siete I 3B, PP sieben
un **siglo** IV 4 ein Jahrhundert
un **significado** II 4, PP eine Bedeutung
significar (c-qu) algo I 2A etw. bedeuten
siguiente I 6, PP folgende, -r, -s
el **silencio** IV 8 die Stille, die Ruhe, das Schweigen
una **silla** I 8B, PP ein Stuhl
un **símbolo** V4, TA ein Symbol
simpático, -a I 5A sympathisch, nett
sin II 1 ohne
sin duda II 6 ohne Zweifel, zweifellos
un **sindicato** IV 8 eine Gewerkschaft
un **sinfín** V7, R eine Unmenge
sino IV 6 sondern
una **sinopsis** V7, PP eine Inhaltsangabe
un **síntoma** IV 2, 12 ein Symptom
ni **siquiera** III 1 nicht einmal
un **sistema** V5, R ein System
un **sitio** I 8B, PP ein Platz, ein Ort
(estar) **situado, -a** III 8, 1 gelegen (sein)
situarse V4, PA sich legen, sich befinden
sobrar V5, PA (zu) viel sein, übrig sein
sobre I 7B über
sobre todo I 2B, PP vor allem
el **sobrino**, la **sobrina** I 3A, PP der Neffe, die Nichte
sociable V2, R gesellig, umgänglich
social III 6 sozial, gesellschaftlich
la **sociedad** IV 4 die Gesellschaft
¡**socorro**! III 2 Hilfe!
un **sofá** IV 1 ein Sofa
el **sol** I 2A, PP die Sonne
unas gafas de **sol** I 2A, PP eine Sonnenbrille
tomar el **sol** I 2A, PP sich sonnen
hace **sol** II 1 die Sonne scheint
solicitar algo V6, R etw. beantragen
la **solidaridad** V1, PA die Solidarität
solidario, -a IV 4 solidarisch, füreinander einstehend
solo, -a I 6 allein
(delante del sust.) III 2, 10 einzig

sólo *(adv.)* I3B nur
IV6 erst
soltar (-ue-) algo V8, PA etw. loslassen
soltero, -a V3, PA unverheiratet
una **solución** II7 eine Lösung
solucionar algo III6 etw. lösen *(Problem, Aufgabe)*
un **solvente** III6 ein Lösungsmittel
sonar (-ue-) I6 klingeln
soñar (-ue-) con algo / alguien I5B von etw. / jdm. träumen
soñar (-ue-) con hacer algo I5B davon träumen, etw. zu tun
un **sonido** IV4 ein Laut, ein Geräusch, ein Klang
sonreír *(irr.)* (a alguien) V6, PA lächeln, jdm. zulächeln
una **sonrisa** V6, PA ein Lächeln
la **sopa** IV2 die Suppe
un **soplón**, una **soplona** V2, R ein Petzer, eine Petzerin
soportar algo / a alguien I7B etw. / jdn. ertragen, etw. / jdn. aushalten
el **soroche** IV2, 12 die Höhenkrankheit
(estar) **sorprendido, -a** I6 überrascht (sein)
una **sorpresa** I7A eine Überraschung
una **sospecha** V3, PA ein Verdacht
sostener *(irr.)* algo V5, PA etw. behaupten, (eine Meinung) vertreten
sostenible IV6 nachhaltig
su I3A sein, seine, ihr, ihre *(sg.)*
subir (algo) II6 (etw.) hinaufgehen
subir algo III5 etw. erhöhen
subir IV6 steigen
subirse a algo II4, 12 in etw. einsteigen
subrayar algo V1, PA etw. unterstreichen
un **subsahariano**, una **subsahariana** IV3 ein Schwarzafrikaner, eine Schwarzafrikanerin (*wörtl.*: Bewohner von Ländern südlich der Sahara)
los **subtítulos** V7, PP die Untertitel
sucio, -a IV2, PP schmutzig
el **sudor** IV2 der Schweiß
el **suelo** I8A, 6 der Boden
un **sueño** V1, PA ein Traum
la **suerte** I5A das Glück
por **suerte** II3 zum Glück
Vaya **suerte** V3, R Was für ein Glück
suficiente III6 genügend
sufrir algo V2, R etw. erleiden
sujetar algo / a alguien III4 etw. / jdn. festhalten
sumar algo III5 etw. zusammenzählen
sumiso, -a IV2, PP gehorsam, unterwürfig
súper- III7 unheimlich, super
superar algo V8, PA etw. übertreffen, etw. übersteigen
superior (*comparativo de* alto) V1, PP höher, größer *(v. a. in übertragener Bedeutung)*
en la parte **superior** V4, TA im oberen Teil
un **supermercado** I4A ein Supermarkt
suponer *(irr.)* algo V2, PA etw. annehmen
suponer *(irr.)* algo V7, R etw. voraussetzen
por **supuesto** III7 selbstverständlich
el **sur** II8, PP der Süden
el **surf** I2A, PP das Surfen
sus I3B ihre, seine *(pl.)*
suspender V2, R durchfallen
suspirar V8, PA seufzen
suyo, -a; el **suyo**, la **suya** III7 (das) ihre, -r, -s; von ihr / von ihnen / von Ihnen

T

el **tabaco** V2, PP der Tabak
un **tablón** de anuncios I5B ein Schwarzes Brett, ein Anschlagbrett
tachar algo V6, PA etw. durchstreichen
¿Qué **tal**? I3B Wie geht's?
tal vez IV4 vielleicht
un **taller** I4A, PP eine Werkstatt, ein Workshop
también I1, PP auch
a mí **también** I2B, PP mir auch
a ti **también** I8B dir auch
tampoco II5 auch nicht
a mí **tampoco** I2B, PP mir auch nicht
tan I8A so
un **tanque** IV8 ein Panzer
una **tapa** II3, PP ein Häppchen, ein kleines Gericht
una **taquilla** IV5 ein (Fahrkarten)Schalter
la **tarde** I4A, PP der Nachmittag
Buenas **tardes**. I3B, 4 Guten Tag. *(nachmittags)*
por la **tarde** I4A, PP nachmittags
esta **tarde** I7A heute Nachmittag
tarde *(adv.)* II1 spät *(adv.)*
una **tarea** V8, PA eine Aufgabe
una **tarjeta** III7, PP eine Karte
una **tarjeta** de crédito V1, TA eine Kreditkarte
una **tarjeta** de invitación III7, PP eine Einladungskarte
una **tarta** I7A eine Torte, ein Kuchen
te I8A dir *(Dativpron.)*
II3 dich *(Akkusativpron.)*
una obra de **teatro** I5A ein Theaterstück
(la) **tecnología** I5A, PP Technik *(Schulfach)*
una **tecnología** III1 eine Technik, eine Technologie
un **tejado** II4, PP ein Dach
la **tele** III1 das Fernsehen *(Kurzwort)*
un **telediario** V7, PA eine Nachrichtensendung
un **teléfono** I3B, PP ein Telefon, eine Telefonnummer
un número de **teléfono** I3B, PP eine Telefonnummer
una **telenovela** IV1 eine Fernsehserie, eine Telenovela
la **televisión** I4A das Fernsehen
un **televisor** V1, R ein Fernseher
un **tema** V5, R ein Thema
temblar (-ie-) V8, PA zittern
temer algo / a alguien V1, PA sich vor etw. / jdm. fürchten
una **temperatura** IV6 eine Temperatur
templado, -a III8, 1 gemäßigt *(Klima)*
temprano *(adv.)* IV5 früh *(adv.)*
tener *(irr.)* algo I5A etw. haben
¡**Ten** cuidado! I8B Pass auf! Vorsicht!
tener *(irr.)* gracia V4, R lustig sein
tener *(irr.)* ganas de hacer algo III5 Lust haben etw. zu tun
tener *(irr.)* hambre II3 Hunger haben
tener *(irr.)* loco, -a a alguien III1 jdn. verrückt machen
tener *(irr.)* que hacer algo I8A, PP etw. tun müssen
el **tenis** I2A, PP (das) Tennis
una **teoría** V8, PA eine Theorie
tercer / tercero, -a II2 dritte, -r, -s
un **tercio** III5, 7 ein Drittel
una **terminación** III3 eine Endung
(estar) **terminado, -a** II4, PP vollendet (sein)
una **terminal** IV5 eine Endstation *(in Lat. am. auch Busbahnhof allgemein)*
terminar (algo) I3B zu Ende gehen, etw. beenden
un **término** V2, PA ein Ausdruck, ein Fachausdruck
terrible I7B schrecklich, furchtbar
una película de **terror** V7, PP ein Horrorfilm
un **tesoro** III4 ein Schatz
un **texto** V7, PA ein Text
el **tiempo** I5A die Zeit
II1 das Wetter
(hacer) mal **tiempo** II1 schlechtes Wetter (sein)
el **tiempo** libre I5A die Freizeit
una **tienda** I4B, PP ein Geschäft, ein Laden
una **tienda** de moda V6, R ein Bekleidungsgeschäft
una **tienda** de ropa I4B, PP ein Bekleidungsgeschäft
una **tienda** de muebles I4B, PP ein Möbelgeschäft
una **tienda** de campaña II1, PP ein Zelt
la **tierra** II8, PP das Land, die Ländereien
unas **tijeras** III2 eine Schere
un **timbre** III1 eine Klingel
tímido, -a III5 schüchtern
el **tío**, la **tía** I2A der Onkel, die Tante
tío / tía *(col.)* II1 Mensch; hey du *(umgangssprachl. Anrede)*
los **tíos** I2A Onkel und Tante
típico, -a III7 typisch
un **tipo** I5B ein Typ
tirar la basura I8A, 6 den Abfall wegwerfen
un **título** V2, TA ein Schulabschluss, ein Diplom
V6, R ein Titel, eine Überschrift
tocar (c-qu) algo II6 spielen *(Lied, Musikinstrument)*
tocar (c-qu) a alguien III3 gewinnen, drankommen
tocar (c-qu) algo IV2 etw. anfassen
todavía I2B noch
todo I5A alles
¿Es **todo**? I7A, PP Ist das alles?
todo el mundo <I9> alle, jedermann
todo el…, **toda** la… I5B der / die ganze…
todos los…, **todas** las… I5B alle…, jede, -r, -s
todo recto I4B, PP geradeaus
un **todoterreno** IV3 ein Geländewagen
tolerante III5 tolerant
tolerar algo V2, PA etw. tolerieren, etw. dulden
tomar algo I2B etw. nehmen, *auch:* etw. zu sich nehmen, essen und trinken
tomar el sol I2A, PP sich sonnen
tomar una ciudad V5, R eine Stadt einnehmen
tomar las armas V4, PA zu den Waffen greifen
tomar el pelo a alguien III2 jdn. auf den Arm nehmen

tomemos … III6 nehmen wir …, lasst uns … nehmen
un **tomate** III1 eine Tomate
una **tontería** I5B eine Dummheit
una **tormenta** II1,8 ein Gewitter
una **tortilla** I4A eine Tortilla (*Omelett aus Kartoffeln und Eiern*)
la **tortura** V8, PA die Folter
en **total** I7A alles zusammen
trabajar I2A, PP arbeiten
el **trabajo** I5B die Arbeit
un permiso de **trabajo** II8 eine Arbeitserlaubnis
un puesto de **trabajo** IV6 ein Arbeitsplatz
una **tradición** V3, PA eine Tradition
tradicional IV3, PP traditionell
un **traductor**, una **traductora** V5, R ein Übersetzer, eine Übersetzerin
traer (*irr.*) algo <I9> etw. (mit)bringen, (her)bringen
el **tráfico** III8,4 der Verkehr
un **traidor**, una **traidora** V5, R ein Verräter, eine Verräterin
un **tráiler** V7, PP ein Trailer, eine Vorschau
un **traje** I6 ein Anzug
III8,4 eine Tracht
tranquilo, -a I5B ruhig
una **transmisión** IV8 eine Übertragung, eine Sendung
transmitir algo V4, TA etw. übertragen, etw. vermitteln
un medio de **transporte** IV6 ein Verkehrsmittel
un **trapo** III6 ein Lappen, ein Lumpen
tras V5, PA hinter, nach
tratar (un tema) V7, PP (ein Thema) behandeln
tratar (de hacer) algo V1, PA etw. (zu tun) versuchen
tratar a alguien de algo V2, R jdn. als etwas behandeln
tratarse de IV7Estr sich handeln um
a **través** de V8, PA über, durch
trece I3, PP dreizehn
treinta I3B, PP dreißig
un **tren** II1, PP ein Zug
ir (*irr.*) en **tren** II1, PP mit dem Zug fahren
una estación de **tren** I1 ein Bahnhof
tres I3A, PP drei
trescientos, -as II5, PP dreihundert
(estar) **triste** I6 traurig (sein)
tu I3A dein, deine (*sg.*)
tú I2 du
el **turismo** IV6 der Tourismus
una oficina de **turismo** II4 ein Tourismusbüro, eine Touristeninformation
un / una **turista** II4 ein Tourist, eine Touristin
turístico, -a V1, R touristisch
tus I3A deine (*pl.*)
un **tutor**, una **tutora** V2, R ein Klassenlehrer, eine Klassenlehrerin
una **tutoría** I5A, PP eine Klassenleiterstunde
tuyo, -a; el **tuyo**, la **tuya** III7 (das) deine, -r, -s; von dir

U

últimamente II8 in letzter Zeit
último, -a I7A letzte, -r, -s
II3 neueste, -r, -s
un, una I1 ein, eine (*unbestimmter Artikel, sg.*)
una **uña** IV2 ein Fingernagel
único, -a III2 einzig
(los) Estados **Unidos** II8 (die) USA
un **uniforme** I5B eine Uniform
la **Unión** Europea IV8, PP die Europäische Union
una **universidad** I5B eine Universität
el **universo** IV4 ein Universum
uno I3B, PP eins
unos, -as II5 ungefähr
II2 einige
urbano, -a V4, R städtisch
usar algo III7 etw. verwenden
el **uso** V7, R der Gebrauch, die Verwendung
usted, -es I7A Sie (*Höflichkeitsform, sg. / pl.*)
útil III5, PP nützlich
utilizar (c-z) algo V3, PA etw. benutzen, etw. verwenden
una **uva** II8 eine Traube

V

una **vaca** II8 eine Kuh
las **vacaciones** I2A, PP die Ferien
(estar) **vacío, -a** I6 leer (sein)
vago, -a III2 faul; ein Faulpelz
un **vagón** II5 ein Wagen, ein Waggon
Vale. I3A In Ordnung. / Ok.
el **valenciano** V3, PA das Valenzianische, die valenzianische Sprache
un **valle** III4, PP ein Tal
el **valor** III8,2 der Wert
de **valor** III8,2 wertvoll
valorar algo / a alguien V2, R etw. / jdn. schätzen
un **vals** III7 ein Walzer
unos **vaqueros** I6,10 eine Jeans
varios, -as II8 mehrere; verschiedene
varón V7, PA männlich
vasco, -a V3, R baskisch
el País **Vasco** V3, PA das Baskenland
el **vasco** V3, R Baskisch, die baskische Sprache
un **vaso** II3 ein Glas
un **vecino**, una **vecina** II2 ein Nachbar, eine Nachbarin
veinte I3B, PP zwanzig
veinti… I3B, PP …undzwanzig
una **vela** III7, PP eine Kerze
un **vendedor** I7A, PP ein Verkäufer
vender algo I4B etw. verkaufen
venerar algo / a alguien V5, PA etw. / jdn. verehren
¡Venga! I3B Komm schon!
venir (*irr.*) I5A kommen
el … que **viene** I5A (am / im) kommenden (*+ Zeitangabe*)
te veo **venir** I8A Ich weiß, worauf du hinaus willst.
venir (*irr.*) a buscar algo / a alguien II5 etw. / jdn. abholen
la **venta** V7, PA der Verkauf
una **ventaja** V4, R ein Vorteil
una **ventana** I8B, PP ein Fenster
ver (*irr.*) algo / a alguien I4A etw. / jdn. sehen
a **ver** I2A (lass) mal sehen
No **veas** qué… V1, R Du kannst dir nicht vorstellen, wie / was für …
el **verano** I2A der Sommer
la **verdad** I2A die Wahrheit
¿verdad? I2A nicht wahr?
No es **verdad**. I2B Das ist nicht wahr. / Das stimmt nicht.
de **verdad** I3A wirklich
verdadero, -a II9 wahr, richtig
verde I5B grün
una zona **verde** I4B eine Grünzone
la **verdura** I7A das Gemüse
la **vergüenza** V2, PA die Scham, die Schande
una **versión** V7, PP eine Version, eine Fassung
un **vestido** I6 ein Kleid
una **vez** I7B einmal
esta **vez** I7B dieses Mal
cada **vez** más (*+ adj. / sust.*) III1 immer (*+ Steigerungsform des Adj.*), immer mehr (*+ Subst.*)
de **vez** en cuando III5 ab und zu, manchmal
viajar II1, PP reisen
un **viaje** II1, PP eine Reise, eine Fahrt
una **víctima** (de algo / alguien) V2, R ein Opfer (von etw. / jdm.)
la **vida** I6, PP das Leben
un **vídeo** I1 ein Video(film)
el **vidrio** IV7 das Glas (*Material*)
viejo, -a II6 alt
el **viento** II1,8 der Wind
hacer (*irr.*) **viento** II1,8 windig sein
viernes (*m.*) I5A, PP Freitag
una **viñeta** IV7Estr ein Cartoon
el **vino** II3 der Wein
una **violación** IV7 ein Überfall; eine Vergewaltigung
V8, PA eine Verletzung, eine Übertretung
la **violencia** III6 die Gewalt
violento, -a V5, PA gewalttätig, gewaltsam
un **visado** V6, R ein Visum
una **visita** guiada III4 eine Führung
visitar algo / a alguien I2A, PP etw. / jdn. besuchen
la **vista** III8,2 die Sicht, das Sehen, der Blick
a la **vista** III8,2 sichtbar, (gut) zu sehen
(la) educación plástica y **visual** I5A, PP Kunsterziehung (*Schulfach*)
una **vivienda** V4, R eine Wohnung
vivir I3A wohnen, leben
volar (-ue-) V8, PA fliegen
un **volcán** III8,1 ein Vulkan
el **volumen** V1, R die Lautstärke
un **voluntario**, una **voluntaria** III6 ein Freiwilliger, eine Freiwillige
voluntario, -a IV3 freiwillig
volver (-ue-) I5B zurückkommen, zurückkehren
volver (-ue-) a hacer algo III4 etw. wieder tun
volverse (-ue-) IV4 werden
vos II8 *Anrede für die 2. Person Sg. (in Arg., Urug., Par., Mittelamerika)*
vosotros, -as I2B ihr
votar algo IV8, PP etw. wählen, über etw. abstimmen
una papeleta de **voto** V8, PA ein Stimmzettel
la **voz** IV4 PP die Stimme
un **vuelo** V8, PA ein Flug
la **vuelta** II5, PP die Rückfahrt
una **vuelta** IV4 eine Reise, ein Spaziergang, eine Rundfahrt
vuestro, -a I3B euer, eure (*sg.*)

vuestro, -a; el **vuestro**, la **vuestra** III 7
(das) eure, -r, -s; von euch
vuestros, -as I 3B eure *(pl.)*

Y

y I 1 und
ya I 3A schon
¡**Ya** basta! I 3A Es reicht jetzt!
yo I 2B ich

Z

un **zapato** I 6, 10 ein Schuh
una **zona** de miseria III 8, 4 ein Elendsviertel
una **zona** verde I 4B eine Grünzone
un **zoológico** IV 1 ein Tierpark, ein Zoo
un **zumo** IV 1 ein Saft

Alemán – Español

A

ab und zu III 5 de vez en cuando
abbiegen I 4B, PP girar
gestern **Abend** IV 1 anoche
Guten **Abend**. I 3B, 4 Buenas noches.
zu **Abend** essen I 4A cenar
ein **Abendessen** II 6 una cena
ein **Abenteuer** IV 6 una aventura
abenteuerlustig III 5 aventurero, -a
aber I 2A pero
abfahren IV 3 salir *(irr.)*
die **Abfahrt**, die **Abfahrtszeit** II 5, PP la salida
den **Abfall** wegwerfen I 8A, 6 tirar la basura
abgekürzt V 7, PA abreviado, -a
das **Abgeordnetenhaus** IV 8 el Congreso de los Diputados
ein **Abgeordneter**, eine **Abgeordnete** IV 8 un diputado, una diputada
abgesehen von V 8, PA aparte de
(Wahlen etc.) **abhalten** IV 8, PP celebrar
von jdm. / etw. **abhängen** V 6, R depender de algo / alguien
eine **Abhilfe** V 1, R un remedio
etw. / jdn. **abholen** II 5 venir *(irr.)* a buscar algo / a alguien
IV 5 recoger (g-j) algo / a alguien
eine **Abiturfeier** III 7, PP una fiesta de graduación
etw. **ablehnen** V 3, PP rechazar (z-c) algo
abreisen IV 3 salir *(irr.)*
abschalten IV 4 olvidarse de algo
ein **Abschied** <I 9>; IV 3 una despedida
einen (Schul-, Universitäts-)**Abschluss** machen V 6, R graduarse (-úo)
etw. **abschneiden** III 2 cortar algo
die **Absicht** V 2, PA la intención
in böser **Absicht** IV 2 con mala idea
absichtlich V 2, R a conciencia
über etw. **abstimmen** IV 8, PP votar algo
jdn. **abstoßen** IV 2, PP dar *(irr.)* asco a alguien
abstoßend V 5, TA desagradable
(Geschirr) **abwaschen** I 8A, 6 lavar los platos
etw. **abziehen** V 8, PA descontar (-ue-) algo
Ach Gott! I 7B ¡Hala!
Ach was! I 7A ¡Qué va!
Ach, komm. *(Ausruf)* I 4A Anda.
acht I 3B, PP ocho
achte, -r, -s II 2 octavo, -a
auf etw. / jdn. **achtgeben** V 5, PA fijarse en algo / alguien
achthundert II 5, PP ochocientos, -as
achtzig I 3B, PP ochenta
ein **Actionfilm** V 7, PP una película de acción
eine **Adresse** I 2B, PP una dirección
Afrika III 4, PP África *(f.)*
ägyptisch V 5, PP egipcio, -a
ähnlich IV 7 semejante
Keine **Ahnung**. I 2B Ni idea.
ein **Akkordeon** IV 1 un acordeón
eine **Aktion** V 5, PA una acción
aktiv III 5 activo, -a
ein **Akzent** III 1 un acento
etw. **akzeptieren** <II 10> aceptar algo
etw. / jdn. **akzeptieren** V 2, R aceptar algo / a alguien
Algerien IV 3 Argelia *(f.)*
der **Alkohol** III 5 el alcohol
die **Alkoholabhängigkeit** V 2, PP el alcoholismo
alle… I 5B todos los…, todas las…
alle <I 9> todo el mundo
eine **Allee** I 3B, PP una avenida (*abrev.* avda.)
II 4, PP un paseo
allein I 6 solo, -a
vor **allem** V 5, PA particularmente
eine **Allergie** V 4, R una alergia
alles I 5A todo
Ist das **alles**? I 7A, PP ¿Es todo?
im **Allgemeinen** IV 4 en general
alltäglich V 4, R cotidiano, -a
die **Alonsos** I 8B los Alonso
als I 6 cuando
also I 4A pues
alt *(bei Sachen)* I 7A antiguo, -a
alt II 6 viejo, -a
ein **alter** Mann, eine **alte** Frau III 1, PP un anciano, una anciana
… Jahre **alt** werden II 8 cumplir … años
alt; **älter** II 8 mayor
das **Alter** II 9 la edad
der / die **Ältere** I 4B el / la mayor
am *(+ Wochentag)* I 5A el *(+ Wochentag)*
am Strand I 1 en la playa
das **Ambiente** II 6 el ambiente
Amerika III 4, PP América *(f.)*
amerikanisch V 4, R americano, -a
sich **amüsieren** I 6, PP divertirse (-ie-/-i-)
an I 1 en
an der Costa Brava I 1 de la Costa Brava
etw. **analysieren** V 7, R analizar (z-c) algo
eine **Ananas** IV 1 una piña
ein **Anarchist**, eine **Anarchistin** V 3, R un / una anarquista
jdm. etw. **anbieten** II 7 ofrecer (-zco) algo a alguien
Andalusien III 3 Andalucía *(f.)*
ein **Andalusier**, eine **Andalusierin** II 1 un andaluz, una andaluza
ein **andere, -r, -s** I 7B otro, -a (*adj. + pron.*)
die **anderen** I 4B los / las demás
etw. **ändern** I 8A cambiar algo
anders I 7A diferente
III 1 distinto, -a
eine **Änderung** V 3, R un cambio
eine **Anekdote** <IV 9> una anécdota
etw. / jdn. **anerkennen** V 3, PA reconocer (-zco) algo / a alguien
die **Anerkennung** V 3, PP el reconocimiento
der **Anfang** II 2 el comienzo
II 9 el principio
Anfang *(+ Zeitraum)* II 7, PP a principios de *(+ Zeitraum)*
etw. (zu tun) **anfangen** I 5A empezar (-ie-; z-c) (a hacer) algo
III 1, PP comenzar (-ie-; z-c) (a hacer) algo
anfangen etw. zu tun III 4 ponerse *(irr.)* a hacer algo
etw. **anfassen** IV 2 tocar (c-qu) algo
eine **Angabe** V 1, TA un dato
etw. **angeben** V 1, TA indicar (c-qu) algo
angehängt II 8 adjunto, -a
eine **Angelegenheit** III 2 un asunto
angenehm V 5, TA agradable
ein **Angestellter**, eine **Angestellte** III 4 un empleado, una empleada
die **Angst** III 4 el miedo
Angst haben IV 1 pasar miedo
anhalten II 5 parar
anhaltend V 8, PA continuo, -a
jdn. **anklagen** V 3, PA acusar a alguién
ankommen I 2A llegar (g-gu)
eine **Ankündigung** I 5B un anuncio
die **Ankunft** II 3 la llegada
sich zu etw. **anmelden** V 1, R apuntarse a algo
(etw.) **annehmen** *(vorstellen)* III 7 imaginar (algo)
etw. **annehmen** *(meinen)* V 2, PA suponer *(irr.)* algo
etw. / jdn. **annehmen** V 2, R aceptar algo / a alguien
etw. **anprobieren** I 6 probarse (-ue-) algo
ein **Anruf** II 9 una llamada
jdn. **anrufen** I 3B llamar (por teléfono)
etw. **anschalten** III 1 encender (-ie-) algo
den Fernseher **anschalten** IV 8 poner *(irr.)* la tele(visión)
etw. / jdn. **anschauen** I 3A mirar algo / a alguien
V 5, PA fijarse en algo / alguien
anscheinend IV 6 aparentemente
sich **anschicken**, etw. zu tun V 8, PA disponerse *(irr.)* a hacer algo
ein **Anschlag** V 6, R un atentado
ein **Anschlagbrett** I 5B un tablón de anuncios
sich **ansiedeln** V 4, R establecerse (-zco)
auf etw. **anspielen** V 4, TA aludir a algo
eine **Anspielung** V 4, TA una alusión
etw. **anstelle** von jdm. tun III 3 hacer *(irr.)* algo por alguien
ein **Anstieg** V 5, PA un aumento
anstrengend sein V 1, R dar guerra a alguien
eine **Anstrengung** V 8, PA un esfuerzo
ein **Anteil** V 4, PA un porcentaje
ein **Amt** antreten V 8, PA acceder a algo
eine **Antwort** I 2B una respuesta
jdm. etw. **antworten** I 2A contestar algo a alguien
II 1 responder algo a alguien
eine **Anzahl** IV 6 un número
V 1, PP una cantidad
etw. **anzeigen** V 6, PA señalar algo
(sich) etw. **anziehen** I 6, PP ponerse *(irr.)* algo
ein **Anzug** I 6 un traje
etw. **anzünden** III 7 encender (-ie-) algo
ein **Apfel** I 7A, PP una manzana

eine **Apotheke** I4B, PP una farmacia
ein **Apparat** III1 un aparato
applaudieren <I9> aplaudir
April I7B, PP abril *(m.)*
apropos I5A por cierto
arabisch III4, PP árabe
die **Arbeit** I5B el trabajo
 Arbeit machen I8A dar *(irr.)* trabajo
arbeiten I2A, PP trabajar
ein **Arbeiter**, eine **Arbeiterin** III6 un obrero, una obrera
eine **Arbeitserlaubnis** II8 un permiso de trabajo
die **Arbeitslosigkeit** V3, TA el desempleo
ein **Arbeitsplatz** IV6 un puesto de trabajo
ein **Architekt**, eine **Architektin** II4, PP un arquitecto, una arquitecta
Argentinien II7 Argentina *(f.)*
ein **Argentinier**, eine **Argentinierin** II7 un argentino, una argentina
argentinisch II7 argentino, -a
der **Ärger** IV2 el enfado
sich über etw. **ärgern** III1 enfadarse por algo
arm I9 pobre
 arm *(bedauernswert)* III2,10 pobre *(delante del sust.)*
ein **Arm** IV2,12 un brazo
 jdn. auf den **Arm** nehmen III2 tomar el pelo a alguien
eine **Armee** IV8 un ejército
die **Armut** III6 la pobreza
 III8,4 la miseria
die **Art** und Weise IV4 la forma
 V3, R el modo
 V5, PA la manera
ein (Zeitungs)**Artikel** II9, PP un artículo
ein **Arzt**, eine **Ärztin** IV2,12 un médico, una médica
Asien II4, PP Asia *(f.)*
atmen V4, R respirar
eine **Atmosphäre** V3, R una atmósfera
ein **Attentat** V6, R un atentado
attraktiv V2, R atractivo, -a
auch I1, PP también
auch nicht II5 tampoco
auf I1 en
 I8E, PP encima de
 Auf Wiedersehen. I2A Adiós.
 auf diese Weise I5A así
 auf eigene Faust II9 por (+ *Poss.pron.*) cuenta
 auf zu … III1 a por
etw. **aufbewahren** III8,2 guardar algo
aufbrechen V1, PA partir (de un lugar) (a hacer algo)
eine **Aufenthaltsgenehmigung** V6, R un permiso de residencia
jdm. **auffallen** III4 llamar la atención a alguien
auffällig III5 llamativo, -a
(Filme) **aufführen** V7, R echar (películas)
 etw. zum ersten Mal **aufführen** V7, R estrenar algo
eine **Aufgabe** V8, PA una tarea
aufgrund von V5, R debido a
auflegen *(Telefon)* II5 colgar (-ue-; g-gu)
aufmerksam III1 atento, -a
etw. / jdn. **aufnehmen** IV5 recoger (g-j) algo / a alguien
etw. **aufräumen** I8A, PP ordenar algo

aufregend III5 emocionante
jdn. zu etw. **aufrufen** / **aufrufen** etw. zu tun V5, PA llamar a alguien a (hacer) algo
ein **Aufsatz** II2 una redacción
aufstehen I6, PP levantarse
auftauchen IV7Estr aparecer (-zco)
der **Auftritt** <I9, PP> la aparición
aufwachen I6, PP despertarse (-ie-)
aufwachsen II8 crecer (-zco)
ein **Aufzug** V1, TA un ascensor
ein **Auge** I6 un ojo
ein **Augenblick** I2A un rato
 II3 un momento
August I7B, PP agosto *(m.)*
eine **Aula** <I9, PP> un salón de actos
aus II1 desde
ein **Ausdruck** V1, PP una expresión
 V2, PA un término
etw. **ausdrücken** IV4 expresar algo
die **Ausdrucksform** IV4 el lenguaje
ein **Ausflug** II1, PP una excursión
 einen **Ausflug** machen II1, PP ir *(irr.)* de excursión
 einen **Ausflug** machen II1, PP hacer *(irr.)* una excursión
etw. **ausfüllen** V6, PA llenar algo
die **Ausgaben** V2, PA los gastos
etw. **ausgeben** III7 gastar(se) algo
ausgehen I4A salir *(irr.)*
etw. / jdn. **aushalten** I7B soportar algo / a alguien
 etw. **aushalten** V1, R resistir algo
jdm. etw. **aushändigen** V8, PA entregar (g-gu) algo a alguien
das **Ausland** III5 el extranjero
ein **Ausländer**, eine **Ausländerin** II7 un extranjero, una extranjera
ausländisch IV3, PP extranjero, -a
auslaufen *(die Gültigkeit verlieren)* V6, R expirar
etw. **auslösen** V4, PA dar *(irr.)* lugar a algo
jdm. etw. **ausmachen** I8A importar(le) a alguien
etw. **ausnutzen** V4, R aprovechar algo
etw. **ausrufen** V6, PA exclamar algo
 (jdn. zu etw.) **ausrufen** IV8, PP proclamar (algo a alguien)
sich **ausruhen** V1, R descansar
etw. **ausschalten** III1 apagar (g-gu) algo
das **Aussehen** III2 el aspecto
 V5, TA la apariencia
außer V8, PA aparte de
außerdem I4A, PP además
außergewöhnlich V7, PA extraordinario, -a
äußerst V5, PA extremo, -a
etw. **aussprechen** I3A pronunciar algo
 sich gegen etw. **aussprechen** V5, PA pronunciarse contra algo
aus etw. **aussteigen** II4,12 bajar(se) de algo
eine **Ausstellung** III4 una exposición
der **Ausstoß** IV6, PP una emisión
ein **Austausch** I8A, PP un intercambio
etw. **auswählen** II3 elegir (-i-/-i-; g-j) algo
in einer **ausweglosen** Lage (sein) V2, R (estar) perdido, -a
ein **Ausweis** IV5 un carné
sich auf etw. / jdn. **auswirken** IV6, PP afectar a algo / alguien
eine **Auswirkung** IV6, PP un efecto
das **Auto** II1, PP el coche

eine **Autobahn** II5, PP una autopista
ein **Autobus** II5, PP un autobús
eine **autonome** Region *(entspricht etwa: Bundesland)* II1,11 una comunidad autónoma
ein **Avatar** III2 un avatar
eine **Avocado** I2B un aguacate
aztekisch, **Azteken-** V4, R azteca

B

ein **Baby** II7, PP un bebé
eine **Bäckerei** I4B, PP una panadería
ein **Badezimmer** I4A,5 un cuarto de baño
eine **Baguette** III1, PP una barra de pan
ein **Bahnhof** II1 una estación de tren
 nur **Bahnhof** verstehen III1 no entender (-ie-) ni papa
bald I5A pronto
 bis **bald** I5A hasta pronto
ein **Ball** *(Tanz)* III7, PP un baile
eine **Bande** III6 una pandilla
eine **Bank** I4B, PP un banco
 eine (Spieler)**Bank** *(Fußball)* I4 un banquillo
eine **Bar** I3A un bar
 eine **Bar** *(lat. am.)* II9 un pub *(lat. am.)*
FC **Barcelona** *Fußballclub von Barcelona* II4 el Barça
ein **Bart** III4 una barba
auf etw. **basieren** V7, R estar basado, -a en algo
das **Baskenland** V3, PA el País Vasco
Basketball I5B el baloncesto
Baskisch, die **baskische** Sprache V3, R el vasco
der **Bauch** IV2,12 la barriga
etw. **bauen** V5, PP construir (-y-) algo
ein **Bauer**, eine **Bäuerin** <I9, PP> un campesino, una campesina
 ein Klein**bauer**, eine Klein**bäuerin** *(in Lateinamerika)* V5, R un campesino, una campesina
ein **Baum** <IV9, PP> un árbol
ein **Baustil** III8,1 un estilo
etw. zu tun **beabsichtigen** I5A pensar (-ie-) hacer algo
etw. **beantragen** V6, R solicitar algo
es ist **bedauerlich** III6 es una lástima
bedauernswert III2,10 pobre *(delante del sust.)*
etw. **bedeuten** I2A significar (c-qu) algo
die **Bedeutung** *(Wichtigkeit)* II2 la importancia
 eine **Bedeutung** II4, PP un significado
eine **Bedingung** IV4 una condición
bedingungslos IV4 sin condiciones
eine **Bedrohung** V2, R una amenaza
ein **Beduine**, eine **Beduinin** <I9, PP> un beduino, una beduina
beeindruckt (sein) II2, PP (estar) impresionado, -a
etw. **beenden** I3B terminar algo
 V8, PA concluir (-y-) algo
jdm. etw. **befehlen** III2 mandar algo a alguien
 V3, R ordenar algo a alguien
sich **befinden** I4A estar *(irr.)*
 sich an einem Ort **befinden** III6 encontrarse (-ue-) en un lugar
sich **befinden** V4, PA situarse

eine **Begegenheit** V3, PA un evento
etw. / jdm. **begegnen** V4, PA enfrentar algo / a alguien
eine **Begegnung** IV7 un encuentro
jdn. **begeistern** I8A encantar(le) a alguien
begeistert (sein) II2, PP (estar) ilusionado, -a
der **Beginn** II2 el comienzo
  II9 el principio
etw. (zu tun) **beginnen** I5A empezar (-ie-; z-c) (a hacer) algo
  III1, PP comenzar (-ie-; z-c) (a hacer) algo
jdn. **begleiten** V1, PA acompañar a alguien
die **Begleitung** IV4 la compañía
etw. **behalten** III3 guardar algo
  etw. **behalten** *(beibehalten)* V1, PA mantener *(irr.)* algo
jdn. als etwas **behandeln** V2, R tratar a alguien de algo
  (ein Thema) **behandeln** V7, PP tratar (un tema)
etw. **behaupten** V5, PA sostener *(irr.)* algo
bei *(in der Nähe)* (von) ... (sein) I4B, PP (estar) cerca (de)
  nahe **bei** IV1 junto a
jdm. etw. **beibringen** I8A enseñar(le) algo a alguien
beide V1, PA ambos, -as
beigefügt II8 adjunto, -a
ein **Bein** II1 una pierna
beinahe I5A casi
ein **Beispiel** I8A un ejemplo
  zum **Beispiel** I8A por ejemplo
zu etw. **beitragen** V8, PA contribuir (-y-) a algo
bekannt I5A conocido, -a
ein **Bekannter**, eine **Bekannte** IV3 un conocido, una conocida
ein **Bekleidungsgeschäft** I4B, PP una tienda de ropa
  V6, R una tienda de moda
etw. **bekommen** I8A recibir algo
  gute / schlechte Noten **bekommen** V2, R sacar (c-qu) buenas / malas notas
etw. **bekräftigen** V5, PA reafirmar algo
ein **belegtes** Brötchen I3A un bocadillo
beliebt V2, R popular
etw. / jdn. **bemerken** III1 notar algo / a alguien
  etw. **bemerken** III4 darse *(irr.)* cuenta de algo
jdn. von etw. **benachrichtigen** IV2 avisar a alguien de algo
etw. **benötigen** I2A necesitar algo
etw. **benutzen** V3, PA utilizar (c-z) algo
etw. / jdn. **beobachten** III4 observar algo / a alguien
jdm. etw. **berechnen** III1, PP cobrar algo a alguien
bereiten I8A dar *(irr.)*
etw. **bereuen** IV5 arrepentirse (-ie-/-i-) de algo
ein **Berg** II1, PP una montaña
eine **Bergkette** III4, PP una sierra
ein **Beruf** III6 un oficio
beruflich V2, PA profesional
die **Berufsausbildung**, die **Berufsschule** V2, PA la formación profesional
berühmt II4, PP famoso, -a
eine **Beschäftigung** I5A una actividad
beschämt sein IV2 estar *(irr.)* avergonzado, -a
jdm. **Bescheid** sagen IV2 avisar a alguien de algo
bescheiden V7, R humilde
etw. **beschließen** II5 decidir algo
jdm. etw. **beschreiben** II4, PP describir algo a alguien
jdn. **beschuldigen** V3, PA acusar a alguién
eine **Beschwerde** V4, TA una queja
sich über etw. / jdn. **beschweren** II2 quejarse de algo / alguien
  sich **beschweren** IV5 protestar
beschwerlich II2 duro, -a
etw. **besiedeln** IV7 poblar (-ue-) algo
der **Besitz** IV7 la posesión
  ein **Besitz** V5, PA una propiedad
ein **Besitzer**, eine **Besitzerin** <IV9> un dueño, una dueña
besonders I7B especial
besorgt (sein) II2, PP (estar) preocupado, -a
ein **Bestandteil** IV4 un elemento
etw. **bestätigen** V1, TA confirmar algo
beste, -r, -s I4A mejor
  das **Beste** vom Besten II4 lo mejor de lo mejor
in etw. **bestehen**, darin **bestehen**, dass V3, TA consistir en algo / en que
  (Schule) etw. im zweiten Anlauf **bestehen** V2, R recuperar algo
etw. **bestellen** II3 pedir (-i-/-i-) algo
etw. für etw. **bestimmen** V5, PA destinar algo a algo
bestimmt, -e, -r, -s V8, PA determinado, -a
die **Bestimmungen** IV5 un reglamento
jdn. **bestrafen** IV7, PP castigar (g-gu) a alguien
etw. **bestreiten** IV5 discutir algo
  V4, PA negar (-ie-; g-gu) algo
etw. / jdn. **besuchen** I2A, PP visitar algo / a alguien
jdn. als etwas **betrachten** V3, PP considerar a alguien algo
ein **Betreff** *(im Brief)* III2 un asunto
etw. / jdn. **betreffen** IV6, PP afectar a algo / alguien
jdn. **betrügen** V4, PA engañar a alguien
ein **Bett** I6 una cama
  ins **Bett** gehen I6, PP acostarse (-ue-)
ein **Beutel** I8B una bolsa
die **Bevölkerung** V4, PA la población
bevor II4 antes de *(+ inf.)*
bevorzugt I4B preferido, -a
sich **bewegen** V4, R circular
  V8, PA moverse (-ue-)
eine **Bewegung** V5, PA un movimiento
etw. **beweisen** V2, TA comprobar (-ue-) algo
ein **Bewerber**, eine **Bewerberin** V2, TA un candidato, una candidata
das **Bewusstsein** V2, R la conciencia
etw. **bezahlen** I7A pagar (g-gu) algo
sich auf etw. **beziehen** V4, R referirse (-ie-/-i-) a algo
eine **Beziehung** V7, PA una relación
etw. **bezweifeln** V4, TA poner *(irr.)* algo en duda
eine **Bibliothek** I4A, PP una biblioteca
ein **Bild** IV7Estr una imagen
etw. **bilden** IV7 formar algo
  V4, PA constituir (-y-) algo
die **Bildmitte** IV7Estr el centro
die **Bildung** V1, PA la educación
  V4, PA la formación
billig I7A, PP barato, -a
die **Billigung** V3, R la aprobación
bis *(Präp.)* I3B hasta
  bis *(Präp., zeitl.)* III5 dentro de
bis *(Konj.)* III3 hasta que
  bis bald I5A hasta pronto
  Bis später. I3B Hasta luego.
ein **bisschen** I7B un poco
bitte I2A por favor
jdn. um etw. **bitten** III1, PP pedir (-i-/-i-) algo a alguien
bittersüß V7, R agridulce
blau I6, 10 azul
bleiben II1, PP quedarse
  mir **bleibt** nichts anderes übrig V1, R No me queda más remedio.
ein **Bleistift** I3A, 10 un lápiz
der **Blick** III8, 2 la vista
blind III1, PP ciego, -a
Wie **blöd**! *(ugs.)* II5 ¡Qué rollo! *(col.)*
blond I5B, PP rubio, -a
eine **Blume** <IV9, PP> una flor
eine **Bluse** I6, 10 una blusa
der **Boden** I8A, 6 el suelo
Bolivien IV2 Bolivia *(f.)*
ein kleines **Boot** IV3, PP una patera
böse III1 malo, -a
  böse (sein) I6 (estar) enfadado, -a
in **böser** Absicht IV2 con mala idea
etw. **brauchen** I2A necesitar algo
braun I6 marrón
die **Braut** III7, PP la novia
der **Bräutigam** III7, PP el novio
das **Brautpaar** III7, PP los novios
brav III1 bueno, -a
Bravo! <I9> bravo
brennen IV2 arder
ein **Brief** II7 una carta
ein **Briefträger** V8, PA un cartero
eine **Brille** I5B, PP unas gafas
etw. (mit)**bringen**, (her)**bringen** <I9>; II3, PP traer *(irr.)* algo
  jdm. etw. **bringen** II7 llevar algo a alguien
  jdn. dazu **bringen** etw. zu tun IV2 hacer *(irr.)* *(+ inf.)*
  IV7, PP obligar (g-gu) a alguien a (hacer) algo
das **Brot** I7A, PP el pan
ein belegtes **Brötchen** I3A un bocadillo
ein **Bruder** I1 un hermano
ein **Brunnen** IV3 un pozo
die **Brust** IV2, 12 el pecho
ein **Buch** I3A un libro
eine **Bücherei** I4A, PP una biblioteca
ein **Buchstabe** V8, PA una letra
etw. **buchstabieren** V1, TA deletrear algo
etw. **bügeln** I8A, PP planchar algo
Bundesstaat- V5, PA federal
ein **Buntstift** I3A, 10 un lápiz de color
eine **Burg** III4, PP un castillo
ein **Bürgerkrieg** V5, R una guerra civil
die **Bürgerrechte** V8, PA los derechos civiles
ein **Bursche** III2 un chaval, una chavala
ein **Bus** II5, PP un autobús
die **Butter** I7A, 7 la mantequilla

C

ein **Café** *(in dem Churros, eine Gebäckspezialität, verkauft werden)* III1, PP una churrería
ein **Cartoon** IV7Estr una viñeta

ein **Casting** III 2 un casting
eine **CD** I 2A un cedé
ein **Cent** I 7A, PP un céntimo
eine **Chance** V 2, PA una oportunidad
chaotisch IV 1 caótico, -a
chaotisch sein I 2A ser un desastre (*col.*)
der **Charakter** IV 1 el caracter
mit jdm. **chatten** II 9 chatear con alguien
ein **Chef**, eine **Chefin** IV 8 un jefe / una jefa
ein **Chilene**, eine **Chilenin** IV 1 un chileno, una chilena
der **Chili** I 7A el chile
christlich III 4, PP cristiano, -a
Christoph Kolumbus II 4 Cristóbal Colón
eine **Clique** II 6 una peña
ein **Comic** II 9 un cómic
ein **Computer** I 8A un ordenador
die **Costa** Brava I 1 la Costa Brava
ein **Cousin**, eine **Cousine** I 1 un primo, una prima
eine **Creme** III 8, 2 una crema

D

da (*dort*) I 4B ahí
da (*weil*) III 1 como (*Konj.*)
ein **Dach** II 4, PP un tejado
eine **Dame** I 4B una señora (*abrev.* Sra.)
danach I 2A después
dank (*Präp.*) II 2 gracias a
danke I 4A gracias
danke für I 5A gracias por
dann I 2B entonces …
etw. **darstellen** V 3, R representar algo / a algo / alguien
die **Darstellung** V 7, R la interpretación
das I 5B eso
das (*neutrales Pronomen*) II 4 lo
das, was V 4, R lo cual
dass I 7B que
eine **Datei** II 8 un archivo
eine **Datenbank** V 2, PA una base de datos
ein **Datum** II 7 una fecha
dauern V 2, PA durar
etw. **dazugeben** I 7A echar algo
eine **Debatte** V 3, PA un debate
etw. **definieren** V 2, PA definir algo
eine **Definition** V 2, PA una definición
dein, **deine** (*sg.*) I 3A tu
deine (*pl.*) I 3A tus
(das) **deine, -r, -s** III 7 tuyo, -a; el tuyo, la tuya
deinerseits V 4, PA por tu parte
die **Dekoration** III 7, PP la decoración
die **Demokratie** IV 8, PP la democracia
demokratisch V 3, R democrático, -a
eine **Demonstration** V 3, R una manifestación
an etw. **denken** I 5A pensar (-ie-) en algo
denken / meinen, dass … I 7B pensar (-ie-) que…
ein **Denkmal** II 1, 11 un monumento
dennoch III 3 sin embargo
deprimiert (sein) II 2, PP (estar) deprimido, -a
der (*bestimmter Artikel, sg.*) I 1 el
der (*Relativpron.*) I 4B que
der(jenige), welcher III 3 el que
der-, die-, dasselbe II 4, PP mismo, -a
der / die ganze… I 5B todo el…, toda la…
deren V 6, R cuyo, -a
deshalb I 3B por eso
dessen V 6, R cuyo, -a
deswegen I 3B por eso
Deutsch, die **deutsche** Sprache I 2A el alemán
deutsche, -r, -s I 8A alemán, alemana
ein **Deutscher**, eine **Deutsche** I 2B, PP un alemán, una alemana
Deutschland I 3B Alemania (*f.*)
Dezember I 7B, PP diciembre (*m.*)
ein **Dialog** III 3 un diálogo
dich (*Akkusativpron.*) II 3 te
dicht V 4, PA denso, -a
ein **Dichter** V 8, PA un poeta
dick I 5B, PP gordo, -a
die (*bestimmter Artikel, sg.*) I 1 la
die (*bestimmter Artikel, pl.*) I 2A los, las
die(jenige), welche III 3 la que
die(jenigen), welche III 3 los / las que
Dienstag I 5A, PP martes (*m.*)
eine **Dienstleistung** V 1, TA un servicio
dies (*neutrales Demonstrativpron.*) II 2 esto
diese, -r, -s dort I 7A ese, esa, esos, esas (*adj.*)
I 7A ése, ésa, ésos, ésas (*pron.*)
diese, -r, -s hier I 7A este, esta, estos, estas (*adj.*)
I 7A éste, ésta, éstos, éstas (*pron.*)
dies ist I 1 éste es, ésta es
diesen (*+ Wochentag*) I 5A el (*+ Wochentag*)
die **Diktatur** IV 8, PP la dictadura
ein **Ding** I 4B una cosa
ein **Diplom** V 2, TA un título
dir (*Dativpron.*) I 8A te
dir auch I 8B a ti también
von **dir** III 7 tuyo, -a; el tuyo, la tuya
direkt IV 4 directo -a
ein **Direktor**, eine **Direktorin** III 6 un director, una directora
eine **Diskothek** III 7 una disco
eine **Diskussion** V 3, PA un debate
etw. mit jdm. **diskutieren** I 7B discutir algo con alguien
ein **Dokument** III 6 un papel
III 8, 2 un documento
ein **Dokumentarfilm** V 7, PA un documental
ein **Dollar** III 6 un dólar
ein **Dolmetscher**, eine **Dolmetscherin** V 5, R un / una intérprete
ein **Dom** III 4, PP una catedral
Donnerstag I 5A, PP jueves (*m.*)
ein **Doppelzimmer** V 1, TA una habitación doble
ein **Dorf** I 1 un pueblo
dort I 4A allí
(*lat.am.*) II 9 acá
ein **Drache** II 4, PP un dragón
ein **Drama** V 7, PP un drama
drankommen III 3 tocar (c-qu) a alguien
draußen II 5 fuera
ein **Drehbuch** V 7, PP un guión
drehen (*Film*) III 3 rodar (-ue-)
drei I 3A, PP tres
dreihundert II 5, PP trescientos, -as
dreißig I 3B, PP treinta
dreizehn I 3B, PP trece
ein **Drittel** III 5, 7 un tercio
dritte, -r, -s II 2 tercer / tercero, -a
eine **Droge** III 6 una droga
die **Drogenabhängigkeit** V 2, PP la drogadicción
eine **Drohung** V 2, R una amenaza
du I 2B tú
Du meine Güte! I 7B ¡Hala!
etw. **dulden** V 2, PA tolerar algo
eine **Dummheit** I 5B una tontería
dunkel(rot, -grau, …) IV 7 Estr (rojo, gris, …) oscuro
dunkelhaarig I 5B, PP moreno, -a
durch III 4 por
V 8, PA a través de
durchfahren (*Zug*) II 5 pasar (*tren*)
der **Durchfall** IV 2, 12 la diarrea
durchfallen V 2, R suspender
etw. **durchführen** V 5, PA llevar a cabo algo
etw. **durchstreichen** V 6, PA tachar algo
die **Dürre** IV 6, PP la sequía
der **Durst** I 7B la sed
eine **Dusche** V 1, TA una ducha
(sich) **duschen** I 6, PP ducharse
ein **Dutzend** III 3 una docena
eine **DVD**; ein **DVD-Player** III 1 un DVD
dynamisch V 7, R dinámico, -a

E

eben (*genau*) V 5, PA precisamente
V 8, PA justamente
echt V 8, PA real
eine **Ecke** I 4B, PP una esquina
(*Winkel*) IV 1, 5 un rincón
das ist mir **egal** V 2, PA dar igual
die **Ehefrau** <I 9, PP>; II 6 la mujer
der **Ehemann** II 7, PP el marido
ein **Ehepaar** III 3 un matrimonio
ehrgeizig III 5, PP ambicioso, -a
ein **Ei** I 7A, 7 un huevo
auf **eigene** Faust II 9 por (*+ Poss.pron.*) cuenta
eigene, -r, -s III 6 propio, -a
eigentlich IV 1 en realidad
ein, **eine** (*unbestimmter Artikel, sg.*) I 1 un, una
etw. **einatmen** V 4, R respirar algo
ein **Eindruck** (*Meinung*) IV 5 una impresión
einfach IV 4 PP sencillo, -a
V 7, R humilde
jdm. **einfallen** V 2, PA pasar por la cabeza a alguien
einige I 4B un par de
II 2 unos, -as
einkaufen (*Lebensmittel*) I 7A hacer (*irr.*) la compra
das **Einkommen** V 8, PA los ingresos
jdn. **einladen** I 7B invitar a alguien
eine **Einladung** III 7, PP una invitación
eine **Einladungskarte** III 7, PP una tarjeta de invitación
einmal I 7B una vez
eine Stadt **einnehmen** V 5, R tomar una ciudad
eins I 3B, PP uno
einschlafen I 6 dormirse (-ue-/-u-)
einschließen V 8, PA incluir (-y-)
in etw. **einsteigen** II 4, 12 subirse a algo
jdn. **einstellen** V 2, PA contratar a alguien
eintreten (in) I 3B entrar (en)
eine **Eintrittskarte** I 7B una entrada
mit etw. / jdm. **einverstanden** sein V 2, R estar de acuerdo con algo / alguien
ein **Einwanderer**, eine **Einwanderin** IV 3, PP un / una inmigrante
ein **Einwohner**, eine **Einwohnerin** II 8, PP un / una habitante

(von Barcelona) II4, PP un barcelonés, una barcelonesa
(der Westsahara) IV3 un / una saharaui
ein **Einzelzimmer** V1, TA una habitación individual
einzig III2 único, -a
III2, 10 solo, -a *(delante del sust.)*
ein **Eis** I1 un helado
das **Eis** *(gefrorenes Wasser)* IV6 el hielo
das **Eisen** IV5 el hierro
der **Ekel** IV2, PP el asco
elegant IV2 elegante
ein **Element** IV4 un elemento
das **Elend** III8, 4 la miseria
ein **Elendsviertel** III8, 4 una zona de miseria
elf I3B, PP once
ein **Ellbogen** V8, PA un codo
die **Eltern** I3A, PP los padres
(lat. am.) III7 los papás *(lat. am)*
eine **E-Mail** I3B un correo electrónico
I3B un e-mail
ein **Emigrant**, eine **Emigrantin** II7 un / una emigrante
die **Emission** IV6, PP una emisión
etw. **empfangen** I8A recibir algo
jdm. etw. **empfehlen** III5 recomendar (-ie-) algo a alguien
das **Ende** II2 el final
Ende *(+ Zeitraum)* II7, PP a finales de los años…
zu **Ende** gehen I3B terminar
enden II2 acabar
endlich I5B por fin
IV7 finalmente
eine **Endstation** *(in Lat. am. auch Busbahnhof allgemein)* IV5 una terminal
eine **Endung** III3 una terminación
die **Energie** IV6 la energía
ein **Engel** <I9, PP> un ángel
Englisch *(Schulfach)* I5A, PP (el) inglés
ein **Enkel**, eine **Enkelin** I3A, PP un nieto, una nieta
die **Enkel** I3A, PP los nietos
etw. **entdecken** III4 descubrir algo
eine **Entdeckung** V7, PA un descubrimiento
etw. **entfernen** I8B, PP quitar algo
entfernt (von) … (sein) I4B, PP (estar) lejos (de)
… Kilometer **entfernt** sein II5 estar *(irr.)* a … kilómetros
sich etw. **entgehen** lassen III8, 3 perderse (-ie-) algo
etw. **entkommen** IV4 evadirse de algo
jdn. **entlassen** V2, PA despedir (-i-/-i-) a alguien
etw. **entscheiden** II5 decidir algo
eine **Entscheidung** II7 una decisión
Entschuldige. I5A Perdona.
Entschuldigung. I4B, PP Perdón.
entsetzlich V3, R horrible
sich **entspannen** IV4 relajarse
entsprechend II4 según
entstehen V4, PA producirse *(irr.)*
sich **entwickeln** V7, PA desarrollarse
(hoch) **entwickelt** V3, R desarrollado, -a
die **Entwicklung** V1, R el desarrollo
eine **Epoche** IV7 una época
er I2B él
eine **Erdbeere** III7 una fresa
Erdkunde *(Schulfach)* I5A, PP (la) geografía

ein **Ereignis** V3, PA un evento
V4, R un acontecimiento
etw. **erfahren** I7B enterarse de algo
eine **Erfahrung** V1, R una experiencia
etw. **erfinden** V8, PA inventar algo
eine **Erfindung** V7, PA un invento
der **Erfolg** III5, PP el éxito
erfolgreich / erfolglos sein III5, PP (no) tener *(irr.)* éxito
etw. **erfordern** V8, PA requerir (-ie-/-i-) algo
erfreut (sein) I7A (estar) encantado, -a
sich **erfüllen** V3, PA cumplirse
sich **ergeben** IV4 rendirse (-i-/-i-)
ein **Ergebnis** V8, PA un resultado
etw. **erhöhen** III5 subir algo
V4, PA aumentar algo
eine **Erhöhung** V5, PA un aumento
sich **erholen** V1, R descansar
sich an etw. / jdn. **erinnern** I5B recordar (-ue-) algo / a alguien
III1 acordarse (-ue-) de algo / alguien
eine **Erinnerung** V3, R un recuerdo
jdm. etw. **erklären** II4 explicar (c-qu) algo a alguien
eine **Erklärung** III1 una explicación
jdm. etw. **erlauben** IV5 autorizar (z-c) algo a alguien
jdm. etw. **erlauben**, **erlauben**, dass V3, R permitir algo a alguien / que
eine **Erlaubnis** IV5 un permiso
ein **Erlebnis** V1, R una experiencia
jdm. etw. **erleichtern** V7, PA facilitar algo a alguien
etw. **erleiden** V2, R sufrir algo
jdn. **ermorden** III6 asesinar a alguien
erneut II8 de nuevo
im **Ernst** I5B en serio
ernst II7 serio, -a
die **Ernte** IV5, PP la cosecha
ein **Eroberer** IV7, PP un conquistador
etw. **erobern** V5, R conquistar algo
die **Eroberung** IV7, PP la conquista
etw. **erreichen** III6 conseguir (-i-/-i-; gu-g) algo
V4, PA alcanzar (z-c) algo
etw. **erreichen** III6 conseguir (-i-/-i-; gu-g) algo
V4, PA lograr algo
etw. **erschaffen** III2 crear algo
eine **Erschaffung** IV1 una creación
erscheinen IV7Estr aparecer (-zco)
jdm. etw. **erscheinen** I8A parecer(le) (-zco) algo a alguien
eine **Erscheinung** V2, PA un fenómeno
erschöpft (sein) <I9>; II1 (estar) agotado, -a
erschrocken (sein) II2, PP (estar) asombrado, -a
die **Ersparnisse** IV3 los ahorros
erst IV6 sólo *(adv.)*
erstaunt (sein) II2, PP (estar) asombrado, -a
erste, -r, -s II2 primer / primero, -a
die **erste** Klasse der Sekundarstufe *(entspricht der 7. Klasse in Deutschland)* II2 primero (1°)
die **Erste** Welt III6 el Primer Mundo
die **Erstkommunion** II4 la Primera Comunión
sich **erstrecken** V5, PP extenderse (-ie-)
etw. / jdn. **ertragen** I7B soportar algo / a alguien
ein **Erwachsener**, eine **Erwachsene** IV4 un adulto, una adulta
die **Erwärmung** IV6 el calentamiento

etw. / jdn. **erwarten** I2B esperar algo / a alguien
erwartungsvoll (sein) V1, PA (estar) ilusionado, -a
etw. / jdn. **erwischen** III8, 2 pillar algo / a alguien
jdm. (von) etw. **erzählen** I5B contar (-ue-) algo a alguien
ein **Erzeugnis** IV7 un producto
die **Erziehung** V1, PA la educación
es gibt, da ist / sind I4B, PP hay
es ist (nämlich) so, dass… / das kommt daher, dass… I4A es que
Es läuft … *(im Kino)* I4A, PP Ponen …
ein **Esel** IV2, PP un burro
etw. **essen** I2B tomar algo
I3A comer algo
zu Abend **essen** I4A cenar
das **Essen** I8A, 6 la comida
das **Essen** zubereiten I8A, 6 preparar la comida
ein **Esszimmer** I4A, 5 un comedor
etwas I3A algo
Noch **etwas**? I7A, PP ¿Algo más?
euch *(Dativpron.)* I8A os
(Akkusativpron.) II3 os
von **euch** III7 vuestro, -a; el vuestro, la vuestra
euer, eure *(sg.)* I3B vuestro, -a
eure *(pl.)* I3B vuestros, -as
(das) **eure, -r, -s** III7 vuestro, -a; el vuestro, la vuestra
ein **Euro** I7A, PP un euro
Europa II8 Europa [europa] *(f.)*
ein **Europäer**, eine **Europäerin** IV7, PP un europeo, una europea
die **Europäische** Union IV8, PP la Unión Europea
exakt IV1 exacto, -a
ein **Examen** IV8 un examen
eine **Examensfeier** III7, PP una fiesta de graduación
die **Existenz** V3, PA la existencia
existieren III6 existir
exotisch IV7, PP exótico, -a
eine **Expedition** IV7 una expedición
ein **Experte**, eine **Expertin** IV6 un experto, una experta
etw. **exportieren** II8 exportar algo
extrem V5, PA extremo, -a

F

eine **Fabrik** V4, R una industria
ein **Fachausdruck** V2, PA un término
fähig (sein) zu etw. IV4 (ser) capaz (*pl.* capaces) de algo
eine **Fahne** V3, PP una bandera
mit *(+ Verkehrsmittel)* **fahren** II1, PP ir *(irr.)* en *(+ Verkehrsmittel)*
mit dem Fahrrad **fahren** II1, PP ir *(irr.)* en bicicleta
mit dem Auto **fahren** II1, PP ir *(irr.)* en coche
mit dem Zug **fahren** II1, PP ir *(irr.)* en tren
ein **Fahrgast** IV5 un pasajero
eine **Fahrkarte** II5 un billete
IV5 un pasaje
ein **Fahrkartenschalter** IV5 una taquilla
der **Fahrplan** II1 el horario

ein **Fahrrad** II1, PP una bicicleta
eine **Fahrt** II1, PP un viaje
ein **Faktor** V4, R un factor
ein **Fall** V5 un caso
in diesem **Fall** IV5 en este caso
fallen II1 caerse *(irr.)*
falls V7, R por si
familiär III6 familiar
eine **Familie** I3A, PP una familia
die **Familie** Alonso I8B los Alonso
Familien-, familiär III6 familiar
ein **Familienname** <IV9> un apellido
Fan von etw. sein I5A ser *(irr.)* de algo
die **Fantasie** IV2 la imaginación
fantastisch V1, R fantástico, -a
ein **Fantasyfilm** V7, PP una película de fantasía
eine **Farbe** I6 un color
eine **Fassade** II4, PP una fachada
fast, beinahe I5A casi
faul II2 vago, -a
ein **Faulpelz** III2 vago, -a
auf eigene **Faust** II9 por *(+ Poss.pron.)* cuenta
Februar I7B, PP febrero *(m.)*
eine **Feder** IV2 una pluma
fehlen I5B faltar
ein **Fehler** I7B un error
eine **Feier** I7B una fiesta
etw. **feiern** I7A celebrar algo
ein **Feigling** II5 un / una cobardica
ein **Feld** IV3, PP un campo
das **Feld** IV5, PP el campo
ein **Fenster** I8B, PP una ventana
die **Ferien** I2A, PP las vacaciones
ein **Ferienlager** II1, PP una colonia
fern IV6 lejano, -a
das **Fernsehen** I4A la televisión
(Kurzwort) III1 la tele
ein **Fernseher** V1, R un televisor
ein **Fernsehsender** V7, PA un canal
eine **Fernsehserie** IV1 una telenovela
fertig I8B ya está
ein **Fest** I7B una fiesta
ein **fester** Freund, eine **feste** Freundin II4, PP un novio, una novia
ein **Festessen** III7, PP un banquete
festgelegt (sein) V3, R (estar) determinado, -a
etw. / jdn. **festhalten** II4 sujetar algo / a alguien
ein **Feuer** II1 un fuego
(das) **Fieber** III1, PP la fiebre
eine **Figur** V4, TA una figura
V7, PP un personaje
ein **Film** III1 una película
(Kurzform) III2 una peli
einen **Film** synchronisieren V7, PP doblar una película
etw. **finden** I6 encontrar (-ue-) algo
II4 descubrir algo
etw. lustig **finden** V2, PA hacer *(irr.)* gracia a alguien
ein **Finger** II3 un dedo
ein **Fingernagel** IV2 una uña
eine **Firma** V2, TA una empresa
eine **Flasche** III8, 2 una botella
das **Fleisch** I7A la carne
fliegen II1, PP ir *(irr.)* en avión
(Vogel) V8, PA volar (-ue-)
vor etw. **fliehen** IV4 evadirse de algo

ein **Flüchtlingslager** IV3 un campo de refugiados
ein **Flug** V8, PA un vuelo
ein **Flughafen** I8A, PP un aeropuerto
ein **Flugticket** I8A, PP un billete de avión
ein **Flugzeug** II1, PP un avión
ein **Flur** I4A, 5 un pasillo
ein **Fluss** II1, 11 un río
eine **Folge** V4, R una consecuencia
jdm. **folgen** III4 seguir (-i-/-i-; gu-g) a alguien
folgende, -r, -s I6, PP siguiente
im **Folgenden** V7 PA a continuación
folglich V4, R en consecuencia
die **Folter** V8, PA la tortura
etw. **fordern** V3, PP reclamar algo
etw. **fördern** V7, R fomentar algo
die **Form** IV4 la forma
etw. **formen** IV7 formar algo
ein **Formular** V6, PA un formulario
eine **Forschungsreise** IV7 una expedición
fortfahren etw. zu tun II3 seguir (-i-/-i-; gu-g) *(+ gerundio)*
mit etw. **fortfahren** V5, R continuar (-úo) con algo
der **Fortschritt** V6, PA el progreso
ein **Foto** I5A una foto
ein **Fotoapparat** III8, 2 una cámara de fotos
die **Fotografie** V7, R la fotografía
eine **Fotokopie** III8, 2 una fotocopia
eine **Frage** II2 una pregunta
etw. / jdn. **fragen** I3A preguntar algo / a alguien
sich etw. **fragen** IV3 preguntarse algo
der **Frankismus** *(Regierung Francos)* V3, R el franquismo
ein **Frankist**, eine **Frankistin** *(Anhänger/in Francos)* V3, R un / una franquista
eine **Frau** I4B una señora (*abrev.* Sra.)
I7A una mujer
eine alte **Frau** III1, PP un anciano, una anciana
eine junge **Frau** III2 una chavala
ein **Fräulein** IV2 una señorita
Ganz schön **frech**! I2B ¡Qué morro!
frei II3 libre
die **Freiheit** IV4 la libertad
Freitag I5A, PP viernes *(m.)*
freiwillig IV3 voluntario, -a
ein **Freiwilliger**, eine **Freiwillige** III6 un voluntario, una voluntaria
die **Freizeit** I5A el tiempo libre
fremd IV3, PP extranjero, -a
die **Freude** III6 la alegría
sich **freuen** über / auf II2, PP alegrarse de *(+ inf. / sust.)*
ein **Freund**, eine **Freundin** I2A un amigo, una amiga
III2 un / una colega *(col.)*
mein (fester) **Freund**, meine (feste) **Freundin** III5 mi chico, mi chica
ein fester **Freund**, eine feste **Freundin** II4, PP un novio, una novia
Freunde finden V2, R hacer *(irr.)* amigos
freundlich V5, TA agradable
freundlich sein IV1 tener *(irr.)* buen carácter
die **Freundschaft** IV7 la amistad
Freundschaft schließen V2, R hacer *(irr.)* amigos
der **Friede** III4 la paz

froh (sein) I6 (estar) contento, -a
fröhlich III5 alegre
fröhlich (sein) I6 (estar) contento, -a
II2, PP (estar) animado, -a
die **Frucht** I7A la fruta
früh *(adv.)* IV5 temprano *(adv.)*
früher III1 antes
früher, -e, -s III2, 10 antiguo, -a *(delante del sust.)*
der **Frühling** II9, 9 la primavera
ein **Frühstück** I7B un desayuno
etw. **frühstücken** I6, PP desayunar algo
sich **fühlen** I6 sentirse (-ie-/-i-)
sich *(+ adj.)* **fühlen** II2, PP sentirse (-ie-/-i-) *(+ adj.)*
zu etw. **führen** V7, PA conducir (-zco) a algo
ein **Führer**, eine **Führerin** II4 un / una guía
eine **Führung** III4 una visita guiada
ein **Füller** I3A, 10 una pluma
fünf I3B, PP cinco
fünfhundert II5, PP quinientos, -as
ein **Fünftel** V1, PP un quinto
fünfte, -r, -s II2 quinto, -a
fünfzehn I3B, PP quince
ein **15-Jähriger**, eine **15-Jährige** II7 un quinceañero, una quinceañera
fünfzig I3B, PP cincuenta
funktionieren III1 funcionar
für I5B para
(zur Verteidigung von) V3, R en defensa de
etw. **für** jdn. tun *(anstelle von)* III3 hacer algo *(irr.)* por alguien
furchtbar I7B terrible
sich vor etw. / jdm. **fürchten** V1, PA temer algo / a alguien
füreinander einstehend IV4 solidario, -a
ein **Fuß** IV2, 12 un pie
der **Fußball** I2A, PP el fútbol
ein **Fußballfeld** II4 un campo de fútbol

G

Galizien II1 Galicia *(f.)*
galizisch II8 gallego, -a
ein **Galizier**, eine **Galizierin** *(in vielen lat.am. Ländern auch Bezeichnung für die Spanier allgemein)* II8 un gallego, una gallega
ein **Gang** I4A, 5 un pasillo
eine **Gang** III6 una pandilla
der / die **ganze…** I5B todo el…, toda la…
ein **Garten** I7B un jardín
ein **Gas** V4, R un gas
eine **Gattung** V7, PP un género
frittiertes Spritz**gebäck** III3 un churro
ein **Gebäude** I4B un edificio
jdm. etw. **geben** I8A dar(le) *(irr.)* algo a alguien
<II10> pasar algo a alguien
Geben sie mir … I7A, PP Me pone…
ein **Gebiet** V1, R una región
ein **Gebirge** II1, PP una montaña
eine **Gebirgskette**, ein **Gebirgszug** II8, PP una cordillera
geboren werden II7, PP nacer (-zco)
der **Gebrauch** V7, R el uso
gebrochen (sein) II1 (estar) roto, -a
die **Geburt** V2, TA el nacimiento
das **Geburtsdatum** V2, TA la fecha de nacimiento
der **Geburtsort** V2, TA el lugar de nacimiento

der **Geburtstag** I 6 el cumpleaños
eine **Geburtsurkunde** V 6, PA un certificado de nacimiento
ein **Gedanke** V 5, PA un pensamiento
ein **Gedicht** V 8, PA un poema
die **Geduld** III 5, PP la paciencia
(keine) **Geduld** haben III 5, PP (no) tener *(irr.)* paciencia
Sehr **geehrte, -r** … V 2, TA Apreciado, -a …
V 2, TA Estimado, -a …
eine **Gefahr** V 2, R un riesgo
V 3, PA un peligro
gefährlich III 4 peligroso, -a
jdm. **gefallen** I 8A gustar(le) a alguien
jdm. sehr gut **gefallen** I 8A encantar(le) a alguien
jdm. sehr **gefallen** III 1, PP molar a alguien *(col.)*
ein **Gefallen** III 3 un favor
ein **Gefangener**, eine **Gefangene** V 5, R un prisionero, una prisionera
ein **Gefängnis** III 6 una cárcel
ein **Gefühl** IV 4 un sentimiento
allzu **gefühlsbetont** V 7, R sentimentaloide
eine **Gegend** V 1, R una región
die ländliche **Gegend** II 1, PP el campo
ganz im **Gegenteil** IV 4 todo lo contrario
gegenüber (von) I 4B, PP enfrente de
ein **Geheimnis** III 6 un secreto
gehen I 4A, PP ir *(irr.)*
(weg)**gehen** I 6 irse *(irr.)*
(zu Fuß) **gehen** IV 7 andar *(irr.)*
zu weit **gehen** I 7B pasarse
jdm. durch den Kopf **gehen** V 2, PA pasar por la cabeza a alguien
es **geht** so I 3B, 4 regular
jdm. / zu etw. **gehören** V 5, PP pertenecer (-zco) a algo / a alguien
gehorsam IV 2, PP sumiso, -a
geistig V 3, R intelectual
ein **Geländewagen** IV 3 un todoterreno
gelangweilt (sein) II 2, PP (estar) aburrido, -a
gelb I 6, 10 amarillo, -a
das **Geld** II 3 el dinero
ein **Geldschein** III 8, 2 un billete
gelegen (sein) III 8, 1 (estar) situado, -a
eine **Gelegenheit** V 2, PA una oportunidad
V 4, R una ocasión
ein **Gemälde** II 4 un cuadro
<IV 9>; V 5 R la pintura
gemäßigt *(Klima)* III 8, 1 templado, -a
gemein IV 2 con mala idea
gemeinsam I 4B junto, -a
eine **Gemeinschaft** V 4, PA una comunidad
das **Gemüse** I 7A la verdura
genau IV 1 exacto, -a
IV 1 cierto
V 5, PA precisamente
V 8, PA justamente
genau um … Uhr I 4A a la(s) … en punto
genauso (wie) I 5B igual (que)
eine **Generation** V 2, PA una generación
genial I 4A genial
(etw.) **genießen** III 7 disfrutar (de algo)
ein **Genosse**, eine **Genossin** IV 5 un compañero, una compañera
genügend III 6 suficiente
gerade etw. getan haben I 8A acabar de hacer algo
geradeaus I 4B, PP todo recto
ein **Gerät** III 1 un aparato
ein **Geräusch** IV 4 un sonido
gerecht III 6 justo, -a
die **Gerechtigkeit** V 3, TA la justicia
ein **Gericht** II 3, PP un plato
ein kleines **Gericht** II 3, PP una tapa
geringer V 1, PP inferior *(comparativo de* bajo)
V 1, PP menor *(comparativo de* pequeño)
das **Geringste**, im **Geringsten** V 1, R lo más mínimo
der **Geruch** IV 2 el olor
kurz **gesagt** V 7, R en resumen
der **Gesang** <IV 9> el canto
ein **Geschäft** I 4B, PP una tienda
geschehen II 2 pasar
ein **Geschenk** I 7B un regalo
Geschichte *(Schulfach)* I 5A, PP (la) historia
das **Geschlecht** III 5 el sexo
die **Geschwister** I 2A los hermanos
gesellig V 2, R sociable
die **Gesellschaft** IV 4 la sociedad
(Begleitung) IV 4 la compañía
gesellschaftlich III 6 social
eine **gesellschaftliche** Klasse V 3, R una clase
ein **Gesetz** IV 8, PP una ley
das **Gesicht** III 1 la cara
ein **Gesichtsausdruck** V 5, TA una expresión de la cara
ein **Gespräch** I 2A una conversación
jdm. etw. **gestatten** IV 5 autorizar (z-c) algo a alguien
gestatten Sie IV 5 con su permiso
gestattest du IV 5 con tu permiso
gestern II 7 ayer
gestern Abend IV 1 anoche
die **Gesundheit** IV 5 la salud
ein **Getränk** I 2A una bebida
ein Erfrischungs**getränk** <I 9> un refresco
ein **Getränkeautomat** II 5 una máquina de bebidas
gewagt V 6, PA atrevido, -a
die **Gewalt** III 6 la violencia
gewalttätig V 7, PA violento, -a
eine **Gewerkschaft** IV 8 un sindicato
gewinnen *(drankommen)* III 3 tocar (c-qu) a alguien
etw. **gewinnen** V 8, PA ganar algo
das **Gewissen** V 2, R la conciencia
ein **Gewitter** II 1, 8 una tormenta
es **gibt** I 4B, PP hay
ein **Gipfel**, ein **Gipfeltreffen** V 5, PA una cumbre
ein **Glas** II 3 un vaso
das **Glas** *(Material)* IV 7 el vidrio
ein **Glaube** V 8, PA una creencia
etw. **glauben**, etw. meinen I 7A creer algo
glauben, dass … I 7B creer que …
Das **glaube** ich nicht! IV 5 Parece mentira.
jetzt **gleich** I 5B ahora mismo
gleich, genauso (wie) I 5B igual (que)
die **Gleichheit**, die **Gleichstellung** V 5, R la igualdad
die **Globalisierung** V 5, PA la globalización
das **Glück** I 5A la suerte
das **Glück**(sgefühl) III 6 la felicidad
zum **Glück** I 5B menos mal II 3 por suerte
Was für ein **Glück** V 3, R Vaya suerte
glücklich III 6 feliz
das **Gold** IV 7, PP el oro
(der) **Gott** II 6 (el) Dios
Mein **Gott**! II 6 ¡Dios mío!
ein **Grad** II 1 un grado
… **Grad** sein II 1 hacer *(irr.)* … grados
ein **Gramm** I 7A, 7 un gramo
gratis <I 9, PP> gratis
Gratis- V 4, R gratuito, -a
grau I 6, 10 gris
grausam V 7, PA cruel
zu den Waffen **greifen** V 4, PA tomar las armas
eine **Grenze** II 8, PP una frontera
griechisch V 5, PP griego, -a
die **Grippe** IV 2, 12 la gripe
groß I 4B grande
(hoch) I 4B alto, -a
(riesig) II 3 enorme
(großartig) III 2, 10 gran *(delante del sust.)*
großartig I 4A, PP fenomenal
III 2, 10 gran *(delante del sust.)*
die **Großeltern** I 3A, PP los abuelos
größer IV 6 mayor
(v. a. in übertragener Bedeutung) V 1, PP superior *(comparativo de* alto)
die **Großmutter** I 3A, PP la abuela
größte, -r, -s V 1, R máximo, -a *(superlativo de* grande)
am **größten** IV 6 mayor
der **Großvater** I 3A, PP el abuelo
großzügig III 5, PP generoso, -a
grün I 5B verde
ein **Grund** III 6 una razón
etw. **gründen** V 5, PP fundar algo
grundlegend, Grund- V 3, PA fundamental
eine **Grundschule** I 4B, PP un colegio
V 2, R la (Escuela) Primaria
eine **Grünzone** I 4B una zona verde
eine **Gruppe** II 1 un grupo
ein **Gruß** II 1 un saludo
jdn. **grüßen** <I 9>; II 7 saludar a alguien
jdn. (zum Abschied) von jdm. **grüßen** IV 3 despedir (-i-/-i-) a alguien de alguien
ein **Guatemalteke**, eine **Guatemaltekin** III 1, PP un guatemalteco, una guatemalteca
guatemaltekisch III 7 guatemalteco, -a
gut I 7A bueno, -a
Guten Tag. I 3B Buenos días.
Guten Tag. *(nachmittags)* I 3B, 4 Buenas tardes.
Guten Abend. **Gute** Nacht. I 3B, 4 Buenas noches.
gut sein für II 3 servir (-i-/-i-) para
kurz und **gut** V 7, R en resumen
gut *(adv.)* I 2A bien *(adv.)*
(jdm.) **gut** gehen II 7 estar *(irr.)* bien
(**gut**) zu sehen III 8, 2 a la vista
gutmütig III 1 bueno, -a
ein **Gymnasium** I 4B, PP un instituto

H

die **Haare** I 5B, PP el pelo
etw. **haben** I 5A tener *(irr.)* algo
haben *(als Hilfsverb)* I 7B haber *(irr.)*
ein **Hafen** III 8, 1 un puerto
halbe, -r, -s I 7A medio, -a
die **Hälfte** III 5, 7 la mitad
Hallo! I 1, PP ¡Hola!
jdn. für etw. **halten** V 3, PP considerar a alguien algo
eine **Haltestelle** II 4, 12 una parada

der **Hammer** sein II1 ser *(irr.)* una pasada
eine **Hand** I5B una mano *(f.)*
sich **handeln** um IV7Estr tratarse de
eine **Handlung** V5, PA una acción
die **Handlung** (eines literarischen Werkes oder eines Films) V7, PP el argumento (de una obra literaria o una película)
die **Handwerksarbeit** III8,1 la artesanía
ein **Handy** I2A un móvil
ein **Häppchen** II3, PP una tapa
hart II2 duro, -a
etw. / jdn. **hassen** I4B odiar algo / a alguien
hässlich I5B, PP feo, -a
ein **Haufen** I4B un montón (de) *(col.)*
häufiger / weniger **häufig** V1, PP con mayor / menor frecuencia
die **Häufigkeit** V1, PP la frecuencia
Haupt- I5B principal
das **Hauptgericht** II3, PP el segundo plato
die **Hauptstadt** II8, PP la capital
ein **Haus** I4A una casa
die **Hausaufgaben** I5A los deberes
zu **Hause** I4A en casa
zu jdm. nach **Hause** gehen I4A ir a casa de alguien
eine **Hausfrau** III1, PP un ama *(f.)* de casa
ein **Haustier** IV1 una mascota
He! II4 ¡Jo!
ein **Heer** IV8 un ejército
ein **Heft** I3A, 10 un cuaderno
die Erste **Heilige** Kommunion II4 la Primera Comunión
ein **Heilmittel** V1, R un remedio
ein **Heim** III6 el hogar
jdn. **heiraten** II7, PP casarse con alguien
heiß III8,1 cálido, -a
V4, PA caliente
heißen I6 llamarse
die **Heizung** V1, TA la calefacción
ein **Held**, eine **Heldin** V5, R un héroe, una heroína
jdm. **helfen** (etw. zu tun) I5B ayudar a alguien (*Akk.*) (a hacer algo)
hellblau, -grün, ...) IV7Estr (azul, verde, ...) claro
ein **Hemd** I6 una camisa
heranwachsen II8 crecer (-zco)
die **Herausbildung** V4, PA la formación
etw. **herausnehmen** I6 sacar (c-qu) algo
etw. **herbringen** II3, PP traer *(irr.)* algo
der **Herbst** II9, 9 el otoño
ein **Herd** IV1, 5 una cocina
hereinkommen IV1 pasar
herkommend von V4, PA proveniente de
ein **Herr** I4B un señor (*abrev.* Sr.)
herrlich II6 espectacular
herrschen (über) V1, PA reinar (sobre)
über etw. / jdn. **herrschen** V5, R gobernar (-ie-) algo / a alguien
etw. **herstellen** V4, PA producir *(irr.)* algo
etw. (aus dem Internet) **herunterladen** V7, R bajarse algo (de Internet)
hervorragend V7, PA extraordinario, -a
das **Herz** IV4 el corazón
heute I3B hoy
heute Nachmittag I7A esta tarde
heutzutage II8 actualmente
hey, du *(umgangssprachl. Anrede)* II1 tío, tía *(col.)*
hier I3A aquí

die **Hilfe** I2A ayuda
Hilfe! III2 ¡socorro!
der **Himmel** <IV9, FP> el cielo
die **Hin- und Rückfahrt** II5, PP la ida y vuelta
hinauf II3 arriba
(etw.) **hinaufgehen** II6 subir (algo)
Ich weiß, worauf du **hinaus** willst. I8A te veo venir
hinein II3 adentro
etw. in etw. **hineinlegen** I8B, PP meter algo en algo
in etw. **hineinpassen** III1 caber *(irr.)* en algo
hineingehen (in) I3B entrar (en)
etw. **hineinstecken** I8B, PP meter algo en algo
die **Hinfahrt** II5, PP la ida
hingegen IV3 en cambio
sich **hinlegen** I6, PP acostarse (-ue-)
hinter I8B, PP detrás de
V5, PA tras
der **Hintergrund** IV7Estr el fondo
IV7Estr el segundo plano
jdm. etw. **hinüberreichen** <II10> pasar algo a alguien
hinunter II3 abajo
etw. **hinuntergehen** V4, PA bajar algo
auf etw. **hinweisen** V3, PA indicar (c-qu) algo
V6, PA señalar algo
darauf **hinweisen**, dass IV6 advertir (-ie-/-i-) que
etw. **hinzufügen** V1, PA añadir algo
historisch V1, PA histórico, -a
die **Hitze** II1 el calor
ein **Hobby** III5 una afición
V7, R un pasatiempo
Hobby- IV4 aficionado, -a
hoch *(nach oben)* II3 arriba
(groß) I4B alto, -a
hoch (gelegen) III8,1 elevado, -a
eine **Hochebene** III8,1 un altiplano
ein **Hochhaus** IV6 un rascacielos
höchste, -r, -s, **Höchst-** IV5 máximo, -a
V1, R máximo, -a (*superlativo de* grande)
höchstens V2, PA como mucho
eine **Hochzeit** II7, PP una boda
ein (Schul)**Hof** I5B un patio
etw. **hoffen** III2 esperar algo
die **Hoffnung** III6 la esperanza
die **Höhe** III8, 2 la altitud
V4, PA la altura
eine **Höhe** V4, PA un nivel
die **Höhenkrankheit** IV2, 12 el soroche
höher *(v. a. in übertragener Bedeutung)* V1, PP superior (*comparativo de* alto)
Hoppla! *(argentin. Ausruf)* II8 ¡Pucha!
etw. / jdn. **hören** I2A, PP escuchar algo / a alguien
etw. **hören** I6 oír *(irr.)* algo
auf jdn. **hören** V7, R hacer *(irr.)* caso a alguien
hör mal I3A oye
ein **Horrorfilm** V7, PP una película de terror
eine **Hose** I6 un pantalón
ein **Hotel** II1, PP un hotel
hübsch I5B, PP guapo, -a
I4B bonito, -a
II9 lindo, -a
V2, R atractivo, -a
ein **Huhn** IV2, PP una gallina
ein **Hühnchen** IV2 un pollo

ein **Hund** I3A un perro
hundert I3B, PP cien / ciento
Hunderte von V4, R centenares *(m. pl.)* de
hunderteins II5, PP ciento uno
eine **Hundertjahrfeier** V5, PA un centenario
hundertzehn II5, PP ciento diez
der **Hunger** II3 el hambre *(f.)*
Hunger haben II3 tener *(irr.)* hambre

I

ich I2B yo
ein **Ideal** V5, PA un ideal
eine **Idee** I2B una idea
die **Identität** V2, PA la identidad
ihm *(Dativpron.)* I8A le
ihn *(Akkusativpron.)* II3 lo
ihnen *(Dativpron.)* I8A les
von **ihnen** / von **Ihnen** III7 suyo, -a; el suyo, la suya
ihr *(Subjektpron.)* I2B vosotros, -as
(Dativpron.) I8A le
von **ihr** III7 suyo, -a; el suyo, la suya
ihr, ihre *(sg.)* I3A su
ihre, seine *(pl.)* I3B sus
(das) **ihre, -r, -s**; von **ihr** / von **ihnen** / von **Ihnen** III7 suyo, -a; el suyo, la suya
ihrerseits V4, PA por su parte
illegal III6 ilegal
im Jahr 19... (neunzehnhundert...) I7, PP en 19... (mil novecientos...)
im Jahr 20... (zweitausend...) II7, PP en 20...(dos mil...)
immer I1 siempre
der, die das gleiche wie **immer** I4A de siempre
immer (*+ Steigerungsform des Adj.*), **immer** mehr (*+ sust.*) III1 cada vez más (*+ adj. / sust.*)
in I1 en
in *(zeitl.)* III5 dentro de
in der Nähe (von) ... sein I4B, PP (estar) cerca (de)
In Ordnung. / Ok. I3A Vale.
ein **Indio**, eine **India** V5, PA un indio, una india
eine **Industrie** V4, R una industria
eine **Information** III3 una información
jdn. über etw. **informieren** IV2 avisar a alguien de algo
die **Infrastruktur** IV6 las infraestructuras
ein **Ingenieur**, eine **Ingenieurin** II8 un ingeniero, una ingeniera
eine **Inhaltsangabe** V7, PP una sinopsis
insbesondere V5, PA particularmente
eine **Insel** II1, 11 una isla
die Kanarischen **Inseln** IV7 las Islas Canarias
insgesamt I7A en total
ein **Instrument** IV4 PP un instrumento
die **Integration** V7, R la integración
intellektuell V3, R intelectual
intelligent I6 inteligente
die **Intelligenz** V5, R la inteligencia
intensiv V4, PA intenso, -a
interessant I4B interesante
jdn. **interessieren** III6 interesar a alguien
international V3, PA internacional
(das) **Internet** II1 (el) Internet
die **Interpretation** V7, R la interpretación
ein **Interview** V6, R una entrevista

jdn. **interviewen** V4, R entrevistar a alguien
eine **Invasion** IV7 una invasión
irgendeine, -r, -s II6 algún, alguno, -a
V6, R cualquier
irre V7, R alucinante
sich **irren** IV2 equivocarse (c-qu)
irreparabel V2, PP irreparable
etw. / jdn. **isolieren** V4, PA aislar (aíslo) algo / a alguien
Ist das alles? I7A, PP ¿Es todo?
Ist gut. / In Ordnung. I7A está bien
da **ist** I4B, PP hay

J

ja I1 sí
eine **Jacke** I6, 10 una cazadora
ein **Jahr** I8A un año
... **Jahre** alt sein I8A tener *(irr.)* ... años
... **Jahre** alt werden II8 cumplir ... años
eine **Jahreszeit** II9, 9 una estación del año
eine **Jahrgangsstufe** V6, PA un grado *(lat. am.)*
ein **Jahrhundert** IV4 un siglo
ein 15-**Jähriger**, eine 15-**Jährige** III7 un quinceañero, una quinceañera
Januar I7B, PP enero *(m.)*
je mehr / weniger ... desto ... IV6 cuanto más / menos *(+ adj. / sust. / verbo)* ..., mejor
eine **Jeans** I6, 10 unos vaqueros
jede, -r, -s I5B todos los..., todas las...
jemand II4 alguien
jene, -r, -s I7A aquel, aquella, aquellos, aquellas *(adj.)*
I7A aquél, aquélla, aquello, aquéllos, -as *(pron.)*
jetzt I3A ahora
jetzt gleich, **jetzt** sofort I5B ahora mismo
ein **Journalist**, eine **Journalistin** IV8 un / una periodista
jüdisch III4, PP judío, -a
die **Jugend** IV7 la juventud
eine **Jugendfreizeit** II1, PP una colonia
eine **Jugendherberge** II1, PP un albergue juvenil
ein **Jugendlicher**, eine **Jugendliche** I7A un joven, una joven
V7, PA un / una adolescente
die **Jugendlichen** I7A los jóvenes
Juli I7B, PP julio *(m.)*
jung I5A joven (*pl.* jóvenes)
ein **junger** Mann, eine **junge** Frau I7A un joven, una joven (*pl.* jóvenes)
ein **junger** Mann, eine **junge** Frau III2 un chaval, una chavala
ein **Junge** I1 un chico
I7A un joven (*pl.* jóvenes)
III2 un chaval
III6 un muchacho
ein kleiner **Junge** I4B un niño
jünger V1, PP menor (*comparativo de* pequeño)
Juni I7B, PP junio *(m.)*
Jura II8 (el) Derecho

K

ein **Kaffee** III3 un café
ein **Kaiser**, eine **Kaiserin** V5, R un emperador, una emperatriz
ein **Kaiserreich** V5, PP un imperio
ein **Kajak** II1 un kayak
ein **Kalender** V5, PP un calendario
Kalifornien III7 California *(f.)*
kalt V4, PA frío, -a
kalt sein *(Wetter)* II1 hacer *(irr.)* frío
die **Kälte** II1 el frío
eine **Kammer** *(Teil des Parlaments)* IV8 una cámara
ein **Kampf** V4, PA una lucha
gegen jdn. **kämpfen** III4 luchar contra alguien
ein **Kanarienvogel** <IV9> un canario
die **Kanarischen** Inseln IV7 las Islas Canarias
eine **Kappe** III1, PP una gorra
kaputt (sein) II1 (estar) roto, -a
die **Karibik** IV5, PP el Caribe
eine **Karte** III7, PP una tarjeta
eine **Kartoffel** IV7 una patata *(lat. am.)* IV7 una papa *(lat. am.)*
ein **Karton** IV5 una caja
der **Käse** I7A el queso
Katalanisch *(Sprache)* II4, PP (el) catalán
Katalonien II4 Cataluña *(f.)*
eine **Katastrophe** I1 un desastre
ein **Kater** IV1 un gato
eine **Kathedrale** III4, PP una catedral
katholisch V3, R católico, -a
die **Katholischen** Könige III4 los Reyes Católicos
eine **Katze**, ein **Kater** IV1 un gato
eine (weibliche) **Katze** IV1 una gata
etw. **kaufen** I2A, PP comprar algo
ein **Kaufhaus** V2, PA unos grandes almacenes
kaum V4, R apenas
keine, -r, -s II6 ningún, ninguno, -a
Keine Ahnung. I2B Ni idea.
Keine Rede! I7A ¡Qué va!
keinesfalls V5, PA de ninguna manera
ein **Kellner**, eine **Kellnerin** II3, PP un camarero, una camarera
IV1 un mesero, una mesera *(lat. am.)*
etw. / jdn. **kennen**, **kennenlernen** I8A, PP conocer (-zco) algo / a alguien
kerngesund sein IV5 tener una salud de hierro
eine **Kerze** III7, PP una vela
ein **Kilo** I7A, PP un kilo
ein **Kilometer** II5, PP un kilómetro
... **Kilometer** entfernt sein II5 estar *(irr.)* a ... kilómetros
ein **Kind** I4B un niño, una niña
die **Kinder** I3A, PP los hijos
ein **Kindergarten**, eine **Kinderkrippe** III1, PP una guardería
Das ist kein **Kinderspiel**. I1 No es un juego.
das **Kinn** V8, PA la barbilla
ein **Kino** I4A, PP un cine
ein **Kiosk** III1, PP un quiosco
eine **Kirche** II4 una iglesia
eine **Kiste** IV5 una caja
kitschig III7 kitsch
eine **Klage** V4, TA una queja
ein **Klang** IV4 un sonido
Klar. I2A Claro.
klasse I5A guay *(col.)*
V7, R alucinante
eine **Klasse** I5A una clase
V6, PA un grado *(lat. am.)*
die erste **Klasse** der Sekundarstufe *(ent_spricht der 7. Klasse in Deutschland)* II2 1º (primero)
die zweite **Klasse** der Sekundarstufe *(ent-spricht der 8. Klasse in Deutschland)* II2 2º (segundo)
eine (gesellschaftliche) **Klasse** V3, R una clase
ein **Klassenkamerad**, eine **Klassenkameradin** I5B un compañero, una compañera (de clase)
ein **Klassenlehrer**, eine **Klassenlehrerin** V2, R un tutor, una tutora
eine **Klassenleiterstunde** I5A, PP una tutoría
ein **Klassenzimmer** III1 un aula
klassisch IV4 clásico, -a
klatschen <I9> aplaudir
ein **Kleid** I6 un vestido
ein **Kleiderschrank** I6 un armario
die **Kleidung** I4B la ropa
klein I4B pequeño, -a
I5B, PP bajo, -a
ein **kleiner** Junge, ein **kleines** Mädchen I4B un niño, una niña
kleiner V1, PP menor (*comparativo de* pequeño)
das **Klima** III8, 1 el clima
die **Klimaanlage** V1, TA el aire acondicionado
der **Klimawandel** IV6, PP el cambio climático
eine **Klingel** III1 un timbre
klingeln I6 sonar (-ue-)
ein **Klischee** V7, R un estereotipo
ein **Klub** III7 un club
klug *(schlau)* V2, PA listo, -a
eine **Kneipe** I3A un bar
etw. **kochen** IV1 cocinar algo
ein **Koffer** I8A, PP una maleta
die **Kohlensäure** II3 el gas
Kolonial-, aus der **Kolonialzeit** III8, 1 colonial
ein **Kolumbianer**, eine **Kolumbianerin** I5B un colombiano, una colombiana
Kolumbien II1 Colombia *(f.)*
Christoph **Kolumbus** II4 Cristóbal Colón
etw. mit etw. **kombinieren** V7, R combinar algo con algo
komisch *(witzig)* I5B gracioso, -a
(seltsam) I7B raro, -a
ein **Komma** IV5, 10 una coma
kommen I2A llegar (g-gu)
I5A venir *(irr.)*
kommen aus I1, PP ser *(irr.)* de
Komm schon! I3B ¡Venga!
das **kommt** daher, dass... I4A es que
(am / im) **kommenden** *(+ Zeitangabe)* I5A el ... que viene
ein **Kommentar** V7, R un comentario
kommerziell V7, R comercial
die Erste Heilige **Kommunion** II4 la Primera Comunión
mit jdm. **kommunizieren** V3, PA comunicarse (c-q) con alguien
eine **Komödie** V7, PP una comedia
kompliziert III1 complicado, -a
ein **Konflikt** V3, PA un conflicto
ein **König**, eine **Königin** III4 un rey, una reina
die Katholischen **Könige** III4 los Reyes Católicos
ein **Königreich** IV7 un reino
etw. tun **können** I5B poder *(irr.)* hacer algo
(gelernt haben) I6 saber *(irr.)* hacer algo

eine **Konsequenz** V4, R una consecuencia
konservativ V3, R conservador, -ora
ein **Kontakt** III5 un contacto
kontaktfreudig III5, PP comunicativo, -a
ein **Kontinent** II8, PP un continente
ein (internationaler) **Konzern** II8 una multinacional
ein **Konzert** I4A, PP un concierto
der **Kopf** II5 la cabeza
jdm. durch den **Kopf** gehen V2, PA pasar por la cabeza a alguien
sich den **Kopf** zerbrechen III1 romperse la cabeza
ein **Kopfkissen** IV1, 5 una almohada
ein **Körper** IV7 un cuerpo
kosten I7A, PP costar (-ue-)
Wie viel **kostet** das? I7A, PP ¿Cuánto cuesta?
kostenlos V4, R gratuito, -a
die **Kraft** IV3 la fuerza
kräftig II7 fuerte
krank II7 enfermo, -a
krank werden II7 caer (*irr.*) enfermo, -a
ein **Krankenhaus** II1 un hospital
ein **Krankenpfleger**, eine **Krankenschwester** I8A un enfermero, una enfermera
eine **Krankheit** III8, 2 una enfermedad
eine **Kreditkarte** V1, TA una tarjeta de crédito
ein **Kreislauf** V4, PA una circulación
ein **Kreuz** IV7, PP una cruz
ein **Krieg** III4 una guerra
die **Kriminalität** III8, 4 la criminalidad
eine **Krise** V2, PA una crisis (*pl.* las crisis)
die (Literatur-, Film-)**Kritik** V7, R la crítica
ein **Kritiker**, eine **Kritikerin** V8, PA un crítico, una crítica
etw. / jdn. **kritisieren** IV4 criticar (c-qu) algo / a alguien
Kuba IV5, PP Cuba (*f.*)
ein **Kubaner**, eine **Kubanerin** IV5, PP un cubano, una cubana
eine **Küche** I4A una cocina
eine **Kuh** II8 una vaca
ein **Kühlschrank** IV1, 5 una nevera
kühn V6, PA atrevido, -a
eine **Kultur** III4, PP una cultura
kulturell III8, 4 cultural
sich um jdn. **kümmern** III1, PP cuidar a alguien
sich um etw. / jdn. **kümmern** V1, R ocuparse de algo / alguien
ein **Kumpel** III2 un / una colega (*col.*)
die **Kunst** IV1 el arte
Kunsterziehung (*Schulfach*) I5A, PP (la) educación plástica y visual
das **Kunsthandwerk** III8, 1 la artesanía
ein **Künstler**, eine **Künstlerin** V3, R un / una artista
künstlerisch V1, PA artístico, -a
ein **Kunstwerk** II4, PP una obra
kurz I5B, PP corto, -a
kurz und gut II8 en fin
kurz gesagt, **kurz** und gut V7, R en resumen
ein **Kurzfilm** III3 un corto V7, PP un cortometraje
ein **Kuss** (*auch Grußformel*) I5A un beso
jdn. **küssen** <IV9> besar a alguien
die **Küste** I1 la costa
eine **Küste**, ein **Küstengebiet** IV6 un litoral

L

ein **Lächeln** V6, PA una sonrisa
lächeln V6, PA sonreír (*irr.*)
über etw. / jdn. **lachen** III2 reírse (*irr.*) de algo / alguien
lächerlich III7 ridículo, -a
ein **Laden** I4B, PP una tienda
in einer ausweglosen **Lage** (sein) V2, R (estar) perdido, -a
eine **Lampe** IV1, 5 una lámpara
ein **Land** I8A un país
das **Land** (*ländliche Gegend*) II1, PP el campo
das **Land** (*Ländereien*) II8, PP la tierra
ländlich IV6 rural
eine **Landschaft** III4, PP un paisaje
die **Landsleute** V3, PA los compatriotas
eine **Landstraße** II5, PP una carretera
die **Landwirtschaft** II8, PP la agricultura
lang I5B, PP largo, -a
langfristig V8, PA a largo plazo
langsam IV4 PP lento, -a
sich bei etw. **langweilen** III5 aburrirse con algo
langweilig II6 aburrido, -a
total **langweilig** sein V7, R ser (*irr.*) un rollo patatero (*col.*)
ein **Lappen** III6 un trapo
der **Lärm** II3 el ruido
(**lass**) mal sehen I2A a ver
jdm. etw. (über-)**lassen** I8B dejar algo a alguien
jdn. etw. tun **lassen** IV2 hacer (*irr.*) (+ *inf.*)
lasst uns … nehmen III6 tomemos …
lästig V1, R pesado, -a
ein **Lastwagen** II2 un camión
ein **Lateinamerikaner**, eine **Lateinamerikanerin** III7 un lationamericano una latinoamericana
eine **Laufbahn** II8 una carrera
laufen II5 correr
laufen (*Film*) V7, R echar (películas)
laut (*entsprechend*) II4 según
laut III5 alto, -a
ein **Laut** IV4 un sonido
(an der Tür) **läuten** IV2 llamar (a la puerta)
Es **läutet**. I8B Llaman.
die **Lautstärke** V1, R el volumen
leben I3A vivir
das **Leben** I6, PP la vida
ein **Lebenslauf** V2, TA un currículum vitae (CV)
die **Lebensmittel** IV5, PP los alimentos
die **Lebensumstände**, die **Lebensbedingungen** V5, R las condiciones de vida
lebhaft (sein) II2, PP (estar) animado, -a
lecker I4B rico, -a
leer (sein) I6 (estar) vacío, -a
legen I8B, PP poner (*irr.*) algo
sich **legen** V4, PA situarse
eine **Legende** III4 una leyenda
ein **Lehrer**, eine **Lehrerin** I2B un profesor, una profesora
(*Kurzform*) I5A un / una profe (*col.*)
das **Lehrerzimmer** III1 la sala de profesores
leicht I4B fácil
jdm. **leichtfallen** V2, R resultar fácil a alguien
die **Leichtigkeit** V5, R la facilidad
es tut mir **leid** I5A lo siento

jdn. **leiden** können V2, R caer (*irr.*) bien a alguien
leider II8 desgraciadamente III7 por desgracia
ein **Leiter**, eine **Leiterin** IV8 un jefe / una jefa III6 un director, una directora
etw. **lernen** I2A, PP estudiar algo I3A aprender algo
etw. **lesen** I3A leer algo
letzte, -r, -s I7A último, -a
(*vergangen*) II7 pasado, -a
in **letzter** Zeit II8 últimamente
letztendlich II2 al final V5, PA a final de cuentas
etw. **leugnen** V4, PA negar (-ie-; g-gu) algo
die **Leute** I4B la gente
das **Licht** I8B la luz
lieb; **liebe, -r** (*auch als Anrede*) II1 querido, -a
die **Liebe** V1, PA el amor
etw. / jdn. **lieben** IV4 querer (*irr.*) algo / a alguien
etw. / jdn. **lieber** mögen (als etw. / jdn.); etw. **lieber** tun I5A preferir (-ie-/-i-) algo (a algo / a alguien) / preferir hacer algo
Liebes- V7, PP romántico, -a
ein **Liebesfilm** V7, PP una película de amor
-liebhaber IV4 aficionado, -a
Lieblings- I4B preferido, -a
ein **Lied** I2A una canción
eine (Bus-, U-Bahn-)**Linie** II4, 12 una línea
links I4B, PP a la izquierda
eine **Liste** I5B una lista
die **Literatur** I5A, PP la literatura
live IV8 en directo
ein **LKW** II2 un camión
logisch III6 lógico, -a
ein **Losanteil** III3 un décimo
etw. **lösen** (*Problem, Aufgabe*) III6 solucionar algo
ein Problem **lösen** V2, R resolver (-ue-) un problema
etw. **loslassen** V8, PA soltar (-ue-) algo
eine **Lösung** II7 una solución
ein **Lösungsmittel** III6 un solvente
ein **Lotterielos** III1, PP un billete de lotería
ein **Löwe** III1 un león
die **Luft** IV6, PP el aire
eine **Lüge** IV5 una mentira
ein **Lumpen** III6 un trapo
Lust haben etw. zu tun III5 tener (*irr.*) ganas de hacer algo
Lust zu etw. haben / bekommen V1, R dar(le) (*irr.*) la gana a alguien
lustig I4B divertido, -a
etw. **lustig** finden V2, PA hacer (*irr.*) gracia a alguien
lustig sein V4, R tener (*irr.*) gracia
sich über jdn. **lustig** machen IV2 hacer (*irr.*) burla de alguien

M

etw. **machen** I3B hacer (*irr.*) algo
Das **macht** nichts. I8A No importa.
jdn. verrückt **machen** III1 tener (*irr.*) loco, -a a alguien
die **Macht** V5, R el poder
ein **Mädchen** I1 una chica III6 una muchacha
ein kleines **Mädchen** I4B una niña

Madrid *(als autonome Region)* III1
la Comunidad de Madrid
Mai I7B, PP mayo *(m.)*
der **Mais** IV7 el maíz
dieses **Mal** I7B esta vez
etw. **malen** II4 pintar algo
ein **Maler**, eine **Malerin** II4, PP un pintor, una pintora
die **Malerei** <IV9> la pintura
die **Mama** *(auch als Anrede)* I4A mamá
man muss I8A hay que...
manchmal III5 de vez en cuando
der **Mangel** an etw. III6 la falta de algo
manipulierend V7, R manipulador, -ora
ein **Mann** II6 un hombre
ein alter **Mann** III1, PP un anciano
männlich V7, PA varón
eine **Mannschaft** I5A un equipo
ein (leichter) **Mantel** I6, 10 un abrigo
ein **Mäppchen** I3A, 10 un estuche
ein **Markt** I7A, PP un mercado
ein **Marokkaner**, eine **Marokkanerin** IV3
un / una marroquí *(pl.* marroquíes)
März I7B, PP marzo *(m.)*
das **Material** V1, R el material
Mathe V2, R las mates *(col.)*
Mathematik *(Schulfach)* I5A, PP
(las) matemáticas
eine **Maus** IV2, PP un ratón
maximal IV5 máximo, -a
ein **Medikament** IV2, 12 una medicina
das **Meer** I2A, PP el mar
eine **Meeresfrucht** II3 un marisco
der **Meeresspiegel** IV6 el nivel del mar
eine **Meeresspinne** *(Delikatesse)* II3
un centollo
das **Mehl** I7A, 7 la harina
mehr I5B más
immer **mehr** *(+ sust.)* III1 cada vez más *(+ sust.)*
mehr IV6 mayor
mehrere II8 varios, -as
die **Mehrheit** III_5, 7 la mayoría
mein, meine *(sg.)* I3A mi
meine *(pl.)* I3A mis
(das) **meine, -r, -s** III7 mío, -a; el mío, la mía
Mein Gott! II6 ¡Dios mío!
etw. **meinen** I7A creer algo
meinen, dass... I7B creer que...
denken / **meinen**, dass... I7B pensar (-ie-) que...
meinerseits V4, PA por mi parte
eine **Meinung** III7 una opinión
mit jdm. einer **Meinung** sein V2, R
estar de acuerdo con algo / alguien
die **meisten** III_5, 7 la mayoría
IV6 *(art. +)* mayor
die **Melodie** IV4PP la música
eine **Menge** V4, R una cantidad
Mensch *(umgangssprachl. Anrede)* II1
tío / tía *(col.)*
die **Menschenrechte** V8, PA los derechos humanos
die **Menschheit** V3, PA la humanidad
menschlich V8, PA humano, -a
eine **Messe** III7, PP una misa
eine **Metapher** V8, PA una metáfora
ein **Meter** II5 un metro
eine **Metzgerei** I4B, PP una charcutería
mexikanisch V4, R mexicano, -a

mich *(Akkusativpron.)* II3 me
die **Miete** IV1 el alquiler
V4, R la renta *(mex.)*
etw. **mieten** III3 alquilar algo
militärisch IV8 militar
(eine) **Million** II9 (un) millón *(pl.* millones)
Millionen von V4, R millones *(m. pl)* de
eine **Minderheit** V1, PP una minoría
minimal V1, R mínimo, -a *(superlativo de* pequeño)
ein **Minister**, eine **Ministerin** III8, 4
un ministro, una ministra
der **Ministerpräsident** IV8 el Presidente del Gobierno
eine **Minute** II4 un minuto
mir *(Dativpron.)* I8A me
mir auch I2B, PP a mí también
mir auch nicht I2B, PP a mí tampoco
von **mir** III7 mío, -a; el mío, la mía

ein **Mischling** V5, PA un mestizo, una mestiza
etw. **missbilligen** V5, PA reprobar (-ue-) algo
ein **Missbrauch** V5, R un abuso
das **Misstrauen** V3, R el recelo
mit I2A con
bei etw. **mitarbeiten** V1, R colaborar en algo
etw. **mitbekommen** I7B enterarse de algo
etw. **mitbringen** II3, PP traer *(irr.)* algo
etw. / jdn. **mitnehmen** I7B llevar algo / a alguien
ein **Mitschüler**, eine **Mitschülerin** I5B
un compañero, una compañera (de clase)
(der) **Mittag** II1 (el) mediodía
das **Mittagessen** IV1 el almuerzo
mittags II1 (el) mediodía
in die **Mitte** II3 al centro
etw. **mitteilen** III6 comentar algo
Mittelamerika III8, 4 Centroamérica *(f.)*
mittelmäßig I3B, 4 regular
das **Mittelmeer**, der **Mittelmeerraum** IV3, PP el Mediterráneo
die **Mittelschicht** V8, PA la clase media
Mittwoch I5A, PP miércoles *(m.)*
ein **Möbelgeschäft** I4B, PP una tienda de muebles
ein **Möbelstück** I4B, PP un mueble
ein **Mobiltelefon** I2A un móvil
Ich **möchte** ... / Geben Sie mir ... I7A, PP
Me pone...
Was **möchtest** du? I7A, PP ¿Qué te pongo?
die **Mode** V6, R la moda
ein **Modell** V7, PA un modelo
modern I4B moderno, -a
möglich IV8 posible
so viel wie **möglich** V1, R al máximo
möglicherweise IV7 acaso
eine **Möglichkeit** III1 una posibilidad
ein **Moment** II3 un momento
die **Monarchie** IV8, PP la monarquía
ein **Monat** I5A un mes
ein **Mönch** IV7, PP un monje
der **Mond** <IV9, PP> la luna
Montag I5A, PP lunes *(m.)*
Montags, Dienstags, ... I5A
los *(+ Wochentage)*
morgen I3B mañana
der **Morgen** I4A la mañana
morgens I5A por la mañana
eine **Moschee** III4, PP una mezquita
ein **Motiv** V4, TA un motivo

motiviert (sein) V1, R (estar) motivado, -a
ein **MP3-Player** <II10> un MP3 [emepetres]
eine **Mückenschutzcreme** III8, 2 una crema antimosquitos
müde (sein) I6 (estar) cansado, -a
müde werden V1, PA cansarse
ein **Müllfahrzeug** II2 un camión de la basura
eine **Mumie** III1 una momia
der **Mund** IV1 la boca
etw. **murmeln** V2, R murmurar algo
ein **Museum** I1 un museo
die **Musik** I2A, PP la música
musikalisch, Musik- IV4 musical
ein **Musiker**, eine **Musikerin** IV4 un músico, una música
etw. tun **müssen** I8A, PP tener *(irr.)* que hacer algo
(etw. tun) **müssen** IV7 deber (hacer algo)
man **muss** I8A hay que...
wohl *(+ inf.)* **müssen** *(Vermutung)* IV2
deber de *(+ inf.)*
nur **Mut**! III1 ¡ánimo!
mutlos V6, PA (estar) desanimado, -a
die **Mutter** I3A, PP la madre
die **Muttersprache** V3, R la lengua materna

N

na ja, **na** gut I2A bueno
Na so was! *(argentin. Ausruf)* II8 ¡Pucha!
nach I4A a
nach (entsprechend) II4 según
zu jdm. **nach** Hause gehen I4A ir a casa de alguien
etw. **nach** und **nach** / immer mehr tun III3
ir *(irr.)* *(+ gerundio)*
ein **Nachbar**, eine **Nachbarin** II2 un vecino, una vecina
nachdem II4 después de *(+ inf.)*
über etw. **nachdenken** V3, PA reflexionar sobre algo
nachhaltig IV6 sostenible
der **Nachmittag** I4A, PP la tarde
nachmittags I4A, PP por la tarde
ein **Nachname** <IV9> un apellido
eine **Nachricht** I2B un mensaje
I3B una noticia
eine **Nachrichtensendung** V7, PA un telediario
nächste, -r, -s II5 próximo, -a
eine **Nacht** I6 una noche
Gute **Nacht**. I3B, 4 Buenas noches.
ein **Nachteil** V4, R una desventaja
der **Nachtisch** II3, PP el postre
nackt (sein) IV7, PP (estar) desnudo, -a
in der **Nähe** (von) ... (sein) I4B, PP (estar) cerca (de)
nahe bei IV1 junto a
sich etw. / jdm. **nähern** III1 acercarse (c-qu) a algo / alguien
ein **Name** I3B, PP un nombre
die **Nase** IV2 la nariz
die **Nase** von etw. voll haben IV2
estar hasta las narices de algo
nass II2 mojado, -a
eine **Nation** V8, PA una nación
ein **Nationalist**, eine **Nationalistin** V3, R
un / una nacionalista
die **Nationalität** V3, PA la nacionalidad
die **Natur** IV6, PP la naturaleza
natürlich *(adv.)* II8 naturalmente

Natürlich. I2A Claro.
natürlich V4, PA natural
ein **Naturschutzgebiet** III8,1 una reserva (natural)
Naturwissenschaften *(Schulfach)* I5A, PP (las) ciencias de la naturaleza
der **Nebel** II1,8 la niebla
es ist **nebelig** II1,8 hay niebla
neben I4B, PP al lado de
IV1 junto a
neben ihm/ihr I7A a su lado
der **Neffe** I3A, PP el sobrino
etw. **nehmen** I2B tomar algo
etw. zu sich **nehmen** I2B tomar algo
jdn. auf den Arm **nehmen** III2 tomar el pelo a alguien
etw. auf sich **nehmen** V8, PA asumir algo
nehmen wir …, lasst uns … **nehmen** III6 tomemos …
etw. **nehmen** (festhalten) IV2 coger (g-j) algo
der **Neid** V2, PA la envidia
nein I1 no
jdn. etw. **nennen** II6 llamar algo a alguien
jdm. auf die **Nerven** gehen V1, R tener(le) *(irr.)* a alguien de los nervios
nervös II1 nervioso, -a
nett I3B amable
I5A simpático, -a
ein **Netz** V4, PA una red
neu II3 nuevo, -a
neueste, -r, -s II3 último, a
neugierig III3 curioso, -a
neun I3B, PP nueve
neunhundert II5, PP novecientos, -as
neunte, -r, -s II2 noveno, -a
neunzig I3B, PP noventa
eine **NGO** III5 una ONG
nicht *(Verneinung)* I1 no
nicht einmal III1 ni siquiera
nicht wahr? I2A ¿verdad?
die **Nichte** I3A, PP la sobrina
eine **Nichtregierungsorganisation** III5 una ONG
nichts II5 nada
Nichts da! III3 De eso nada.
sich **niederlassen** V4, R establecerse (-zco)
niedrig I4B bajo, -a
niedriger V1, PP inferior (*comparativo de* bajo)
niemals II5 nunca
niemand II5 nadie
ein **Niveau** V4, PA un nivel
noch I2B todavía
V2, PA aún
noch ein (-e, -r, -s) I7B otro, -os, otra, -as
noch einmal I7B otra vez
Noch etwas? I7A, PP ¿Algo más?
der **Norden** II8, PP el norte
normal I4B normal
eine **Note** IV8 una nota
gute/schlechte **Noten** bekommen V2, R sacar (c-qu) buenas/malas notas
etw. nicht **nötig** haben V2, PP pasar de algo
notwendig III6 necesario, -a
November I7B, PP noviembre *(m.)*
null I3B, PP cero
eine **Nummer** I3B, PP un número
nun I4A pues
nur I3B sólo

etw. (aus-)**nutzen** V4, R aprovechar algo
nützen zu II3 servir (-i-/-i-) para
nützlich III5, PP útil
nützlich sein für II3 servir (-i-/-i-) para

O

ob II5 si
im **oberen** Teil V4, TA en la parte superior
die **Oberschicht** V7, R la clase alta
objektiv V7, R objetivo, -a
das **Obst** I7A la fruta
obwohl III4 aunque
oder I3B o
(zwischen zwei Zahlen) II5 ó
offensichtlich IV5 evidente
öffentlich V2, PA público, -a
offiziell IV7 oficial
etw. **öffnen** I3A abrir algo
oft V2, R a menudo
ohne II1 sin
ohne Zweifel II6 sin duda
ein **Ohr** IV4 una oreja
ein **Ohrring** III2 un pendiente
Ok. I3A Vale.
ökologisch IV6 ecológico, -a
Oktober I7B, PP octubre *(m.)*
die **Olympischen** Spiele V3, R los Juegos Olímpicos
die **Oma** I3A, PP la abuela
der **Onkel** I2A el tío
Onkel und Tante I2A los tíos
der **Opa** I3A, PP el abuelo
eine **Operation** IV5 una operación
ein **Opfer** (von etw./jdm.) V2, R una víctima (de algo/alguien)
die **Opposition** V8, PA la oposición
optimistisch III3 optimista
orange I6,10 naranja
eine **Orange** I7A, PP una naranja
ein **Orchester** V6, R una orquesta
ordentlich II6 como Dios manda
In **Ordnung.** I7A está bien
eine **Organisation** V1, R una organización
etw. **organisieren** III8,2 organizar (z-c) algo
der **Orient** IV7 el Oriente
orientierungslos (sein) IV4 (estar) desorientado, -a
ein **Original** III8,2 un original
die **Originalversion** V7, PP la versión original
ein **Ort** I4B un lugar
I8B, PP un sitio
ein kleiner **Ort** I1 un pueblo
der **Osten** II8, PP el este
(Orient) IV7 el Oriente
ein **Ozean** IV7 un océano
Ozeanien III4, PP Oceanía *(f.)*

P

ein **Paar** III4 una pareja
eine **Paella** *(span. Reisgericht)* I1 una paella
ein **Paket** IV5 un paquete
ein **Palast** III4, PP un palacio
panierte Tintenfischringe I4A los calamares
ein **Panzer** IV8 un tanque
der **Papa** *(auch als Anrede)* I7B el papá
ein **Papier** I3A un papel
(Dokument) III6 un papel
der **Papierkram**, der **Papierkrieg** V4, R el papeleo

eine **Paprika**(schote) I7A un pimiento
ein **Paradies** III8,2 un paraíso
ein **Parfüm** IV2 un perfume
ein **Park** I4B, PP un parque
parlamentarisch IV8, PP parlamentario, -a
eine **Partei** IV8, PP un partido
ein **Partner**, eine **Partnerin** III5 una pareja
eine **Party** I7B una fiesta
Pass auf! I8B ¡Ten cuidado!
ein **Passagier** IV5 un pasajero
zu etw. **passen** V7, R encajar en algo
passend III5 adecuado, -a
passieren II2 pasar
V1, PA ocurrir
eine **Pastete** *(galizische Spezialität)* II1 una empanada
ein **Patient**, eine **Patientin** IV2,12 un/una paciente
die **Pause** I5A el recreo
perfekt I5A perfecto, -a
die **Perfektion** V7, R la perfección
eine **Person** I8A una persona
V7, PP un personaje
persönlich V3, PA personal
eine **Perspektive** V2, PA una perspectiva
eine **Pesete** *(frühere spanische Währung)* III1, PP una peseta
ein **Petzer**, eine **Petzerin** V2, R un soplón, una soplona
ein **Pferd** <I9, PP>; II1 un caballo
ein **Pfiff** II5 un pitido
ein **Phänomen** V2, PA un fenómeno
eine **Pille** V2, PP una pastilla
eine **Pistole** IV1 una pistola
jdn. **plagen** IV7 castigar (g-gu) a alguien
ein **Plakat** III2 un cartel
ein **Plan** II4 un plano
III8,2 un plan
ein **Planet** V3, PA un planeta
ein **Platz** I3B, PP una plaza
I4B un lugar
I8B, PP un sitio
<IV9> un espacio
(im Zug, Bus…) IV5 un asiento
eine **Plauderei** V8, PA una charla
ein MP3-**Player** <II10> un MP3 [emepetres]
ein DVD-**Player** III1 un DVD
plötzlich II9 de repente
die **Politik** IV8 la política
ein **Politiker**, eine **Politikerin** V5, PA un político, una política
politisch IV8, PP político, -a
die kasernierte ***Polizei*** *in Spanien* IV8 la Guardia Civil
ein Angehöriger der spanischen kasernierten ***Polizei*** IV8 un guardia civil
ein **Polizist**, eine **Polizistin** I5B un/una policía
ein **Porträt** <IV9> un retrato
positiv III1 positivo, -a
ein **Poster** I7B un póster
eine **Postkarte** II1 una postal
ein **Praktikum** V2, PA unas prácticas
ein **Präsident**, eine **Präsidentin** II7 un presidente, una presidenta
der **Preis** II5, PP el precio
ein **Prinz**, eine **Prinzessin** I6 un príncipe, una princesa
pro *(+ Zeitraum)* V1, R a *(+ Artikel + Zeitraum)*
eine **Probe** I5B un ensayo

etw. **probieren** I 6 probarse (-ue-) algo
ein **Problem** I 5A un problema (*m.*)
ein **Problem** lösen V 2, R resolver (-ue-) un problema
ein **Produkt** IV 7 un producto
etw. **produzieren** V 4, PA producir (*irr.*) algo
von etw. **profitieren** V 4, R aprovechar algo
ein **Projekt** II 9 un proyecto
jdn. zu etw. **proklamieren** IV 8, PP proclamar (algo a alguien)
eine **Promenade** II 4, PP un paseo
ein **Prospekt** II 4 un folleto
ein **Protest** V 8, PA una protesta
protestieren IV 5 protestar
eine **Provinz** III 1 una provincia
... **Prozent** III 5, 7 un ... por ciento
ein **Prozentsatz**, ein Anteil V 4, PA un porcentaje
eine **Prüfung**(sarbeit) IV 8 un examen
das **Publikum** <I 9> el público
ein **Pullover** I 6, 10 un jersey (*pl.* jerséis)
ein **Punkt** III 5 un punto
pünktlich IV 1 puntual
pünktlich um ... Uhr I 4A a la(s)... en punto
eine **Puppe** I 8B una muñeca
ein **Putsch** IV 8 un golpe de estado
etw. **putzen** I 8A, 6 limpiar algo
ein **Pyjama** I 6, PP un pijama
eine **Pyramide** V 5, PP una pirámide
die **Pyrenäen** II 1 los Pirineos

Q

ein **Quadratmeter** IV 1 un metro cuadrado
Qualitäts- IV 6 de calidad
eine **Quelle** V 4, PA una fuente
ein **Quiz** V 7, PA un concurso

R

ein **Radiergummi** I 3A, 10 una goma
(das) **Radio** II 9, PP la radio
ein **Rahmen** (*übertragene Bedeutung*) V 7, PP un marco
der **Rand** V 6, PA el margen
eine **Rasse** IV 7 una raza
der **Rassismus** IV 4 el racismo
ein **Rat** III 8, 2 un consejo
rauchen III 5 fumar
ein **Raum** <IV 9> un espacio
realistisch V 4, R realista
die **Realität** IV 1 la realidad
(gegen etw. / jdn.) **rebellieren** V 5, R rebelarse (contra algo / alguien)
rebellisch IV 4 rebelde
(das) **Recht** II 8 (el) Derecho
Recht haben I 8A tener (*irr.*) razón
sich **rechtfertigen** V 2, R justificarse (c-q)
rechts I 4B, PP a la derecha
recyceln IV 6, PP reciclar
eine **Rede** V 8, PA un discurso
(mit jdm.) **reden** I 2A, PP hablar (con alguien)
mit jdm. **reden** V 3, PA charlar con alguien
etw. **reduzieren** V 4, PA reducir algo
ein **Referendum** IV 8, PP un referéndum
eine **Reform** IV 8, PP una reforma
der **Refrain** IV 4 PP el estribillo
ein **Regal** I 8B, PP una estantería
der **Regen** II 2 la lluvia
ein **Regenwald** II 8, PP una selva

der **Reggaeton** (*lat. am. Musikrichtung*) III 7 el reggaeton
regieren (über) V 1, PA reinar (sobre)
etw. / jdn. **regieren** V 5, R gobernar (-ie-) algo / a alguien
eine **Regierung** III 8, 4 un gobierno
der **Regierungschef** IV 8 el Presidente del Gobierno
eine autonome **Region** (*entspricht etwa:* Bundesland) II 1, 11 una comunidad autónoma
Madrid (*als autonome **Region***) III 1 la Comunidad de Madrid
ein **Regisseur**, eine **Regisseurin** V 7, PP un director, una directora (de cine)
regnen II 1 llover (-ue-)
reich II 7 rico, -a
ein (König-)**Reich** IV 7 un reino
ein (Welt-)**Reich** V 5, PP un imperio
jdm. etw. **reichen** <II 10> pasar algo a alguien
Es **reicht** jetzt! I 3A ¡Ya basta!
der **Reichtum** III 8, 4 la riqueza
reinlich IV 2, PP limpio, -a
eine **Reise** II 1, PP un viaje
IV 4 una vuelta
ein **Reiseführer** (*Buch*) III 8, 2 una guía de viajes
reisen II 1, PP viajar
ein **Reisepass** III 8, 2 un pasaporte
reiten II 1 montar a caballo
relativ (*adv.*) V 6, R relativamente
(die) **Religion** (*Schulfach*) I 5A, PP (la) religión
religiös V 7, R religioso, -a
rennen II 5 correr
etw. **reparieren** IV 5 arreglar algo
etw. **repräsentieren** V 3, R representar algo / a algo / alguien
etw. **reservieren** V 1, TA reservar algo
der **Respekt** V 8, PA el respeto
jdn. / etw. **respektieren** V 5, R respetar algo / a alguien
der **Rest** V 2, R el resto (de)
ein **Restaurant** I 3B un restaurante
eine **Revolution** V 5, R una revolución
revolutionär V 3, R revolucionario, -a
eine **Rezension** V 7, PP una reseña
etw. **rezitieren** V 8, PA recitar algo
der **Rhythmus** IV 4 PP el ritmo
richtig II 9 verdadero, -a
IV 1 cierto
die **Richtung** IV 4 el sentido
in **Richtung** von II 4 hacia
(gut) **riechen** IV 2, PP oler (*irr.*) (bien)
riesig II 3 enorme
ein **Risiko** V 2, R un riesgo
ein **Rock** I 6, 10 una falda
eine **Rolle** (*im Theaterstück*) I 5B un papel
eine **Rolle** spielen V 7, R interpretar un papel
romantisch V 7, PP romántico, -a
rosa I 6 rosa
eine **Rose** II 4 una rosa
rot I 6 rojo, -a
eine **Route** III 8, 2 una ruta
der **Rücken** IV 2, 12 la espalda
die **Rückfahrt** II 5, PP la vuelta
ein **Rucksack** III 8, 2 una mochila
rücksichtslos III 5, PP desconsiderado, -a
rückwärts V 5, PA hacia atrás
jdn. **rufen** I 3B llamar a alguien

die **Ruhe** IV 8 el silencio
ruhig I 5B tranquilo, -a
eine **Ruine** III 8, 2 una ruina
rund IV 7 redondo, -a
eine **Rundfahrt** IV 4 una vuelta

S

ein **Saal** III 4 una sala
eine **Sache** I 4B una cosa
ein **Sachverhalt** III 2 un asunto
ein **Saft** IV 1 un zumo
IV 1 un jugo (*lat. am.*)
jdm. etw. **sagen** I 5B decir (*irr.*) algo a alguien
etw. **sagen** III 6 comentar algo
das **Sagen** haben III 2 mandar
Salsa (*lat. am. Tanz*) III 7 la salsa
Samstag I 5A sábado (*m.*)
ein **Sandwich** I 7B un sándwich, (*pl.* -es)
sanft IV 7 manso, -a
ein **Sänger**, eine **Sängerin** IV 4 PP un / una cantante
etw. **satt** haben III 2 estar harto, -a de algo
ein **Satz** V 2, PA una frase
sauber IV 2, PP limpio, -a
Schade! I 7B ¡Qué lástima!
der **Schaden**, die **Schädigung** V 2, PP el daño
etw. / jdn. **schädigen** V 2, PP dañar algo / a alguien
V 2, PP perjudicar (c-q) algo / a alguien
etw. **schaffen** III 6 conseguir (-i-/-i-; gu-g) algo
V 4, PA lograr algo
ein **Schaffner**, eine **Schaffnerin** II 5 un revisor, una revisora
ein **Schal** I 6, 10 una bufanda
ein **Schälchen** II 3 un cuenco
ein (Fahrkarten)**Schalter** IV 5 una taquilla
die **Scham**, die **Schande** V 2, PA la vergüenza
sich **schämen** IV 2 estar (*irr.*) avergonzado, -a
scharf I 7A picante
ein **Schatz** III 4 un tesoro
etw. / jdn. **schätzen** IV 7 apreciar algo / a alguien
V 2, R valorar algo / a alguien
schauen I 3A mirar
schaut (mal) I 5B mirad
ein **Schauspieler**, eine **Schauspielerin** <I 9>, III 2 un actor, una actriz
eine **Scheibe** IV 7 un disco
scheinbar IV 6 aparentemente
die **Sonne** scheint II 1 hace sol
etw. **schenken** I 7A regalar algo
eine **Schere** III 2 unas tijeras
ein **Scherz** III 2 una broma
eine **Schicht** V 3, R una clase
jdm. etw. **schicken** I 8A, PP mandar(le) algo a alguien
II 8 enviar(le) (-ío) algo a alguien
ein **Schiff** II 7 un barco
mit jdm. **schimpfen** II 5 echar una bronca a alguien
eine **Schlacht** V 3, R una batalla
ein **Schlafanzug** I 6, PP un pijama
schlafen I 6, PP dormir (-ue-/-u-)
ein **Schlafzimmer** I 4A, 5 un dormitorio
ein **Schlag** IV 8 un golpe
etw. / jdn. **schlagen** IV 2 golpear algo / a alguien
V 2, R pegar (g-gu) a alguien
eine (Warte-)**Schlange** IV 5, PP una cola

schlank I5B, PP delgado, -a
schlau V2, PA listo, -a
schlecht I8A malo, -a
schlechtes Wetter (sein) II1 (hacer) mal tiempo
schlecht I3B mal *(adv.)*
etw. **schließen** II2 cerrar (-ie-) algo
schließlich II2 al final
IV7 finalmente
schlimm V2, R grave
schlimmer II6 peor
ein **Schloss** III4, PP un palacio
und **Schluss** III3 y punto
nach etw. **schmecken** IV2 saber *(irr.)* a algo
schmelzen IV6 derretirse (-i-/-i-)
der **Schmerz** IV2,12 el dolor
schmerzen IV2 doler (-ue-)
schmutzig IV2, PP sucio, -a
etw. **schneiden** III2 cortar algo
schneien II1,8 nevar (-ie-)
schnell *(adv.)* I3A rápido *(adv.)*
II4 deprisa *(adv.)*
schnell IV3 rápido, -a
schnulzig V7, R sentimentaloide
die **Schokolade** I7A el chocolate
schon I3A ya
schön I4B bonito, -a
III6 hermoso, -a
die **Schönheit** III8,1 la belleza
eine **Schöpfung** IV1 una creación
ein (Kleider)**Schrank** I6 un armario
schrecklich *(adv.)* II4 fatal *(adv.)*
schrecklich I7B terrible
V3, R horrible
ein **Schrei** IV8 un grito
etw. / jdm. **schreiben** I3A escribir algo / a alguien
ein **Schreibtisch** I8B, PP un escritorio
ein **Schreibwarengeschäft** I4B, PP una papelería
etw. **schreien** III4 gritar algo
schüchtern III5 tímido, -a
ein **Schuh** I6,10 un zapato
ein **Schulabschluss** V2, TA un título
die **Schuld** V8, PA la culpa
die **Schulden** III7 las deudas
ein **Schuldiger**, eine **Schuldige** V8, PA un / una culpable
eine **Schule** III1 un colegio
II3 una escuela
(Kurzform) III2 un insti
(in Mexiko) weiterführende **Schule** V4, R una preparatoria
ein **Schüler**, eine **Schülerin** I5B un alumno, una alumna
ein **Schüleraustausch** I8A, PP un intercambio
ein **Schulhof** I5B un patio
eine **Schultasche**, ein **Schulranzen** I3A,10 una cartera
eine **Schulter** V8, PA un hombro
mit den **Schultern** zucken V6, PA encoger (g-j) los hombros
eine kleine **Schüssel** III3 un cuenco
den Kopf **schütteln** V3, PA negar (-ie-; g-gu) con la cabeza
der **Schutz** V3, PA la protección
etw. / jdn. **schützen** IV6, PP proteger (g-j) algo / a alguien
schwarz I6,10 negro, -a

ein **Schwarzes** Brett I5B un tablón de anuncios
ein **Schwarzafrikaner**, eine **Schwarzafrikanerin** *(wörtl.:* Bewohner von Ländern südlich der Sahara) IV3 un subsahariano, una subsahariana
schweigen IV2 callarse
das **Schweigen** IV8 el silencio
ein **Schwein** IV2, PP un cerdo
der **Schweiß** IV2 el sudor
schwer V1, R pesado, -a
jdm. **schwerfallen** IV4 costar (-ue-) mucho a alguien
V2, R resultar difícil a alguien
schwer, **schwerwiegend** V2, R grave
eine **Schwester** I1 una hermana
schwierig I7A difícil
eine **Schwierigkeit** III6 una dificultad
ein **Schwimmbad** IV6 una piscina
schwimmen I2A, PP nadar
schwindelig werden IV2 marearse
schwindlig IV2,12 (estar) mareado, -a
etw. **schwören** IV4 jurar algo
die **Science-Fiction** V7, PP la ciencia ficción
sechs I3B, PP seis
sechshundert II5, PP seiscientos, -as
sechste, -r, -s II2 sexto, -a
sechzig I3B, PP sesenta
ein **See** II8, PP un lago
die **Seele** III8,1 el alma *(f.)*
etw. / jdn. **sehen** I4A ver *(irr.)* algo / a alguien
(lass) mal **sehen** I2A a ver
(gut) zu **sehen** III8,2 a la vista
das **Sehen** III8,2 la vista
eine **Sehenswürdigkeit** II1,11 un monumento
sehr I2B mucho *(adv.)*
I2B muy *(adv.)*
sehr viele I4B un montón (de)
sein I1, PP ser *(irr.)*
(sich befinden) I4A estar *(irr.)*
sein *(als Hilfsverb)* I7B haber *(irr.)*
sein *(+ Zeitraum)* II5 llevar
sein, seine *(sg.)* I3A su
seine *(pl.)* I3B sus
(das) **seine, -r, s** III7 suyo, -a; el suyo, la suya
seinerseits V4, PA por su parte
seit IV2 desde
etw. schon **seit** *(+ Zeitraum)* tun III3 llevar *(+ Zeitraum) (+ gerundio)*
eine **Seite** I4B, PP un lado
IV6 una página
selbst V5, R *(Art.)* + propio, -a *(+ sust.)*
(sogar) V6, R aun
die **Selbstbestimmung** V3, PP la autodeterminación
selbstverständlich III7 por supuesto
seltsam I7B raro, -a
IV8 extraño, -a
jdm. etw. **senden** I8A, PP mandar algo a alguien
etw. **senden** *(Radio, Fernsehen)* IV8 emitir algo
das **Senden** V7, PA el envío
ein **Sender** II9, PP una cadena
V7, PA un canal
eine **Sendung** II9, PP un programa
(Übertragung) IV8 una transmisión
ein **Senior**, eine **Seniorin** III1, PP un anciano, una anciana
etw. **senken** V8, PA bajar algo

September I7B, PP septiembre *(m.)*
eine (Fernseh-)**Serie** V7, PA una serie
etw. **setzen** I8B, PP poner *(irr.)* algo
sich **setzen** II3 sentarse (-ie-)
etw. aufs Spiel **setzen** V2, R jugarse (-ue-; g-gu) algo
seufzen V8, PA suspirar
der **Sex** III5 el sexo
sich **schämen** IV2 avergonzarse (-üe-; z-c) de algo
sicher (sein) <II10>; III8,2 (estar) seguro, -a
sicher *(adv.)* III3 seguro *(adv.)*
die **Sicherheit** V2, PA3 la seguridad
in **Sicherheit** (sein) V7, PA (estar) a salvo
die **Sicht** III8,2 la vista
sichtbar III8,2 a la vista
sie *(Subjektpron., sg.)* I2B ella
sie *(Subjektpron., pl.)* I2B ellos, ellas
Sie *(Höflichkeitsform, sg. / pl.)* I7A usted, -es
sie *(Akkusativpron. f. sg.)* II3 la
(Akkusativpron. f. pl.) II3 las
(Akkusativpron. m. pl.) II3 los
sieben I3B, PP siete
siebenhundert II5, PP setecientos, -as
siebte, -r, -s II2 séptimo, -a
siebzig I3B, PP setenta
etw. **singen** IV4 PP cantar algo
ein **Sitz** *(im Zug, Bus…)* IV5 un asiento
(einer Organisation) V5, PA una sede
sitzen II5 estar *(irr.)* sentado, -a
der **Ski**, das **Skifahren** V6, R el esquí
ein **Sklave**, eine **Sklavin** IV7, PP un esclavo, una esclava
so I5A así
I8A tan
die **Socken** I6,10 los calcetines
sodass V1, R de modo que
ein **Sofa** IV1 un sofá
sofort *(adv.)* II4 enseguida *(adv.)*
jetzt **sofort** I5B ahora mismo
sofort, unverzüglich V8, PA de inmediato
sogar III3 incluso
V6, R aun
sogenannt IV6 llamado, -a
der **Sohn** I3A, PP el hijo
solche, -r, -s II1 así
IV7 semejante
solidarisch IV4 solidario, -a
die **Solidarität** V1, PA la solidaridad
der **Sommer** I2A el verano
sondern IV6 sino
die **Sonne** I2A, PP el sol
die **Sonne** scheint II1 hace sol
sich **sonnen** I2A, PP tomar el sol
eine **Sonnenbrille** I2A, PP unas gafas de sol
Sonntag I5A domingo *(m.)*
sich **Sorgen** machen II5 preocuparse
sozial III6 social
Spanien I5A España *(f.)*
ein **Spanier**, eine **Spanierin** I2B un español, una española
Spanisch *(Sprache)* II4, PP (el) castellano
I2A, PP (el) español
(Schulfach, wie das Fach Deutsch in Deutschland) I5A, PP (la) lengua y literatura
spanisch I8A, PP español, -a
die **spanische** Nationalbank III1, PP el Banco de España
spannend III5 emocionante
Spaß haben III1 pasarlo bien

spät *(adv.)* II1 tarde *(adv.)*
später V2, PA más adelante
ein **Spaziergang** III6 un paseo
IV4 una vuelta
eine **Speisekarte** II3, PP una carta
spektakulär II6 espectacular
eine **Spezialität** IV2 una especialidad
ein **Spezialitätenrestaurant** für Meeresfrüchte II3 una marisquería
speziell I7B especial
ein **Spiel** I1 un juego
ein **Spiel** *(beim Sport)* I4A, PP un partido
etw. aufs **Spiel** setzen V2, R jugarse (-ue-; g-gu) algo
die Olympischen **Spiele** V3, R los Juegos Olímpicos
etw. / mit jdm. **spielen** I5B jugar (-ue-; g-gu) algo / con alguien
spielen *(Lied, Musikinstrument)* II6 tocar (c-q) algo
ein **Spieler** I5A un jugador
eine **Spielerbank** *(Fußball)* II4 un banquillo
ein **Spielfilm** V7, PP un largometraje
der **Sport** I1 el deporte
Sport treiben I2A, PP practicar (c-q) deporte
sportlich, **Sport-** V1, R deportivo, -a
eine **Sprache** I5A, PP una lengua
II7 un idioma
die **Sprache** *(Ausdrucksform)* IV4 el lenguaje
(mit jdm.) **sprechen** I2A, PP hablar (con alguien)
ein **Spülbecken** IV1, 5 un fregadero
spülen I8A, 6 lavar los platos
ein **Staat** IV8 un estado
das **Staatsoberhaupt** IV8 el Jefe del Estado
ein **Staatsstreich** IV8 un golpe de estado
ein **Stadion** V4, R un estadio
eine **Stadt** I4B una ciudad
eine **Stadt** einnehmen V5, R tomar una ciudad
städtisch V4, R urbano, -a
ein **Stadtviertel** I4B, PP un barrio
stammen aus I1, PP ser *(irr.)* de
stammend aus V4, PA proveniente de
ein (Markt)**Stand** I7A un puesto
ständig V8, PA continuo, -a
eine **Stange** III1, PP un barra
stark II7 fuerte
V4, PA intenso, -a
die **Stärke** IV3 la fuerza
etw. **stärken** V5, PA reafirmar algo
eine **Statistik** V1, PP una estadística
stattfinden V5, R tener *(irr.)* lugar
Staub wischen I8A, 7 quitar el polvo
staubsaugen I8A, 6 pasar la aspiradora
etw. **stehlen** IV4 robar algo
steigen IV6 subir
V7, PA aumentar
ein **Stein** V5, PP una piedra
eine **Stelle** *(Arbeitsplatz)* IV6 un puesto de trabajo
etw. **stellen** I8B, PP poner *(irr.)* algo
sich etw. / jdm. **stellen** V4, PA enfrentar algo / a alguien
sterben II8 morir (-ue-/-u-)
eine **Stereoanlage** I8B, PP un equipo de música
ein **Stereotyp** V7, R un estereotipo

ein **Stern** <IV9, PP> una estrella
die **Steuern** V5, PA los impuestos
ein **Stil** III8, 1 un estilo
still **sein** IV2 callarse
die **Stille** IV8 el silencio
die **Stimme** IV4 PP la voz
Das **stimmt**. I3A Es verdad.
Das **stimmt** nicht. I2B No es verdad.
die **Stimmung** II6 el ambiente
eine **Stimmung** V3, R una atmósfera
ein **Stimmzettel** V8, PA una papeleta de voto
stinken IV2, PP oler *(irr.)* (mal)
ein **Stockwerk** I8A un piso
stolz auf etw. (sein) IV2 (estar) orgulloso, -a de algo / alguien
jdn. **stören** II3 molestar a alguien
eine **Strafanzeige** IV5 una denuncia
der **Strand** I1 la playa
eine **Straße** I3B, PP una calle
(Landstraße) II5, PP una carretera
ein **Straßenkind** III6 un niño de la calle
ein **Streber**, eine **Streberin** V2, R un empollón, una empollona
etw. / jdn. **streicheln** V8, PA acariciar algo / a alguien
streiten I7B discutir
jdm. etw. **streitig** machen IV5 discutir algo a alguien
streng I5A duro, -a
V8, PA severo, -a
der **Stress** V1, R el estrés
ein **Student**, eine **Studentin** III3 un / una estudiante
eine **Studienrichtung** II8 una carrera
etw. **studieren** I2A, PP estudiar algo
ein **Studio** II9 un estudio
das **Studium** V2, PA los estudios
ein **Stuhl** I8B, PP una silla
stumm IV7 mudo, -a
eine **Stunde** I4A una hora
ein **Stundenplan** I5A, PP un horario
eine **Suche** II8 una búsqueda
etw. / jdn. **suchen** I2A buscar (c-qu) algo / a alguien
der **Süden** II8, PP el sur
super III7 súper-
ein **Supermarkt** I4A un supermercado
die **Suppe** IV2 la sopa
das **Surfen** I2A, PP el surf
ein **Sweatshirt** I6, 10 un jersey (*pl.* jerséis)
ein **Swimmingpool** IV6 una piscina
ein **Symbol** V4, TA un símbolo
sympathisch I5A simpático, -a
jdm. **sympathisch** sein V2, R caer *(irr.)* bien a alguien
ein **Symptom** IV2, 12 un síntoma
einen Film **synchronisieren** V7, PP doblar una película
ein **System** V5, R un sistema
eine **Szene** V7, R una escena

T

der **Tabak** V2, PP el tabaco
eine **Tablette** V2, PP una pastilla
eine **Tafel** I3A, 10 una pizarra
ein **Tag** I3B un día
Guten **Tag**. I3B Buenos días.
Guten **Tag**. *(nachmittags)* I3B, 4 Buenas tardes.

ein **Tagebuch** I7B un diario
eines **Tages** II7 un día
ein **Tal** III4, PP un valle
die **Tante** I2A el tío, la tía
Tante und Onkel I2A los tíos
ein **Tanz** III7, PP un baile
tanzen I7B bailar
das **Taschengeld** III1, PP la paga
eine **Tätigkeit** I5A una actividad
eine **Tatsache** V5, PA un hecho
eine **Taufe** III7, PP un bautizo
ein **Taufpate**, eine **Taufpatin** III7, PP un padrino, una madrina
jdn. **täuschen** V4, PA engañar a alguien
tausend II5, PP mil
Tausende von V4, R miles *(m. pl)* de
Tausende von V4, R millares *(m. pl)* de
ein **Team** I5A un equipo
Technik *(Schulfach)* I5A, PP (la) tecnología
eine **Technik**, eine **Technologie** III1 una tecnología
ein **Teenager**, eine **Teenagerin** V7, PA un / una adolescente
ein **Teil** I8B una parte
ein **Teil** von I8B parte de
etw. (mit jdm.) **teilen** I8A compartir algo (con alguien)
die **Teilnahme** V5, PA la participación
an etw. **teilnehmen** III3 participar en algo
ein **Telefon** I3B, PP un teléfono
*Formel beim Abnehmen des **Telefons*** (*wörtl.* Sagen Sie mir!) I4A ¡Dígame!
eine **Telefonnummer** I3B, PP un número de teléfono
I3B, PP un teléfono
eine **Telenovela** IV1 una telenovela
ein **Teller** I8A, 6 un plato
eine **Temperatur** IV6 una temperatura
(das) **Tennis** I2A, PP el tenis
ein **Teppich** IV1, 5 una alfombra
ein **Termin** V5, PA una cita
teuer II3 caro, -a
ein **Text** V7, PA un texto
der (Lied-)**Text** IV4 PP la letra
ein **Theaterstück** I5A una obra de teatro
ein **Thema** V5, R un tema
eine **Theorie** V8, PA una teoría
ein **Tier** I2B, PP un animal
eine **Tierart** IV6 una especie animal
ein **Tierpark** IV1 un zoológico
panierte **Tintenfischringe** I4A los calamares
ein **Tipp** III8, 2 un consejo
ein **Tisch** I8A, 6 una mesa
den **Tisch** decken I8A, 6 poner *(irr.)* la mesa
eine **Tischdecke** <IV9> un mantel
ein **Titel** V6, R un título
die **Tochter** I3A, PP la hija
der **Tod**; der **Todesfall** III8, 4 la muerte
tolerant III5 tolerante
etw. **tolerieren** V2, PA tolerar algo
toll I4A, PP fenomenal
I4A genial
I5A guay *(col.)*
II6 espectacular
V1, R fantástico, -a
Toll! I1 ¡Genial!
eine **Tomate** III1 un tomate
eine **Torte** I7A una tarta
eine **Tortilla** (*Omelett aus Kartoffeln und Eiern*) I4A una tortilla

ein **Torwart** I 5A un portero
jdn. **töten** IV 7, PP matar a alguien
ein **Toter**, eine **Tote** V 3, PA un muerto, una muerta
der **Tourismus** IV 6 el turismo
ein **Tourismusbüro**, eine **Touristeninformation** II 4 una oficina de turismo
ein **Tourist**, eine **Touristin** II 4 un / una turista
touristisch V 1, R turístico, -a
eine **Tracht** III 8, 4 un traje
eine **Tradition** V 3, PA una tradición
traditionell IV 3, PP tradicional
etw. **tragen** I 2A, PP llevar algo
ein **Trailer** V 7, PP un tráiler
eine **Traube** II 8 una uva
ein **Traum** V 1, PA un sueño
jdm. nicht im **Traum** einfallen V 2, PA pasar por la cabeza a alguien
von etw. / jdm. **träumen** I 5B soñar (-ue-) con algo / alguien
davon **träumen**, etw. zu tun I 5B soñar (-ue-) con hacer algo
traurig (sein) I 6 (estar) triste
es ist **traurig** III 6 es una lástima
ein **Trauzeuge**, eine **Trauzeugin** III 7, PP un padrino, una madrina
etw. / jdn. **treffen** III 8, 2 pillar algo / a alguien
ein **Treffen** V 5, PA una cita
sich **treffen** (mit) II 2 encontrarse (-ue-) con
sich von jdm. **trennen** III 2 separarse de alguien
eine **Treppe**, ein **Treppenhaus** II 2 una escalera
die **Treue** V 8, PA la fidelidad
etw. **trinken** I 2B tomar algo
<I 9>; II 3 beber algo
ein **Trinkspruch** (auf) II 3 un brindis (por)
das **Trinkwasser** III 8, 4 el agua *(f.)* potable
trocken IV 6, PP seco, -a
die **Trockenheit** IV 6, PP la sequía
ein **Tropfen** V 4, PA una gota
trotz V 1, R a pesar de que
ein **T-Shirt** I 6, 10 una camiseta
etw. **tun** I 3B hacer *(irr.)* algo
etw. nach und nach / immer mehr **tun** III 3 ir *(irr.)* (+ *gerundio*)
etw. schon seit (+ *Zeitraum*) **tun** III 3 llevar (+ *Zeitraum*) (+ *gerundio*)
etw. wieder **tun** III 3 volver (-ue-) a hacer algo
etw. **tun** können (gelernt haben) I 6 saber *(irr.)* hacer algo
etw. **tun** werden I 5B ir *(irr.)* a hacer algo
eine **Tür** I 3B una puerta
eine **Tüte** I 8B una bolsa
ein **Typ** I 5B un tipo
typisch III 7 típico, -a

U

die **U-Bahn** I 3A el metro
mir ist **übel** IV 2, 12 estoy mareado, -a
jdm. **übel** werden IV 2 marearse
etw. **üben** I 2A, PP practicar (c-q) algo
über I 7B sobre
V 8, PA a través de
ein **Überfall** IV 7 una violación
überhaupt nicht V 2, PA no … en absoluto
wenn **überhaupt** V 2, PA como mucho
jdm. etw. **überlassen** I 8B dejar algo a alguien
etw. **übernehmen** V 8, PA asumir algo
etw. **überprüfen** V 2, TA comprobar (-ue-) algo
etw. **überqueren** I 4B, PP cruzar (z-c) algo
überrascht (sein) I 6 (estar) sorprendido, -a
eine **Überraschung** I 7A una sorpresa
jdm. etw. **überreichen** V 8, PA entregar (g-gu) algo a alguien
eine **Überschrift** V 6, R un título
eine **Überschwemmung** IV 6, PP una inundación
ein **Übersetzer**, eine **Übersetzerin** V 5, R un traductor, una traductora
etw. **übersteigen** V 8, PA superar algo
etw. **übertragen** V 4, TA transmitir algo
eine **Übertragung** IV 8 una transmisión
etw. **übertreffen** V 8, PA superar algo
eine **Übertretung** V 8, PA una violación
jdn. (von etw.) **überzeugen** IV 7 convencer (c-z) a alguien (de algo)
eine **Überzeugung** V 8, PA una creencia
übliche, -r, -s I 4A de siempre
übrig sein V 5, PA sobrar
die **Übrigen** I 4B los / las demás
mir bleibt nichts anderes **übrig** V 1, R No me queda más remedio.
übrigens I 5A por cierto
um … zu I 7A para (+ *inf.*)
Um wieviel Uhr? I 4A ¿A qué hora?
eine **Umarmung** II 1 un abrazo
umfassen V 8, PA incluir (-y-)
eine **Umfrage** IV 4 una encuesta
umgänglich V 2, R sociable
jdn. (mit etw.) **umgeben** IV 7 rodear algo / a alguien (de algo)
umgeben (sein) von III 8, 1 (estar) rodeado, -a de
umsteigen II 4, 12 cambiar de línea
II 4, 12 cambiarse de tren
die **Umwelt** IV 6, PP el medio ambiente
Umwelt- IV 5, PP medioambiental
umweltfreundlich IV 6 ecológico, -a
umweltschädlich V 4, PA contaminante
ein **Umweltschützer**, eine **Umweltschützerin** IV 6 un / una ecologista
die **Umweltverschmutzung** III 8, 4 la contaminación
sich **umziehen** <I 9> cambiarse
umziehen III 1, PP mudarse
unabhängig III 5, PP independiente
die **Unabhängigkeit** V 3, PP la independencia
unangenehm V 5, TA desagradable
unartig III 1 malo, -a
unaufgeräumt (sein) I 8A (estar) desordenado, -a
unbekannt IV 7 desconocido, -a
und I 1 y
und *(vor i- oder hi-)* I 8A e
uneingeschränkt IV 4 sin condiciones
die **Unendlichkeit** IV 2 el infinito
ein **Unfall** II 1 un accidente
unfreundlich sein IV 1 tener *(irr.)* mal carácter
die **Ungeduld** II 8 la impaciencia
ungeduldig sein III 5, PP no tener *(irr.)* paciencia
ungefähr I 5 unos, -as
V 1, PP aproximadamente
ungerecht V 5, PA injusto, -a
die **Ungerechtigkeit** V 3, R la injusticia
ungezogen V 6, PA mal educado, -a
die **Ungleichheit** V 5, R la desigualdad
unheimlich III 7 súper-
eine **Uniform** I 5B un uniforme
eine **Universität** I 5B una universidad
ein **Universum** IV 4 el universo
eine **Unmenge** V 7, R un sinfín
unmittelbar IV 4 directo, -a
unmöglich IV 8 imposible
unmöglich sein I 2A ser un desastre *(col.)*
unnütz IV 2 inútil
unordentlich (sein) *(Raum)* I 8A (estar) desordenado, -a
unruhig (sein) V 1, PA (estar) inquieto, -a
uns *(Dativpron.)* I 8A nos
(Akkusativpron.) II 3 nos
von **uns** III 7 nuestro, -a; el nuestro, la nuestra
unser, **unsere** *(sg.)* I 3B nuestro, -a
unsere *(pl.)* I 3B nuestros, -as
(das) **unsere, -r, -s** III 7 nuestro, -a; el nuestro, la nuestra
unsichtbar V 8, PA invisible
unter I 8B, PP debajo de
(zwischen) II 7 entre
unter Mitwirkung von <I 9 PP> con la aparición de
im **unteren** Teil V 4, TA en la parte inferior
etw. / jdn. **unterbrechen** IV 1 interrumpir algo / a alguien
die **Unterdrückung** V 3, R la represión
sich mit jdm. **unterhalten** V 3, PA charlar con alguien
eine **Unterhaltung** V 8, PA una charla
ein **Unternehmen** V 2, TA una empresa
(der) **Unterricht** I 5A la clase
jdn. **unterrichten** V 6, R enseñar a alguien
ein **Unterrichtsfach** I 5A una asignatura
eine **Unterrichtsstunde** I 5A una clase
ein **Unterschied** I 5B una diferencia
im **Unterschied** zu V 5, R a diferencia de
unterschiedlich I 7A diferente
III 1 distinto, -a
etw. **unterschreiben** <IV 9> firmar algo
eine **Unterschrift** V 2, TA una firma
etw. **unterstreichen** V 1, PA subrayar algo
etw. / jdn. **unterstützen** V 3, TA apoyar algo / a alguien
die **Unterstützung** V 3, TA el apoyo
etw. **untersuchen** V 7, R analizar (z-c) algo
die **Untertitel** V 7, PP los subtítulos
Untertitel haben V 7, R llevar subtítulos
unterwürfig IV 2, PP sumiso, -a
unverheiratet V 3, PA soltero, -a
unverständlich V 7, PA incomprensible
unvollständig (sein) V 4, PA (estar) incompleto, -a
ein **Ureinwohner**, eine **Ureinwohnerin** III 6 un / una indígena
eine **Ursache** III 6 una razón
(die) **USA** II 8 (los) Estados Unidos

V

das **Valenzianische**, die **valenzianische** Sprache V 3, PA el valenciano
der **Vater** I 3A, PP el padre
sich mit jdm. **verabreden** I 4A quedar con alguien
sich von jdm. **verabschieden** II 3 despedirse (-i-/-i-) de alguien
die **Verabschiedung** *(eines Gesetzes)* V 3, R la aprobación

etw. **(ver)ändern** I8A cambiar algo
sich **verändern** IV6 cambiar
ein **Veranstaltungsraum** <I9, PP> un salón de actos
die **Verantwortung**, das **Verantwortungsbewusstsein** V2, PP la responsabilidad
verantwortungsbewusst III5, PP responsable
verärgert (sein) I6 (estar) enfadado, -a
etw. **verbessern** IV6 mejorar algo
jdm. etw. **verbieten** V3, R prohibir (-í-) algo a alguien
verboten (sein) V3, R (estar) prohibido, -a
der **Verbrauch** IV6 el consumo
etw. **verbrauchen** IV6 consumir algo
ein **Verbrechen** III6 un delito
sich **verbreiten** V5, PP extenderse (-ie-)
verbringen I2A pasar
ein **Verdacht** V3, PA una sospecha
etw. **verdienen** II7 ganar algo
etw. / jdn. **verehren** V5, PA venerar algo / a alguien
ein **Verein** III6 una asociación
III7 un club
die **Vereinigten** Staaten II8 (los) Estados Unidos
eine **Vereinigung** III6 una asociación
verfallen V1, R abandonado, -a
die **Verfassung** IV8, PP la Constitución
Verflixt!, Verflucht! II5 ¡Maldita sea!
über etw. **verfügen** V4, PA contar (-ue-) con algo
vergangene, -s, -r II7 pasado, -a
etw. / jdn. **vergessen** II6 olvidar algo / a alguien
etw. (völlig) **vergessen** IV4 olvidarse de algo
eine **Vergewaltigung** IV7 una violación
ein **Vergleich** V5, PA una comparación
etw. mit etw. **vergleichen** V3, R comparar algo con algo
jdn. **verhaften** V6, R detener *(irr.)* a alguien
das **Verhalten** V1, PA el comportamiento
ein **Verhältnis** V7, PA una relación
verheiratet (sein) III1, PP (estar) casado, -a
etw. **verhindern** V1, PA evitar (hacer) algo
der **Verkauf** V7, PA la venta
etw. **verkaufen** I4B vender algo
ein **Verkäufer** I7A, PP un vendedor
der **Verkehr** III8, 4 el tráfico
ein **Verkehrsmittel** IV6 un medio de transporte
etw. **verlangen** V3, PP reclamar algo
etw. von jdm. **verlangen** V3, R exigir (g-j) algo de alguien
von jdm. etw. **verlangen** *(Geld)* III1, PP cobrar algo a alguien
verlassen I4A salir *(irr.)*
etw. / jdn. **verlassen** III4 abandonar algo / a alguien
verlassen V1, R abandonado, -a
eine **Verletzung** V8, PA una violación
sich in jdn. **verlieben** V3, R enamorarse de alguien
verliebt (sein) II2, PP (estar) enamorado, -a
etw. / jdn. **verlieren** II6 perder (-ie-) algo / a alguien
ein **Verlobter**, eine **Verlobte** II4, PP un novio, una novia
IV3 un prometido, una prometida
verloren (sein) V2, R (estar) perdido, -a

ein **Verlust** V8, PA una pérdida
etw. (zu tun) **vermeiden** V1, PA evitar (hacer) algo
jdm. etw. **vermieten** III3 alquilar algo a alguien
etw. mit etw. **vermischen** V8, PA mezclar algo con algo
jdn. / etw. **vermissen** II2, PP echar de menos algo / a alguien
etw. **vermitteln** V4, TA transmitir algo
etw. **verpassen** III8, 2 perderse (-ie-) algo
(den Bus) **verpassen** II5 perder (-ie-) (el autobús)
eine **Verpflichtung** V8, PA un compromiso
jdn. **verprügeln** V2, R pegar (g-gu) a alguien
ein **Verräter**, eine **Verräterin** V5, R un traidor, una traidora
verrückt (sein) III1 (estar) loco, -a
jdn. **verrückt** machen III1 tener *(irr.)* loco, -a a alguien
eine **Versammlung** V3, R una reunión
das **Verschicken** V7, PA el envío
verschiedene II8 varios, -as
verschmutzt *(Umwelt)* III8, 4 contaminado, -a
verschuldet sein III7 estar *(irr.)* con deudas
verschwinden III4 desaparecer (-zco)
jdm. etw. **versichern** V1, R asegurar(le) algo a alguien
eine **Version**, eine Fassung V7, PP una versión
jdn. **verspotten** IV2 hacer *(irr.)* burla de alguien
jdm. etw. **versprechen** <II10> prometer algo a alguien
sich mit jdm. **verständigen** V3, PA comunicarse (c-q) con alguien
verständnisvoll III5, PP comprensivo, -a
etw. **verstecken** III4 esconder algo
etw. / jdn. **verstehen** I3A comprender algo / a alguien
I5A entender (-ie-) algo / a alguien
nur Bahnhof **verstehen** III1 no entender (-ie-) ni papa
etw. **versuchen** III1 intentar algo
etw. (zu tun) **versuchen** V1, PA tratar (de hacer) algo
etw. **verteidigen** V2, PA defender (-ie-) algo
die **Verteidigung** V3, R la defensa
zur **Verteidigung** von V3, R en defensa de
ein **Vertrag** IV3, PP un contrato
sich mit jdm. (gut / schlecht) **vertragen** V2, R llevarse (bien / mal) con alguien
jdm. **vertrauen** III5 confiar (-ío) en alguien
das **Vertrauen** V8, PA la confianza
(eine Meinung) **vertreten** V5, PA sostener *(irr.)* algo
ein **Vertreter**, eine **Vertreterin** V1, PA un / una representante
etw. **verursachen** III8, 4 causar algo
sich **verwandeln** in IV8, PP convertirse (-ie-/-i-) en
ein **Verwandter**, eine **Verwandte** II8 un / una pariente
etw. **verwenden** III7 usar algo
V3, PA utilizar algo
die **Verwendung** V7, R el uso
etw. **verwirklichen** V6, R realizar (z-c) algo
verwirrt (sein) IV4 (estar) desorientado, -a
jdm. (etw.) **verzeihen** <I9> perdonar(le) (algo) a alguien
auf etw. **verzichten** V2, PP pasar de algo

verzweifelt (sein) V5, TA (estar) desesperado, -a
ein **Video**(film) I1 un vídeo
das **Vieh** V8, PA el ganado
die **Viehzucht** II8, PP la ganadería
viel *(adv.)* I2B mucho *(adv.)*
so **viel** wie möglich V1, R al máximo
viel I5A mucho, -a
(zu) **viel** sein V5, PA sobrar
sehr **viele** I4B un montón (de)
vielleicht I3B a lo mejor
IV4 tal vez
IV7 acaso
V1, R quizá(s)
vier I3B, PP cuatro
vierhundert II5, PP cuatrocientos, -as
ein **Viertel** III5, 7 un cuarto
vierte, -r, -s II2 cuarto, -a
vierzehn I3B, PP catorce
vierzig I3B, PP cuarenta
ein **Visum** V6, R un visado
ein **Vogel** <IV9, PP> un pájaro
ein **Volk** V5, PA un pueblo
eine **Volksabstimmung** IV8, PP un referéndum
V8, PA un plebiscito
ein **Volkslied** V5, R una canción popular
voll (sein) I6 (estar) lleno, -a
etw. **vollbringen** V5, PA llevar a cabo algo
etw. **vollenden** V8, PA concluir (-y-) algo
vollendet (sein) II4, PP (estar) terminado, -a
vollständig (sein) <IV9> (estar) completo, -a
von I1, PP de
II1 desde
vor *(örtl.)* I5B delante de
(zeitlich) II7 hace *(+ Zeitangabe)*
vor allem I2B, PP sobre todo; V5, PA particularmente
(mit etw.) **vorankommen** V8, PA avanzar (z-c) (en algo)
vorausgesetzt, dass V1, R siempre que
etw. **voraussetzen** V7, R suponer *(irr.)* algo
(an etw.) **vorbeigehen** I4B pasar (por algo)
vorbeikommen *(Zug)* II5 pasar *(tren)*
etw. **vorbereiten** I8A, PP preparar algo
ein **Vorbild** V7, PA un modelo
der **Vordergrund** IV7Estr el primer plano
ein **Vorhaben** V5, PA un pensamiento
etw. **vorhaben** I5A pensar (-ie-) hacer algo
ein **Vorhang** II2 una cortina
vorher II4 antes
vorherbestimmt (sein) V3, R (estar) determinado, -a
vorherig V3, R anterior
jdm. wie etw. **vorkommen** I8A parecer(le) (-zco) algo a alguien
eine **Vorschau** V7, PP un tráiler
jdm. etw. **vorschlagen** I8B proponer(le) *(irr.)* algo a alguien
die **Vorschriften** IV5 un reglamento
die **Vorsicht** I8B el cuidado
Vorsicht! I8B ¡Ten cuidado!
die **Vorspeise** II3, PP el primer plato
etw. / jdn. jdm. **vorstellen** II4 presentar algo / alguien a alguien
sich **vorstellen** IV1 presentarse
sich (etw.) **vorstellen** III7 imaginar (algo)
sich etw. **vorstellen** I8A imaginarse algo
Stell dir (nur) **vor.** I8A Imagínate.

Du kannst dir nicht **vorstellen**, wie / was für … V1, R No veas qué…
ein **Vorteil** V4, R una ventaja
etw. **vortragen** V8, PA recitar algo
vorwärtsgehen V8, PA avanzar (z-c) (en algo)
ein **Vulkan** III8, 1 un volcán

W

wachsen II8 crecer (-zco)
eine **Waffe** V4, PA un arma *(f.)*
zu den **Waffen** greifen V4, PA tomar las armas
ein **Wagen**, ein **Waggon** II5 un vagón
eine **Wahl** IV8, PP una elección
etw. **wählen** IV8, PP votar algo
das **Wahlpflichtfach** I5A, PP (la) optativa
wahr II9 verdadero, -a
nicht **wahr**? I2A ¿verdad?
Das ist **wahr**. I3A Es verdad.
Das ist nicht **wahr**. / Das stimmt nicht. I2B No es verdad.
Das darf doch wohl nicht **wahr** sein! IV5 Parece mentira.
während *(+ Verb)* II6 mientras *(+ verbo)*
während *(+ sust.)* II5 durante *(+ subst.)*
die **Wahrheit** I2A la verdad
wahrscheinlich V8, PA probablemente
die **Währung** IV8, PP la moneda
ein **Wald** III8, 1 un bosque
ein (Regen-)**wald** II3, PP una selva
ein **Walzer** III7 un vals
wandern II1, PP caminar
ein **Wandgemälde** V4, TA un mural
wann? I5A ¿cuándo?
warm III8, 1 cálido, -a
V4, PA caliente
die **Wärme** II1 el calor
auf etw. / jdn. **warten** I2B esperar algo / a alguien
eine **Warteschlange** IV5, PP una cola
warum? I2B ¿por qué?
was …? I1 ¿qué …?
Was ist das? I1 ¿Qué es?
Was ist los? I2A ¿Qué pasa?
Was möchtest du? / **Was** darf es sein? I7A, PP ¿Qué te pongo?
Was für …! I4B ¡Qué …!
was für *(+ Subst.)* V1, R menudo, -a *(+ sust.)*
sich **waschen** I6, PP lavarse
etw. **waschen** I8A, PP lavar algo
sich (etw.) **waschen** II3 limpiarse algo
eine **Waschmaschine** IV1, 5 una lavadora
das **Wasser** I7A, 7 el agua *(f.)*
ein **Wasserfall** II8, PP una catarata
ein **Wasserhahn** III8, 2 un grifo
das **Wechselgeld** III8, 2 el cambio
ein **Wecker** I6 un despertador
weder … noch II5 ni … ni
ein **Weg** I4B un camino
III3, 2 una ruta
wegen III2 por
IV2 por *(+ inf.)*
V5, R debido a
weggehen I4A salir *(irr.)*
I6 irse *(irr.)*
jdm. etw. **wegnehmen**, etw. **wegtun** I8B, PP quitar algo a alguien
etw. **wegnehmen** <IV9> retirar algo
den Abfall **wegwerfen** I8A, 6 tirar la basura

weh tun IV2 doler (-ue-)
wehleidig V7, R llorón, llorona
(das) **Weihnachten** III3 la Navidad
Weihnachten, die **Weihnachtszeit** II5 (las) Navidades
weil I2B porque
III1 como *(Konj.)*
eine **Weile** I2A un rato
der **Wein** II3 el vino
weinen I7B llorar
weinerlich V7, R llorón, llorona
die Art und **Weise** IV4 la forma
V3, R el modo
V5, PA la manera
weiß I6 blanco, -a
zu **weit** gehen I7B pasarse
weit weg (von) … (sein) I4B, PP (estar) lejos (de)
weiterhin etw. tun II3 seguir (-i-/-i-; gu-g) *(+ gerundio)*
mit etw. **weitermachen** V5, R continuar (-úo) con algo
welche, -r, -s? II4, PP ¿cuál?
die **Welt** <I9> el mundo
die Erste **Welt** III6 el Primer Mundo
ein **Weltmeer** IV7 un océano
ein **Weltreich** V5, PP un imperio
weltweit, Welt- V5, PA mundial
sich an jdn. **wenden** V2, R dirigir (g-j) la palabra a alguien
wenig I5A poco, -a
wenig *(adv.)* I2B poco *(adv.)*
weniger II4 menos
wenigstens II6 al menos
wenn IV3 siempre que
(dann) **wenn** I7B cuando
auch **wenn** V1, R aunque *(+ subj.)*
immer **wenn** V1, R siempre que
wenn, falls V3, R de *(+ inf.)*
wenn überhaupt V2, PA como mucho
wer? I2A ¿quién?, *(pl.* ¿quienes?)
Wer ist jetzt dran? I7A, PP ¿Quién va ahora?
eine **Werbekampagne** V7, PA una campaña publicitaria
die **Werbung** II4 la publicidad
werden II8 ponerse *(irr.) (+ adj.)*
IV4 volverse (-ue-)
IV6 quedar
(Adj. +) **werden** III3 hacerse *(irr.) (+ adj.)*
zu etw. **werden** IV7 pasar a ser algo
IV8, PP convertirse (-ie-/-i-) en algo
etw. **werfen** I7A echar algo
ein (Kunst)**Werk** II4, PP una obra
eine **Werkstatt** I4A, PP un taller
der **Wert** III8, 2 el valor
wertvoll III8, 2 de valor
wesentlich V5, R central
der **Westen** II8, PP el oeste
ein Einwohner / eine Einwohnerin der **Westsahara** IV3 un / una saharaui
ein **Wettbewerb** V7, PA un concurso
auf etw. **wetten**, darauf **wetten**, dass IV2 apostar (-ue-) (algo) a que
das **Wetter** II1 el tiempo
schlechtes **Wetter** (sein) II1 (hacer) mal tiempo
wichtig I4B importante
jdm. **wichtig** sein I8A importar(le) a alguien
die **Wichtigkeit** II2 la importancia

der **Widerstand** V7, PA la resistencia
wie? I1, PP ¿cómo?
Wie geht's? I3B ¿Qué tal?
wie viel?, **wie** viele? I7A, PP ¿cuánto, -os, cuánta, -as
wie I5B como
Wie blöd! *(ugs.)* II5 ¡Qué rollo! *(col.)*
wie es sich gehört II6 como Dios manda
Wie …!, Was für …! I4B ¡Qué …!
wieder II8 de nuevo
etw. **wieder** tun III4 volver (-ue-) a hacer algo
nicht **wieder** gutzumachen V2, PP irreparable
etw. **wiedererlangen** V2, R recuperar algo
etw. **wiederholen** II3 repetir (-i-/-i-) algo
willkommen II6 bienvenido, -a
der **Wind** II1, 8 el viento
windig sein II1, 8 hacer *(irr.)* viento
ein **Winkel** IV1, 5 un rincón
der **Winter** II9, 9 el invierno
winzig V1, R mínimo, -a *(superlativo de* pequeño)
wir I2B nosotros, -as
wirklich I3A de verdad
wirklich V8, PA real
die **Wirklichkeit** IV1 la realidad
in **Wirklichkeit** IV1 en realidad
eine (Aus-)**Wirkung** IV6, PP un efecto
die **Wirtschaft** IV6 la economía
wirtschaftlich V8, PA económico, -a
Staub **wischen** I8A, 8 quitar el polvo
ein **Wischmopp** IV1, 5 una fregona
etw. **wissen** I3B saber *(irr.)* algo
Ich **weiß**, worauf du hinaus willst. I8A te veo venir
ein **Witz** V4, TA un chiste
witzig I5B gracioso, -a
wo II6 donde
wo? I3A ¿dónde?
eine **Woche** I5A, PP una semana
ein **Wochenende** II9 un fin de semana
wöchentlich V2, PA semanal
wofür? II3 ¿para qué?
woher? I1, PP ¿de dónde?
wohin? I4A, PP ¿adónde?
wohlhabend V6, R acomodado, -a
wohnen I3A vivir
eine **Wohngemeinschaft** IV1 un piso / un apartamento compartido
eine **Wohnung** I8A un piso
IV1 un apartamento *(lat. am.)*
eine **Wohnung** V4, R una vivienda
ein (kleines) **Wohnzimmer** I4A una sala de estar
ein **Wolkenkratzer** IV6 un rascacielos
etw. (tun) **wollen** I5A querer *(irr.)* (hacer) algo
ein **Workshop** I4A, PP un taller
ein **Wort** II4, PP una palabra
das **Wort** an jdn. richten V2, R dirigir (g-j) la palabra a alguien
ein **Wörterbuch** I8B un diccionario
wunderbar III6 estupendo, -a
wunderschön I7B precioso, -a
ein **Wunsch** III7 un deseo
etw. **wünschen** II3, PP desear algo
die **Würde** V8, PA la dignidad
eine **Wurzel** V5, PA una raíz *(pl.* raíces)
eine **Wüste** III4, PP un desierto
wütend (sein) IV2 (estar) furioso, -a

Z

eine **Zahl** I3B, PP un número
V1, PP una cifra
(etw.) **zahlen** I7A pagar (g-gu) (algo)
Zahlen, bitte! III1, PP ¿Me cobras?
ein **Zahn** I6, PP un diente
eine **Zahnbürste** II6 un cepillo de dientes
sich die **Zähne** putzen I6, PP lavarse los dientes
zehn I3B, PP diez
etwa **zehn** V4, R una decena de
...**zehn** (bei den Zahlen 16–19) I3B, PP dieci...
Zehntausende von V4, R decenas de miles
de ein **Zehntel** V1, PP un décimo
zehnte, -r, -s II2 décimo, -a
ein **Zeichentrickfilm** V7, PP los dibujos animados
eine **Zeichnung** IV7 Estr un dibujo
jdm. etw. **zeigen** III8, 4 mostrar (-ue-) algo a alguien
(auf) etw. / jdn. **zeigen** IV8 apuntar (hacia) algo / alguien
auf etw. **zeigen** V3, PA indicar (c-qu) algo
jdm. etw. **zeigen**, jdm. etw. beibringen I8A enseñar(le) algo a alguien
sie **zeigen** (einen Film) I4A, PP poner (una película)
die **Zeit** I5A el tiempo
in letzter **Zeit** II8 últimamente
eine **Zeit** IV7 una época
zur **Zeit**, heutzutage II8 actualmente
eine **Zeitschrift** II9, PP una revista
eine **Zeitung** II9, PP un periódico
ein **Zeitungsartikel** II9, PP un artículo
ein **Zeitvertreib** V7, R un pasatiempo
ein **Zelt** II1, PP una tienda de campaña
zentral V5, R central
das **Zentrum** I4A el centro
sich den Kopf **zerbrechen** III1 romperse la cabeza
zerbrechlich V7, PA frágil
etw. **zerstören** IV6, PP destruir (-y-) algo
(schädigen) V2, PP perjudicar (c-q) algo
etw. in Zweifel **ziehen** V4, TA poner *(irr.)* algo en duda
ein **Ziel** V5, PA un objetivo
zielstrebig III5, PP constante
ziemlich I4B bastante
eine **Ziffer** V1, PP una cifra
zig V4, R decenas *(f. pl.)* de
ein **Zimmer** I1 una habitación
I6 un cuarto
eine **Zirkulation** V4, PA una circulación
zirkulieren V4, R circular
eine **Zitrone** I7A, PP un limón
zittern V8, PA temblar (-ie-)
ein **Zoo** IV1 un zoológico
(hin) **zu** I4A a
zu Hause I4A en casa
zu *(+ adj.)* III1 demasiado
das Essen **zubereiten** I8A, 6 preparar la comida
mit den Schultern **zucken** V6, PA encoger (g-j) los hombros
der **Zucker** I7A, 7 el azúcar
zuerst I3B primero *(adv.)*
zufälligerweise V7, R casualmente
zufrieden (sein) I6 (estar) contento, -a
V1, PA (estar) satisfecho, -a
ein **Zug** II1, PP un tren
Zugang zu etw. haben V8, PA acceder a algo
ein **Zuhause** III6 un hogar
jdm. **zuhören** I2A, PP escuchar a alguien
die **Zukunft** II7 el futuro
jdm. **zulächeln** V6, PA sonreír *(irr.)* a alguien
zum Glück II3 por suerte
die **Zunge** IV1 la lengua
mit jdm. (gut / schlecht) **zurechtkommen** V2, R llevarse (bien / mal) con alguien
jdn. **zurechtweisen** II5 echar una bronca a alguien
etw. **zurückbekommen** V2, R recuperar algo
jdm. etw. **zurückgeben** <II10>; IV8 devolver (-ue-) algo a alguien
zurückkommen, zurückkehren I5B volver (-ue-)
etw. **zurückweisen** V3, PP rechazar (z-c) algo
sich **zurückziehen** IV2 retirarse
etw. **zurückziehen** <IV9> retirar algo
zusammen I4B junto, -a
alles **zusammen** I7A en total
mit jdm. **zusammenarbeiten** V1, R colaborar con alguien
das **Zusammenleben** V1, PA la convivencia
zusammentreffen V4, R juntarse
etw. **zusammenzählen** III5 sumar algo
zuviel III1 demasiado
zwanzig I3B, PP veinte
...und**zwanzig** I3B, PP veinti...
zwecklos IV2 inútil
zwei I3A, PP dos
etw. in **Zweifel** ziehen V4, TA poner *(irr.)* algo en duda
zweifellos II6 sin duda
zweihundert II5, PP doscientos, -as
zweihundertzehn II5, PP doscientos, -as diez
zweite, -r, -s II2 **segundo, -a**
die **zweite** Klasse der Sekundarstufe *(entspricht der 8. Klasse in Deutschland)* II2 segundo (2°)
jdn. zu etw. **zwingen** IV7, PP obligar (g-gu) a alguien a (hacer) algo
zwischen II7 entre
in der **Zwischenzeit** II7 entretanto
zwölf I3B, PP doce

Soluciones

Repaso 1

1 ¡Buenas vacaciones!

a Propuesta de solución:

A La chica está sola en la montaña y le duele un pie / tiene una pierna rota. Necesita ayuda.
B Dos chicos están en la montaña, pero preferirían/ les gustaría estar en la playa. No importa si llueve o no.
C El guía explica unos cuadros en un museo, pero la chica no entiende nada.
D El chico quiere estudiar español para conocer chicas españolas y hablar con ellas.
E Un grupo de personas está en la montaña. Han andado / caminado mucho y ya están cansados. Quieren descansar.
F Las dos chicas están muy cansadas después de subir a la montaña.
G El perro ve un gato por la ventana. Tiene miedo del gato y por eso no sale de la casa.
H Un grupo de jóvenes está en la montaña. Como hay mucha niebla no pueden ver nada.

b

1. Nadie me escucha a pesar de que grite / grito mucho.
2. Preferimos ir a la playa aunque llueva.
3. No comprendo nada a pesar de que el guía lo explica muy bien.
4. Aprendo español para que las chicas españolas me comprendan.
5. Entramos en la casa para que el grupo pueda descansar.
6. Subimos la montaña de modo que estamos cansadas.
7. Me quedo en casa para que no me pase nada.
8. Hay mucha niebla de modo que no vemos nada.

2 La experiencia en la ONG

1. falso
2. verdadero
3. no está en el texto
4. verdadero
5. falso
6. verdadero
7. no está en el texto

Hörtext (Tracks 13 – 15)

1. Bueno, sí, mi experiencia ha sido muy buena. Hemos tenido más tiempo libre y la ONG ha conseguido resultados muy buenos, incluso mejores que los del año pasado. Las cifras de gente que ayuda son superiores a las que pensábamos. La gente ha dado mucho más dinero este año. Está claro que cada vez hay más gente que quiere ayudar.

2. Pues yo, la verdad es que esperaba menos trabajo. El trabajo de voluntario es más duro de lo que uno se cree: he dormido mucho menos que en casa, pero claro, es que aquí te quedas hablando con la gente después del trabajo.

3. Yo de lo único que me quejo es de que ha hecho muy mal tiempo para ser verano. Peor que en el pueblo de mis padres. Sin embargo creo que todos los del grupo hemos trabajado al máximo porque queríamos mejorar la vida de muchas personas.

3 El viaje al Camino de Santiago

a

1. os apuntéis
2. paguéis
3. pueda
4. se mejore
5. venga
6. haga
7. llueva
8. llevemos
9. decidáis
10. lleve
11. sea
12. den
13. cuenten
14. hagas

b Propuesta de solución:

(Die einleitenden Verben sind, außer beim letzten Satz, austauschbar.)

Nos recomendaron que camináramos lento.
Nos dijeron que nunca corriéramos.
Subrayaron que lleváramos mucha agua para beber.
Nos indicaron que no bebiéramos bebidas con mucho azúcar porque no quitan la sed.
Según ellos sería importante que pasáramos del alcohol y del tabaco.
Nos recomendaron que no temiéramos al calor ni a las ampollas.
Consideraron útil que siempre nos protegiéramos del sol.
Propusieron que no metiéramos demasiadas cosas en la mochila.
Nos dijeron que siempre estuviéramos con el grupo.
Consideraron útil que miráramos que nadie quedara atrás.
Subrayaron que durmiéramos lo suficiente.
Les gustaría que les enviáramos una postal desde Santiago.

4 Los jóvenes y el tiempo libre

Subjuntivo
(No) les molestaba que / No creían que /
(No) estaban preocupados de que /
No les gustaba que / Se alegraban de que /
Era una lástima que / Les parecía importante que…
- los jóvenes perdieran el tiempo.
- muy pocos jóvenes fueran al teatro.
- hubiera muchos jóvenes que fueran de vacaciones con su familia.
- la actividad de tiempo libre favorita fuera escuchar música.
- muchos jóvenes necesitaran mucho tiempo para ayudar en casa.
- los jóvenes españoles no hicieran mucho deporte.
- ir al cine fuera un poco caro.
- los jóvenes pasaran mucho tiempo delante del ordenador.
- los jóvenes participaran en campos de trabajo y ayudaran a las ONGs.

Indicativo
Pensaban que / Creían que / Les parecía que…
- los jóvenes perdían el tiempo.
- muy pocos jóvenes iban al teatro.
- había muchos jóvenes que iban de vacaciones con su familia.
- la actividad de tiempo libre favorita era escuchar música.
- muchos jóvenes necesitaban mucho tiempo para ayudar en casa.
- los jóvenes españoles no hacían mucho deporte.
- ir al cine era un poco caro.
- los jóvenes pasaban mucho tiempo delante del ordenador.
- los jóvenes participaban en campos de trabajo y ayudan a las ONGs.

5 La abuela de Carlos

a

1. era
2. conocía / había conocido
3. trabajaba
4. entró
5. dijo
6. estábamos
7. se habían levantado
8. notamos
9. escuchábamos
10. teníamos
11. habíamos pasado

b **Propuesta de solución:**
De repente un día empezaron a sonar las alarmas y llegaron muchos aviones. Nosotros pensamos / pensábamos que iban a caer bombas, pero enseguida empezaron a caer cajas y en ellas había … alimentos.

6 ¿Como los ayudarías?

a

1. De ser Roberto mi compañero, …
- le diría que tiene que cuidar su salud.
- no iría con él a las hamburgueserías.
- hablaría con sus padres.
- lo invitaría a hacer deporte juntos.

2. De ser Carla mi compañera, …
- haría los deberes con ella siempre.
- le explicaría los ejercicios.
- buscaría un profesor particular.
- le diría que pregunte si no ha entendido.

3. De ser Andrés mi compañero, …
- le diría que tiene que cuidar su salud.
- hablaría con sus padres.
- llamaría a un teléfono de ayuda.
- le diría que puede gastar su dinero en cosas mejores.

b

1. De haber sido Roberto mi compañero, …
- le habría dicho que tenía que cuidar su salud.
- no habría ido con él a las hamburgueserías.
- habría hablado con sus padres.
- lo habría invitado a hacer deporte juntos.

2. De haber sido Carla mi compañera, …
- habría hecho los deberes con ella siempre.
- le habría explicado los ejercicios.
- habría buscado un profesor particular.
- le habría dicho que preguntara si no entiende.

3. De haber sido Andrés mi compañero, …
- le habría dicho que tenía que cuidar su salud.
- habría hablado con sus padres.
- habría llamado a un teléfono de ayuda.
- le habría dicho que podía gastar su dinero en cosas mejores.

7 El estilo indirecto

1a, 2b, 3a, 4c, 5b, 6c, 7c, 8a

Repaso 2

1 Un poco de historia

a

pretérito pluscuamperfecto	pretérito indefinido	pretérito imperfecto
había hecho	estuvo	estaba
habían estado	puso	fundaba
habías sido	hicieron	creía

pretérito perfecto	imperfecto de subjuntivo	condicional
ha constituido	tuvieran	tendría
se han negado	fuera	defenderían
hemos puesto	hubierais	ofreceríamos
		querría

b

1. Cuando Goethe publicó el «Fausto», el Inca Garcilaso de la Vega ya había publicado «Comentarios Reales».
2. Cuando Diego Rivera terminó los murales del Palacio Nacional, Dalí ya había pintado sus relojes blandos.
3. Cuando Günter Grass ganó el Premio Nobel de Literatura, Rigoberta Menchú ya había ganado el Premio Nobel de la Paz.
4. Cuando los estadounidenses comenzaron a construir un muro entre México y Estados Unidos ya había caído el Muro de Berlín.

c Soluciones individuales

2 Personajes del mundo hispánico

a

1. Pancho Villa
2. Diego Rivera / Frida Kahlo
3. Isabel la Católica / Cristóbal Colón
4. Hernan Cortés
5. Cortés / La Malinche
6. Moctezuma
7. Colón
8. Frida Kahlo
9. La Malinche / Cortés
10. Subcomandante Marcos

b

1. Una mujer de la clase alta de la Ciudad de México fue llamada Adelita por Pancho Villa.
2. Frida Kahlo fue pintada algunas veces por Diego Rivera.
3. Cristóbal Colón fue recibido por Isabel la Católica.
4. En 1519 la región de Tabasco fue conquistada por Cortés.
5. Algunas mujeres, entre ellas La Malinche, fueron ofrecidas a Cortés como regalo.
6. Varios mensajeros fueron enviados por Moctezuma para hacer contacto con Cortés.
7. Otros tres viajes fueron realizados por Colón para encontrar un camino hacia las Indias.
8. Decenas de autorretratos, paisajes y retratos de personajes importantes fueron pintados por Frida Kahlo.
9. Cortés fue ayudado por La Malinche.
10. El Subcomandante Marcos fue entrevistado por el Loco de la Colina.

3 Todo podría ser diferente

1. Si no viviera tan lejos de la preparatoria no cambiaría de metro dos veces.
2. Si no hubiera tanta contaminación, no tendría alergia.
3. Si los vecinos no hicieran tantas fiestas, podría dormir mejor.
4. Si tuviera un contrato de trabajo en EE. UU., no tendría problemas para vivir allí.
5. Si nos mudáramos al campo, viviríamos mucho más tranquilos.
6. Si no hubiera tanto tráfico, no necesitaría tanto tiempo para llegar al trabajo.

4 Cadenas

a

1. Si el transporte público fuera más barato, la gente lo utilizaría más. Si la gente utilizara más el transporte público, habría menos tráfico. Si hubiera menos tráfico, habría menos contaminación. Si hubiera menos contaminación, el aire sería más limpio. Si el aire fuera más limpio, la gente tendría menos alergias.

2. Si en las ciudades utilizáramos menos agua, más gente tendría acceso a ella. Si más gente tuviera acceso al agua, no tendría(n) que viajar para conseguirla. Si no tuviera(n) que viajar para conseguir el agua, tendría(n) más tiempo para su trabajo. Si tuviera(n) más tiempo para su trabajo, ganaría(n) más dinero. Si ganara(n) más dinero, viviría(n) mejor.

b Soluciones individuales

5 Demasiado tarde

a

1. Si hubiera visto los precios, habría ido a otro restaurante.
2. Si no hubiera visto una película por la noche, me habría acostado más temprano.
3. Si hubiéramos llevado el plano de la ciudad, habríamos encontrado el museo.
4. Si el metro no hubiera estado llenísimo (y hubiéramos conseguido entrar), habríamos podido llegar a tiempo.

b Soluciones individuales

6 Dilo con otras palabras

1b, 2a, 3c, 4c, 5a, 6c, 7c, 8b

7 Problemas al llegar

1. Aun habiendo estudiado
2. estando ya aquí
3. buscando trabajo
4. usando el diccionario o hablando inglés
5. preguntando cosas en la calle
6. cuidando a una señora mayor
7. preguntando y hablando sin parar
8. aprendiendo español en escuelas
9. encontrando a Marta

8 Aprender una lengua

Se puede aprender español…

1. leyendo libros y periódicos españoles y latino-americanos.
2. pasando un año de intercambio en el extranjero / haciendo un viaje a España o Latinoamérica.
3. escuchando música española y latinoamericana y cantando canciones en español.

Más ejemplos:

Se puede aprender español…

- viendo películas españolas.
- hablando con extranjeros.
- dando informaciones a los turistas.
- yendo a España o a América Latina.
- teniendo amigos en el mundo.

9 Una exposición sobre la historia de México

a Yolanda: pirámides mayas; Andrés: Revolución Mexicana; Belén: la Conquista, La Malinche (la Conquista); Juan: Zapatistas.

b

1. Le gustaría saber más cosas sobre los mayas, ha visto las pirámides y le parecen preciosas.
2. Le propone que haga algo sobre los aztecas.
3. La Malinche no está en la lista de los temas. Pero sí está la Conquista y La Malinche es una figura importante de la Conquista. Por eso la chica cree que puede hacer su trabajo sobre ella.

Hörtext (Track 25)

Andrés: Oye, Belén, ¿y tú sobre qué vas a hacer la exposición?

Belén: Pues todavía no lo sé. La verdad es que me gustaría saber más cosas sobre los mayas, porque he visto las pirámides y me parecen preciosas. Pero es que ese tema ya lo ha elegido Yolanda y como no se pueden repetir…

Andrés: Así que los mayas ya están cogidos. ¡Qué rápida ha sido Yolanda! Pues yo creo que voy a trabajar sobre la Revolución: me encantan esas fotografías en las que esos señores llevan unos sombreros enormes. Además, la biografía de Zapata me ha parecido interesantísima. Oye, Belén, pues aunque los mayas ya estén pillados, podrías hacer algo sobre los aztecas. A mí me gustaría mucho que alguien nos explicara más cosas sobre ellos.

Belén: ¿Sabes? Estoy pensando que quizá, si pudiera hacer el trabajo sobre La Malinche, nos enteraríamos de un montón de cosas interesantes, ¿no?

Andrés: Pero, ¿La Malinche está en la lista de temas que ha preparado la profesora?

Belén: Bueno, no exactamente. Pero sí está la Conquista española y no creo que sea un problema, porque ella fue una figura clave. Gracias a ella los españoles conquistaron el Imperio azteca.

Yolanda: Bueno, Juan ha decidido que va a hacer el trabajo sobre los zapatistas, así que ese tema también está pillado. Si no os dais prisa, no vais a poder elegir.

Andrés: No, si nosotros ya lo hemos decidido: yo voy a hacer la exposición sobre la Revolución Mexicana y Belén la hará sobre La Malinche.

10 En un restaurante de Tijuana

Los padres	El camarero
¿Puede recomendarnos algo típico?	Der Kellner empfiehlt uns «Chiles en nogada».
¿Qué/ Cómo son esos chiles?	Das sind Chilischoten, die mit Fleisch und Früchten gefüllt sind. Dazu gibt es eine Sauce aus Walnüssen und Granatapfel.
¿Son muy picantes? / ¿Es un plato muy picante?	Nein, das ist nicht sehr scharf.
Los vamos a probar. / Queremos probarlos. ¿Qué tienen de postre?	Zum Nachtisch könnten wir «Capirotada» nehmen.
¿Qué es la capirotada?	Das ist eine Süßspeise, die aus Weißbrot, Honig, Rosinen, Walnüssen und Käse gemacht wird. Diese Nachspeise ist ziemlich schwer / macht schnell satt.
No importa. La probamos también.	Der Kellner fragt, was wir trinken wollen.
Tráiganos una jarra de agua de jamaica.	In Ordnung. Der Kellner sagt, dass ihr das wohl schon kennt.

Repaso 3

1 Compresión lectora

1b, 2a, 3a, 4b, 5c

2 Comprensión auditiva

1b, 2a, 3a, 4b

Hörtext (Track 33)

Esta semana se han dado a conocer los resultados del estudio «la televisión y los jóvenes» realizado por investigadores de la Facultad de Sociología de la Universidad Autónoma de Madrid.
Con una duración de dos años, este estudio, consistente en analizar los hábitos de los jóvenes de nuestro país con respecto a la televisión, muestra que los españoles de entre 18 y 34 años ven cada vez menos la televisión tradicional y pasan más tiempo con otros medios como el móvil o los ordenadores portátiles.
El estudio ha contado con más de dos mil individuos y uno de los resultados más claros es que casi un tercio de los entrevistados estaría de acuerdo con pagar por evitar ver anuncios comerciales.
Según el estudio, los más jóvenes están olvidándose de la televisión, apenas se interesan por la radio y mucho menos por los periódicos. Se considera que en la actualidad los jóvenes de entre 16 y 24 años pasan casi tres horas a la semana en Internet. Más del 70 por ciento utiliza el chat, y uno de cada cinco tiene una página web propia o un blog.
Como resultado estos jóvenes ven siete horas menos la tele a la semana que un español medio.

3 Expresión escrita

Individuelle Lösungen

4 Gramática y vocabulario

1b, 2a, 3a, 4a, 5a, 6a, 7b, 8b, 9b, 10a, 11a, 12c, 13c, 14b, 15a, 16c, 17c, 18b, 19a, 20b, 21b, 22c, 23b, 24a, 25a, 26b, 27b, 28c, 29a, 30a

Bildquellennachweis

AKG, Berlin: **94.3;** (Antonio Machado y Ruiz / Photo), **GC;** (Bildarchiv Monheim), **18.5;** Alamy Images, Abingdon, Oxon: (David R. Frazier Photolibrary, Inc.), **8.6;** (Gianni Muratore), **73.5;** (kolvenbach), **9.1;** (RubberBall), **93.1;** Horacio Altuna, Barcelona, **27;** Avenue Images GmbH, Hamburg: (image 100), **28.2;** (Image Source), **92.1;** (imageshop), **97.4;** (Stockbyte), **31;** VG Bild-Kunst, Bonn 2010, **62.1, 62.2;** clariperu.org, Gent, **74.3;** Consejería de Sanidad y Consumo, Murcia, **20.2;** Corbis, Düsseldorf: **70.1, COV.1;** (Barnabas Bosshart), **100.1;** (Bettmann), **106;** (David Pillinger), **59.1;** (Eliana Aponte/Reuters), **56.1;** (Gregory Doane), **97.1;** (Hulton-Deutsch Collection), **37.6;** (Jose Fuste Raga), **48.1;** (Julio Donoso/ CORBIS SYGMA), **32.2;** (Keith Dannemiller), **48.5, 48.6;** (Kirk Mastin/Aurora Photos), **56.2;** (Mark Dye/Star Ledger), **82.3;** (Christian Maury), **37.3;** (Reuters), **66.1;** (Stephanie Maze), **48.7;** (Ted Spiegel), **54;** (Vanni Archive), **59.2;** (Werner Forman), **60.5;** culture-images (GP), Köln, **110.1;** Das Fotoarchiv RF (RF), Essen, **38.2, 38.3;** 2. Internationaler Karikaturenwettbewerb der deutsch-türkischen Satireze, **72.1, 72.2, 72.3, 72.4, 72.5;** Dreamstime LLC (Alexander Ivanov), Brentwood, TN, **64.7;** Equipo Franja (Programa Voluntariado), Madrid, **12.2;** Bernardo Erlich, San Miguel de Tucumán, **58;** FACUA-Consumidores en Acción (Campaña "Pasa del Tabaco"), Sevilla, **21.1;** Festival de Cannes, Paris, **94.2;** Fotolia LLC, New York: (Daniel Bujack), **60.3;** (HD Connelly), **82.5;** (Luis Estallo), **32.6;** (Niceshot), **17.2;** (RF / dotshock), **93.2;** (vgstudio), **73.3;** Fundación de Ayuda contra la Drogadicción, Madrid, **21.2;** Getty Images, München: **48.4, 73.1, 103;** (AFP), **102.2;** (Alfredo Estrella), **57.1;** (Christophe Simon/ AFP), **GC;** (Frank Micelotta), **68;** (José Jordan), **28.1;** (Martin Bernetti), **GC;** (RR / Suzanne & Nick Geary), **87.2;** (Yawar Nazir), **73.4;** Imago, Berlin: **77.1, 104;** (puchinger), **18;** Instituto Tecnológico y de Estudios Superiores de Monterrey (Miguel Alfaro Zercero de Campus Irapuato), Mexico, **20.1;** Interfoto, München: (NG Collection), **109.5;** (PHOTOAISA), **60.2;** iStockphoto, Calgary, Alberta: **86;** (66North), **111.1;** (Abimelec Olan), **50;** (absolut_100), **34;** (andres balcazar), **GC;** (Andrew Johnson), **12.4;** (Angus Plummer), **82.4;** (Anna Bryukhanova), **87.3;** (David Freund), **38.4;** (DeannaBean), **74.1;** (DIGIcal), **10.1;** (FhF Greenmedia), **52.6;** (Francisco José Alarcón García), **15;** (funebre), **92.3;** (Ilbusca), **92.5;** (Joe Gough), **52.5;** (Lucia Cantone), **37.1;** (LyaC), **92.6;** (Marcelo Wain), **52.4;** (Mark Poprocki), **92.8;** (Marti157900), **82.6;** (Pamela Moore), **35;** (Rafael Ramirez Lee), **32.3;** (René Mansi), **17.1, 52.1;** (RF / Alex Brosa), **98;** (robert lerich), **41;** (Sean Locke), **COV.2;** (Simon Smith), **37.2;** (Thomas Mounsey), **52.2;** (Tim Mccaig), **92.7;** (Tomas Bercic), **92.2;** (tomhoryn), **92.4;** JupiterImages photos.com, Tucson, AZ: **87.1, 109.4;** (Maryellen Baker), **87.4;** Keystone (Regina Kuehne), Hamburg, **8.1;** Kinowelt Home Entertainment (www.freerainer.de), Leipzig, **96;** Klett-Archiv, Stuttgart: **18.4;** (Fabian H. Silberzahn), **37.5;** (Lutz E. Müller), **64.4;** (Miguel Freire Gomez), **97.2;** (Monika Türk), **33.3;** (Simone Schafitel), **101.1;** (Studio Leupold), **8.5;** kpa photo archive, Köln: **107.1, 107.2, 107.3, 107.4, 109.1, 109.2, 111.2;** (KPA), **109.3;** La Jornada Guerrero (Raymundo Ruiz Avilez), Acapulco, **69.2;** La Susodicha Producciones S.L. (Alberto Ruiz Rojo), Madrid, **95.1, 95.2, 95.3, 95.4;** laif, Köln: (Christian Heeb), **48.3;** (Enker), **8.4;** (Gregor Lengler), **45;** (Karl-Heinz Raach), **101.2;** (Kopra/Cover), **94.1;** (Miquel Gonzalez), **67;** (Polaris), **GC;** Jota Llorente, **12/3;** Logo, Stuttgart, **43.1, 43.2, 43.3, 43.4, 43.5, 43.6;** LOOK Gmbh (Brigitte Merz), München, **18.1;** Mauritius Images, Mittenwald/ VG Bildkunst 2010, Bonn, **49;** Mauritius Images (Marc Gilsdorf), Mittenwald, **29;** Máximo SanJuan Arranz, Madrid, **40.2;** MEV Verlag GmbH, Augsburg, **64.2, 64.9;** Modular (Steinle), Stuttgart, **8.3;** Okapia (Juan Manuel Borrero), Frankfurt, **GC;** Penwith District Council, Cornwall, **52.3;** Picture-Alliance, Frankfurt: **40.1;** (Bildagentur Huber/Gräfenhain), **18.2;** (dpa), **33.2;** (dpa epa Keystone Engeler), **9.3;** (dpa/dpaweb), **78.1;** (efe), **25, 33.5, 37.7, 69.1;** (Horst Ossinger), **18.3;** (Jan-Peter Kasper), **8.2;** (Korda), **66.2;** (maxppp), **37.4;** (Steffen K.), **GC;** (united archiv), **97.3;** Piper Verlag GmbH, München, **16;** Vintage Front Jacket Cover Coypright © 1994, by Vintage Español, a division of Random House Inc., from Cuando era puertorriqueña by Esmeralda Santiago. Used by permission of Vintage Español, a division of Random House, Inc., **80;** Reuters, Frankfurt: **69.2;** (Tomas Bravo), **48.8;** Schiefer, Guido, Köln, **9.2;** shutterstock, New York, NY: (Alex Brosa), **38.1;** (Elke Dennis), **82.1;** (Graca Victoria), **82.2;** (Heinz Waha), **10.2;** (Konstantin Sutyagin), **99;** (Peter Albrektsen), **47;** (Rafael Martin-Gaitero), **101.4;** (Rj Lerich), **12.1;** (Sebastien Burel), **101.3;** (Tiplyashin Anatoly), **10.3;** The Romero Studio (Frank Romero), Los Angeles, **79;** Thinkstock, München: (Hemera), **23, 60.1, 64.6;** (iStockphoto), **22, 42.1, 60.4, 64.3, 73.6;** (John Foxx), **73.2;** (Jupiterimages), **48.2;** (Maria Teijeiro), **26;** (Pixland), **24;** Tiberius Film GmbH & Co. KG, München, **88.1, 88.2, 88.3, 88.4, 88.5, 88.6, 89.1, 89.2, 89.3, 89.4, 90, 91.1, 91.2, 91.3, 91.4;** Banco de México Diego Rivera & Frida Kahlo Museums Trust/ VG Bild-Kunst, Bonn 2007, **71.1, 71.2, 71.3;** Ullstein Bild GmbH, Berlin: **32.1, 32.4, 70.2, 75.1;** (AISA), **32.5;** (AP), **33.4, 40.3;** (Becker & Bredel), **42.2;** (Billhardt), **102.1;** (Giribas), **105;** (Granger Collection), **110.2;** (Roger Viollet), **64.1;** (Ron Giling), **57.2;** (Sean Sprague), **59.3;** (SIPA), **33.1;** vario images GmbH & Co.KG (foto-begsteiger), Bonn, **116;** Villa, Irene, Villaviciosa de Odón, Madrid, **74.2;** VISUM Foto GmbH (Bjoern Goettlicher), Hamburg, **14;** Wikimedia Foundation Inc., St. Petersburg FL: (CC-BY-Sa-3.0 (Hustved)), **64.8;** (PD), **GC;** Yahoo! Deutschland GmbH (Cupto), München, **51**

Sollte es in einem Einzelfall nicht gelungen sein, den korrekten Rechteinhaber ausfindig zu machen, so werden berechtigte Ansprüche selbstverständlich im Rahmen der üblichen Regelungen abgegolten.

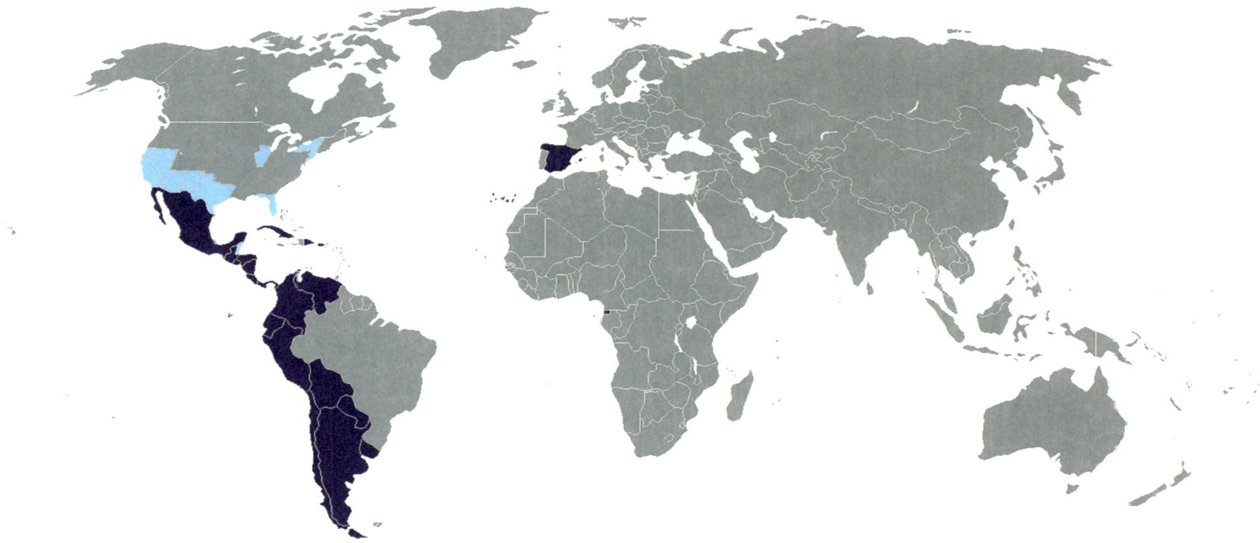

Hispanohablantes en países y territorios donde la lengua española es oficial

Países	Población	Hablantes % población
Argentina	36.060.000	99,40 %
Bolivia	7.279.000	87,90 %
Chile	15.015.000	99,30 %
Colombia	41.129.000	99,20 %
Costa Rica	3.779.000	99,20 %
Cuba	11.116.000	99,40 %
Ecuador	11.692.000	98,10 %
El Salvador	6.736.000	99,70 %
España	40.026.000	98,80 %
Guatemala	9.708.000	86,40 %
Guinea Ecuatorial	918.000	90,50 %
Honduras	6.020.000	99,00 %
Mexico	96.097.000	98,50%
Nicaragua	4.988.000	97,00 %
Panamá	2.644.000	93,10 %
Paraguay	3.589.000	69,50 %
Perú	22.648.000	86,60 %
Puerto Rico	3.762.000	98,80 %
República Dominicana	8.449.000	98,60 %
Uruguay	3.205.000	98,90 %
Venezuela	24.601.000	98,80 %
Total	359.461.000	96,90 %

Britannica Book of the Year 200

Países de origen de los latinos que viven en EE. UU.

País de origen	Población estimada
México	28.339.354
Puerto Rico	3.987.947
Cuba	1.520.276
República Dominicana	1.217.225
El Salvador	1.371.666
total	44.252.278

U.S. Census Bureau, 2006 American Community Survey

El resto viene de otros países latinoamericanos. Es común que los latinos que nacen en Estados Unidos ya no hablen el español, pero muchos lo entienden.

Mapa político de México

MIKROWELLE FÜR FEINSCHMECKER

BELLAVISTA

Marianne Kaltenbach

MIKROWELLE FÜR FEINSCHMECKER

Das große Bildkochbuch für alle Mikrowellen- und Mikrowellen-Kombinationsgeräte. Raffinierte Rezepte, die leicht gelingen, für Vorspeisen, Suppen und Snacks, Fisch und Fleisch, Gemüse, Aufläufe sowie Desserts.

Die Farbfotos gestalteten Susi und Pete A. Eising

Sie finden in diesem Buch

Über dieses Buch 5

Wissenswertes über die Mikrowellentechnik 6

Marianne Kaltenbach 8

Vorspeisen, Suppen und Snacks 10
Toasts mit Meeresfrüchten 12
Gefüllte Muscheln auf provenzalische Art 14
Fenchelterrine mit Scampi 16
Lauwarmer Fischsalat 18
Eiertöpfchen mit Gemüse 20
Kalbsbries mit grüner Sauce 22
Geflügeltimbale mit Gemüse und Kräutersauce 24
Geflügellebertoasts mit Orangen 26
Fischsuppe mit Muscheln 28
Grünkernsuppe mit Geflügel 30
Rote Paprikasuppe 32
Gratinierte Fenchelsuppe 34
Kartoffelcremesuppe mit Steinpilzen 36

Verlockende Fischgerichte 38
Zanderfilets mit Graham-Kräuter-Sauce 40
Saibling mit Champagnersauce 42
Steinbutt im Gemüsesud 44
Gefüllte Lachsscheiben mit Wermutsauce 46
Meerbarbenfilets mit Gemüse und Pernodsauce 48
Lachsfilets mit Estragon-Senf-Sauce 50
Seezungenfilets mit Wermutsauce 52
Lachsforellenfilets mit Grapefruitsauce 54

Fleisch und Geflügel 56
Schweinehals mit Madeirasauce 58
Hackbraten nach Großmutters Art 60
Schweinefilet mit Sherrysauce 62
Kalbsfilet und Kalbsbries mit Portweinsauce 64
Kalbshaxe mit Apfelwein und Ingwer 66
Kalbszunge mit Kräutersauce 68
Kalbsröllchen mit Zucchini-Dill-Sauce 70
Pochierte Lammchops mit Gemüse 72
Lammrücken mit Orangen-Sojasauce 74
Kaninchenrücken mit Cognac-Oliven-Sauce 76
Geflügelgeschnetzeltes mit Schnittlauchsauce 78
Mariniertes Hähnchen 80
Entenbrust mit Honig-Koriander-Sauce 82
Hähnchen mit Morchelsauce 84
Hühnercurry mit Ananas und Kumquats 86

Gemüse als Hauptgericht 88
Gefüllter Chinakohl mit roter Ingwersauce 90
Linsen mit Gemüse und Kapern 92
Grüner Spargel mit Orangen-Buttersauce 94
Gefüllte Auberginen mit Schweinefleisch 96
Gemischtes Gemüse mit Sahnesauce 98
Rotweinrisotto mit Broccoli 100
Gemüse nach sizilianischer Art 102
Gemüse mit verlorenen Eiern und Knoblauchsauce 104

Aufläufe und Gratins 106
Mangoldgratin mit Tomaten 108
Kartoffelauflauf mit Hackfleisch 110
Gratinierte Zucchini mit Sardellen 112
Spinatgratin mit Champignons 114
Tomatenauflauf mit Quark 116
Kartoffelgratin mit Sahne 118

Feine Desserts 120
Gefüllte Äpfel im Amarettimantel mit Vanillesauce 122
Cassisbirnen 124
Apfelweincreme 126
Schokoladenbiskuit 128
Honigäpfel mit Weinschaum 130
Rhabarbersülzchen mit Ingwer und Erdbeersauce 132
Zwetschgenflan nach französischer Art 134

Umrechnungstabelle 136

Rezept- und Sachregister 137

Wichtiger Hinweis 140

Über dieses Buch

Seit dem Erscheinen meines Buches »Mikrowellen« habe ich mich weiterhin voller Interesse mit dieser – vielen nun schon etwas vertrauteren – Garmethode befaßt. Außer meinen eigenen neuen Erfahrungen konnte ich durch die Mikrowellenkurse in unserer Kochschule die unterschiedlichsten Anregungen und Vorschläge meiner »Schüler« aufgreifen und in die Praxis umsetzen. Da die meisten Teilnehmer den Wunsch nach einem Kochbuch mit überzeugenden Rezepten für den wirklich sinnvollen Einsatz der Mikrowelle äußerten, machte ich mich noch einmal kritisch ans Ausprobieren. Ich verglich die verschiedenen Zubereitungsmöglichkeiten, wählte die besten Rezepte für die Mikrowelle aus, wandelte ab und verbesserte. Dabei hatte ich stets den kulinarischen Aspekt im Auge. Denn die Gerichte sollten ja nicht nur schnell und unproblematisch zu garen sein, sondern vor allem auch hohen kulinarischen Anforderungen genügen.
Bei der Entwicklung neuer Rezepte stellte ich zu meiner Überraschung fest, daß gerade anspruchsvolle Gerichte in der Mikrowelle ganz leicht gelingen. Die meisten Rezepte dieses Buches entwickelte ich für Mikrowellen-Sologeräte. Doch auch für Kombinationsgeräte, die immer häufiger in modernen Küchen zu finden sind, stelle ich Ihnen einige schmackhafte Gerichte vor. Am Ende der Rezeptbeschreibung steht immer der Hinweis, wie Sie das Rezept für ein Solo-Gerät umwandeln können, damit Sie auf keines der Gerichte verzichten müssen.

Das Kombinationsgerät eröffnete natürlich neue Zubereitungsmöglichkeiten. Mit Ober- und Unterhitze oder Umluft und Mikrowelle entstanden herrliche Braten in kurzer Zeit, und Gratins und Aufläufe bekamen unter dem Grill eine goldene Kruste.
Wenn Sie beispielsweise einen Braten im Kombinationsgerät garen, können Sie während der Stehzeit des Bratens schnell »à la minute« etwas Gemüse als Beilage zubereiten.
Die sinnvolle Kapiteleinteilung wird Ihnen helfen, für jeden Anlaß das Passende zu finden oder ein Menü zusammenzustellen. Im Kapitel Vorspeisen, Suppen und Snacks finden Sie verlockende Rezepte für den Beginn eines Menüs wie zum Beispiel Geflügeltimbale mit Kräutersauce. Toasts mit Meeresfrüchten eignen sich gut als kleine Zwischenmahlzeit. Auch die köstlichen Suppen können Sie – statt einer Vorspeise – in jedes anspruchsvolle Menü einbauen.
Fischgerichte lassen sich in der Mikrowelle ganz besonders gut zubereiten. Diesen habe ich deshalb ein eigenes Kapitel mit lauter interessanten Rezepten gewidmet. Wie wäre es zum Beispiel mit Meerbarbenfilets mit Gemüse und Pernodsauce?
Daran anschließend finden Sie – wie es ja auch die klassische Menüfolge vorschreibt – Fleischgerichte. Ob knusprige Kalbshaxe mit Apfelwein und Ingwer oder ein saftiges Geflügelgeschnetzeltes mit Schnittlauchsauce, Sie werden sicher begeistert sein. Raffinierte Gemüsegerichte wie Gefüllter Chinakohl mit roter Ingwersauce sowie Aufläufe und Gratins, beispielsweise Gratinierte Zucchini mit Sardellen, runden die Rezeptauswahl ab. Der süße Abschluß eines Menüs soll beim Garen mit der Mikrowelle auch nicht fehlen. Wie vielfältig die Möglichkeiten der Zubereitung sind, sehen Sie im Kapitel Feine Desserts.
Schon beim Durchblättern des Buches werden Sie dem verlockenden Angebot kaum widerstehen können und bestimmt gleich alles ausprobieren wollen, was die brillanten Bilder zeigen. Jedes Gericht wurde exklusiv für dieses Buch fotografiert.
Die übersichtlichen, nach Ziffern gegliederten Rezeptbeschreibungen ermöglichen ein leichtes Gelingen. Wichtig ist nur, daß Sie sich genau an die Anleitungen halten.
Die Gerichte in diesem Buch sind für 600- beziehungsweise 500-Watt-Geräte entwickelt. Wenn Sie ein Gerät mit einer anderen Höchstleistung haben, können Sie die Garzeit mit Hilfe der Tabelle am Ende des Buches ganz leicht umrechnen. Auf die vielen Geräte mit Automatikprogrammen konnte ich in diesem Buch nicht eingehen. Erläuterungen der Programme finden Sie in der Gebrauchsanweisung Ihres Gerätes.
Das hier vorliegende Buch über das Garen mit der Mikrowelle habe ich mit viel Freude erarbeitet. Ich hoffe, daß Sie viele Erfolgserlebnisse und begeisterte Gäste haben werden und wünsche Ihnen Spaß beim Ausprobieren und guten Appetit!

Marianne Kaltenbach

Wissenswertes über die Mikrowellentechnik

Mikrowellengeräte finden inzwischen in vielen Haushalten ihren Einsatz, meist fürs Auftauen und Erwärmen. Dennoch beginnen viele erst jetzt, die Vorzüge der »schnellen Welle« zu schätzen und sie auch zum Garen einzusetzen. Mit ein wenig Grundwissen über die Mikrowellentechnik ist das auch ganz einfach.

Eigenschaften von Mikrowellen

Beim gewohnten Garen gelangt die Hitze über einen Umweg, nämlich den Topf, an das Lebensmittel, das langsam von außen nach innen gegart wird. Im Gegensatz dazu wird beim Garen mit Mikrowellen die Wärme direkt im Lebensmittel erzeugt, der Garraum des Mikrowellengerätes bleibt beim Soloeinsatz kühl. Beim Garen im Kombinationsgerät sorgt die Mikrowelle für schnelles Garen und durch die zusätzliche Beheizungsart bekommt das Gargut eine Kruste. Mikrowellen sind elektromagnetische Wellen, ähnlich den Fernsehwellen. Alle Wellen sind ständig in schwingender Bewegung; mit 12,25 cm ist die Wellenlänge der Mikrowellen besonders kurz. Trifft die Mikrowelle auf ein Lebensmittel, bewirkt sie, daß die kleinsten Speisenbestandteile, die Moleküle, in Schwingung geraten und aneinander reiben. Die nötige Wärme entsteht dadurch direkt im Lebensmittel.

Eine schonende Garmethode

Das Garen mit Mikrowellen ist nicht nur eine schnelle, sondern auch eine bekömmliche Methode. Durch die kurzen Garzeiten werden die hitzeempfindlichen Vitamine geschont. Ein weiterer Vorteil: Die Gerichte garen im eigenen Saft oder mit nur wenig Flüssigkeit. Das schont Vitamine und Mineralstoffe gleichermaßen. Die typischen Aromastoffe und ätherischen Öle bleiben erhalten. Dadurch schmeckt beispielsweise Gemüse besonders aromatisch. Starkes Würzen erübrigt sich und auf Fett können Sie meist ganz verzichten.

Das Mikrowellen-Sologerät

Das Garen nur mit Mikrowelle ist ideal für kleine Mengen. Denn je tiefer die Mikrowellen in ein Lebensmittel eindringen müssen, desto weniger Arbeit können sie leisten. Nach etwa 2 cm Tiefe ist ihre Energie bereits halbiert. Daher müssen viele Lebensmittel zwischendurch umgerührt oder gewendet werden. Und: kleine, flache Portionen garen schneller als große. Je größer die Menge, desto höher der Zeit- und Energieaufwand. Als Faustregel gilt: Doppelte Menge = fast doppelte Garzeit; halbe Menge = halbe Garzeit. In der Mikrowelle werden die Lebensmittel schonend zubereitet, es entstehen aber auch keine Röststoffe, so daß Gerichte, die knusprig braun werden sollen, im Sologerät nicht so gut gelingen. Diese sollten Sie in einem Kombinationsgerät zubereiten oder im Bräunungsgeschirr. Dieses wird erst leer aufgeheizt, bevor Sie die Speisen darin anbraten können.

Das Mikrowellen-Kombinationsgerät

Inzwischen gibt es viele Geräte, bei denen die Mikrowelle mit anderen Beheizungsarten wie Grill und Ober- und Unterhitze oder Umluft kombiniert werden kann. Vor allem bei der Zubereitung von großen Braten, Aufläufen und Gratins sind diese Geräte ideal, da die Gerichte eine appetitlich braune Kruste bekommen und trotzdem in etwa der Hälfte der gewohnten Zeit gegart werden. Jedes Kombinationsgerät können Sie natürlich auch als Sologerät nutzen.

Das geeignete Geschirr

Geeignet für das Garen im Mikrowellengerät ist Geschirr aus Glas, Porzellan, Keramik und Kunststoff (nicht für Kombinationsgeräte). Herkömmliche Kochtöpfe aus Metall sind dagegen ungeeignet: Mikrowellen können sie nicht durchdringen, sie werden im Gegenteil sogar reflektiert. Wenn Sie ein Kombinationsgerät besitzen, sollten Sie nur feuerfestes und mikrowellengeeignetes Geschirr kaufen. Achten Sie bei Gefäßen aus Keramik, Ton und feuerfestem Glas darauf, daß sie nicht mit einer metallhaltigen Glasur überzogen sind oder Metalleinschlüsse haben. Im Mikrowellengerät wird Tiefgefrorenes in kürzester Zeit schonend aufgetaut und eventuell gleich gegart. Achten Sie schon beim Einfrieren auf geeignete Gefäße.

Bitte beachten Sie unbedingt den wichtigen Hinweis auf Seite 140.

0.39
90 180 360 600 W
90 180 360 600 W
Start Stop

Marianne Kaltenbach

Da ich mich laufend mit Essen und Trinken befasse und viel darüber schreibe, interessiere ich mich natürlich auch für alles, was damit zusammenhängt. Ich suche nach neuen Wegen und nach einfacheren, manchmal aber auch exklusiveren Zubereitungsarten.

Das anspruchsvolle Garen mit der Mikrowelle

Neben der Kreation schmackhafter Gerichte interessiere ich mich sehr für neue Garmethoden und die Möglichkeiten, die sie bieten. Daher lag es nahe, meine Wünsche nach neuen, einfachen und exklusiven Zubereitungsarten auch einmal in Zusammenarbeit mit der Mikrowelle in die Realität umzusetzen. Und ich konnte feststellen, daß viele Gerichte, denen der Ruf des Komplizierten anhaftet, in der Mikrowelle so leicht gelingen, daß sich auch Kochneulinge an anspruchsvolle Gerichte wagen können. Neben Allgemeinem über Mikrowellengeräte, das Sie auf Seite 6 finden, sollten Sie auch beim Garen mit der Mikrowelle vor allem immer auf eines achten: auf gute Qualität der Zutaten. Ein bekannter ungarischer Gastronom, Karoly Gundel, sagte einmal: »Es ist leicht, aus guten Zutaten etwas Schlechtes zu machen, aber unmöglich, aus schlechten Zutaten etwas Gutes zu kochen.« Etwas abgeschwächt ist das immer meine Devise gewesen. Durch unsachgemäßes Garen, Überwürzen oder eine unpassende Zusammenstellung der Zutaten können die besten Produkte verdorben werden. Nie aber gelingt etwas wirklich Gutes, wenn die Qualität der Zutaten nicht einwandfrei ist.

Richtig einkaufen und zubereiten

Auf gute Qualität zu achten, heißt nicht zwangsläufig, das Teuerste zu kaufen. Oft genügt es schon, Früchte und Gemüse beispielsweise dann frisch zu kaufen, wenn sie auch Saison haben und ihr Aroma voll entwickeln konnten. Bei Fleisch heißt Qualität nicht, daß sich nur mit teuren Fleischteilen gute Gerichte zubereiten lassen, sondern, daß aus billigeren Stücken eben auch das richtige Gericht zubereitet wird. Wichtig ist es also vor allem, optimale Einkaufsquellen zu finden. Einen Metzger, auf den Sie sich verlassen können, einen Gemüsehändler, der immer frische Ware anbietet, einen gut sortierten Käsehändler und eine gute Bäkkerei. Bei der Zubereitung ist vor allem entscheidend, die erstandenen Produkte gut miteinander zu verbinden. Nicht alles, was auf dieser Erde wächst, läßt sich auch kombinieren und vieles, was originell erscheint, sollte man besser unterlassen. Sehr oft aber kann man ein klassisches, vielleicht aber etwas zu üppiges Gericht so vereinfachen und vielleicht mit einem kleinen Detail versehen, daß es neu aufersteht.

Der Stil des Hauses

In meinem Restaurant »Zum Raben« war mir das Wichtigste, meinen Gästen eine angenehme Atmosphäre zu bieten und ihnen ausgezeichnete Küche vorzusetzen. Meine Gerichte sind relativ einfach und nicht unbedingt klassisch, sondern eher persönlich. Wie schon erwähnt, lege ich vor allem auf die Qualität der Zutaten den größten Wert. Nachdem es in meinem Restaurant zwei verschiedene Angebote gab, nämlich das etwas rustikalere im vorderen Teil und das raffiniertere im eleganteren Restaurant, wurden meine Möglichkeiten etwas vielfältiger als in einem besonders exklusiven Hause. Es machte mir Spaß, ab und zu regionale Gerichte aus der Schweizer Küche oder weltweite Spezialitäten anzubieten. Auch vegetarische Gerichte gab es auf meiner kleineren Karte und auf der Schiefertafel des »Beizleins«, dem besonders gemütlichen Teil des Restaurants, der als ungezwungener Treffpunkt gedacht war. Alle Gerichte in meinem Restaurant waren hausgemacht und wurden »à la minute« zubereitet. Besonders gerne bot ich meinen Gästen Fischgerichte an. Allerdings wurden nicht alle auf der Karte aufgeführt, sondern nach »Fang« angeboten, damit sie wirklich immer frisch auf den Tisch kamen. Die Zubereitungsart konnte der Gast oft selbst wählen.

VORSPEISEN, SUPPEN UND SNACKS

Sie suchen nach einem passenden Auftakt für ein anspruchsvolles Menü? Sie wollen sich und andere auch zwischendurch mit kulinarischen Köstlichkeiten verwöhnen oder eine feine Suppe servieren?
In diesem Kapitel finden Sie alles, was Sie dafür brauchen: von Toasts mit Meeresfrüchten über Eiertöpfchen mit Gemüse bis zu Kartoffelcremesuppe mit Steinpilzen.

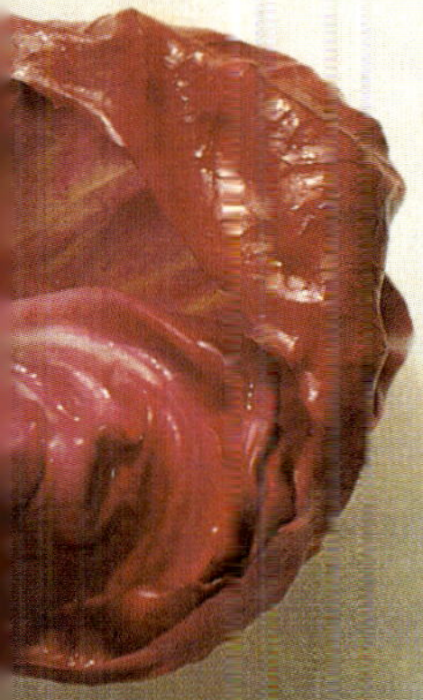

Toasts mit Meeresfrüchten

Delikate Vorspeise, schnell zubereitet

Für 2 Personen

6 Miesmuscheln oder
12 Sandklaffmuscheln (Vongole)
2 Scheiben Toastbrot
20 g Butter
1 kleine Schalotte
2 Eßl. Weißwein
4 Eßl. Wasser
2 geschälte Garnelen (große Crevetten)
100 g Fischfilets (zum Beispiel Seezunge, Lachs oder Steinbutt)
Salz
frisch gemahlener Pfeffer
2 Eßl. Whisky
4 Eßl. Sahne/Rahm
1/2 Eßl. Estragon, frisch gehackt
2 Estragonzweiglein

Arbeitsaufwand:
etwa 30 Minuten
Zeit zum Wässern:
etwa 1 Stunde
Garzeit:
13 3/4–15 1/4 (16 1/4–18) Minuten
Nährwert:
etwa 1600 kJ/ 380 kcal je Person

1. Die Muscheln unter fließendem Wasser mit einer Bürste gründlich reinigen. Bei Miesmuscheln den Bart herauszupfen. Die Muscheln müssen sich beim Waschen schließen. Muscheln, die sich nicht schließen, wegwerfen! Wenn Sie Sandklaffmuscheln verwenden, diese 1 Stunde in kaltes Wasser legen, dann gründlich abspülen.

2. Die Toastbrotscheiben von der Rinde befreien.

3. Den Grill des Kombinationsgerätes oder des Backofens vorheizen. Die Toastbrotscheiben insgesamt 2 1/2 Minuten grillen (im Kombinationsgerät ohne Zuschaltung von Mikrowelle). Die Toasts nach 1 1/2 Minuten wenden.

4. Die warmen Brotscheiben mit der Butter bestreichen. Die Schalotte fein hacken.

5. Die Muscheln in eine weite mikrowellengeeignete Form mit Deckel geben. Die Schalotte, den Weißwein und das Wasser hinzufügen und die Muscheln zugedeckt bei 600 (500) Watt 1 1/2–3 (1 3/4–3 1/2) Minuten garen. Die Muscheln dabei nach der Hälfte der Garzeit wenden. Die Gardauer hängt stark von der Größe der Muscheln ab. Sie sind gar, wenn sie sich geöffnet haben. Muscheln, die sich beim Garen nicht öffnen, wegwerfen.

6. Die Muscheln aus dem Gerät nehmen und zugedeckt einige Minuten stehenlassen. Dann das Muschelfleisch aus den Schalen lösen. Die Garflüssigkeit durch ein Sieb passieren.

7. Die Garnelen in die Form legen und mit etwas Muschelsud beschöpfen. Die Garnelen zugedeckt 1 (1 1/4) Minute bei 600 (500) Watt garen. Die Garnelen dann aus dem Sud nehmen und zu dem Muschelfleisch geben.

8. Die Fischfilets in etwa 1/2 cm dicke Scheiben schneiden, mit Salz und Pfeffer würzen. Die Fischscheiben in den Garfond der Garnelen legen und zugedeckt bei 600 (500) Watt 3/4 (1) Minute garen. Die Fischscheiben aus dem Garfond heben und abtropfen lassen.

9. Den Fond mit dem Whisky verrühren und offen bei 600 (500) Watt in 3 1/2 (4) Minuten einkochen lassen.

10. 1 Eßlöffel der Sahne steif schlagen und kalt stellen.

11. Die restliche Sahne und den gehackten Estragon unter den Fond rühren. Alles noch einmal 3 1/2 (4) Minuten bei 600 (500) Watt einkochen lassen. Die Sauce dann eventuell mit Salz und Pfeffer abschmecken.

12. Die Fischstücke, die Muscheln und die Garnelen mit der eingekochten Sauce mischen. Die steifgeschlagene Sahne unterheben.

13. Die Toastbrotscheiben mit dem Frikassee belegen und eventuell noch einmal 1 (1 1/4) Minute bei 600 (500) Watt erwärmen. Die Toasts mit den Estragonzweiglein garniert servieren.

Mein Tip: Sie können die Toasts zum Schluß auch etwa 1 Minute unter den vorgeheizten Grill des Kombinationsgerätes (ohne Zuschaltung von Mikrowelle) oder des Backofens schieben.

Varianten: Für diese Toasts können Sie beliebige andere Fischsorten verwenden. Die Muscheln lassen sich durch Jakobsmuscheln, in dünne Scheiben geschnitten, ersetzen.

Gefüllte Muscheln auf provenzalische Art

Das Gericht erinnert an Ferien am Mittelmeer

Für 2 Personen

1 kg Miesmuscheln
1/4 l Weißwein
6 Eßl. Wasser
Für die Füllung:
50 g Butter
2 Knoblauchzehen
2 Schalotten
1 Eßl. Olivenöl
3 Eßl. gemischte Kräuter (zum Beispiel Petersilie, Basilikum, Thymian), frisch gehackt
2 Scheiben Toastbrot

Arbeitsaufwand:
etwa 30 Minuten
Garzeit:
17 1/2 (18) Minuten
Nährwert:
etwa 2400 kJ/
570 kcal je Person

1. Die Muscheln unter fließendem kaltem Wasser mit einer Bürste gründlich reinigen, dann den Bart sorgfältig herauszupfen. Die Muscheln müssen sich beim Waschen schließen. Muscheln, die sich nicht schließen, wegwerfen.

2. Die Muscheln in ein passendes mikrowellengeeignetes Geschirr mit Deckel geben.

3. Den Weißwein und das Wasser hinzufügen und die Muscheln bei 600 (500) Watt 6 (6 1/2) Minuten zugedeckt garen. Die Muscheln dabei nach der Hälfte der Garzeit wenden. Muscheln, die sich beim Garen nicht geöffnet haben, wegwerfen; sie sind verdorben.

4. Die Muscheln aus dem Gerät nehmen und zugedeckt etwa 3 Minuten stehenlassen.

5. Inzwischen für die Füllung die Butter in eine kleine Schüssel geben und offen 1/2 Minute bei 600 (500) Watt weicher werden lassen.

6. Den Knoblauch durchpressen, die Schalotten hacken. Beides mit der Butter, dem Öl und den Kräutern zu einer glatten Paste verrühren. Die Brotscheiben von den Rändern befreien.

7. Den Grill des Kombinationsgerätes oder des Backofens vorheizen. Sobald er heiß ist, die Brotscheiben auf dem Rost unter die Grillschlangen schieben (im Kombinationsgerät ohne Zuschaltung von Mikrowellen) und 3 Minuten rösten. Nach der Hälfte der Zeit wenden.

8. Das Brot zu nicht zu feinen Bröseln zerreiben und unter die Kräuterbutter mischen.

9. Von den Muscheln jeweils die leere Schale entfernen. Die Muscheln sternförmig auf 2 feuerfeste Teller legen und mit der Kräutermasse füllen.

10. Die Muscheln nacheinander in die obere Schiene geben und jeweils 4 Minuten ohne Zuschaltung von Mikrowellen überbacken.

11. Sollten die Muscheln, die zuerst überbacken wurden, nicht mehr heiß genug sein, diese nochmals 1 Minute überbacken.

Mein Tip: Sie können die Muscheln auch gleichzeitig in der Fettpfanne des Gerätes oder dem Backblech überbacken.
Die Schalen der Muscheln werden sehr heiß, und Sie müssen Sie nach dem Gratinieren mit einem Topflappen vorsichtig auf die Teller verteilen.
Dieses Gericht wird zu einer kompletten Mahlzeit, wenn Sie eine Tomatensauce und körnig gegarten weißen Reis dazu servieren.

Fenchelterrine mit Scampi

Kann warm oder kalt serviert werden

Für 4 Personen

Für die Terrine:
500 g Fenchel
100 ccm (0,1 l) Wasser
Salz
frisch gemahlener Pfeffer
200 g rohe, geschälte Scampi
1 Eiweiß
1 Teel. Pernod
5 Eßl. angefrorene Sahne/Rahm
Cayennepfeffer
Für den Salat:
12 Blätter Eichblattsalat oder Lollo rosso
12 Cherry-Tomaten
4 Eßl. Olivenöl
1 Eßl. Sherryessig
Salz, frisch gemahlener Pfeffer

Arbeitsaufwand:
etwa 1 Stunde
Garzeit:
34 Minuten
Nährwert:
etwa 1120 kJ/ 280 kcal je Person

Alle Terrinen bestehen aus luftigen empfindlichen Massen, die nur wenig Hitze vertragen, damit sie optimal gelingen und nicht porös werden. Auf herkömmliche Art gart man sie deshalb im Wasserbad (das niemals kochen darf) und sie haben eine relativ lange Garzeit.
Anders in der Mikrowelle: Mit der schonenden Auftaustufe (180 Watt) sind Terrinen in kurzer Zeit ohne das aufwendige Wasserbad gegart und gelingen ganz sicher.
Wichtig bei der Zubereitung von Terrinen ist vor allem, daß Sie alle Zutaten kühl verarbeiten, sonst gerinnt beim Garen das Eiweiß – in diesem Fall der Scampi – und flockt aus. Die Konsistenz der fertigen Terrine wäre dann nicht schön glatt, sondern porös. Außerdem sollten Sie die Form, wenn Sie die Terrinenmasse eingefüllt haben, immer einige Male kräftig auf die Arbeitsfläche schlagen. So kann die Luft entweichen, die beim Vermengen unter die Masse gerät. Wenn diese Luft in der Masse bliebe, bekäme sie beim Garen Löcher. Damit Arbeitsfläche und Terrinenform beim Klopfen nicht angeschlagen werden oder zerbrechen, legen Sie die Arbeitsfläche am besten mit einem großen angefeuchteten Küchentuch aus, das Sie einige Male zusammenfalten, damit es dicker wird.
Statt mit Salat können Sie die Terrine auch mit einer *Cocktailsauce* servieren. Dazu 4 Eßlöffel Mayonnaise (möglichst selbst gemacht) mit 2 Eßlöffeln Tomatenketchup, 2 Eßlöffeln Sahnequark und 1 Eßlöffel Cognac gründlich verrühren. Die Cocktailsauce pikant mit Salz, frisch gemahlenem Pfeffer und Cayennepfeffer abschmecken. Nach Belieben können Sie auch noch 2 Eßlöffel geschlagene Sahne oder Crème double unter die Sauce mischen. Gut schmeckt die Cocktailsauce auch, wenn Sie etwas geriebene Ingwerwurzel untermengen.
Oder Sie servieren ein *kalte Kräutersauce* zu der Terrine: Dazu 150 g Sahnequark mit einem Schneebesen cremig schlagen. 2 Eßlöffel gemischte, frisch gehackte Kräuter (je nach Jahreszeit und persönlichem Geschmack) untermischen. 2 Eßlöffel Crème double oder geschlagene Sahne unterziehen und die Sauce mit Salz, frisch gemahlenem Pfeffer und Cayennepfeffer pikant abschmecken.
Zu dieser Terrine können Sie auch eine *Kressesauce* servieren. Dafür 100 g Gartenkresse mit einer Küchenschere vom Beet schneiden, dann mit 1 Eßlöffel feingehackten Schalotten und 2 Eßlöffeln Sahne im Mixer oder Blitzhacker pürieren. 100 g saure Sahne untermischen und die Sauce mit Salz und frisch gemahlenem Pfeffer oder etwas Cayennepfeffer pikant abschmecken.

1. Den Fenchel waschen, putzen und den Strunk keilförmig herausschneiden. 50 g vom Fenchel in kleine Würfel schneiden. Das Fenchelgrün waschen und fein hacken.

2. Den restlichen Fenchel in feine Streifen schneiden und mit dem Wasser, wenig Salz und Pfeffer in ein Mikrowellengefäß mit Deckel geben. Den Fenchel zugedeckt bei 490 (500) Watt 14 Minuten garen.

3. Den gegarten Fenchel abgießen, die Flüssigkeit dabei auffangen. Den Fenchel auf der Kochstelle unter ständigem Rühren garen, bis er trocken ist. Den gewürfelten Fenchel in der aufgefangenen Flüssigkeit zugedeckt bei 490 (500) Watt 6 Minuten garen.

4. Die gegarten Fenchelstreifen im Mixer pürieren, abkühlen lassen und in den Kühlschrank stellen. 100 g Scampi in Stücke schneiden und ebenfalls pürieren. Alle Zutaten für die Terrine etwa 30 Minuten kühl stellen.

5. Das Scampipüree mit dem pürierten Fenchel, dem Eiweiß, dem Pernod sowie der angefrorenen Sahne gründlich, aber vorsichtig mischen.

6. Die Fenchelwürfel abgießen. Die restlichen Scampi kleinschneiden und mit den Fenchelwürfeln, dem Fenchelkraut, Salz, Pfeffer und Cayennepfeffer unter die Terrinenmasse ziehen.

7. Eine mikrowellengeeignete Terrinenform von 1/2 l Inhalt mit Klarsichtfolie auskleiden.

8. Die Fenchel-Scampi-Masse in die Terrinenform füllen und an der Oberfläche glattstreichen.

9. Die Arbeitsfläche mit einem feuchten, zusammengefalteten Küchentuch belegen. Die Terrine einige Male darauf stoßen, damit die Luft entweichen kann. Die Terrine bei 180 Watt 14 Minuten garen. In der Form abkühlen lassen.

10. Zum Servieren den Salat mit den halbierten Tomaten auf Tellern verteilen. Öl, Essig, Salz und Pfeffer mischen und erst vor dem Servieren über den Salat träufeln. Die Terrine in Scheiben schneiden. Auf jeden Teller 1–2 Scheiben legen.

Lauwarmer Fischsalat

Der Fisch wird im letzten Moment gegart

Für 4 Personen

200 g Seeteufel im Stück, ohne Gräte
200 g Lachsfilet
4 große Garnelen
1 Eßl. kaltgepreßtes Olivenöl
Salz, frisch gemahlener weißer Pfeffer
Für die Sauce:
2 Eßl. Walnußöl
1/2 Eßl. Sherryessig
1 Teel. Estragon, fein gehackt
Salz, frisch gemahlener Pfeffer
1 Prise Cayennepfeffer
Zum Garnieren:
4 Zweige Estragon
1 Zitrone

Arbeitsaufwand:
etwa 20 Minuten
Garzeit:
3 (3 1/2) Minuten
Nährwert:
etwa 1100 kJ/
260 kcal je Person

1. Den Seeteufel und den Lachs in je 4 gleich große Stücke schneiden. Die Garnelen schälen. Den Schwanz dabei daran lassen. Dann den dunklen, fadenförmigen Darm entfernen.

2. Eine flache mikrowellengeeignete Schale mit etwas Olivenöl ausstreichen. Die Fischstücke und die Garnelen in die Schale legen und mit dem restlichen Olivenöl beträufeln.

3. Die Fischstücke 2 (2 1/2) Minuten bei 600 (500) Watt offen garen. Den Fisch aus dem Gerät nehmen und mit wenig Salz und Pfeffer bestreuen.

4. Für die Sauce das Öl mit dem Essig, dem Estragon, Salz, Pfeffer und dem Cayennepfeffer gründlich verrühren und in eine kleine mikrowellengeeignete Schüssel geben.

5. Die Fischstücke auf Teller geben. Den Saft, der beim Garen ausgetreten ist, unter die Salatsauce rühren.

6. Die Salatsauce 1 Minute bei 490 (500) Watt erwärmen.

7. Die Sauce über den Fisch geben. Jede Portion mit 1 Estragonzweiglein und 1 Zitronenviertel garnieren.

Mein Tip: Sie können den Fischsalat nach Belieben mit wenig Blattsalat garnieren.

Varianten: Im Frühling und Frühsommer, wenn es frischen Spargel gibt, können Sie den Salat auch einmal mit Spargel zubereiten. Den Spargel dazu, wie auf Seite 94 beschrieben, garen. Den unteren Teil der gegarten Stangen leicht schräg in etwa 1 1/2 cm dicke Scheiben schneiden. Den Spargel mit der Hälfte der Sauce mischen und in die Mitte der Teller geben. Die Fischstücke und die Garnelen darauf anrichten und mit den Spargelspitzen garnieren.
Oder Sie schneiden die Fischstücke kleiner und mischen sie mit gegarten Tintenfischringen. Dazu die Tintenfischringe mit 100 ccm Wasser und 2 1/2 Eßlöffeln Weißwein zugedeckt bei 600 (500) Watt 25 (28) Minuten garen. Für die Sauce Olivenöl verwenden und durchgepreßten Knoblauch untermischen. Die Fischstücke und die Tintenfischringe lauwarm mit der Sauce mischen und mit den Garnelen belegen.
Statt der Salatgarnitur können Sie 2 Avocados schälen, vom Kern befreien und in Scheiben schneiden. Die Avocadoscheiben mit Zitronensaft beträufeln und neben den Fischstücken anrichten.
Statt Garnelen können Sie Scampi oder Krabben verwenden.
Außerdem können Sie zu diesem Fischsalat auch andere Saucen zubereiten:
Für eine *Haselnußsauce* das Walnußöl durch Haselnußöl und den Sherryessig durch Weißweinessig ersetzen. Die Sauce mit 1/2 durchgepreßten Knoblauchzehe und 1 Messerspitze scharfem Senf abschmecken. Den Fischsalat mit gerösteten, in feine Scheiben geschnittenen Haselnüssen bestreuen. Die Haselnüsse rösten Sie am besten in einer trockenen Pfanne auf der Kochstelle.
Für eine *Joghurtsauce* 180 g Joghurt mit 2 durchgepreßten Knoblauchzehen und 1 Eßlöffel gehäuteten, gemahlenen Mandeln verrühren. Die Sauce mit Salz und Pfeffer abschmecken.
Für eine *Meerrettichsauce* 150 g saure Sahne mit 2 Eßlöffeln frisch geriebenem Meerrettich oder 1 Teelöffel »Wasabi« (japanischer Meerrettich aus der Dose) mischen. Die Sauce mit Salz und frisch gemahlenem Pfeffer abschmecken.

Eiertöpfchen mit Gemüse

Kleiner Auftakt zu einem einfachen Menü

Für 4 Personen

1 kleine Aubergine
Salz
1 kleiner Zucchino
1 kleine grüne Paprikaschote/Peperone
1 kleine Zwiebel oder
2 Frühlingszwiebeln
8 Basilikum- oder Pfefferminzblättchen
2 Knoblauchzehen
8 Cherry-Tomaten
3 Eßl. kaltgepreßtes Olivenöl
frisch gemahlener Pfeffer
4 Eier

Arbeitsaufwand:
etwa 30 Minuten
Garzeit:
15 1/2 (17) Minuten
Nährwert:
etwa 750 kJ/
180 kcal je Person

1. Die Aubergine waschen, putzen und ungeschält zuerst in etwa 1 cm dicke Scheiben, dann in kleine Würfel schneiden. Die Würfel mit wenig Salz bestreuen und 10 Minuten ziehen lassen. Die Auberginenwürfel dann mit Küchenpapier trockentupfen.

2. Den Zucchino waschen und putzen, dann ungeschält klein würfeln. Die Paprikaschote waschen und halbieren. Den Stielansatz und die Kerne entfernen und die Hälften in kleine Würfel schneiden. Die Zwiebel oder die Frühlingszwiebeln fein hacken. Die Kräuterblätter klein zupfen. Den Knoblauch durch die Presse drücken. Die Cherry-Tomaten waschen und halbieren.

3. 1 Eßlöffel Olivenöl in eine Bräunungsschale geben und 1 1/2 (1 3/4) Minuten bei 600 (500) Watt erhitzen.

4. Die Aubergine hinzufügen und 3 (3 1/2) Minuten bei 600 (500) Watt offen braten. Dabei nach der Hälfte der Zeit einmal gründlich durchrühren. Die Aubergine dann von der Schale nehmen.

5. Das restliche Öl auf die Bräunungsschale geben. Die Zwiebeln, die Zucchini- und die Paprikawürfel hinzufügen und offen bei 600 (500) Watt 2 (2 1/2) Minuten dünsten.

6. Die Auberginenwürfel mit den Kräutern und dem Knoblauch wieder unter das Gemüse mischen und alles noch einmal 1 1/2 (1 3/4) Minuten bei 600 (500) Watt garen. Das Gemüse mit Salz und Pfeffer würzen.

7. Die Gemüsemischung in kleine mikrowellengeeignete Förmchen von etwa 9 cm Ø oder feuerfeste Teller füllen. Die Förmchen sollen nur zu drei Vierteln gefüllt sein.

8. Die Cherry-Tomaten auf die Bräunungsschale geben und 1 Minute bei 490 (500) Watt offen garen.

9. Die Eier sorgfältig trennen. Je 1 Eiweiß über das Gemüse gießen und mit wenig Salz und Pfeffer bestreuen. Mit einem kleinen Löffel eine Vertiefung in die Mitte der Gemüsemasse drücken. Die Eigelbe hineingleiten lassen und die Haut jedes Eigelbs mit einer Nadel mehrmals einstechen.

10. Die Förmchen mit Klarsichtfolie abdecken und gleichmäßig verteilt in das Mikrowellengerät stellen. Die Gemüsemasse 4 Minuten bei 490 (500) Watt garen.

11. Die Förmchen aus dem Gerät nehmen und die Folie entfernen. Die Cherry-Tomaten um die Eigelbe verteilen. Die Förmchen wieder mit der Folie abdecken und die Masse weitere 2 1/2 Minuten bei 490 (500) Watt garen.

Meine Tips: Die Gemüsesorten können Sie je nach Jahreszeit beliebig austauschen. Es schmecken zum Beispiel auch kleingeschnittene Spargelspitzen, grüne Erbsen und Maiskörner.
Zu einem Imbiß oder zu einer kleinen Mahlzeit werden die Eiertöpfchen, wenn Sie das Gemüse mit Schinkenwürfelchen vorgaren. In diesem Fall sollten Sie etwas größere Förmchen nehmen.

Kalbsbries mit grüner Sauce

Delikate und originelle Vorspeise

Für 4 Personen

200 g Kalbsbries/Milke
4 Eier
1 Zwiebel
1 Lorbeerblatt
1 Gewürznelke
300 ccm (0,3 l) Fleischbrühe
2 Frühlingszwiebeln
1 1/2 Teel. scharfer Senf (Dijon)
3 Eßl. Zitronensaft oder Weißweinessig
6 Eßl. kaltgepreßtes Olivenöl
3 Eßl. Petersilie, frisch gehackt
1 Eßl. Basilikum, frisch gehackt
1 Teel. Majoran, frisch gehackt
1/2 Teel. Thymianblättchen
2 Knoblauchzehen
Salz
frisch gemahlener Pfeffer

Ruhezeit: 2–3 Stunden
Arbeitsaufwand: etwa 30 Minuten
Garzeit: 11 1/2 (12) Minuten
Nährwert: etwa 1200 kJ/ 290 kcal je Person

1. Das Kalbsbries in eine Schüssel legen, mit kaltem Wasser bedecken und 2–3 Stunden ruhen lassen.

2. Inzwischen die Eier in sprudelnd kochendem Wasser auf der Kochstelle in etwa 10 Minuten hart kochen. Die Eier kalt abschrecken.

3. Das gewässerte Kalbsbries häuten und von allen Unreinheiten befreien. Die Zwiebel schälen und halbieren. Eine Hälfte mit dem Lorbeerblatt, die andere Hälfte mit der Gewürznelke spicken.

4. Die gespickten Zwiebelhälften mit der Fleischbrühe in eine mikrowellengeeignete Form mit Deckel geben und zugedeckt bei 600 (500) Watt in 2 1/2 (3) Minuten aufkochen lassen.

5. Das Kalbsbries in die Fleischbrühe geben und zugedeckt bei 360 Watt in 7 Minuten gar ziehen lassen. Das Kalbsbries aus dem Gerät nehmen und zugedeckt stehenlassen.

6. Für die Sauce die Eier schälen. 2 Eier halbieren und die Eigelbe herauslösen. Die Eigelbe durch ein feines Sieb in eine Schüssel streichen. Die Eiweiße fein hacken. Die Frühlingszwiebeln waschen, putzen und in feine Ringe schneiden.

7. Den Senf mit dem Zitronensaft oder dem Essig zu den Eigelben geben und alles gründlich verrühren. Das Öl nach und nach unterschlagen. Die Kräuter, die Frühlingszwiebeln und die gehackten Eiweiße unter die Sauce rühren. Den Knoblauch schälen und durch die Presse dazudrücken. Die Sauce mit Salz und reichlich Pfeffer abschmecken.

8. Das Kalbsbries in etwa 1 cm dicke Scheiben schneiden und in ein flaches mikrowellengeeignetes Gefäß mit Deckel legen. Das Kalbsbries mit wenig Sud beschöpfen und zugedeckt bei 360 Watt noch einmal 2 Minuten erwärmen.

9. Die Kalbsbriesscheiben abtropfen lassen und auf Teller verteilen. Das Kalbsbries mit der Sauce begießen. Die restlichen Eier schälen, vierteln und dazulegen.

10. Dazu schmeckt frisches, knuspriges Brot mit Butter.

Meine Tips: Sollte die Sauce zu dickflüssig sein, können Sie sie mit wenig Fleischbrühe oder Essig-Öl-Mischung verdünnen. Die Sauce läßt sich (ohne Frühlingszwiebeln und Knoblauch) etwa 1 Tag zugedeckt im Kühlschrank aufbewahren.
Beim Einkauf von Kalbsbries sollten Sie darauf achten, daß es blaßrosa bis weiß aussieht und eine schimmernde Oberfläche hat.
Nach dem Wässern und Vorgaren müssen alle Unreinheiten und die Haut gründlich entfernt werden. Erst dann läßt sich Kalbsbries zu einer Delikatesse weiterverarbeiten.
Bries oder Milken werden auch Schweser oder Kalbsmilch genannt. Es handelt sich dabei allerdings nicht um eine Milch-, sondern um eine Wachstumsdrüse, die sich mit zunehmendem Alter des Tieres wieder zurückbildet. Deshalb gibt es nur vom Kalb gutes Bries. Sie können längliches Bries aus der Hals- und rundliches aus der Herzpartie bekommen.

Geflügeltimbale mit Gemüse und Kräutersauce

Kann ein festliches Menü eröffnen

Für 2 Personen

1 Möhre/Karotte
2 Eßl. Wasser
Salz
2 Eßl. grüne Erbsen (eventuell tiefgefroren)
90 g gekühltes Hähnchen- oder Truthahnfleisch
7 Eßl. Sahne/Rahm, leicht angefroren
frisch gemahlener Pfeffer
1 Teel. Kerbel, fein gehackt
30 g sehr kleine Schinkenwürfelchen
Für die Förmchen:
10 g Butter
Für die Sauce:
5 Eßl. Weißwein
3 Eßl. Hühnerbrühe
125 g Sahne/Rahm
20 g Butter
Salz
frisch gemahlener Pfeffer
2 Eßl. gemischte Kräuter (Kerbel, Thymian und Petersilie), frisch gehackt

Arbeitsaufwand:
etwa 30 Minuten
Garzeit:
16 1/2 (18 3/4) Minuten
Nährwert:
etwa 2400 kJ/
570 kcal je Person

1. Die Möhre putzen, schälen und in kleine Würfel schneiden. Es sollen etwa 2 Eßlöffel sein.

2. Die Möhrenwürfel mit dem Wasser und 1 Prise Salz in eine mikrowellengeeignete Form mit Deckel geben und zugedeckt bei 600 (500) Watt 1 (1 1/4) Minute garen. Die Erbsen hinzufügen und alles bei 600 (500) Watt 1 (1 1/4) weitere Minute zugedeckt garen.

3. Das Gemüse abkühlen lassen, dann auf einem Küchentuch trocknen lassen.

4. Das Geflügelfleisch in Stücke schneiden, dann im Blitzhacker pürieren. Die angefrorene Sahne nach und nach unterrühren. Die Masse durch ein feines Sieb streichen und mit Salz und Pfeffer abschmecken.

5. Das Gemüse, den Kerbel und die Schinkenwürfelchen unter die Geflügelmasse mischen.

6. Zwei mikrowellengeeignete Porzellanförmchen von je 100 ccm Inhalt mit der Butter ausstreichen. Die Geflügelmasse einfüllen.

7. Für die Sauce 3 Eßlöffel Weißwein mit der Hühnerbrühe in einem mikrowellengeeigneten Gefäß mischen und 2 (2 1/2) Minuten bei 600 (500) Watt offen einkochen lassen.

8. Die Sahne unter die Sauce mischen und alles weitere 5 (5 1/2) Minuten offen bei 600 (500) Watt garen.

9. Die Butter in kleine Flöckchen schneiden und unter die Sauce rühren. Den restlichen Weißwein untermischen und die Sauce mit Salz und Pfeffer abschmecken.

10. Die Sauce bei 600 (500) Watt in 1 (1 1/4) Minute fertiggaren. Dann die Kräuter unterziehen.

11. Die Förmchen mit der Geflügelmasse mit Klarsichtfolie abdecken. Die Timbale bei 600 (500) Watt 5 (5 1/2) Minuten garen. Dann 2–3 Minuten in den Förmchen stehenlassen.

12. Die Sauce zugedeckt bei 490 (500) Watt in 1 1/2 Minuten wieder erwärmen.

13. Die Timbalen mit einem Messer leicht vom Rand der Förmchen lösen, dann auf vorgewärmte Teller stürzen und mit der Kräutersauce umgießen.

Varianten: Sie können den Schinken auch weglassen und statt dessen etwas mehr Gemüsewürfel verwenden. Oder Sie nehmen statt Möhren und Erbsen andere Gemüsesorten, wie zum Beispiel Paprikaschoten, Zucchini und Tomaten. Die Tomaten häuten, entkernen und die Flüssigkeit gut ausdrücken.

Mein Tip: Die Zutaten für die Geflügelmasse müssen vor der Verarbeitung unbedingt kühl gestellt werden, sonst wird die Masse beim Garen nicht glatt, sondern »grießig«.

Geflügellebertoasts mit Orangen

Variante der beliebten italienischen Crostini

Für 4 Personen

4 Scheiben Toastbrot
250 g Geflügellebern
1/2 Lorbeerblatt
2 Salbeiblätter
2 Eßl. Marsala
1 Teel. abgeriebene unbehandelte Orangenschale
Saft von 1 Orange
1 kleine Schalotte
2 Eßl. Butterschmalz/ Bratbutter oder Olivenöl
Salz
frisch gemahlener Pfeffer
2 Eßl. Petersilie, frisch gehackt
8 Zweiglein glattblättrige Petersilie
Zum Garnieren:
8 Orangenfilets (nach Belieben)

Arbeitsaufwand: etwa 30 Minuten
Marinierzeit: etwa 1 Stunde
Garzeit: 12 1/2 (14 1/2) Minuten
Nährwert: etwa 1400 kJ/ 330 kcal je Person

1. Den Grill des Kombinationsgerätes oder des Backofens vorheizen. Die Toastbrotscheiben auf dem Rost in die obere Schiene des Gerätes geben und insgesamt 2 1/2 Minuten rösten. Im Kombinationsgerät keine Mikrowelle zuschalten. Die Toastbrotscheiben nach 1 1/2 Minuten wenden.

2. Die Geflügellebern putzen, das heißt von Gallenresten, Gefäßen und Fett befreien. Die Lebern waschen und in einen Suppenteller legen. Das Lorbeerblatt und die Salbeiblätter dazulegen, den Marsala darüber gießen.

3. Die Geflügellebern zugedeckt etwa 1 Stunde marinieren.

4. Dann die Orangenschale und den Orangensaft in eine kleine mikrowellengeeignete Schale geben und offen bei 600 (500) Watt 3 (3 1/2) Minuten einkochen lassen.

5. Die Salbeiblätter und die Geflügellebern aus der Marinade nehmen und mit Küchenpapier trockentupfen. Die Geflügellebern kleinschneiden. Die Marinade durch ein Sieb in eine Schüssel passieren und beiseite stellen.

6. Die Schalotte fein hacken. Das Butterschmalz oder das Olivenöl in eine mikrowellengeeignete Schale (möglichst eine Bräunungsschale) geben und 1 (1 1/4) Minute bei 600 (500) Watt erwärmen.

7. Die Salbeiblätter zerkleinern und mit der Schalotte in die Schale geben. Alles 2 1/2 (3) Minuten bei 600 (500) Watt offen andünsten.

8. Die Geflügellebern hinzufügen und bei 600 (500) Watt 1 1/2 (1 3/4) Minuten leicht anbraten. Die Lebern gründlich durchrühren und noch einmal 1 (1 1/4) Minute bei 600 (500) Watt braten.

9. Die Marinade und den eingekochten Orangensaft zu den Lebern geben. Alles noch einmal 1 (1 1/4) Minute bei 600 (500) Watt erwärmen.

10. Die Geflügellebermasse im Mixer fein pürieren. Das Püree mit Salz und Pfeffer abschmecken, dann die gehackte Petersilie untermischen.

11. Die Toastbrotscheiben diagonal so halbieren, daß Dreiecke entstehen. Die noch warme Lebermasse leicht hügelförmig darauf anrichten. Die Toasts mit den Petersilienzweiglein und nach Belieben den Orangenfilets garnieren, dann sofort servieren.

Meine Tips: Wenn Sie kein Kombinationsgerät oder keinen Backofen mit Grill besitzen, können Sie die Brotscheiben im Toaster rösten.
Orangen lassen sich am besten in Filets teilen, wenn Sie die Orange mit einem scharfen Messer wie einen Apfel schälen, so daß auch die weiße Haut entfernt wird. Die Schnitze lassen sich dann mit einem kleinen spitzen Messer aus den Trennwänden herauslösen. Wenn Ihnen dies zu aufwendig erscheint, können Sie jeden Toast mit 1 dünn geschnittenen Orangenscheibe garnieren. Das ist einfacher, jedoch nicht ganz so delikat.

Fischsuppe mit Muscheln

Wie man sie in südlichen Ländern ißt

Für 2 Personen

200 g Miesmuscheln
1 kleine Zwiebel
1/4 l lauwarmes Wasser
Salz
1 Pfefferkorn
100 g Fischgräten (am besten von Seezunge)
1/2 kleine Stange Lauch
1 Eßl. Olivenöl
100 g Seeteufel ohne Gräten
1 Eßl. gemischte Kräuter (zum Beispiel Basilikum, Petersilie und Thymian)
1 Prise Fenchelsamen
1 Prise Safranfäden
1/3 Lorbeerblatt
1/4 kleine rote Pfefferschote (Peperoncino)
1 Sardellenfilet (in Öl eingelegt)
1 Knoblauchzehe

Arbeitsaufwand:
etwa 30 Minuten
Garzeit:
10 (12) Minuten
Nährwert:
etwa 560 kJ/
130 kcal je Person

1. Die Muscheln unter fließendem kaltem Wasser gründlich abbürsten und den Bart herauszupfen. Die Muscheln müssen sich beim Waschen schließen. Muscheln, die sich nicht schließen, wegwerfen! Die Zwiebel fein hacken.

2. Die Muscheln mit dem Wasser, Salz, dem zerdrückten Pfefferkorn, den Fischgräten und der Hälfte der gehackten Zwiebel in ein mikrowellengeeignetes Gefäß mit Deckel geben und zugedeckt bei 600 (500) Watt 3 (3 1/2) Minuten garen. Dabei nach der Hälfte der Zeit die Form aus dem Gerät nehmen und etwas schütteln.

3. Nach der Garzeit sollen sich die Muscheln geöffnet haben. Ungeöffnete Muscheln wegwerfen, sie sind verdorben. Die geöffneten Muscheln herausnehmen, die Garflüssigkeit durch ein Sieb passieren und beiseite stellen.

4. Den Lauch putzen und in Ringe schneiden. Das Olivenöl mit der restlichen gehackten Zwiebel und dem Lauch in eine andere mikrowellengeeignete Form geben und bei 600 (500) Watt 2 (2 1/2) Minuten offen dünsten.

5. Den Seeteufel in Stücke schneiden, hinzufügen und zugedeckt bei 600 (500) Watt 1 (1 1/4) Minute garen.

6. Die Kräuter, die Fenchelsamen, den Safran, das Lorbeerblatt und die passierte Muschelbrühe hinzufügen. Die Suppe zugedeckt bei 600 (500) Watt 3 (3 1/2) Minuten garen.

7. Inzwischen die Pfefferschote längs halbieren und gründlich von den Kernen befreien. Die Hälften in kleine Stücke schneiden. Die Pfefferschote mit dem Sardellenfilet und der geschälten Knoblauchzehe sehr fein hacken.

8. Die Pfefferschotenmischung mit den Muscheln in die Suppe geben und gut umrühren. Die Suppe bei 600 (500) Watt 1 (1 1/4) Minute erwärmen.

9. Die Suppe in vorgewärmte Suppentassen füllen und sofort servieren.

Meine Tips: Die Fischsuppe schmeckt sehr gut, wenn Sie *Knoblauchcroûtons* dazu servieren. Dafür Weißbrot von der Rinde befreien, in Scheiben schneiden und mit etwas Olivenöl beträufeln. Die Scheiben unter den Grill des Kombinationsgerätes oder des Backofens schieben und rösten, bis sie gebräunt sind. Dann mit wenig durchgepreßtem Knoblauch und eventuell gehackten Kräutern bestreichen.
Sie können die gegarte Suppe auch in feuerfeste mikrowellengeeignete Suppentassen füllen, mit einer Blätterteighaube versehen und bei Ober- und Unterhitze 240° oder Umluft 220° backen, bis der Teig schön gebräunt ist.

Grünkernsuppe mit Geflügel

Ein altes Getreide wiederentdeckt

Für 4 Personen

150 g Geflügelfleisch, ohne Haut und Knochen (Hähnchen oder Truthahn)
1/4 l Hühnerbrühe
1 Eßl. Butter
1 Eßl. Lauch, fein gehackt
1 Eßl. Staudensellerie, fein gehackt
1 1/2 Eßl. Grünkern, fein gemahlen (15 g)
5 Eßl. Sahne/Rahm
Salz, frisch gemahlener weißer Pfeffer, geriebene Muskatnuß
1 Eßl. Schnittlauchröllchen

Arbeitsaufwand: etwa 20 Minuten
Garzeit: 20 (23 1/4) Minuten
Nährwert: etwa 680 kJ/ 160 kcal je Person

1. Das Geflügelfleisch in dünne, kurze Streifen schneiden. Dann in eine mikrowellengeeignete Form mit Deckel geben und mit etwas Hühnerbrühe begießen.

2. Das Geflügelfleisch zugedeckt 2 (2 1/2) Minuten bei 600 (500) Watt garen. Das Geflügelfleisch dann zugedeckt beiseite stellen, bis es wieder gebraucht wird.

3. Die Butter in einer anderen, hohen mikrowellengeeigneten Form bei 600 (500) Watt in 1/2 (3/4) Minute erwärmen.

4. Den Lauch und den Sellerie zu der Butter geben und offen 1 1/2 (1 3/4) Minuten bei 600 (500) Watt andünsten.

5. Das Grünkernmehl gründlich unterrühren und 1 (1 1/4) Minute bei 600 (500) Watt dünsten. Die Masse dann gründlich durchrühren und die restliche Hühnerbrühe unter Rühren dazugießen. Die Garflüssigkeit des Geflügelfleisches ebenfalls untermengen.

6. Die Suppe zugedeckt bei 600 (500) Watt 10 (11 1/2) Minuten kochen lassen. Dann die Sahne unterrühren und die Suppe weitere 5 (5 1/2) Minuten zugedeckt bei 600 (500) Watt garen. Sollte die Suppe nach dieser Zeit nicht schön sämig sein, die Garzeit um 1–2 Minuten verlängern.

7. Die Suppe mit dem Gemüse in den Mixer geben und fein pürieren.

8. Das Geflügelfleisch in die heiße Suppe geben. Die Suppe muß nicht mehr gegart werden, das Geflügelfleisch erwärmt sich in der heißen Suppe. Die Suppe mit Salz, Pfeffer und Muskat pikant würzen.

8. Die Suppe in vorgewärmte Suppentassen füllen und mit den Schnittlauchröllchen bestreut sofort servieren.

Variante: Sie können die Suppe vor dem Servieren mit Brotcroûtons bestreuen. Dazu 2 Scheiben Brot in sehr kleine Würfel schneiden. Eine Bräunungsschale 4 (4 1/2) Minuten bei 600 (500) Watt vorheizen. Etwa 1 Eßlöffel Butterschmalz/Bratbutter darauf zerlaufen lassen. Die Brotwürfel daraufgeben und etwa 2 (2 1/2) Minuten bei 600 (500) Watt braten. Dabei einmal durchrühren. Die Suppe in Teller verteilen und mit den Brotcroûtons bestreuen.

Mein Tip: Zusätzlich zu der Sahne, die Sie unter die Suppe rühren, können Sie noch etwas Sahne steif schlagen und die Suppe damit garnieren. Den Schnittlauch streuen Sie dann auf die Sahnehäubchen.

Rote Paprikasuppe

Die dekorative Suppe kann eine Vorspeise ersetzen

Für 2 Personen

2 große rote Paprikaschoten/Peperoni
je 1 kleiner Zweig Thymian, Rosmarin und Petersilie
1 kleine Schalotte
1/2 Eßl. Butter
1/2 Eßl. Zucker
1/2 Eßl. Tomatenpüree
1 Eßl. Zitronensaft
1/2 Eßl. edelsüßes Paprikapulver
1/8 l Hühnerbrühe
6–7 Eßl. Sahne/Rahm
Salz
frisch gemahlener Pfeffer
2 Dillzweiglein

Arbeitsaufwand:
etwa 15 Minuten
Garzeit:
13 1/2 (15 3/4) Minuten
Nährwert:
etwa 1100 kJ/ 260 kcal je Person

1. Die Paprikaschoten waschen und halbieren. Den Stielansatz und die Trennwände mit den Kernen entfernen. Die Paprikahälften dann in schmale Streifen schneiden. Den Thymian, den Rosmarin und die Petersilie mit Küchengarn zu einem Sträußchen binden. Die Schalotte fein hacken.

2. Die Butter in eine mikrowellengeeignete Form mit Deckel geben und in 1 (1 1/4) Minute bei 600 (500) Watt offen schmelzen lassen.

3. Den Zucker zu der geschmolzenen Butter geben und gründlich unterrühren. Den Zucker offen bei 600 (500) Watt in 1 1/2 (1 3/4) Minuten karamelisieren lassen.

4. Die Schalotten, die Paprikastreifen und das Tomatenpüree dazugeben und alles bei 600 (500) Watt weitere 3 1/2 (4) Minuten zugedeckt garen.

5. Den Zitronensaft und das Paprikapulver untermischen und alles noch einmal 1/2 (3/4) Minute offen bei 600 (500) Watt garen.

6. Die Hühnerbrühe, die Sahne und das Kräutersträußchen zu der Paprikamischung geben und die Suppe zugedeckt bei 600 (500) Watt in 7 (8) Minuten fertiggaren.

7. Das Kräutersträußchen aus der Suppe entfernen. Die Suppe mit Salz und Pfeffer abschmecken.

8. Die Suppe im Mixer pürieren und anschließend durch ein feines Sieb streichen.

9. Die Suppe in vorgewärmte Suppentassen füllen und mit je 1 Dillzweiglein garnieren.

Mein Tip: Sie können diese Suppe auch mit gelben Paprikaschoten zubereiten. Als zusätzliche Garnitur eignet sich wenig geschlagene Sahne und eventuell einige Paprikawürfel, die Sie vor dem Pürieren aus der Suppe nehmen.

Varianten: Aus diesem Rezept läßt sich auch ein Sauce zubereiten. Dafür das Gericht wie beschrieben kochen, aber nur etwa die Hälfte an Flüssigkeit verwenden und die Kräuter weglassen. Die Sauce mit etwas Cayennepfeffer abschmecken. Die Sauce paßt zu Meeresfischen, Lamm- oder Schweinefleisch oder zu Hacksteaks und Spießchen.
Die Suppe können Sie statt mit den angegebenen Kräutern auch mit Basilikumstreifen und etwas durchgepreßtem Knoblauch zubereiten. Die Suppe dann in die Tassen füllen und mit je 1 Basilikumblatt garnieren.

Gratinierte Fenchelsuppe

Kleine Vorspeise

Für 8 Personen

1 Schalotte
1 Eßl. Butter
500 g Fenchel
3/4 l Gemüse- oder Fleischbrühe
250 g Sahne/Rahm
Salz
frisch gemahlener Pfeffer
1 Teel. Pernod
Zum Überbacken:
6 Eßl. Sahne/Rahm

Arbeitsaufwand:
etwa 15 Minuten
Garzeit:
23 1/2 (27) Minuten
Nährwert:
etwa 750 kJ/ 180 kcal je Person

1. Die Schalotte schälen und fein hacken.

2. Die Schalotte dann mit der Butter in ein ausreichend großes mikrowellengeeignetes Gefäß geben und offen 2 (2 1/2) Minuten bei 600 (500) Watt andünsten.

3. Den Fenchel waschen, putzen und den Strunk keilförmig herausschneiden. Den Fenchel dann in etwa 1/2 cm breite Streifen schneiden.

4. Den Fenchel mit 1/4 l Gemüse- oder Fleischbrühe zu den Schalotten geben und zugedeckt 14 (16) Minuten bei 600 (500) Watt garen. Den Fenchel dann mit dem Pürierstab oder im Mixer pürieren.

5. Das Fenchelpüree mit der restlichen Brühe verrühren, wieder in eine feuerfeste mikrowellengeeignete Form mit Deckel geben und zugedeckt 3 (3 1/2) Minuten bei 600 (500) Watt erhitzen. Die Sahne untermischen und alles weitere 2 1/2 (3) Minuten zugedeckt bei 600 (500) Watt garen.

6. Die Suppe mit Salz, Pfeffer und dem Pernod abschmecken.

7. Den Grill des Kombinationsgerätes oder des Backofens einschalten.

8. Inzwischen die Sahne steif schlagen.

9. Die Suppe dann in kleine feuerfeste Suppentassen füllen und jeweils mit etwas Sahne bedecken. Die Suppe auf dem Rost in die obere Schiene geben und noch einmal etwa 2 Minuten ohne Zuschaltung von Mikrowellen überbacken.

10. Die gratinierte Fenchelsuppe sofort servieren.

Meine Tips: Sie können die Suppe gut vorbereiten, abkühlen lassen und im Kühlschrank aufbewahren. Dann müssen Sie sie vor dem Überbacken erst bei 600 (500) Watt zugedeckt einige Minuten erhitzen, da sie nur durch das Überbacken nicht heiß wird. Die geschlagene Sahne in jedem Fall erst unmittelbar vor dem Überbacken über die Suppe geben.
Es gibt zwei Sorten Fenchel: die kleinen Knollen, die besonders zart und milder im Geschmack sind und die größeren Knollen, die sehr kräftig schmecken. Die größeren Knollen eignen sich für die Suppe am besten. Durch langes Garen verliert sich der charakteristische Geschmack von Fenchel. Da die Garzeit in der Mikrowelle kurz ist, schmeckt die Suppe besonders kräftig.

Varianten: Nach diesem Rezept können Sie auch andere Gemüsesuppen zubereiten. Zum Beispiel aus Möhren/ Karotten, Broccoli, Kürbis oder Zucchini. Oder Sie legen kleine Fischstücke (roh, gebeizt oder geräuchert), zum Beispiel von Lachs, Seeteufel oder Kabeljau in die Suppentassen und begießen sie mit der kochendheißen Suppe. Die Suppe nach Belieben mit wenig trockenem Wermut oder etwas mehr Pernod abschmecken.

Kartoffelcremesuppe mit Steinpilzen

Durch Steinpilze und Majoran interessant

Für 2 Personen

10 g getrocknete Steinpilze
1/2 Eßl. Butter
1 kleine Zwiebel
100 g Kartoffeln
300 ccm (0,3 l) Fleisch- oder Gemüsebrühe
50 g durchwachsener Speck in dünnen Scheiben
2 Eßl. Majoran, frisch gehackt
6 Eßl. Sahne/Rahm
Salz
frisch gemahlener Pfeffer

Quellzeit:
etwa 4 Stunden
Arbeitsaufwand:
etwa 20 Minuten
Garzeit:
16 1/2 (19) Minuten
Nährwert:
etwa 1700 kJ/ 400 kcal je Person

1. Die Steinpilze in eine kleine Schüssel geben, mit Wasser bedecken und etwa 4 Stunden quellen lassen.

2. Dann die Butter in ein mittelgroßes mikrowellengeeignetes Gefäß geben und offen in 1 1/2 (1 3/4) Minuten bei 600 (500) Watt schmelzen lassen.

3. Die Zwiebel fein hacken. Die Kartoffeln schälen, waschen und in dünne Scheiben schneiden. Die Kartoffeln mit der Zwiebel in das Gefäß zur Butter geben und alles gut verrühren. Etwa drei Viertel der Fleisch- oder Gemüsebrühe angießen.

4. Die Kartoffeln zugedeckt 7 (8) Minuten bei 600 (500) Watt garen.

5. Die gegarten Kartoffeln mit der Garflüssigkeit und der restlichen Brühe mit dem Pürierstab oder im Mixer pürieren.

6. Den Speck in sehr kleine Würfel schneiden, auf eine Bräunungsplatte geben und 3 (3 1/2) Minuten bei 600 (500) Watt erhitzen. Den Speck aus dem Gerät nehmen und beiseite stellen.

7. Die Steinpilze in eine mikrowellengeeignete Form geben und zugedeckt 2 1/2 (3) Minuten bei 600 (500) Watt garen. Die Hälfte des Majorans hinzufügen und die Pilze noch einmal 1/2 (3/4) Minute bei 600 (500) Watt zugedeckt garen.

8. Die Speckwürfel und die Pilze mit der Sahne unter die pürierte Kartoffelsuppe mischen. Die Suppe zugedeckt bei 490 (500) Watt in 2 Minuten erhitzen.

9. Die Kartoffelsuppe mit Salz und Pfeffer würzen, in vorgewärmte Suppenteller oder -tassen füllen, mit dem restlichen Majoran bestreuen und sofort servieren.

Varianten: Ganz vorzüglich schmeckt die Suppe, wenn Sie sie mit frischen Steinpilzen zubereiten. In diesem Fall die geputzten Pilze in Scheiben schneiden und mit etwas Olivenöl oder Butterschmalz/Bratbutter in eine mikrowellengeeignete Form geben. Die Pilze offen bei 600 (500) Watt 2 1/2 (3) Minuten garen. Die Pilze mit etwas durchgepreßtem Knoblauch würzen und erst zum Schluß unter die Suppe mischen.
Oder Sie nehmen statt Steinpilzen Champignons, die Sie in Butter garen. Die Pilze zum Schluß mit frisch gehackter Petersilie und durchgepreßtem Knoblauch mischen und auf der Suppe verteilen.
Eine ausgesprochene Delikatesse wird die Suppe, wenn Sie sie bei Tisch mit frisch gehobelten weißen Trüffeln bestreuen.
Die Zwiebel können Sie weglassen und durch 1 dünne feingeschnittene Stange Lauch ersetzen.

VERLOCKENDE FISCHGERICHTE

Fisch – saftig und auf den Punkt gegart – das ist mit der Mikrowelle und meinen Rezepten ein Kinderspiel. Die Mikrowelle behandelt das zarte Fischfleisch so schonend, daß es einfach fantastisch schmeckt. Sie finden in diesem Kapitel viele überzeugende Beispiele: von Saibling mit Champagnersauce bis zu Lachsforellenfilets mit Grapefruitsauce.

Zanderfilets mit Graham-Kräuter-Sauce

Die Sauce macht den Zander zu einer Delikatesse

Für 4 Personen

400 g Zanderfilets
Saft von 1 Zitrone
frisch gemahlener Pfeffer
3 Eßl. Marsala
150 g altbackenes Grahambrot ohne Kruste, frisch gerieben
140 g Butter
Salz
1 große Knoblauchzehe
4 Eßl. Petersilie, frisch gehackt
1/4 l Weißwein
4 Petersilienzweige
2 Zitronen

Arbeitsaufwand:
etwa 20 Minuten
Marinierzeit:
etwa 30 Minuten
Garzeit:
12 1/2 (15) Minuten
Nährwert:
etwa 2100 kJ/
500 kcal je Person

1. Die Zanderfilets halbieren und in eine flache Schale legen. Den Zitronensaft mit etwas Pfeffer und 2 Eßlöffeln Marsala mischen und über die Fischscheiben gießen.

2. Die Zanderfilets etwa 30 Minuten im Kühlschrank ziehen lassen.

3. Die Fischfilets dann aus der Marinade nehmen, gut abtropfen und auf Küchenpapier trocknen lassen.

4. Das geriebene Grahambrot auf eine flache Platte geben.

5. 30 g Butter in eine kleine mikrowellengeeignete Schüssel geben und in 1 (1 1/4) Minute bei 600 (500) Watt offen schmelzen lassen.

6. Die Fischscheiben salzen und pfeffern, dann mit einem Pinsel mit der flüssigen Butter bestreichen. Die Fischscheiben von beiden Seiten gründlich in dem geriebenen Brot wälzen, so daß sie gleichmäßig damit überzogen sind.

7. Eine Bräunungsplatte 4 (4 1/2) Minuten bei 600 (500) Watt vorheizen.

8. 60 g Butter auf die Bräunungsplatte geben. Die Fischscheiben auf eine Hälfte der Platte geben und 1 1/4 (1 1/2) Minuten bei 600 (500) Watt braten.

9. 30 g Butter auf die unbenutzte Seite der Bräunungsplatte geben. Die Fischscheiben darauf wenden und noch einmal 1 1/4 (1 1/2) Minuten bei 600 (500) Watt braten.

10. Die Fischscheiben von der Platte nehmen und unbedeckt warm stellen.

11. Die restliche Butter auf die noch warme Bräunungsplatte geben. Die gehackte Knoblauchzehe und die gehackte Petersilie darauf geben und 1 (1 1/4) Minute bei 600 (500) Watt dünsten.

12. Den Weißwein mit dem restlichen Marsala in eine mikrowellengeeignete Schüssel geben und offen bei 600 (500) Watt 2 (2 1/2) Minuten kochen lassen. 2 Eßlöffel geriebenes Brot unterrühren und und alles 2 (2 1/2) Minuten bei 600 (500) Watt weitergaren. Dann die Petersilienmischung unterrühren.

13. Die panierten Fischfilets auf vorgewärmte Teller geben und etwas Sauce dazugießen. Die Fischfilets mit den Petersilienzweigen und Zitronenachteln garnieren.

Meine Tips: Als Beilage können Sie halbierte, kräftig gewürzte und kurz gedünstete Cherry-Tomaten 2 (2 1/2) Minuten bei 600 (500) Watt oder anderes Gemüse servieren.
Die Grahambrösel sollten Sie nicht zu fein reiben, am besten verwenden Sie dazu eine Käsereibe.

Saibling mit Champagnersauce

Etwas vom Besten aus der Mikrowelle

Für 2 Personen

1 Saibling von etwa 800 g
1 Teel. Olivenöl
Salz, frisch gemahlener weißer Pfeffer
2 Eßl. Zitronensaft
1 kleine Möhre/Karotte
1 dünne Stange Lauch
50 g Champignons
1 Eßl. Schalotten, fein gehackt
1 Eßl. Butterschmalz/Bratbutter
1 kleine Flasche Champagner oder Sekt (1/4 l)
1 Eßl. Sahne/Rahm oder Crème double
10 g Butter

Arbeitsaufwand:
etwa 30 Minuten
Garzeit:
19 1/2 (22) Minuten
Nährwert:
etwa 2100 kJ/
500 kcal je Person

Der Saibling gehört mit den Forellen zu einer Familie. Sein Aussehen ist von wechselnd blaugrüner oder brauner Farbe mit hellen Punkten. Zur Laichzeit sind Saiblinge sehr farbenfroh, Bauch und Seiten färben sich orangerot. Im Handel können Sie Saiblinge von 20–40 cm Länge kaufen. Von diesem Fisch gibt es viele verschiedene Abarten, die je nach Gewässer kleine Unterschiede aufweisen. Man fängt Saiblinge in den kälteren Seen Europas, die bis zu 2000 m über dem Meeresspiegel liegen können. Der Saibling wird aber auch in Bächen unter natürlichen Bedingungen gezüchtet. Er hat ein außergewöhnlich schmackhaftes, leicht rosafarbenes Fleisch von sehr feiner, aber fester Struktur.
Wie die meisten Süßwasserfische muß auch der Saibling schonend zubereitet werden. Die Mikrowelle ist also ideal, um dieses anspruchsvolle Fischgericht zuzubereiten. Auf die beschriebene Art können Sie auch Forellen und den delikaten Wolfsbarsch, einen Mittelmeerfisch, zubereiten.
Damit Fischgerichte immer optimal gelingen, sollten Sie schon beim Einkauf auf gute Qualität achten. Frischer Fisch hat einen leichten, angenehmen Geruch, die Haut soll glänzen und einen leicht metallischen Schimmer haben. Die Haut muß außerdem gespannt und farbintensiv sein und gut am Fleisch haften. Die Augen sollen klar aussehen und leicht hervorstehen. Die Kiemen dürfen weder trocken noch gräulich verfärbt sein.
Der Saibling ist ein leicht verderblicher Fisch und sollte deshalb so schnell wie möglich nach dem Einkauf zubereitet werden.
Doch nicht nur der Saibling, sondern auch die restlichen Zutaten für dieses Gericht sollten von bester Qualität sein. Hochwertiges Olivenöl, frisches Gemüse, Sahne, Butter und in diesem Fall Champagner oder Sekt. Besondere Gewürze und sogar Kräuter sind bei der Zubereitung überflüssig, denn das delikate Aroma des Fischfleisches soll voll zum Zug kommen. Damit der Fisch schön saftig bleibt, wird er immer zugedeckt in der Mikrowelle gegart.
Wenn die Form, die Sie zum Garen verwenden, zu klein sein sollte, daß der Fisch ganz hineinpaßt, müssen Sie den Kopf vor dem Garen abschneiden. Sie können auch 2 kleinere Fische nehmen, die Sie nebeneinander legen, doch ein größerer Fisch ist fleischiger und hat schönere Filets.
Bei dieser Zubereitungsart entsteht die Saucengrundlage beim Garen des Fisches. Mit dem Gemüse, dem Champagner und dem austretenden Fischsaft erhalten Sie einen ausgezeichneten Fond, der nur abgegossen und etwas eingekocht werden muß. Zum Schluß wird er nur noch mit etwas Sahne und Butter verfeinert. Auf ganz einfache Art entsteht also eine herrliche Sauce, die auch Kochneulingen auf Anhieb gelingen wird.
Die Sauce können Sie zur Abwechslung ganz leicht abwandeln: Zum Beispiel die Sauce zum Schluß mit 1 Eßlöffel trockenem weißem Wermut (Noilly Prat) abschmecken. Oder den Champagner beziehungsweise Sekt durch fruchtigen Weißwein ersetzen. Die Sauce läßt sich auch mit etwas gehacktem Estragon abrunden.
Als Beilage zu diesem Gericht empfehle ich Ihnen Salzkartoffeln oder Reis. Wichtig ist auch das Getränk. Natürlich paßt der Champagner oder Sekt, den Sie für die Saucenzubereitung verwendet haben. Oder Sie servieren einen erstklassigen, fruchtigen Weißwein dazu, wie zum Beispiel einen guten Riesling oder einen weißen Burgunder.

1. Den Saibling gegebenenfalls ausnehmen, kalt abwaschen und trocknen. Die Haut des Fisches mit einem scharfen Messer im Zickzackmuster einritzen. Das Fleisch soll dabei nicht verletzt werden.

2. Den Saibling auf einer Seite mit wenig Olivenöl bestreichen. Den Fisch dann außen und innen salzen und pfeffern und mit dem Zitronensaft beträufeln.

3. Die Möhre schälen und kleinhacken. Den Lauch putzen, waschen und klein würfeln. Die Champignons putzen und grob hacken.

4. Das Gemüse und die gehackten Schalotten mit dem Butterschmalz in eine mikrowellengeeignete Form mit Deckel geben und offen bei 600 (500) Watt 3 (3 1/2) Minuten andünsten. Den Fisch auf das Gemüse legen.

5. Den Saibling zugedeckt 4 (4 1/2) Minuten bei 600 (500) Watt garen. Dann wenden und mit dem restlichen Olivenöl bestreichen. Die Hälfte des Champagners angießen. Den Saibling zugedeckt bei 600 (500) Watt 4 (4 1/2) Minuten weitergaren.

6. Den Saibling aus der Form nehmen und zugedeckt warm stellen.

7. Das Gemüse durch ein Sieb gießen, den Sud dabei in einer kleinen mikrowellengeeigneten Form auffangen. Den Sud mit dem restlichen Champagner oder Sekt verrühren und offen bei 600 (500) Watt 6 (6 1/2) Minuten einkochen lassen.

8. Die Sahne oder die Crème double unter die eingekochte Flüssigkeit rühren. Die Sauce offen bei 600 (500) Watt 2 1/2 (3) Minuten weiterkochen, bis sie leicht sämig ist.

9. Die Butter in kleine Flöckchen schneiden und mit einem Schneebesen unter die eingekochte Sauce schlagen. Die Sauce mit Salz und Pfeffer pikant abschmecken.

10. Das Gemüse auf eine vorgewärmte Platte geben. Den Fisch darauf legen und mit einem Teil der Sauce begießen. Die restliche Sauce getrennt dazu servieren. Dazu schmecken Kartoffeln.

Steinbutt im Gemüsesud

Ein besonders leichtes Fischgericht

Für 2 Personen

2 Scheiben Steinbutt mit Haut und Gräten (etwa 500 g)
1/2 Stange Lauch
1 Möhre/Karotte
2 Schalotten
1 Knoblauchzehe
4 Korianderkörner
4 weiße Pfefferkörner
4 kleine Dillzweige
1 Lorbeerblatt
1 Zweig Petersilie
5 Eßl. Weißwein
Salz, frisch gemahlener Pfeffer
2 Champignons
1 Eßl. trockener weißer Wermut
1/2 Teel. Pernod

Arbeitsaufwand:
etwa 20 Minuten
Garzeit:
17 (19) Minuten
Nährwert:
etwa 1100 kJ/
260 kcal je Person

1. Den Steinbutt kalt abspülen und trockentupfen.

2. Den Lauch putzen, waschen und in 1/2 cm dicke Scheiben schneiden. Die Möhre schälen und in dünne Scheiben teilen. Die Schalotten grob würfeln. Die Knoblauchzehe schälen. Die Koriander- und die Pfefferkörner mit einem breiten Messer zerdrücken.

3. Das Gemüse samt Schalotten mit dem Knoblauch, 2 Zweiglein Dill, den Koriander- und den Pfefferkörnern, dem Lorbeerblatt, der Petersilie und dem Weißwein in ein mikrowellengeeignetes Gefäß mit Deckel geben.

4. Die Gemüsemischung zugedeckt bei 600 (500) Watt 10 (11 1/2) Minuten kochen. Den Sud dann durch ein Sieb passieren und mit wenig Salz und Pfeffer abschmecken.

5. Die Champignons putzen und in Scheiben schneiden, dann mit den Fischscheiben und dem Wermut unter den Gemüsesud mischen. Die Mischung zugedeckt bei 360 Watt 5 Minuten garen.

6. Die Fischscheiben herausnehmen und mit der schwarzen Hautseite nach oben in Suppenteller legen. Die Champignons rund um den Fisch anordnen.

7. Den Sud mit dem Pernod verfeinern und offen bei 600 (500) Watt 2 (2 1/2) Minuten einkochen.

8. Den Sud über den Fisch geben und diesen mit den restlichen Dillzweigen garnieren. Den Steinbutt sofort servieren.

Meine Tips: Der Fisch und vor allem der Sud wird aromatischer, wenn Sie das Gericht mit Haut und Gräten zubereiten. Sie können statt Steinbutt auch andere Filets mit festem Fleisch wie zum Beispiel von Seeteufel oder Kabeljau auf diese Art zubereiten. In diesem Fall empfehle ich Ihnen, sich vom Fischhändler Seezungengräten geben zu lassen und im Sud mitzugaren. Die Gräten sollten Sie vor der Zubereitung gründlich kalt abspülen.

Varianten: Frühlingshaft wird dieses Gericht, wenn Sie die angegebenen Gemüsesorten durch Spargelspitzen, grüne Erbsen oder Zuckerschoten und geschälte, in Würfel geschnittene Tomaten ersetzen.
Im Winter dagegen eignen sich Chinakohl, Möhren, Sellerie oder Schwarzwurzeln. Diese Gemüsesorten, den Chinakohl ausgenommen, sollten Sie in Scheiben schneiden und dann zu Rosetten ausstechen, das sieht sehr hübsch aus.
Sie können auch verschiedene Fischsorten verwenden, diese in Würfel schneiden und wie im Rezept beschrieben zubereiten.

Gefüllte Lachsscheiben mit Wermutsauce

Besonders raffiniert und delikat

Für 2 Personen

2 Lachsscheiben von je etwa 2 cm Dicke
2 Teel. Butter
1/8 l Fischfond
Für die Füllung:
40 g Lachs ohne Gräten
3 Eßl. Sahne/Rahm
Salz, frisch gemahlener Pfeffer
1 Eßl. gehackte Kräuter (zum Beispiel Estragon, Kerbel und Schnittlauch)
Für die Sauce:
1 Eßl. Schalotten, fein gehackt
1 Teel. Butter
100 ccm (0,1 l) Pochierfond von den Lachsscheiben
100 g Sahne/Rahm
2 Eßl. trockener Wermut
Salz, Pfeffer
1 Eßl. Schnittlauchröhrchen
Außerdem: Pergamentpapier, Küchengarn

Kühlzeit:
etwa 30 Minuten
Arbeitsaufwand:
etwa 40 Minuten
Garzeit:
13 (15 1/2) Minuten
Nährwert:
etwa 3100 kJ/ 740 kcal je Person

1. Das Lachsfleisch für die Füllung mindestens 30 Minuten in den Kühlschrank stellen. Die Sahne im Gefrierfach ebenfalls mindestens 30 Minuten anfrieren lassen.

2. Das Lachsfleisch für die Füllung in kleine Würfel schneiden und mit Salz und Pfeffer würzen. Dann im Blitzhacker zerkleinern. Die angefrorene Sahne nach und nach untermengen.

3. Die Fischmasse durch ein feines Sieb streichen, mit den Kräutern vermengen und wieder kühl stellen, bis sie gebraucht wird.

4. Die Lachsscheiben von der Mittel- und den Bauchgräten befreien.

5. Zwei mikrowellengeeignete kleine Platter, die nebeneinander in das Gerät passen sollen, mit Butter ausstreichen. Die Lachsscheiben darauf legen und in die Bauchöffnung jeweils die Hälfte der Lachs-Kräuter-Füllung geben. Die Füllung glattstreichen.

6. Zwei Streifen Pergamentpapier von jeweils 1 cm Breite mit Butter bestreichen. Die Lachsscheiben damit umlegen und mit Küchengarn festbinden, damit sie beim Garen die Form behalten. Den Fischfond neben die Lachsscheiben gießen. Anschließend die Lachsscheiben mit ebenfalls gebuttertem Pergamentpapier abdecken.

7. Die Lachsscheiben zudecken und 2 1/2 (3) Minuten bei 600 (500) Watt garen. Die Lachsscheiben dann wenden und erneut 2 1/2 (3) Minuten bei 600 (500) Watt garen. Die Lachsscheiben dann aus dem Gerät nehmen und etwa 10 Minuten zugedeckt ziehen lassen.

8. Den Pochierfond der Lachsscheiben abgießen, die Fischscheiben zugedeckt warm halten.

9. Für die Sauce die Schalotten mit der Butter in eine mikrowellengeeignete Form geben und offen 2 (2 1/2) Minuten bei 600 (500) Watt dünsten.

10. Den Pochierfond hinzufügen und bei 600 (500 Watt) in 4 (4 1/2) Minuten offen einkochen lassen. Die Sahne unterrühren und die Sauce offen bei 600 (500) Watt weitere 2 (2 1/2) Minuten einkochen lassen.

11. Die Sauce mit dem Wermut, Salz und Pfeffer abschmecken. Den Schnittlauch untermischen.

12. Die Lachsscheiben vom Küchengarn und dem Pergamentpapier befreien. Das Fischeiweiß, das beim Garen ausgetreten ist, vorsichtig mit einem Spatel von der Oberfläche der Fischscheiben abstreifen.

13. Die Fischscheiben auf vorgewärmte Teller geben und mit der Sauce umgießen.

14. Dazu schmecken Salzkartoffeln oder neue gebratene Kartoffeln. Nach Wunsch können Sie die Teller mit je 1 Estragon- oder Kerbelsträußchen garnieren.

Meerbarbenfilets mit Gemüse und Pernodsauce

Der Duft der köstlichen Sauce erinnert an Frankreich

Für 2 Personen

je 50 g Lauch, Knollensellerie, Möhre/Karotte und Fenchel
1/2 Eßl. Butter
6 Eßl. Fleischbrühe
6 Eßl. Sahne/Rahm
Salz, frisch gemahlener Pfeffer
1 Knoblauchzehe
1 Teel. Pernod
4 Meerbarbenfilets (etwa 300 g) mit Haut
1/2 Eßl. Olivenöl
Zum Garnieren: Fenchelkraut

Arbeitsaufwand: etwa 30 Minuten
Garzeit: 15–16 (17 1/4–18 1/4) Minuten
Nährwert: etwa 1700 kJ/ 400 kcal je Person

1. Das Gemüse putzen oder schälen, waschen und in sehr feine Streifen (Julienne) schneiden.

2. Die Gemüsestreifen mit der Butter in eine mikrowellengeeignete Form mit Deckel geben und offen bei 600 (500) Watt 2 (2 1/2) Minuten andünsten.

3. Die Fleischbrühe zum Gemüse gießen und alles zugedeckt weitere 3 (3 1/2) Minuten bei 600 (500) Watt garen.

4. Das Gemüse durch ein Sieb gießen. Die Fleischbrühe dabei auffangen. 6 Eßlöffel von der Brühe abmessen und in eine kleine mikrowellengeeignete Form geben.

5. Die Fleischbrühe bei 600 (500) Watt offen 5 (5 1/2) Minuten einkochen lassen. Die Sahne unterrühren und die Sauce noch einmal 2 (2 1/2) Minuten bei 600 (500) Watt offen einkochen lassen.

6. Die Sauce mit Salz, Pfeffer, dem durchgepreßten Knoblauch und dem Pernod abschmecken.

7. Die Meerbarbenfilets mit Salz und Pfeffer würzen und mit dem Olivenöl bestreichen.

8. Den Grill des Kombinationsgerätes oder des Backofens vorheizen.

9. Die Meerbarbenfilets mit der Hautseite nach oben in die Fettpfanne legen und in die obere Schiene geben. Die Filets ohne Zuschaltung von Mikrowellen 2–3 Minuten grillen.

10. Die Gemüsestreifen noch einmal zugedeckt 1 (1 1/4) Minute bei 600 (500) Watt erwärmen.

11. Die Gemüsestreifen auf vorgewärmte Teller geben. Je 2 Fischfilets darauf legen, mit der Sauce umgießen und mit Fenchelkraut garnieren.

Mein Tip: Wenn Sie keinen Grill haben, können Sie die Fischfilets mit der Hautseite nach unten 2–3 (2 1/2–3 1/2) Minuten bei 600 (500) Watt offen auf einer Bräunungsplatte – 4 (4 1/2) Minuten bei 600 (500) Watt vorheizen – braten.

Varianten: Dieses Gericht schmeckt mit echten Meerbarben (auch Rotbarben, Rouget barbet, genannt) besonders gut. Meerbarben haben ein feines, mageres Fleisch mit einem ganz spezifischen Aroma.
Wenn Sie keine Meerbarben bekommen, können Sie statt dessen auch einmal roten Knurrhahn oder andere Fischfilets verwenden. Die Filets sollten jedoch in jedem Fall eine Haut haben, damit sie beim Grillen gut zusammenhalten.
Die Gemüsesorten können Sie je nach Jahreszeit wählen. Sehr gut schmeckt das Gericht auch, wenn Sie nur Fenchel verwenden.

Lachsfilets mit Estragon-Senf-Sauce

Ganz einfach zuzubereiten

Für 2 Personen

2 Lachsfilets von je etwa 150 g
Salz, frisch gemahlener Pfeffer
1 Teel. Zitronensaft
1 Teel. Butter
1 Eßl. saure Sahne/ saurer Rahm
1/4 Teel. Dijon-Senf
1/2 Teel. grobkörniger Senf (zum Beispiel Pommery)
1 Teel. Estragon, frisch gehackt
1 Prise Zucker
2 Eßl. Weißwein
1 Eßl. Wasser
2 Teel. Schalotten, fein gehackt
3 Eßl. Sahne/Rahm
2 Zweiglein Estragon

Arbeitsaufwand: etwa 10 Minuten
Garzeit: 7 1/2 (8 1/2) Minuten
Nährwert: etwa 1700 kJ/ 400 kcal je Person

1. Die Lachsfilets kalt abspülen und trockentupfen. Die Fischfilets dann mit Salz und Pfeffer würzen und mit dem Zitronensaft beträufeln.

2. Die Fischfilets in eine flache mikrowellengeeignete Schale mit Deckel geben. Die Butter in kleinen Stücken über dem Fisch verteilen.

3. Die saure Sahne mit den beiden Senfsorten, dem Estragon und dem Zucker gründlich verrühren.

4. Den Weißwein mit dem Wasser und den gehackten Schalotten in eine kleine mikrowellengeeignete Schale geben und offen bei 600 (500) Watt in 1 (1 1/4) Minute aufkochen.

5. Den Sud durch ein Sieb über den Fisch gießen.

6. Die Lachsfilets zugedeckt bei 490 (500) Watt 2 Minuten garen.

7. Von dem Fischsud 3 Eßlöffel abnehmen und in ein kleines mikrowellengeeignetes Gefäß geben. Den Sud bei 600 (500) Watt offen in 2 (2 1/2) Minuten einkochen lassen.

8. Die Sahne untermischen und die Sauce bei 600 (500) Watt offen in 1 1/2 (1 3/4) Minuten nochmals einkochen lassen.

9. Die Lachsfilets abtropfen lassen. Das Gargefäß ausspülen und abtrocknen.

10. Den Fisch wieder in das Gefäß geben. Den eingekochten Sud mit der Senfmischung verrühren und über den Lachsfilets verteilen.

11. Den Fisch zugedeckt bei 490 (500) Watt in 1 Minute noch einmal erhitzen.

12. Die Lachsfilets mit der Sauce auf vorgewärmten Tellern verteilen und mit den Estragonzweiglein garniert sofort servieren.

Mein Tip: Der Senf wird erst zuletzt zum Fisch gegeben, damit er mild bleibt und sich kein Essiggeschmack entwickelt. Durch die Zugabe von saurer Sahne kann er sein Aroma besonders gut entfalten. Zu Fisch sollte eine Senfsauce nie zu scharf sein.

Varianten: Statt Lachs können Sie für dieses Gericht auch andere festfleischige Fischsorten verwenden wie zum Beispiel Zander- oder Seeteufelfilets.

Seezungenfilets mit Wermutsauce

Köstlicher Fisch – auf den Punkt gegart

Für 2 Personen

1 Seezunge von etwa 600 g
2 Eßl. Butter
Salz, frisch gemahlener weißer Pfeffer
1 Teel. Zitronensaft
Für die Sauce:
die Gräten der Seezunge
1 Eßl. Schalotten, fein gehackt
3 Eßl. Weißwein
6 Eßl. Wasser
3 weiße Pfefferkörner
2 Champignons (nach Belieben)
3 Eßl. trockener weißer Wermut (zum Beispiel Noilly Prat)
6 Eßl. Sahne/Rahm
Salz, frisch gemahlener weißer Pfeffer
Zum Garnieren:
einige kleine Tomaten oder Cherry-Tomaten (eventuell gehäutet) und Estragonzweiglein

Arbeitsaufwand: etwa 15 Minuten
Garzeit: 18 1/2 (21 1/2) Minuten
Nährwert: etwa 2000 kJ/ 480 kcal je Person

1. Die Seezunge schon vom Fischhändler filetieren lassen. Die Gräten für die Sauce mitnehmen.

2. Zuerst für den Fischfond die Gräten kalt abspülen und in kleine Stücke schneiden.

3. Die Fischgräten mit den gehackten Schalotten, dem Weißwein und dem Wasser in eine mikrowellengeeignete Form mit Deckel geben.

4. Die Pfefferkörner mit einem sauberen Pfannenboden zerdrücken. Die Champignons putzen und in Scheiben schneiden. Beides zu den Fischgräten geben.

5. Den Fischfond 5 (5 1/2) Minuten zugedeckt bei 600 (500) Watt garen.

6. Den Fischfond durch ein Sieb passieren. Die Flüssigkeit wieder in die Form geben und 2 1/2 (3) Minuten bei 600 (500) Watt offen einkochen lassen. Es sollen etwa 6 Eßlöffel Flüssigkeit übrig bleiben. Den Fischfond bis zur Zubereitung der Sauce beiseite stellen.

7. Eine Bräunungsplatte 4 (4 1/2) Minuten bei 600 (500) Watt vorheizen. Die Butter auf der heißen Platte zerlaufen und hellbgelb werden lassen.

8. Die Seezungenfilets von beiden Seiten mit Salz und Pfeffer würzen und mit dem Zitronensaft beträufeln.

9. Die Seezungenfilets auf eine Hälfte der Platte legen und 1/2 (3/4) Minute bei 600 (500) Watt braten. Die Filets auf die unbenutzte Seite der Bräunungsplatte wenden und noch einmal 1/2 (3/4) Minute bei 600 (500) Watt braten Die Filets zugedeckt warm stellen.

10. Den Fischfond mit dem Wermut verrühren und offen bei 600 (500) Watt 4 (4 1/2) Minuten einkochen lassen.

11. Die Sahne unterrühren und die Sauce weitere 2 (2 1/2) Minuten bei 600 (500) Watt offen einkochen lassen. Die Sauce mit Salz und Pfeffer abschmecken.

12. Zum Servieren die Sauce auf vorgewärmte Teller geben. Die Fischfilets darauf anrichten und mit je 1 Tomate garnieren.

Meine Tips: Die Tomaten können Sie zum Garnieren auch zu Röschen formen. Dazu die Tomaten mit einem Kartoffelschälmesser spiralförmig rundherum abschneiden und anschließend wieder zu einem Röschen zusammenrollen.
Zu diesem Gericht paßt sehr gut Kartoffelschnee. Dafür Kartoffelpüree zubereiten und mit etwas steifgeschlagener Sahne mischen. Die Masse möglichst in einen Spritzbeutel füllen und dekorativ auf dem Teller anrichten.

Varianten: Den Wermut können Sie durch Sherry oder Portwein ersetzen. In diesem Fall die Sauce kräftig mit Pfeffer oder Cayennepfeffer abschmecken. Nach Belieben können Sie das fertige Gericht mit etwas gehacktem Kerbel oder Estragon oder mit Kräuterzweiglein garnieren.

Lachsforellenfilets mit Grapefruitsauce

Bekommt durch die herbe Sauce die besondere Note

Für 2 Personen

1 Teel. Butter
1 Stange Lauch
Saft von 1 gelben Grapefruit
300 g Lachsforellenfilets ohne Gräten (Mittelstück)
Salz, frisch gemahlener Pfeffer
1 Eßl. Weißwein
6 Eßl. Sahne/Rahm
Zum Garnieren:
2 Pfefferminzblättchen oder Dillzweiglein

Arbeitsaufwand:
etwa 20 Minuten
Garzeit:
10 (12) Minuten
Nährwert:
etwa 1600 kJ/
380 kcal je Person

1. Eine mikrowellengeeignete Form mit Deckel mit der Butter ausstreichen.

2. Den Lauch putzen, waschen und vom grünen Teil befreien. Den weißen Teil des Lauchs in feine Ringe schneiden und in die vorbereitete Form geben. Mit etwas Grapefruitsaft beträufeln.

3. Das Lachsforellenstück mit Salz und Pfeffer würzen. Den Fisch quer halbieren und auf den Lauch legen.

4. Den Fisch zugedeckt bei 600 (500) Watt 2 (2 1/2) Minuten garen. Den Fisch aus dem Gerät nehmen und 1–2 Minuten stehenlassen.

5. Die Garflüssigkeit des Fisches durch ein Sieb in eine andere mikrowellengeeignete Form gießen.

6. Den restlichen Grapefruitsaft hinzufügen. Die Flüssigkeit offen bei 600 (500) Watt 3 (3 1/2) Minuten einkochen lassen.

7. Den Weißwein unter die Sauce rühren und alles weitere 2 (2 1/2) Minuten bei 600 (500) Watt offen einkochen lassen. Dabei nach der Hälfte der Zeit gut durchrühren.

8. Die Sahne unter die Sauce mischen und diese noch einmal 2 (2 1/2) Minuten bei 600 (500) Watt offen einkochen lassen. Die Sauce soll leicht sämig sein.

9. Die Lachsforellenstücke in die Sauce legen und zugedeckt bei 490 (500) Watt 1 Minute erwärmen.

10. Die Lachsforellenstücke mit der Sauce auf vorgewärmten Tellern anrichten und mit den Pfefferminzblättchen garnieren.

Meine Tips: Wenn die Sauce nicht schön sämig wird, müssen Sie sie mit etwas Speisestärke binden. Dazu etwas Stärke mit wenig Wasser anrühren und unter die Sauce mengen. Die Sauce noch einmal kurz aufkochen lassen.
Zu diesem Gericht paßt am besten Pistazienreis. Dafür Reis auf der Kochstelle in Salzwasser körnig garen. 2 Eßlöffel Pistazienkerne grob hacken. Die Pistazien mit 30 g Butter in eine mikrowellengeeignete Schale geben und offen 2 (2 1/2) Minuten bei 600 (500) Watt erhitzen. Die Pistazien unter den Reis mischen und diesen eventuell noch etwas nachsalzen.

Variante: Die Sauce können Sie leicht abwandeln. Den Lauch statt mit Grapefruitsaft mit 2 Eßlöffeln Orangensaft und 1 Eßlöffel Zitronensaft begießen. Für die Sauce 6 Eßlöffel Orangensaft, 1/2 Teelöffel abgeriebene unbehandelte Orangenschale und den Garsud des Fisches mit 1 Eßlöffel Sherry 5 (5 1/2) Minuten bei 600 (500) Watt offen einkochen lassen. Die Sauce mit Salz, 1 Eßlöffel Orangenlikör und etwas Cayennepfeffer abschmecken. Zu dieser Sauce paßt ein Fisch mit weißem Fleisch besser. Sie können Seezunge, Seeteufel oder Petersfisch verwenden. Die Garzeit dann je nach Fischsorte etwas verkürzen (Seezunge) oder verlängern (Seeteufel).

FLEISCH UND GEFLÜGEL

Knusprige Braten, schonend gegartes Fleisch mit cremigen Saucen oder saftig Gegrilltes – all dies vereint sich in diesem Kapitel zu einem vielseitigen, kulinarischen Angebot. Versuchen Sie Schweinehals mit Madeirasauce, Kalbsröllchen mit Zucchini-Dillsauce, Entenbrust mit Honig-Koriandersauce und vieles mehr.

Schweinehals mit Madeirasauce

Ein saftiger Braten mit italienischer Note

Für 6 Personen

Für die Marinade:
1 Knoblauchzehe
3 Eßl. Olivenöl
1 Eßl. getrocknete Kräuter der Provence oder 2 Eßl. frisch gehackte Kräuter
frisch gemahlener Pfeffer, Paprika, geriebene Muskatnuß
Für den Braten und die Sauce:
1,2 kg magerer Schweinehals
1 große, reife Tomate
1 Zweig Salbei
2 Eßl. Weißwein
6 Eßl. Madeira
1 Eßl. Weinbrand oder Cognac
250 g Sahne/Rahm
1 Teel. Speisestärke
Salz
1 Knoblauchzehe
1 Teel. Zitronensaft

Arbeitsaufwand: etwa 15 Minuten
Marinierzeit: über Nacht
Garzeit: 44 (45) Minuten
Nährwert: etwa 2600 kJ/ 620 kcal je Person

1. Für die Marinade die Knoblauchzehe durch die Presse drücken und gründlich mit den restlichen Zutaten verrühren.

2. Das Fleisch rundherum mit der Marinade einreiben und zugedeckt über Nacht im Kühlschrank ruhen lassen.
1 Stunde vor der Zubereitung das Fleisch Zimmertemperatur annehmen lassen.

3. Das Fleisch auf dem Rost über die Fettpfanne in die mittlere Schiene des Gerätes geben. Das Fleisch bei Ober- und Unterhitze 250° oder Umluft 230° und Mikrowellenleistung 360 Watt offen 21 Minuten braten.

4. Die Tomate halbieren und mit der Schnittfläche nach unten in die Fettpfanne legen. Den Salbeizweig und den Weißwein hinzufügen. Das Fleisch wenden und bei gleicher Einstellung weitere 19 Minuten garen.

5. Das Fleisch in Alufolie wickeln und 10 Minuten ruhen lassen.

6. Die Sauce durch ein Sieb passieren. Die Tomate mit einer Gabel gut ausdrücken. Die Sauce mit dem Madeira und dem Weinbrand oder Cognac in ein feuerfestes mikrowellengeeignetes Gefäß geben und bei 600 (500) Watt offen 2 (2 1/2) Minuten einkochen lassen.

7. Die Sahne mit der Speisestärke verrühren und untermischen. Die Sauce nochmals bei 600 (500) Watt offen 2 (2 1/2) Minuten einkochen.

8. Die Sauce mit dem Schneebesen gut durchrühren, dann mit Salz, dem durchgepreßten Knoblauch und dem Zitronensaft abschmecken.

9. Das Fleisch tranchieren. Den Fleischsaft unter die Sauce mischen.

Meine Tips: Sollte die Sauce zu säuerlich sein, können Sie 1 Prise Zucker untermischen.
Wenn Sie kein Kombinationsgerät haben, braten Sie das Fleisch in einer Pfanne auf dem Herd von allen Seiten an. Dann wie beschrieben bei 360 Watt garen. Die Garzeit verlängert sich um etwa 4 Minuten.
Kräuter der Provence können Sie getrocknet kaufen. Besser ist es jedoch, wenn Sie die Mischung selbst zusammenstellen. Sie besteht aus Basilikum, Rosmarin, Bohnenkraut, Majoran, Thymian, Lorbeer, 1 Stück unbehandelter Orangenschale und 3–4 Fenchelsamen.
Die angegebene Garzeit gilt als Richtlinie. Sie kann je nach Fleischqualität und Gerät etwas variieren. Den Gargrad am besten vor dem Anschneiden mit einem Fleischthermometer prüfen. Oder Sie stechen das Fleisch ein. Der austretende Saft darf nicht mehr rosafarben sein, denn Schweinefleisch sollte immer durchgegart werden. Wenn nötig, das Fleisch 5–10 Minuten weiter garen.

Varianten: Statt mit Madeirasauce können Sie den Braten auch mit Weißweinsauce zubereiten. Dazu den Cognac und den Madeira durch trockenen Weißwein ersetzen. 1 Eßlöffel grobkörnigen Senf untermischen und die Sauce mit 1 Teelöffel Zucker und frisch gehacktem Estragon abschmecken.
Oder Sie bestreichen den gegarten Braten mit scharfem Senf. Dann 1 Eßlöffel Kräuter der Provence mit 2 durchgepreßten Knoblauchzehen, 2 Eßlöffeln Olivenöl und 2 Eßlöffeln frisch geriebenem Weißbrot (vom Vortag) mischen und auf dem Braten verteilen. Den Braten etwa 5 Minuten bei starker Stufe unter den Grill schieben.

Hackbraten nach Großmutters Art

Schmeckt durch Kräuter besonders aromatisch

Für 4 Personen

Für den Braten:
1 Schweinenetz (etwa 150 g)
1 Brötchen (100 g)
1 mittelgroße Möhre/Karotte
1 große Zwiebel
3 Eßl. gehackte Kräuter (Basilikum, Majoran, Thymian und Kerbel)
3 Eßl. Butter
600 g gemischtes Hackfleisch
1 Knoblauchzehe
1 Eßl. Senf
1 Eigelb
Salz, Pfeffer, gemahlener Koriander, geriebene Muskatnuß
1 Eßl. Butterschmalz/Bratbutter
Für die Sauce:
1 Möhre/Karotte
1 Zwiebel, mit 1 Lorbeerblatt und 1 Nelke gespickt
6 Eßl. Fleischbrühe oder Kalbsfond
6 Eßl. Weißwein

Arbeitsaufwand:
etwa 30 Minuten
Garzeit:
36 (37) Minuten
Nährwert:
etwa 2500 kJ/600 kcal je Person

1. Das Schweinenetz in kaltes Wasser legen und ruhen lassen, bis es gebraucht wird.

2. Das Brot zerkleinern, in eine Schüssel legen und mit heißem Wasser bedecken. Das Brot 10 Minuten einweichen, dann gut auspressen und im Mixer zerkleinern. Die Möhre schälen und fein raspeln. Die Zwiebel hacken.

3. Die Zwiebel, die Kräuter und die in Flöckchen geschnittene Butter in eine kleine mikrowellengeeignete Schüssel geben und bei 600 (500) Watt 3 (3 1/2) Minuten offen dünsten. Die Mischung abkühlen lassen.

4. Das Hackfleisch mit dem pürierten Brot, der Möhre, dem durchgepreßten Knoblauch, dem Senf und dem Eigelb gründlich mischen. Die Zwiebel-Kräutermischung untermengen. Den Fleischteig mit Salz, Pfeffer, Koriander und Muskat abschmecken.

5. Das Schweinenetz abtropfen lassen, vorsichtig auf einem Küchentuch ausbreiten und trockentupfen. Das Netz dann auf ein Stück Folie oder auf die Arbeitsfläche legen. Den Fleischteig zu einem gleichmäßig dicken Laib formen, auf das Schweinenetz legen und einpacken.

6. Eine ausreichend große feuerfeste, mikrowellengeeignete Form mit Butterschmalz ausstreichen.

7. Den Hackbraten mit der »Nahtstelle« nach unten in die Form legen, mit dem restlichen Butterschmalz bestreichen, in die mittlere Schiene des Gerätes geben.

8. Das Gerät auf Ober- und Unterhitze 250° oder Umluft 230° und Mikrowellenleistung 360 Watt schalten und den Braten offen 15 Minuten garen.

9. Den Braten dann wenden. Die geschälte Möhre und die gespickte Zwiebel in die Form legen. Den Braten bei gleicher Einstellung weitere 15 Minuten garen.

10. Den Braten in Alufolie wickeln und etwa 10 Minuten ruhen lassen.

11. Den Bratfond mit der Fleischbrühe und dem Weißwein ablösen und offen bei 600 (500) Watt etwa 3 (3 1/2) Minuten einkochen lassen.

12. Dazu schmecken Salat und überbackener Kartoffelschnee.

Meine Tips: Das Fleisch sollte nicht allzu fein gehackt sein, sonst wird der Hackbraten zu fest.
Wenn Sie kein Kombinationsgerät haben, können Sie den Braten in einer vorgeheizten Bräunungsschale oder auf dem Herd in der Pfanne anbraten. Dann den Braten mit etwas Paprikapulver bestäuben, damit er eine appetitliche Farbe bekommt, und wie beschrieben bei 360 Watt garen.

Schweinefilet mit Sherrysauce

Bleibt durch die kurze Garzeit besonders saftig

Für 2 Personen

2 Eßl. Olivenöl
1 Schweinefilet von etwa 300 g
Salz, frisch gemahlener Pfeffer
1 Teel. scharfer Senf (Dijon)
2 kleine Schalotten
3 Wacholderbeeren
5 Eßl. Fleischbrühe
1/8 l trockener Sherry
1 kleines Stück unbehandelte Orangenschale
1 Eßl. Orangensaft
1/2 Teel. Honig
20 g kalte Butter

Arbeitsaufwand:
etwa 15 Minuten
Garzeit:
16 (19) Minuten
Nährwert:
etwa 2400 kJ/
570 kcal je Person

1. Eine Bräunungsplatte bei 600 (500) Watt 4 (4 1/2) Minuten vorheizen. Das Olivenöl auf die Platte geben und gleichmäßig verfließen lassen.

2. Das Schweinefilet mit Salz und Pfeffer einreiben und auf eine Hälfte der Bräunungsplatte legen. Das Filet 3 (3 1/2) Minuten bei 600 (500) Watt braten.

3. Das Filet dann auf die unbenutzte Seite der Platte wenden. Das Filet mit dem Senf bestreichen und weitere 2 (2 1/2) Minuten bei 600 (500) Watt braten.

4. Das Fleisch von der Bräunungsplatte nehmen, in Alufolie wickeln und etwa 10 Minuten ruhen lassen.

5. Inzwischen die Schalotten hacken und auf die noch warme Bräunungsplatte geben. Die Wacholderbeeren zerdrükken und mit der Fleischbrühe, 6 Eßlöffeln Sherry und der Orangenschale zu den Schalotten geben. Alles 3 (3 1/2) Minuten bei 600 (500) Watt offen garen.

6. Den restlichen Sherry mit dem Orangensaft verrühren und unter die Sauce mischen.

7. Die Sauce noch einmal 2 (2 1/2) Minuten bei 600 (500) Watt offen aufkochen, dann passieren.

8. Die Sauce aus dem Gerät nehmen. Den Fleischsaft, der sich in der Folie gesammelt hat und den Honig unter die Sauce rühren. Die Sauce noch einmal bei 600 (500) Watt 2 (2 1/2) Minuten offen kochen.

9. Die Sauce dann mit wenig Salz und reichlich Pfeffer abschmecken. Die Butter in kleine Flocken schneiden und unter die Sauce schlagen.

10. Das Schweinefilet in etwa 1 1/2 cm dicke Scheiben schneiden, auf Tellern anrichten und mit der Sauce umgießen.

11. Zu dem Schweinefilet schmeckt am besten körnig gegarter Reis, Kartoffelgratin oder Petersilienkartoffeln.

Meine Tips: Das Schweinefilet lassen Sie am besten schon vom Metzger vorbereiten (parieren). Wenn Sie das vergessen haben, schneiden Sie zu Hause Fett und Sehnen weg.
Wenn es noch schneller gehen soll, können Sie das Schweinefilet in 1 1/2 cm dicke Scheiben schneiden. Eine Bräunungsschale bei 600 (500) Watt 4 (4 1/2) Minuten vorheizen. Die Filetscheiben auf die eine Hälfte der Bräunungsschale legen und bei 600 (500) Watt 1 1/2 (1 3/4) Minuten anbraten. Die Scheiben auf die unbenutzte Seite der Bräunungsschale wenden und noch einmal 1 (1 1/4) Minute bei 600 (500) Watt braten. Die Scheiben mit Folie abdecken und 5 Minuten stehenlassen. Inzwischen die Sauce wie beschrieben zubereiten.

Variante: Den Sherry können Sie durch Portwein ersetzen. In diesem Fall den Honig weglassen.

Kalbsfilet und Kalbsbries mit Portweinsauce

Für ein festliches Menü zu zweit

Für 2 Personen

200 g Kalbsbries/Milke (vom mittleren Teil)
6 Eßl. Fleischbrühe
1 kleine Zwiebel, fein gehackt
je 1/2 Eßl. Lauch, Knollensellerie und Möhre/Karotte, fein gehackt
1 Eßl. Butter
1 Teel. Thymianblättchen
2 Eßl. Kalbsfond (ersatzweise 1/2 Teel. Fleischextrakt und 1 1/2 Eßl. Wasser)
1/8 l Portwein
6 Eßl. Sahne/Rahm
Salz, frisch gemahlener Pfeffer
1 Prise Cayennepfeffer
1 Eßl. Butterschmalz/ Bratbutter
2 Scheiben Kalbsfilet von je etwa 120 g
2 kleine Thymianzweige

Ruhezeit: 2–3 Stunden
Arbeitsaufwand: etwa 20 Minuten
Garzeit: 19 (22 3/4) Minuten
Nährwert: etwa 2500 kJ/ 600 kcal je Person

1. Das Kalbsbries in eine Schüssel mit kaltem Wasser legen und 2–3 Stunden ruhen lassen.

2. Das Kalbsbries dann abtropfen lassen und in eine kleine mikrowellengeeignete Form mit Deckel geben. Das Kalbsbries mit der Fleischbrühe begießen und zugedeckt bei 600 (500) Watt 2 (2 1/2) Minuten vorgaren. Das Kalbsbries dann in der Garflüssigkeit erkalten lassen.

3. Die gehackte Zwiebel mit dem gehackten Gemüse und der Butter in eine andere mikrowellengeeignete Schale geben und offen bei 600 (500) Watt 1 (1 1/4) Minute andünsten.

4. Die Thymianblättchen, den Kalbsfond oder den Fleischextrakt und das Wasser sowie den Portwein zum Gemüse geben und alles offen bei 600 (500) Watt 2 (2 1/2) Minuten einkochen lassen.

5. Die Sahne unterrühren und die Sauce noch einmal 1 (1 1/4) Minute bei 600 (500) Watt offen einkochen lassen. Die Sauce mit Salz, Pfeffer und dem Cayennepfeffer abschmecken, dann passieren.

6. Eine große Bräunungsplatte 4 (4 1/2) Minuten bei 600 (500) Watt vorheizen.

7. Das Butterschmalz auf der Bräunungsplatte schmelzen lassen. Die Kalbsfiletscheiben salzen, pfeffern und auf eine Seite der Bräunungsplatte legen. Das Fleisch bei 600 (500) Watt 3 (3 1/2) Minuten braten. Dann auf die unbenutzte Seite der Bräunungsplatte wenden und weitere 3 (3 1/2) Minuten bei 600 (500) Watt garen.

8. Das Kalbsbries von allen Häutchen und Unreinheiten befreien. Dann, je nach Größe, in 2 oder 4 Scheiben schneiden.

9. Die gebratenen Kalbsfiletscheiben von der Bräunungsplatte nehmen und zugedeckt warm stellen.

10. Die Kalbsbriesscheiben auf die noch warme Bräunungsplatte legen und 1 (1 1/4) Minute bei 600 (500) Watt braten. Die Scheiben dann wenden und 1 (1 1/4) weitere Minute bei 600 (500) Watt braten.

11. Die Kalbsfiletscheiben quer halbieren. Eine Hälfte mit Kalbsbries belegen und mit der anderen Filetscheibe bedecken. Sie können die Briesscheiben aber auch getrennt neben das Filet legen. Die Teller mit je 1 Thymianzweig garnieren.

12. Die Portweinsauce bei 600 (500) Watt noch einmal offen 1 (1 1/4) Minute erhitzen. Das Fleisch damit umgießen und sofort servieren. Dazu schmeckt Gemüse.

Meine Tips: Kalbsfond können Sie in Feinkostgeschäften kaufen.
Statt Kalbsfilet eignen sich für dieses Gericht auch Kalbssteaks vom Karreestück.
Am besten kaufen Sie ein ganzes Kalbsbries (es wiegt etwa 600 g), schneiden 2 schöne Scheiben heraus und verwenden das restliche Bries für ein anderes Gericht, zum Beispiel für Kalbsbries mit grüner Sauce, Rezept Seite 22.

Kalbshaxe mit Apfelwein und Ingwer

Für Kombinationsgeräte

Für 3 Personen

2 feste Äpfel
1 Eßl. Zitronensaft
2 Stangen Lauch
1 ganze Kalbshaxe (etwa 1,8 kg)
Salz, frisch gemahlener Pfeffer, geriebene Muskatnuß
1 Eßl. Butterschmalz/Bratbutter
gut 1/4 l Apfelwein
1 Eßl. Ingwer, frisch gerieben
20 g Butter
1 Teel. Zucker
6 Eßl. Kalbsfond oder konzentrierte Fleischbrühe
1 Eßl. Speisestärke
1 Eßl. Calvados oder anderer Apfelbranntwein
4 Eßl. Sahne/Rahm
Zum Garnieren: etwas Majoran

Arbeitsaufwand: etwa 35 Minuten
Garzeit: 71 1/2 (73 1/4) Minuten
Nährwert: etwa 2500 kJ/600 kcal je Person

1. Die Äpfel schälen, von den Kerngehäusen befreien und jeweils in 6 Schnitze schneiden. Die Äpfel mit dem Zitronensaft beträufeln. Den Lauch putzen, waschen und in etwa 2 cm lange Stücke schneiden.

2. Den Lauch in eine große mikrowellengeeignete, feuerfeste Form geben. Die Kalbshaxe mit Salz, Pfeffer und Muskat einreiben.

3. Die Hälfte des Butterschmalzes in ein kleines mikrowellengeeignetes Förmchen geben und bei 600 (500) Watt in 1/2 (3/4) Minute offen schmelzen lassen.

4. Die Kalbshaxe mit dem flüssigen Butterschmalz bestreichen und auf den Lauch legen. 1/4 l Apfelwein angießen.

5. Die Kalbshaxe auf dem Rost in die mittlere Schiene des Gerätes geben und bei Ober- und Unterhitze 250° oder Umluft 230° und 360 Watt 30 Minuten offen braten.

6. Die Kalbshaxe aus dem Gerät nehmen. Den Lauch wenden und die Hälfte des Ingwers unterrühren. Das Fleisch drehen und mit Bratensaft begießen. Die Kalbshaxe bei gleicher Einstellung weitere 25 Minuten offen braten.

7. Die gebratene Kalbshaxe in Alufolie wickeln und mindestens 10 Minuten ruhen lassen.

8. Inzwischen die Äpfel in eine feuerfeste mikrowellengeeignete Schale geben und mit der Butter in Flöckchen und dem Zucker mischen. Die Äpfel bei 600 (500) Watt 1 (1 1/4) Minute offen andünsten.

9. 3 Eßlöffel Apfelwein über die Äpfel gießen und alles bei 360 (330) Watt 6 Minuten zugedeckt garen.

10. Die Bratsauce durch ein Sieb in eine kleine feuerfeste Form gießen. Den Kalbsfond oder die Fleischbrühe unterrühren und die Sauce bei 600 (500) Watt 5 (5 1/2) Minuten offen einkochen lassen.

11. Die Speisestärke mit dem Calvados und dem restlichen Ingwer verrühren und unter die Sauce mischen. Den Saft, der sich inzwischen in der Alufolie gesammelt hat, ebenfalls dazugießen. Die Sauce bei 600 (500) Watt 3 (3 1/2) Minuten offen einkochen lassen.

12. Die Sahne untermischen und die Sauce noch einmal 1 (1 1/4) Minute bei 600 (500) Watt offen erwärmen. Die Sauce mit Salz und Pfeffer abschmecken.

13. Das Fleisch bei Tisch in Scheiben schneiden. Die Äpfel und die Sauce dazu servieren. Das Gericht mit Majoran garnieren.

Mein Tip: Wenn die Äpfel beim Servieren nicht mehr warm genug sind, können Sie sie bei 600 (500) Watt in 1 1/2 (1 3/4) Minuten noch einmal erwärmen.

Kalbszunge mit Kräutersauce

Auf diese Art zubereitet besonders delikat

Für 2 Personen

1 kleine Zwiebel
1/2 Stange Lauch
1 kleine Möhre/Karotte
1 kleine Kalbszunge (400–500 g)
1 Lorbeerblatt
3/4 l warmes Wasser
Für die Sauce:
2 Eßl. Weißwein
3 Eßl. Garflüssigkeit der Zunge
3 Eßl. Kräuter (zum Beispiel Kerbel, Schnittlauch und Estragon), frisch gehackt
125 g Sahne/Rahm
Salz, frisch gemahlener Pfeffer
10 g Butter

Arbeitsaufwand: etwa 20 Minuten
Garzeit: 59 (66 1/4) Minuten
Nährwert: etwa 2200 kJ/ 520 kcal je Person

1. Die Zwiebel schälen und halbieren. Den Lauch putzen, waschen und grob schneiden. Die Möhre schälen und in Scheiben schneiden.

2. Die Kalbszunge mit dem Gemüse und dem Lorbeerblatt in eine ausreichend große mikrowellengeeignete Form mit Deckel geben. Das Wasser angießen.

3. Die Kalbszunge zugedeckt bei 600 (500) Watt 50 (56) Minuten garen.

4. Die Kalbszunge dann häuten und wieder in den Sud legen. Vom Kochsud 3 Eßlöffel für die Sauce abmessen.

5. Den Weißwein mit 2 Eßlöffeln der Kräuter im Mixer pürieren.

6. Den abgemessenen Garsud in eine kleine mikrowellengeeignete Schüssel geben und offen bei 600 (500) Watt 2 (2 1/2) Minuten einkochen lassen. Das Kräuterpüree untermischen und die Sauce noch einmal 1 (1 1/4) Minute bei 600 (500) Watt einkochen.

7. Die Sahne unter die Sauce rühren und diese weitere 6 (6 1/2) Minuten bei 600 (500) Watt einkochen lassen, bis sie schön sämig ist. Die Sauce mit Salz und Pfeffer abschmecken. Die Butter unterschlagen.

8. Die Zunge aus dem Sud nehmen und leicht schräg in dünne Scheiben schneiden. Dabei beim dicken Ende beginnen.

9. Die Zungenscheiben auf vorgewärmten Tellern anrichten und teilweise mit der Sauce bedecken. Die Zungenscheiben mit den restlichen Kräutern bestreuen und servieren.

10. Dazu paßt am besten Kartoffelpüree.

Meine Tips: Auf herkömmliche Art zubereitet benötigt die Zunge eine Garzeit von bis zu 1 1/2 Stunden, es lohnt sich also, sie in der Mikrowelle zu garen. Bei der Zubereitung sollten Sie darauf achten, daß die Zunge immer vollkommen mit der Flüssigkeit bedeckt ist. Aufwärmen läßt sich eine gegarte Zunge nicht, da sie sonst hart wird. Kalbszungen können Sie frisch oder gepökelt kaufen. Frische Zunge schmeckt sehr delikat und kann mit raffinierten, feinen Saucen serviert werden. Die Sauce sollte immer etwas Farbe haben, da die Zunge relativ blaß ist. Gepökelte Zunge hat rötliches Fleisch, die Konsistenz ist fester und der Geschmack intensiver. Zu gepökelter Zunge passen deftigere Saucen, wie zum Beispiel Senf- oder Kapernsauce.

Varianten: Sie können die Kräuter auch weglassen und die Sauce zum Schluß mit wenig aufgelösten Safranfäden abschmecken.
Sehr gut schmeckt auch eine Paprika-Sahne-Sauce zu der Zunge. Sie können dafür das Rezept der Roten Paprikasuppe, Seite 32, verwenden, das Sie nur mit etwa der Hälfte der Flüssigkeit zugeben und zum Schluß 1–2 Eßlöffel mehr Sahne unterrühren.

Kalbsröllchen mit Zucchini-Dill-Sauce

Mit einer delikaten Füllung aus Fleisch und grünem Pfeffer

Für 2 Personen

50 g Kalbsbries/Milke
50 g Kalb- oder Geflügelfleisch
2 Eßl. Sahne/Rahm
1 Eßl. Schalotten, fein gehackt
1 Teel. Butter
Salz
1 Eiweiß
1/2 Stange Lauch
1 Teel. grüner Pfeffer aus dem Glas
frisch gemahlener Pfeffer, geriebene Muskatnuß
4 dünne Kalbsschnitzel
1/2 Teel. edelsüßes Paprikapulver
2 kleine Zucchini
1 Eßl. Butterschmalz/Bratbutter
4 Eßl. Crème double
1 Teel. Dillspitzen
1 Prise gemahlener Koriander
2 kleine Dillzweige

Ruhezeit: etwa 1 Stunde
Arbeitsaufwand: etwa 40 Minuten
Garzeit: 18 1/2 (21 1/4) Minuten
Nährwert: etwa 2600 kJ/620 kcal je Person

Fleischröllchen sind nicht nur bei uns, sondern auch in Frankreich, Italien und Spanien sehr beliebt. Doch Röllchen sind nicht gleich Röllchen. Vor allem ihr »Innenleben« ist entscheidend und verleiht dem Fleisch das besondere Aroma. Deshalb muß die Füllung der Röllchen würzig sein.
Doch auch die Hülle ist wichtig. Am besten kaufen Sie sehr dünn geschnittene Schnitzel, die Sie entweder schon vom Metzger klopfen lassen oder zu Hause zwischen zwei Lagen Klarsichtfolie legen und mit einem Küchenbeil oder einem Topfboden leicht platt schlagen.
Zu Rinder- und Schweinefleisch passen kräftige Füllungen aus Wurst, Speck oder Schinken. Bei zarten Kalbs- oder Geflügelschnitzeln lasse ich mir jedoch etwas feinere Füllungen einfallen. Und zwar nicht nur das obligate Kalbsbrät, sondern feine, gut gewürzte Kompositionen, die auch einmal etwas origineller sein dürfen.
Die Röllchen lassen sich gut vorbereiten und bis zur Zubereitung kalt stellen oder sogar tiefgefrieren. In der Mikrowelle lassen sich tiefgefrorene Röllchen dann im Nu auftauen und anschließend, je nach Fleischart, in 8–12 Minuten zubereiten. Eine raffinierte Sauce gibt den Fleischröllchen dann noch den letzten Schliff.
Die Kalbsröllchen mit Zucchini-Dill-Sauce können Ihnen als Grundrezept dienen, das Sie nach Lust und Laune beliebig abwandeln können. Im folgenden finden Sie dafür ein paar Anregungen. Die Mengen sind jeweils für 2 Personen berechnet.
Steinpilzfüllung: 40 g Weißbrot ohne Rinde einweichen. 20 g getrocknete Steinpilze ebenfalls in Wasser quellen lassen. 2 Eßlöffel gehackte Schalotten in 1 Eßlöffel Butter andünsten. 1 Eßlöffel fein gehackten Speck hinzufügen und kurz mitdünsten. Die Steinpilze abtropfen lassen, fein hacken und mit dem ausgedrückten, passierten Brot zu der gedünsteten Mischung geben. Eventuell 1–2 Eßlöffel Pilzeinweichwasser untermischen. Die Masse mit 1 Eigelb mischen und mit Salz, reichlich frisch gemahlenem Pfeffer, 1/2 Eßlöffel gehackter Petersilie und etwas Thymian würzen. Diese Füllung paßt zu allen Fleischsorten.
Leberfüllung: 70 g Hühner-, Kaninchen- oder Schweineleber in dünne Scheiben schneiden und in einer Pfanne auf der Kochstelle in 1/2 Eßlöffel Butter braten. 1 Eßlöffel gehackte Petersilie hinzufügen und kurz mitbraten. Die Leber aus der Pfanne nehmen und mit einem großen Messer hacken. Den Bratsatz mit 1 Eßlöffel Marsala oder Madeira lösen. 50 g luftgetrockneten Schinken mit dem Wiegemesser fein hacken. Mit 2 gehackten Salbeiblättern, reichlich frisch gemahlenem schwarzem Pfeffer, 1/2 Teelöffel Aceto balsamico und dem abgelösten Bratsatz sowie der Leber mischen. Mit wenig Salz abschmecken. Die Füllung paßt zu Rinder- und Schweinefleisch.
Spinat-Speck-Füllung: 2 Eßlöffel gehackte Zwiebeln in 1 Eßlöffel Butter andünsten. 100 g zarte Spinatblätter putzen und waschen, dann zu der Zwiebel geben und mitdünsten, bis sie weich sind. Die Flüssigkeit soll dabei verdampfen. Dünne Rindfleischschnitzel mit sehr dünnen, mageren Speckscheiben und je 1 Salbeiblatt belegen. Die Füllung daraufgeben. Die Schnitzel aufrollen.
Champignonfüllung: 2 Eßlöffel gehackte Schalotten in 1 Eßlöffel Butter andünsten. 60 g gehackte Champignons hinzufügen und kurz mitdünsten. 1/2 Eßlöffel Tomatenpüree und 1 Eßlöffel Schinkenwürfel hinzufügen. Mit 1 Eigelb mischen und mit Salz, frisch gemahlenem Pfeffer und etwas fein gehacktem Majoran abschmecken. Die Füllung paßt zu hellem Fleisch.

1. Das Kalbsbries 1 Stunde in kaltes Wasser legen. Das Kalbs- oder Geflügelfleisch und die Sahne kühl stellen. Die Schalotten mit der Butter in eine mikrowellengeeignete Form geben, offen bei 600 (500) Watt 1 (1 1/4) Minute andünsten. Dann erkalten lassen.

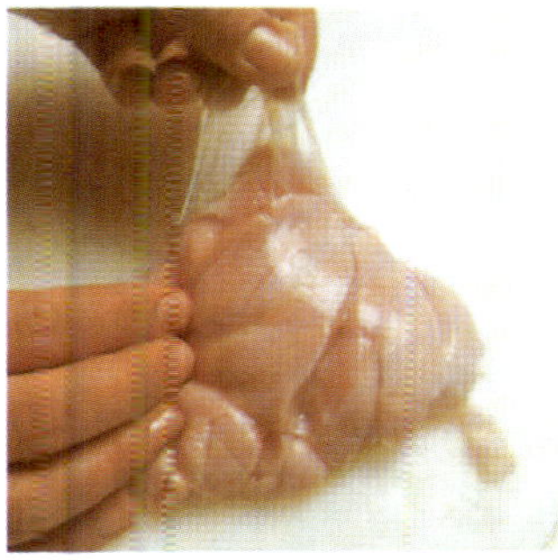

2. Das Kalbsbries putzen und die Haut abziehen. Das Bries in kleine Würfel schneiden. Das Kalb- oder Geflügelfleisch kleinschneiden und mit dem Bries, wenig Salz und dem Eiweiß im Blitzhacker zerkleinern. Dabei die Sahne langsam dazugeben.

3. Den Lauch waschen. Die zarten grünen Blätter in kleine Vierecke schneiden. Den grünen Pfeffer in einem Sieb kalt abspülen. Den Lauch, den grünen Pfeffer und die Schalotten unter das Fleischpüree ziehen. Alles mit Salz, Pfeffer und Muskat abschmecken.

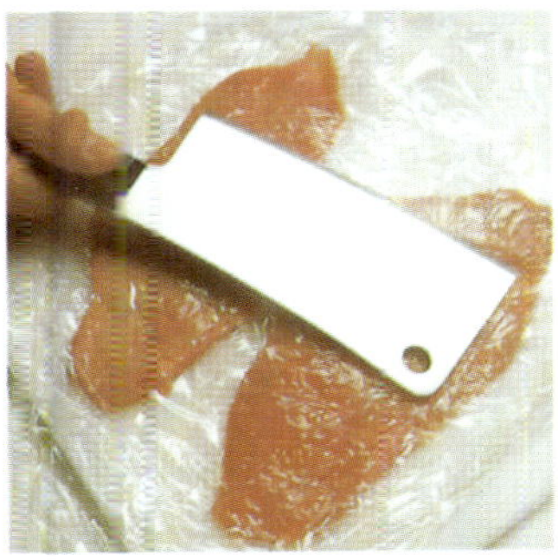

4. Die Kalbsschnitzel zwischen 2 Lagen Klarsichtfolie auf der Arbeitsfläche ausbreiten. Die Schnitzel mit einem Küchenbeil oder einem Fleischklopfer etwas flach schlagen.

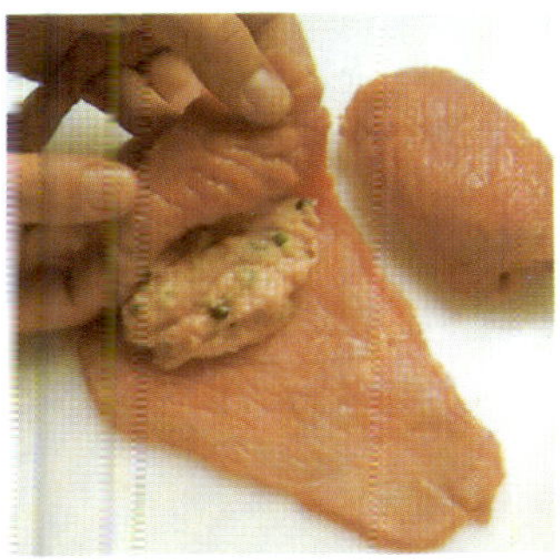

5. Die Schnitzel mit Salz und wenig Pfeffer würzen. Die Füllung zu gleichmäßigen Rollen formen, auf das Fleisch legen und einrollen. Die Röllchen ringsherum in dem Paprikapulver wälzen. Die Zucchini waschen und ungeschält in etwa 1 cm große Würfel schneiden.

6. Eine Bräunungsschale bei 600 (500) Watt 5 (5 1/2) Minuten vorheizen. Das Butterschmalz darauf zerlaufen lassen. Die Röllchen 1 1/2 (1 3/4) Minuten bei 600 (500) Watt anbraten. Auf die unbenutzte Seite wenden und 1 (1 1/4) Minute bei 600 (500) Watt braten.

7. Die Bräunungsschale aus dem Gerät nehmen. Die Zucchiniwürfel zu den Röllchen geben und zugedeckt bei 600 (500) Watt 5 (5 1/2) Minuten garen.

8. Die Crème double, den Dill und den Koriander mit den Zucchini mischen. Alles noch einmal 3 (3 1/2) Minuten bei 600 (500) Watt zugedeckt garen.

9. Die Kalbsröllchen aus der Schale nehmen und warm stellen. Die Sauce durch ein Sieb gießen. Die Sauce in eine mikrowellengeeignete Form geben und offen bei 600 (500) Watt 2 (2 1/2) Minuten einkochen lassen.

10. Die Röllchen mit der Sauce auf vorgewärmten Tellern anrichten und mit der Dillzweiglein garniert servieren. Dazu paßt Kartoffelpüree.

Pochierte Lammchops mit Gemüse

Ein Fleischgericht für Linienbewußte

Für 2 Personen

50 g Möhre/Karotte
50 g weiße Rübe (Navets) oder Kohlrabi
50 g Zucchino
2 Frühlingszwiebeln
400 ccm (0,4 l) Gemüse- oder Fleischbrühe
50 g kleine Zuckerschoten, ersatzweise grüne Erbsen oder Broccoli
1/2 Eßl. Sojasauce
1 Teel. trockener Sherry
1 Prise geriebene Muskatnuß
Salz, frisch gemahlener Pfeffer
250 g Lammchops (ohne Knochen, 8 Stück von je 30 g)
1/2 Knoblauchzehe
4 kleine Scheiben Lamm- oder Kalbsnieren
1 Eßl. Schnittlauchröllchen
einige Schnittlauchstengel

Arbeitsaufwand: etwa 30 Minuten
Garzeit: 11 (12 1/2) Minuten
Nährwert: etwa 1100 kJ/ 260 kcal je Person

1. Die Möhre und die weiße Rübe oder den Kohlrabi schälen. Den Zucchino putzen. Das Gemüse in dünne Streifen schneiden. Den oberen grünen Teil der Frühlingszwiebeln abschneiden und für ein anderes Gericht (beispielsweise einen Salat oder eine Suppe) verwenden. Den weißen Teil putzen.

2. Die Möhre, die Rübe oder den Kohlrabi und die Frühlingszwiebeln mit der Gemüse- oder der Fleischbrühe in eine mikrowellengeeignete Form mit Deckel geben und zugedeckt bei 600 (500) Watt 5 (5 1/2) Minuten garen.

3. Inzwischen die Zuckerschoten putzen und waschen.

4. Den Zucchino und die Zuckerschoten zu dem vorgegarten Gemüse geben und alles zugedeckt bei 600 (500) Watt weitere 3 (3 1/2) Minuten garen.

5. Das Gemüse mit der Sojasauce, dem Sherry, dem Muskat, Salz und Pfeffer abschmecken. Die Lammchops ebenfalls mit Salz und Pfeffer würzen und mit der Knoblauchhälfte einstreichen. Die Nieren mit Pfeffer bestreuen.

6. Die Lammchops und die Nieren auf das Gemüse legen und alles zugedeckt 3 (3 1/2) Minuten bei 600 (500) Watt garen.

7. Das Gemüse mit der Brühe hübsch auf vorgewärmten Tellern anrichten. Die Lammchops in die Mitte legen und mit den Nieren bedecken. Die Schnittlauchröllchen darüber streuen.

8. Die Lammchops und das Gemüse zusätzlich mit Schnittlauchstengeln garnieren und sofort servieren.

Meine Tips: Lammchops sind exquisite Stücke vom Lamm. Sie werden so aus dem Nierenstück geschnitten, daß auch ein Filetteil daran bleibt, was die Chops so delikat macht. Das klassische Chop gleicht einem T-Bone-Steak, wie Sie es vom Rind her kennen. Es hat ebenfalls einen kleinen t-förmigen Knochen, an dessen oberem Ende die Hälfte des Rückenwirbels mit dem Wirbelfortsatz sitzt und dessen Stiel den Rippenknochen bildet. Deshalb enthalten Chops zwei Arten von Fleisch. Oft werden Chops ohne Knochen und gerollt angeboten. Dazu wird das Nierenstück von den Knochen befreit, fingerdick geschnitten, gerollt und zusammengebunden. Lammfleisch, insbesondere Chops, darf immer nur rosa gegart werden, weshalb Sie die Garzeit wirklich einhalten sollten. Sie ziehen anschließend in der Brühe nach und sind, bis sie auf den Tisch kommen, gerade richtig.

Varianten: Die Nieren können Sie auf einer Bräunungsschale – 4 (4 1/2) Minuten bei 600 (500) Watt vorheizen – braten, wenn Sie sie gekocht nicht so gerne mögen.
Lammliebhabern schmeckt das Gericht noch besser, wenn es mit Lammbrühe zubereitet wird. Dafür verwenden Sie am besten Lammschulter, die Sie später kalt oder als Salat essen können.

Lammrücken mit Orangen-Sojasauce

Für Kombinationsgeräte

Für 4 Personen

Für den Braten:
1,5 kg Lammrücken mit Knochen
Salz, frisch gemahlener Pfeffer
1 Eßl. Erdnußöl
Für die Marinade:
Saft von 1 Orange
1 Knoblauchzehe
1 Eßl. Sojasauce
Für die Sauce:
1 große reife Tomate oder 2 geschälte Tomaten aus der Dose
1 Möhre/Karotte
Saft von 2 Orangen
1 Teel. Rosmarinnadeln
1 Eßl. Sojasauce
1 Teel. Speisestärke
1 Teel. Orangenlikör
1 Eßl. bittere Orangenmarmelade
Salz, Cayennepfeffer

Arbeitsaufwand:
etwa 35 Minuten
Marinierzeit:
über Nacht oder 3–4 Stunden
Garzeit:
23 (23 1/2) Minuten
Nährwert:
etwa 2700 kJ/
640 kcal je Person

1. Schon beim Einkauf des Lammrückens vom Metzger den Kamm entfernen und in Stücke hacken lassen. Die Knochen mitnehmen.

2. Für die Marinade den Orangensaft, die durchgepreßte Knoblauchzehe und die Sojasauce mischen. Das Fleisch in eine längliche Schüssel legen und mit der Marinade übergießen.

3. Den Lammrücken über Nacht oder 3–4 Stunden zugedeckt im Kühlschrank marinieren lassen. Dabei ab und zu wenden.

4. Nach Ablauf der Marinierzeit die Lammknochen mit 2–3 Eßlöffeln Wasser in die Fettpfanne des Kombinationsgerätes geben.

5. Das Fleisch aus der Marinade nehmen und mit Küchenpapier trockentupfen. Den Lammrücken mit Salz und Pfeffer einreiben und mit dem Öl bestreichen, dann auf den Rost legen und mit der Fettpfanne in die mittlere Schiene des Gerätes geben.

6. Den Lammrücken bei Ober- und Unterhitze 250° oder Umluft 230° und 360 Watt offen 10 Minuten braten.

7. Inzwischen für die Sauce die Tomate waschen, halbieren und vom Stielansatz befreien, die Möhre putzen und in Scheiben schneiden.

8. Den Lammrücken aus dem Gerät nehmen. Die Tomate und die Möhre mit dem Orangensaft und den Rosmarinnadeln in die Fettpfanne geben und das Fleisch bei gleicher Einstellung offen weitere 8 Minuten garen.

9. Das Fleisch aus dem Gerät nehmen, in Alufolie wickeln und 10–15 Minuten ruhen lassen.

10. Inzwischen die Sauce zubereiten. Den Saft aus der Fettpfanne durch ein Sieb in ein feuerfestes Gefäß gießen. Die Tomate und die Möhre gut auspressen. Die Sojasauce mit der Speisestärke und dem Orangenlikör verrühren. Die Orangenmarmelade durch ein Sieb passieren und mit der Sojasauce unter den Bratensaft mischen.

11. Die Sauce offen bei 600 (500) Watt 5 (5 1/2) Minuten einkochen lassen. Dann mit Salz und Cayennepfeffer abschmecken. Die Folie öffnen und den Fleischsaft, der sich inzwischen darin gesammelt hat, unter die Sauce rühren.

12. Das Fleisch mit einem Messer sorgfältig vom Rückenknochen lösen und in Scheiben schneiden. Die Sauce getrennt dazu servieren.

13. Dazu schmeckt gedünstetes Gemüse besonders gut.

Mein Tip: Nach der angegebenen Garzeit ist der Lammrücken knapp durchgegart. Wenn Sie es jedoch nur leicht rosa wünschen, verlängern Sie die Garzeit einfach um einige Minuten. Sollte Ihnen das Fleisch beim Anschneiden noch zu rosa erscheinen, können Sie es auf der obersten Schiene bei starker Grillstufe noch etwa 2 Minuten grillen. Länger sollte das zarte Lammfleisch allerdings nicht gegart werden, sonst ist es nicht mehr so schön saftig.

Kaninchenrücken mit Cognac-Oliven-Sauce

Zartes Kaninchen mit einer kräftigen Sauce

Für 2 Personen

1/2 rote oder grüne Paprikaschote/Peperone
100 g reife Tomaten (eventuell aus der Dose)
2 Eßl. Olivenöl
2 Eßl. Zwiebeln, fein gehackt
1 Rosmarinzweig
1/4 Lorbeerblatt
3 Eßl. Weißwein
4 Eßl. Fleischbrühe
edelsüßes Paprikapulver
4 schwarze Oliven
1/2 Eßl. Cognac oder Weinbrand
1 kleine Knoblauchzehe
Salz, frisch gemahlener Pfeffer
1 Prise Rosenpaprikapulver oder Cayennepfeffer
etwas Fleischextrakt
1 Kaninchenrücken ohne Knochen

Arbeitsaufwand:
etwa 30 Minuten
Garzeit:
25 1/2 (30) Minuten
Nährwert:
etwa 2300 kJ/ 550 kcal je Person

1. Die Paprikahälfte waschen, von den Trennwänden und den Kernen befreien und in feine Streifen schneiden. Die Tomaten eventuell (bei Verwendung von frischen Tomaten) mit kochendem Wasser überbrühen und häuten.

2. 2 Eßlöffel Olivenöl in eine mikrowellengeeignete Form mit Deckel geben und 2 (2 1/2) Minuten offen bei 600 (500) Watt erhitzen.

3. Die Zwiebeln und die Paprikastreifen zu dem Öl geben und 2 (2 1/2) Minuten offen bei 600 (500) Watt andünsten. Dann gut durchrühren und die Mischung noch einmal 2 (2 1/2) Minuten bei 600 (500) offen garen.

4. Die Tomaten, den Rosmarin, das Lorbeerblatt, den Weißwein, die Fleischbrühe und 1/2 Teelöffel Paprikapulver hinzufügen. Die Mischung zugedeckt bei 600 (500) Watt 12 (13 1/2) Minuten garen.

5. Die Oliven entsteinen und kleinschneiden, dann mit dem Cognac oder dem Weinbrand und dem durchgepreßten Knoblauch zu der Tomatenmischung geben. Alles noch einmal 1 (1 1/4) Minute bei 600 (500) Watt offen garen. Die Sauce mit Salz, Pfeffer, dem scharfen Paprikapulver oder dem Cayennepfeffer und dem Fleischextrakt abschmekken. Das Lorbeerblatt entfernen.

6. Eine Bräunungsplatte 5 (5 1/2) Minuten bei 600 (500) Watt vorheizen.

7. Inzwischen das Kaninchenfleisch rundherum mit Salz, Pfeffer und edelsüßem Paprikapulver einreiben.

8. Das Fleisch auf eine Seite der vorgeheizten Bräunungsplatte geben und 1/2 (3/4) Minute bei 600 (500) Watt braten. Das Fleisch auf eine unbenutzte Stelle der Bräunungsplatte wenden und noch einmal 1/2 (3/4) Minute bei 600 (500) Watt braten. Das Fleisch dann noch einmal wenden und erneut 1/2 (3/4) Minute bei 600 (500) Watt braten.

9. Den Kaninchenrücken locker mit Alufolie abdecken und 3–4 Minuten stehenlassen.

10. Den Fleischsaft, der nach dieser Zeit ausgetreten ist, zur Sauce geben.

11. Den Kaninchenrücken leicht schräg in etwa 1/2 cm dicke Scheiben schneiden und auf vorgewärmte Teller geben. Die Sauce dazu servieren.

Meine Tips: Wenn Sie keinen Kaninchenrücken als Einzelstück bekommen, können Sie auch andere Kaninchenstücke für dieses Gericht verwenden. In diesem Fall sollten Sie möglichst die Knochen entfernen. Kaninchenkeulen haben eine längere Garzeit und sollten am besten in der Sauce gegart werden. Sie benötigen zugedeckt etwa 25 Minuten bei 360 Watt.
Geschmacklich wird das Kaninchenfleisch noch besser, wenn Sie es einige Stunden vor der Zubereitung mit Salz und Zitronensaft einreiben. So macht man es in Italien oft, damit der typische Geschmack des Kaninchens etwas gedämpft wird.

Variante: Die Paprikaschote und die Oliven weglassen und den Weißwein durch Rotwein ersetzen. Die Sauce zum Schluß 15 (17) statt 12 (13 1/2) Minuten einkochen lassen. Die Sauce mit 2–3 Eßlöffeln Sahne und etwas durchgepreßtem Knoblauch verfeinern. Nach Belieben den Cognac weglassen.

Geflügelgeschnetzeltes mit Schnittlauchsauce

Geflügel wird in der Mikrowelle schonend gegart

Für 2 Personen

1/4 Stange Lauch
1 kleine Möhre/Karotte
1 kleines Stück Knollensellerie
2 Schalotten
6 Eßl. Hühnerbrühe
1 1/2 Eßl. Weißwein
300 g Hähnchen- oder Truthahnbrust, ohne Haut und Knochen
1 Eßl. trockener weißer Wermut
6 Eßl. Crème double
2 Eßl. Schnittlauchröllchen
Salz, frisch gemahlener weißer Pfeffer

Arbeitsaufwand: etwa 25 Minuten
Garzeit: 12 (14) Minuten
Nährwert: etwa 2100 kJ/ 500 kcal je Person

1. Der Lauch, die Möhre und den Knollensellerie waschen und eventuell schälen oder putzen, dann kleinschneiden. Die Schalotten schälen und sehr fein hacken.

2. Die Hühnerbrühe und den Weißwein mit dem Gemüse und den Schalotten in einer mikrowellengeeigneten Form vermengen. Die Mischung offen bei 600 (500) Watt 6 (7) Minuten garen. Dabei einmal durchrühren.

3. Die Hähnchen- oder die Truthahnbrust kalt abspülen, mit Küchenpapier gründlich trockentupfen, längs in etwa 3 cm breite Streifen und diese in etwa 1/2 cm dicke Scheibchen schneiden.

4. Den Gemüsesud durch ein Sieb gießen, das Gemüse ausdrücken. Den Sud dann wieder in die Form geben. Die Fleischscheiben in den Gemüsesud legen und zugedeckt bei 600 (500) Watt 3 (3 1/2) Minuten garen.

5. Das Fleisch aus dem Gerät nehmen und zugedeckt etwa 5 Minuten stehenlassen. Das Fleisch dann auf eine vorgewärmte Platte geben und zugedeckt warm halten.

6. Den Garfond mit dem Wermut verrühren und offen 2 (2 1/2) Minuten bei 600 (500) Watt einkochen lassen.

7. Die Crème double unterrühren und alles noch einmal 1 Minute bei 490 (500) Watt heiß und sämig werden lassen.

8. Zwei Drittel des Schnittlauchs unter die Sauce rühren. Die Sauce mit Salz und Pfeffer abschmecken und über dem Fleisch verteilen. Das Fleisch mit dem restlichen Schnittlauch bestreut servieren.

9. Dazu schmecken am besten Kartoffelpflänzchen oder -puffer.

Meine Tips: Wenn das Hähnchen schon etwas kalt geworden ist, können Sie das fertige Gericht bei 490 (500) Watt noch einmal 2 Minuten erhitzen.
Wenn Sie keine Crème double bekommen, können Sie Sahne verwenden und zum Schluß 15–20 g Butter in kleinen Flöckchen mit einem Schneebesen unter die Sauce rühren.

Mariniertes Hähnchen

Wird unter dem Grill vorgegart

Für 2 Personen

1 kleines Hähnchen (etwa 600 g)
Salz, frisch gemahlener Pfeffer
1 Eßl. gesalzene Butter
Für die Marinade:
1/8 l Olivenöl
2 Knoblauchzehen
1 Lorbeerblatt
1 Teel. Rosmarinnadeln
etwas gehacktes Selleriegrün
1 Prise geriebene Muskatnuß
1 Teel. edelsüßes Paprikapulver
1 Rosmarinzweig

Arbeitsaufwand:
etwa 35 Minuten
Marinierzeit:
etwa 12 Stunden
Garzeit:
21 (21 1/4) Minuten
Nährwert:
etwa 3100 kJ/
740 kcal je Person

1. Das Hähnchen knapp neben dem Rückenknochen auf beiden Seiten der Länge nach mit einem scharfen Messer aufschneiden. Den Rückenknochen herauslösen. Das Hähnchen öffnen und mit der Hautseite nach oben auf ein Brett legen. Das Hähnchen mit Folie abdekken und mit einem Küchenbeil oder einem Nudelholz flach schlagen.

2. Für die Marinade das Olivenöl mit dem durchgepreßten Knoblauch, dem Lorbeerblatt, den Rosmarinnadeln, dem Selleriegrün, dem Muskat und dem Paprikapulver gründlich verrühren.

3. Das Hähnchen innen und außen mit etwas Marinade bestreichen, in ein flaches Gefäß legen und mit der restlichen Marinade begießen.

4. Das Hähnchen etwa 12 Stunden im Kühlschrank marinieren.

5. Den Grill des Mikrowellengerätes oder des Backofens vorheizen.

6. Das Hähnchen aus der Marinade nehmen, abtropfen lassen und mit Salz und Pfeffer bestreuen. Das Hähnchen mit der Hautseite nach oben auf den Grillrost legen.

7. Das Hähnchen mit der Fettpfanne darunter in die obere Schiene des Gerätes geben und 5 Minuten ohne Zuschaltung von Mikrowellen grillen. Das Hähnchen dann wenden und weitere 3 Minuten grillen.

8. Das Hähnchen erneut wenden und mit dem Rost über die Fettpfanne legen, dann in die mittlere Schiene des Gerätes geben. Das Hähnchen bei 360 (330) Watt 12 Minuten braten.

9. Das Hähnchen aus dem Gerät nehmen, mit Alufolie abdecken und etwa 10 Minuten ruhen lassen.

10. Inzwischen die Butter in eine kleine feuerfeste Schale geben und bei 600 (500) Watt in 1 (1 1/4) Minuten schmelzen lassen.

11. Das Hähnchen anrichten und mit der Butter übergießen.

Mein Tip: Da dieses Gericht mit einem sehr kleinen Hähnchen zubereitet wird, muß es unbedingt gegrillt werden. Es würde sonst in der kurzen Garzeit nicht schön braun.

Entenbrust mit Honig-Koriander-Sauce

Gegrillt bleibt die Entenbrust besonders saftig

Für 2 Personen

1 Entenbrust mit Haut (etwa 300 g)
Salz, frisch gemahlener Pfeffer
etwas Butter für den Grill
Für die Sauce:
3 Eßl. trockener Sherry
4 Eßl. Geflügelfond oder konzentrierte Hühnerbrühe
1 Eßl. Rotwein- oder Honigessig
5 zerdrückte Koriandercapseln
1 Eßl. Honig
1 Teel. Speisestärke
10 g Butter
Salz, Pfeffermischung (siehe Tip)

Arbeitsaufwand: etwa 15 Minuten
Garzeit: 17 1/2 (18 1/2) Minuten
Nährwert: etwa 2000 kJ/ 480 kcal je Person

1. Die Haut der Entenbrust gitterartig einschneiden, ohne dabei das Fleisch zu verletzen. Die Entenbrust auf beiden Seiten mit Salz und Pfeffer bestreuen.

2. Der Grill des Mikrowellengerätes auf die höchste Stufe vorheizen. Inzwischen den Grillrost mit Butter bestreichen und die Entenbrust mit der Hautseite nach oben darauf legen.

3. Die Entenbrust mit der Fettpfanne darunter in das Gerät geben und ohne Zuschaltung von Mikrowellen 5 Minuten grillen.

4. Die Entenbrust aus dem Gerät nehmen und wenden. Den Grillrost etwas beiseite schieben und die Entenbrust mit dem ausgelaufenen Saft bestreichen.

5. Die Entenbrust wieder in das Gerät geben und weitere 4 Minuten grillen. Die Entenbrust dann in Alufolie wickeln und 10 Minuten ruhen lassen.

6. Inzwischen die Sauce zubereiten. Dazu etwas Fett aus der Fettpfanne gießen. Den Bratsatz mit 2 Eßlöffeln Sherry und dem Geflügelfond oder der Brühe ablösen und in ein flaches Mikrowellengefäß geben. Den Essig und die Korianderkapseln hinzufügen.

7. Die Sauce bei 600 (500) Watt offen 5 (5 1/2) Minuten einkochen lassen.

8. Die Sauce aus dem Gerät nehmen und den Honig gründlich unterrühren. Die Speisestärke mit dem restlichen Sherry anrühren und ebenfalls unterrühren. Den Saft der Entenbrust, der sich inzwischen in der Alufolie gesammelt hat, ebenfalls unter die Sauce mischen.

9. Die Sauce bei 600 (500) Watt offen 3 (3 1/2) Minuten einkochen lassen. Dann die Butter in kleinen Flocken unterrühren und die Sauce noch einmal 1/2 Minute bei 600 (500) Watt erhitzen.

10. Die Sauce gründlich durchrühren, dann durch ein Sieb gießen. Mit Salz und Pfeffermischung abschmecken.

11. Die Entenbrust mit der verbliebenen Fettschicht leicht schräg in etwa 1 cm dicke Scheiben schneiden und mit der Sauce servieren.

12. Dazu schmeckt gedünstetes Gemüse und eventuell Brot.

Meine Tips: Korianderkapseln können Sie in Feinkostgeschäften kaufen. Mit einem sauberen Topfboden lassen sie sich ganz leicht zerdrücken. Hier meine *Pfeffermischung:* je 2 Teile schwarze und weiße Pfefferkörner mit 1 Teil Piment (Nelkenpfeffer) mischen und in eine Pfeffermühle geben. Die Mischung nicht zu fein direkt in die Sauce mahlen. Bei der angegebenen Garzeit wird die Entenbrust schön rosa. Wenn Sie sie lieber etwas blutig mögen, verkürzen Sie die Garzeit um 2 Minuten. Die Ruhezeit von 10 Minuten ist unbedingt nötig, damit sich der Fleischsaft verteilen kann und beim Anschneiden nicht so stark ausläuft.

Hähnchen mit Morchelsauce

Für festliche Anlässe

Für 3 Personen

20 g getrocknete Morcheln
1 Eßl. Butterschmalz/ Bratbutter
1 großes Hähnchen (etwa 1,2 kg)
Salz, frisch gemahlener Pfeffer
2 mittelgroße Schalotten
4 Eßl. trockener Sherry
1 Teel. fein gehackter Majoran
125 g Sahne/Rahm
1 Teel. Speisestärke
1 Prise Cayennepfeffer

Arbeitsaufwand: etwa 25 Minuten
Quellzeit: etwa 1 Stunde
Garzeit: 52 1/2 (53 3/4) Minuten
Nährwert: etwa 2100 kJ/ 500 kcal je Person

1. Die Morcheln unter fließendem Wasser gründlich waschen. Dann in eine kleine Schüssel geben, mit lauwarmem Wasser bedecken und mindestens 1 Stunde quellen lassen.

2. Das Butterschmalz in eine kleine Mikrowellenschale geben und bei 600 (500) Watt in 1 1/2 (1 3/4) Minuten schmelzen lassen.

3. Das Hähnchen innen und außen mit Salz und Pfeffer einreiben und mit dem flüssigen Butterschmalz bestreichen. Das Hähnchen auf den Rost des Kombinationsgerätes geben.

4. Die Schalotten schälen, in Scheiben schneiden und in die Fettpfanne geben. Die Morcheln in ein feines Sieb füllen (das Einweichwasser auffangen) und nochmals gründlich unter fließendem Wasser abspülen. Das Einweichwasser durch eine Kaffeefiltertüte gießen und in die Fettpfanne geben.

5. Das Hähnchen auf dem Rost über der Fettpfanne in die mittlere Schiene des Gerätes geben und bei Ober- und Unterhitze 200° oder Umluft 180° und 360 Watt 25 Minuten braten.

6. Das Hähnchen aus dem Gerät nehmen. Den Fond passieren, dabei die Schalotten entfernen. Die Morcheln mit 3 Eßlöffeln Sherry, dem Fond und dem Majoran in die Fettpfanne geben. Das Hähnchen wenden und mit etwas Flüssigkeit aus der Fettpfanne bestreichen. Das Hähnchen bei gleicher Einstellung weitere 15 Minuten garen.

7. Das Hähnchen aus dem Gerät nehmen, in 8 Stücke tranchieren und warm stellen.

8. Die Sauce mit den Morcheln in eine feuerfeste mikrowellengeeignete Form geben und bei 600 (500) Watt 6 (6 1/2) Minuten offen einkochen lassen.

9. Die Sahne gründlich mit der Speisestärke verrühren und unter die Sauce mischen. Die Sauce bei 600 (500) Watt weitere 5 (5 1/2) Minuten offen kochen lassen. Die Sauce dann mit dem restlichen Sherry, Salz, Pfeffer und dem Cayennepfeffer abschmecken.

10. Die Hähnchenstücke mit der Morchelsauce übergießen und servieren.

Meine Tips: Durch das Warmhalten wird die Haut des Hähnchens etwas weich. Wenn Sie das nicht mögen, können Sie die Haut vor dem Begießen mit der Sauce mühelos entfernen.
Wenn Sie einmal ein Hähnchen ohne Sauce zubereiten möchten, können Sie es vor dem Servieren noch kurz unter den Grill schieben. Die Haut wird dann noch knuspriger.
Die Morcheln können Sie durch getrocknete Steinpilze ersetzen. In diesem Fall nehmen Sie statt Sherry je 2 Eßlöffel Weißwein und Hühnerbrühe.

Hühnercurry mit Ananas und Kumquats

Von der indischen Küche inspiriert

Für 2 Personen

1 kleines Hähnchen von etwa 700 g
2 Schalotten
150 g Kumquats
1 Baby-Ananas
50 g Mandelblättchen
1 Eßl. Butterschmalz/Bratbutter
1/2 Eßl. Currypulver (Madras)
Salz
6 Eßl. Hühnerbrühe
3 Eßl. trockener Sherry
4 Eßl. Sahne/Rahm
1 1/2 Teel. Speisestärke
1 Eßl. Mango-Chutney
1/2–1 Teel. scharfes Currypulver (zum Beispiel Madras)
30 g Butter
frisch gemahlener Pfeffer

Arbeitsaufwand: etwa 35 Minuten
Garzeit: 16 (18) Minuten
Nährwert: etwa 4000 kJ/ 960 kcal je Person

1. Das Hähnchen häuten und in 8 Stücke zerteilen. Die Schalotten fein hacken.

2. Die Kumquats waschen und mit der Schale in Scheiben schneiden. Die Ananas schälen und zuerst in Scheiben, dann in Fächer schneiden. Den ausfließenden Ananassaft dabei auffangen.

3. Die Mandeln auf der Kochstelle in einer trockenen Pfanne unter Rühren hellbraun rösten.

4. Die Hähnchenstücke mit den Schalotten und dem Butterschmalz in eine mikrowellengeeignete Schale legen und zugedeckt bei 600 (500) Watt 4 (4 1/2) Minuten garen.

5. Die Hähnchenstücke mit dem Currypulver und wenig Salz bestreuen und gründlich wenden. Dann mit der Hühnerbrühe und dem Ananassaft begießen. Das Hähnchen weitere 2 (2 1/2) Minuten zugedeckt bei 600 (500) Watt garen.

6. Die Hähnchenstücke aus der Sauce nehmen und mit Alufolie abgedeckt beiseite stellen.

7. Den Sherry unter die Sauce mischen und alles 3 (3 1/2) Minuten offen bei 600 (500) Watt einkochen lassen.

8. Die Sahne mit der Speisestärke verrühren, unter die Sauce mischen und alles noch einmal 2 Minuten offen bei 490 (500) Watt einkochen lassen. Die Sauce gut durchrühren und mit dem Chutney und dem scharfen Currypulver abschmecken.

9. Die Hähnchenstücke wieder in die Sauce geben und zugedeckt bei 360 (330) Watt 3 Minuten garen. Die Hähnchenstücke zugedeckt 5 Minuten stehenlassen.

10. Inzwischen die Kumquats mit 15 g Butter in eine Schale geben und 1 (1 1/4) Minute bei 600 (500) Watt erwärmen. Die Ananas mit der restlichen Butter ebenfalls bei 600 (500) Watt in 1 (1 1/4) Minute erwärmen. Die Früchte mit Pfeffer würzen.

11. Die Hähnchenstücke mit der Sauce auf Teller verteilen, mit den Mandeln bestreuen und mit den Früchten garnieren.

Meine Tips: Das Wichtigste an diesem Gericht ist die Wahl des Currypulvers. Es sollte sehr aromatisch sein. Wer es gerne besonders pikant mag, kann mit einem scharfen Currypulver (hot) nachwürzen.
Wenn Sie keine Kumquats bekommen, können Sie filetierte Orangen oder Mandarinen beziehungsweise Kumquats aus der Dose verwenden.

GEMÜSE ALS HAUPTGERICHT

Hier zeigt sich Gemüse von seiner besten Seite – nämlich schonend und bißfest gegart. In der Mikrowelle bleiben nicht nur Aromastoffe, sondern auch Vitamine und Mineralstoffe bestens erhalten.
Sie schmecken es: Versuchen Sie Spargel mit Orangen-Buttersauce, Gefüllte Auberginen oder Gemüse nach sizilianischer Art.

Gefüllter Chinakohl mit roter Ingwersauce

Von der chinesischen Küche inspiriert

Für 4 Personen

Für die Sauce:
3 Eßl. Essig
3 Eßl. Zucker
1 Eßl. Speisestärke
1 Eßl. Sojasauce
2 Knoblauchzehen
2 Eßl. Ketchup
3–4 Tropfen Sesamöl
2 Messerspitzen Sambal oelek
1 Teel. frisch geriebene Ingwerwurzel
Salz
Für den Kohl:
8 große Blätter Chinakohl
10 g getrocknete schwarze Pilze
200 g Geflügelfleisch ohne Haut und Knochen
1 1/2 Stangen Lauch
1 Möhre/Karotte
1 Zwiebel
70 g Sojasprossen
2 Eßl. Erdnußöl
Salz, Pfeffer
2 Eßl. Sojasauce
1 Messerspitze Sambal oelek
8 kleine runde Reisblätter
8 große oder 16 kleine Pfefferminzblättchen

Quellzeit: 15 Minuten
Arbeitsaufwand: etwa 45 Minuten
Garzeit: 21 1/2 (25 1/4) Minuten
Nährwert: etwa 960 kJ/ 230 kcal je Person

1. Für die Sauce 6 Eßlöffel Wasser mit dem Essig und dem Zucker in eine kleine mikrowellengeeignete Schale geben und zugedeckt 2 1/2 (3) Minuten bei 600 (500) Watt kochen. Die Flüssigkeit soll leicht sirupartig einkochen. Sollte sie noch zu flüssig sein, die Garzeit um 1–2 Minuten verlängern.

2. Die Speisestärke mit der Sojasauce und 2–3 Eßlöffeln Wasser anrühren. Die Mischung unter die Sauce rühren und alles offen bei 600 (500) Watt in 2 (2 1/2) Minuten sämig einkochen lassen.

3. Die Knoblauchzehen durch die Presse drücken und mit dem Ketchup, dem Sesamöl, dem Sambal oelek, dem Ingwer und wenig Salz unter die Sauce mischen. Die Sauce abkühlen lassen oder zugedeckt stehenlassen, so daß sie lauwarm bleibt.

4. Von den Kohlblättern den Strunk herausschneiden. Die Pilze mit lauwarmem Wasser bedecken und etwa 15 Minuten quellen lassen.

5. Das Geflügelfleisch in sehr kleine Würfel schneiden. Den Lauch putzen und in 2 cm lange Streifen schneiden. Die Möhre schälen und in dünne, kurze Stifte schneiden. Die Zwiebel hacken. Die Pilze ausdrücken und in gleichmäßige Stücke schneiden. Die Sojasprossen waschen und halbieren.

6. Die Kohlblätter mit 8 Eßlöffeln Wasser in eine mikrowellengeeignete Schale mit Deckel geben und zugedeckt bei 600 (500) Watt 3 (3 1/2) Minuten garen. Die Blätter dann abtropfen lassen, den Sud beiseite stellen.

7. Eine Bräunungsschale 2 (2 1/2) Minuten bei 600 (500) Watt vorheizen. 1 Eßlöffel Öl darauf geben. Die Fleischwürfel mit wenig Salz würzen, auf die Bräunungsschale geben und offen 2 (2 1/2) Minuten bei 600 (500) Watt anbraten. Dabei nach der Hälfte der Zeit wenden.

8. Das Fleisch aus der Schale nehmen. 1 Eßlöffel Öl in die noch heiße Schale geben. Die Pilze hinzufügen und 1 (1 1/4) Minuten bei 600 (500) Watt dünsten. Die Möhre, die Zwiebel, den Lauch und die Sojasprossen hinzufügen und alles weitere 3 (3 1/2) Minuten bei 600 (500) Watt garen.

9. Das Gemüse mit dem Geflügelfleisch mischen und mit Salz, Pfeffer, der Sojasauce und dem Sambal oelek würzen. Die Reisblätter kurz in Wasser tauchen, auf der Arbeitsfläche ausbreiten und mit je 1 Kohlblatt sowie 1–2 Pfefferminzblättchen belegen, dann mit der Füllung bedecken. Die Reisblätter aufrollen.

10. Den Garfond des Chinakohls in eine mikrowellengeeignete Form mit Deckel geben. Die Päckchen hineinlegen und zugedeckt bei 600 (500) Watt 6 (6 1/2) Minuten garen.

11. Die Päckchen abtropfen lassen und auf vorgewärmte Teller verteilen. Die rote Sauce getrennt dazu servieren.

Meine Tips: Die Päckchen sehen sehr hübsch aus, wenn Sie sie mit knapp gegarten Lauchstreifen verschnüren. Dazu 1 lange Stange Lauch längs in schmale Streifen schneiden. Die Streifen in eine mikrowellengeeignete Form legen, mit Wasser bedecken und zugedeckt bei 600 (500) Watt 2 (2 1/2) Minuten garen. Reisblätter können Sie in Feinkostgeschäften oder in den Lebensmittelabteilungen großer Kaufhäuser kaufen. Statt Chinakohl können Sie auch Wirsing verwenden. In diesem Fall eventuell die Reisblätter und die Pfefferminze weglassen.

Linsen mit Gemüse und Kapern

Hülsenfrüchte – raffiniert zubereitet

Für 2 Personen

100 g grüne Linsen
1 kleine Möhre/Karotte
1 dünne Stange Lauch
1 gehäutete Tomate
1 Knoblauchzehe
1/2 Eßl. Butter
1 kleine Zwiebel, fein gehackt
je 1 Zweig Bohnenkraut und Thymian
1/4 l Fleischbrühe
2 Eßl. Rotwein
150 g Kartoffeln
1/2 Eßl. Rotweinessig
1 Eßl. Kapern
Salz, frisch gemahlener Pfeffer

Arbeitsaufwand:
etwa 30 Minuten
Quellzeit:
etwa 2 Stunden
Garzeit:
21 (23 1/4) Minuten
Nährwert:
etwa 1300 kJ/ 310 kcal je Person

1. Die Linsen in eine Schüssel geben und mit abgekochtem und wieder abgekühltem Wasser oder mit Mineralwasser bedecken. Die Linsen zugedeckt bei Zimmertemperatur mindestens 2 Stunden quellen lassen.

2. Die Möhre und den Lauch schälen beziehungsweise putzen, waschen und in feine Streifen schneiden. Die Tomate kleinschneiden, dabei den Stielansatz entfernen. Den Knoblauch durch die Presse drücken.

3. Die Butter in eine mikrowellengeeignete Form geben und bei 600 (500) Watt 1 (1 1/4) Minute erhitzen. Die Zwiebel hinzufügen und 2 (2 1/2) Minuten zugedeckt bei 600 (500) Watt garen.

4. Die Möhre, den Lauch, den Knoblauch sowie die abgespülten Kräuter hinzufügen und alles noch einmal 1 1/2 (1 3/4) Minuten bei 600 (500) Watt zugedeckt garen.

5. Die Tomatenstücke dazugeben und das Gemüse in 1/2 (3/4) Minute bei 600 (500) Watt fertiggaren. Dann 3 Eßlöffel Fleischbrühe unterrühren und das Gemüse beiseite stellen.

6. Die Linsen abtropfen lassen und mit der restlichen Fleischbrühe und dem Rotwein in eine mikrowellengeeignete Form mit Deckel geben. Die Linsen zugedeckt bei 600 (500) Watt 8 (9) Minuten garen.

7. Die Linsen durch ein Sieb gießen, die Garflüssigkeit dabei auffangen.

8. Etwa 1/2 Tasse Linsen im Mixer pürieren, dann mit den ganzen Linsen zum Gemüse geben.

9. Die Kartoffeln schälen, waschen und klein würfeln. Die Kartoffeln mit der Garflüssigkeit der Linsen mischen und bei 490 (500) Watt zugedeckt 7 Minuten garen.

10. Die Kartoffeln zu der Gemüse-Linsen-Mischung geben und alles bei 490 (500) Watt in 1 Minute erhitzen.

11. Das Gericht mit dem Essig, den Kapern, Salz und Pfeffer abschmecken, dann sofort servieren.

Mein Tip: Die Linsen schmecken auch mit frischem Oregano.

Grüner Spargel mit Orangen-Buttersauce

Delikat und farblich attraktiv

Für 2 Personen

Für den Spargel:
500 g grüner Spargel
1/8 l Wasser
1/2 Teel. Zucker
Salz
1 kleines Stück Butter
Für die Sauce:
1 Orange
1 Teel. abgeriebene unbehandelte Orangenschale
1 Teel. Schalotte, fein gehackt
50 g Butter
1 Eigelb
1/2 Teel. Zitronensaft
Salz, frisch gemahlener weißer Pfeffer
1 Teel. Orangenlikör

Arbeitsaufwand:
etwa 20 Minuten
Garzeit:
15 1/2 (17 1/2) Minuten
Nährwert:
etwa 1200 kJ/ 290 kcal je Person

Spargel gelingt in der Mikrowelle ganz besonders gut. Er ist in kurzer Zeit gegart, also nicht verkocht und er behält sein volles Aroma. Grüner Spargel bleibt auch farblich sehr kräftig. Voraussetzung dafür, daß das Gericht gut gelingt, ist natürlich auch hier, daß Sie beim Einkauf auf gute Qualität achten. Spargel gibt es in den Handelsklassen I und II sowie aus verschiedenen Ländern. Das wichtigste ist jedoch die Frische. Die Schnittstellen dürfen keinesfalls bräunlich oder vertrocknet sein und die Köpfe sollen fest sein. Sie sollten sich nicht scheuen, die Papiermanschette, die meist am unteren Ende der Stangen befestigt ist, zu öffnen, um die Schnittstellen zu überprüfen. Erstklassige Spargelstangen sollten gerade und nicht allzu dünn sein. Gewisse Sorten, wie zum Beispiel Spargel aus Cavaillon (Frankreich) sind meist sehr dick, besonders saftig und schmecken sehr aromatisch. Spargel aus Spanien kann geschmacklich sehr gut, an der unteren Hälfte aber etwas holzig sein. Am allerbesten schmeckt der Spargel aus dem eigenen Land, da er keine langen Transportwege benötigt. Frisch gestochenen Spargel bekommt man vielerorts in Deutschland, im Elsaß und ab und zu auch in der Schweiz.
Grüner Spargel hat einen besonders intensiven Geschmack und muß praktisch nicht geschält werden. Italienischer Spargel hat grünliche Köpfe und ist im Geschmack ebenfalls kräftig.
Nach dem Kauf wickeln Sie den Spargel am besten in ein feuchtes Küchentuch und legen ihn in das Gemüsefach des Kühlschranks. Auf diese Weise bleibt er 1–2 Tage frisch.
Das Garen von Spargel in der Mikrowelle ist problemlos, wenn Sie das Rezept auf der gegenüberliegenden Seite befolgen. Wichtig ist, daß die Spargelstangen nach der Hälfte der Garzeit umgeschichtet werden, damit sie gleichmäßig und gleichzeitig gar werden. Ein großer Vorteil ist, daß Sie beim Garen mit der Mikrowelle nur wenig Wasser benötigen. Das Gemüse wird dadurch nicht ausgelaugt und behält sein volles Aroma.
Da die Qualität und die Dicke der Spargelstangen sehr unterschiedlich sein kann, sollten Sie die angegebene Garzeit nur als Richtlinie betrachten. Am besten prüfen Sie den Garzustand mit einer Gabel oder einem spitzen Messer. Manche, die schon oft Spargel gegart haben, können auch mit einem Fingerdruck feststellen, ob er gar ist. Wenn nötig, verlängern Sie die Garzeit um einige Minuten. Wichtig ist, daß der Spargel nach dem Garen 5–10 Minuten stehenbleibt.
In dieser Zeit können Sie dann in Ruhe die Sauce zubereiten. Die Orangen-Buttersauce wird nach demselben Prinzip zubereitet wie eine Sauce hollandaise und ist in 4 1/2 Minuten gegart. Das sonst obligate Wasserbad entfällt bei der Zubereitung und diese heikle Sauce gelingt sogar Kochneulingen auf Anhieb. Buttersaucen lassen sich auch wieder erwärmen – 1 Minute bei 490 (500) Watt. Dies ist bei Buttersaucen nach konventionellen Rezepten nicht möglich.

1. Das holzige Ende der Spargelstangen wegschneiden. Die Stangen am unteren Drittel dünn schälen. Den Spargel gründlich waschen, und abtropfen lassen.

2. Den Spargel in eine Schale legen. Das Wasser mit dem Zucker, Salz und der Butter bei 600 (500) Watt in 1 (1 1/4) Minute erwärmen. Dann über den Spargel gießen. Den Spargel mit Klarsichtfolie abdecken. Diese mit einem Messer einstechen.

3. Den Spargel 5 (5 1/2) Minuten bei 600 (500) Watt garen. Die Schale dann aus dem Gerät nehmen und die Spargelstangen wenden. Dabei die unten liegenden nach oben geben. Den Spargel nochmals 5 (5 1/2) Minuten bei 600 (500) Watt garen.

4. Den Spargel etwa 10 Minuten stehenlassen. Inzwischen für die Sauce die Orange auspressen.

5. Die Orangenschale und den -saft mit der Schalotte in einer kleinen Schüssel bei 600 (500) Watt 3 (3 1/2) Minuten einkochen lassen. Es sollen 2 Eßlöffel übrig bleiben. Etwas abkühlen lassen. Die Butter bei 490 (500) Watt in 1 (1 1/4) Minute schmelzen.

6. Den eingekochten Orangensaft durch ein Sieb gießen. Die Masse mit einem Löffel audrücken.

7. Den Orangensaft mit dem Eigelb, dem Zitronensaft und wenig Salz und Pfeffer leicht schaumig schlagen.

8. Die Sauce offen 15 Sekunden bei 360 Watt stocken lassen. Dann gut durchrühren und weitere 15 Sekunden offen bei 360 Watt garen.

9. Die Sauce mit dem Schneebesen gut durchschlagen, dann die flüssige Butter und den Orangenlikör langsam unterrühren. Die Sauce mit Salz und Pfeffer abschmecken und zum abgetropften Spargel servieren.

10. Den Spargel auf vorgewärmte Teller verteilen und mit der Sauce begießen

Gefüllte Auberginen mit Schweinefleisch

Ein besonders beliebtes Gemüse

Für 2 Personen

3 Eßl. Olivenöl
2 mittelgroße, möglichst runde Auberginen
2 Eßl. Zitronensaft
1 Zwiebel
1/2 grüne Paprikaschote
200 g Schweinehackfleisch
1 Eßl. Petersilie, fein gehackt
1 Teel. Majoran
Salz, frisch gemahlener Pfeffer
6 Eßl. Fleischbrühe
2 Eßl. vollfetter Käse (zum Beispiel Greyerzer), frisch gerieben

Arbeitsaufwand: etwa 30 Minuten
Garzeit: 32 1/2 (35 3/4) Minuten
Nährwert: etwa 2100 kJ/ 500 kcal je Person

1. Eine flache mikrowellengeeignete Form mit Deckel mit 1 Eßlöffel Olivenöl ausstreichen.

2. Die Auberginen längs halbieren. Die Schnittflächen sofort mit dem Zitronensaft beträufeln. Das Auberginenfleisch mit einem spitzen Messer gitterförmig einritzen.

3. Die Auberginen mit den Schnittflächen nach unten in die Form legen und zugedeckt 3 (3 1/2) Minuten bei 600 (500) Watt garen. Die Auberginen dann aus dem Gerät nehmen und einige Minuten zugedeckt stehenlassen.

4. Inzwischen die Zwiebel hacken. Die Paprikahälfte waschen, von den Trennwänden und den Kernen befreien und in sehr kleine Würfel schneiden.

5. Eine Bräunungsplatte 4 (4 1/2) Minuten bei 600 (500) Watt vorheizen. Das restliche Olivenöl hineingeben und 2 (2 1/2) Minuten bei 600 (500) Watt erhitzen.

6. Das Schweinehackfleisch mit einer Gabel lockern und auf der Bräunungsplatte verteilen. Das Hackfleisch 2 (2 1/2) Minuten bei 600 (500) Watt garen. Das Fleisch dann durchrühren und noch einmal 1 1/2 (1 3/4) Minuten bei 600 (500) Watt garen.

7. Die Zwiebel und die Paprikawürfel unter das Fleisch mischen und zugedeckt bei 600 (500) Watt 1 1/2 (1 3/4) Minuten garen.

8. Das weiche Fruchtfleisch der vorgegarten Auberginen mit einem kleinen Löffel aus den Schalen lösen. Das Fruchtfleisch zerdrücken und unter die Schweinefleischmischung rühren. Die Petersilie und den Majoran untermischen und die Füllung mit Salz und Pfeffer abschmecken.

9. Die Füllung zugedeckt bei 600 (500) Watt 1 1/2 (1 3/4) Minuten garen.

10. Die Füllung in die ausgehöhlten Auberginenhälften füllen. Die Auberginen in eine mikrowellengeeignete Form mit Deckel legen und mit der Fleischbrühe umgießen.

11. Die Auberginen zugedeckt bei 490 (500) Watt 15 Minuten garen.

12. Die Auberginen dann mit dem Käse bestreuen und weitere 2 (2 1/2) Minuten bei 600 (500) Watt offen garen, bis der Käse zerlaufen ist.

13. Dazu schmeckt Naturreisrisotto (Rezept Seite 100, Rotwein durch Weißwein ersetzen).

Meine Tips: Sie können die gefüllten Auberginen, wie auf dem Foto abgebildet, auch mit Käsescheiben belegen, in die Fettpfanne legen und unter den vorgeheizten Grill schieben, bis der Käse gebräunt ist.
Paprikaschoten, Zwiebeln und Tomaten lassen sich auch auf diese Art zubereiten. Die Tomaten müssen nicht vorgegart werden.

Gemischtes Gemüse mit Sahnesauce

Delikates für Gemüsefreunde

Für 2 Personen

1 kleiner Blumenkohl von 400–500 g
Salz
150 g junge, zarte Möhren/Karotten
150 g weiße Rübchen (Navets oder Teltower Rübchen) oder Kohlrabi
1 Zucchino (150 g)
2–3 Eßl. Wasser
6 Eßl. saure Sahne/saurer Rahm
1 Eßl. Butter
1 Eigelb
1/2 Eßl. trockener Wermut oder Sherry
1–2 Teel. Zitronensaft
frisch gemahlener weißer Pfeffer
1/2 Teel. Zucker
1/2 Eßl. Schnittlauch oder Kerbel, fein geschnitten

Arbeitsaufwand: etwa 30 Minuten
Garzeit: 17 1/2–18 (20–20 1/2) Minuten
Nährwert: etwa 1200 kJ/290 kcal je Person

1. Den Blumenkohl putzen und waschen. Die unteren Röschen abtrennen, damit der Kopf etwas kleiner wird.

2. Den Blumenkohl mit den Röschen nach unten etwa 10 Minuten in Salzwasser legen, damit eventuell vorhandenes Ungeziefer oder Unreinheiten entfernt werden.

3. Inzwischen die Möhren und die Rübchen oder den Kohlrabi schälen. Das Gemüse in abgerundete, kleinfingerdicke Stäbchen schneiden. Den Zucchino waschen, abtrocknen und ungeschält ebenfalls in Stäbchen schneiden.

4. Die Blumenkohlröschen abtrennen und mit den Möhren sowie den Rübchen oder dem Kohlrabi in eine mikrowellengeeignete Form mit Deckel geben. Das Wasser angießen.

5. Das Gemüse zugedeckt bei 600 (500) Watt 9 (10 1/2) Minuten garen. Dann die Zucchinistäbchen untermischen und alles weitere 6 (6 1/2) Minuten zugedeckt bei 600 (500) Watt garen.

6. Das Gemüse aus dem Gerät nehmen, würzen und zugedeckt beiseite stellen.

7. Die saure Sahne mit der Butter in ein kleines mikrowellengeeignetes Gefäß geben und bei 600 (500) Watt 2 (2 1/2) Minuten erhitzen. Dann gut durchrühren.

8. Das Eigelb mit dem Wermut oder dem Sherry verquirlen. Die Sahne-Buttermischung unter Rühren untermengen.

9. Die Sauce 1/2 Minute bei 360 Watt erhitzen. Dann sofort gründlich durchrühren. Sollte die Sauce noch nicht sämig sein, noch einmal bei 360 Watt 1/2 Minute erhitzen.

10. Die Sauce glattrühren, dann mit dem Zitronensaft, Salz, Pfeffer und dem Zucker abschmecken.

11. Den Blumenkohl in die Mitte einer vorgewärmten Platte setzen. Das restliche Gemüse rundherum anordnen. Das Gemüse mit einem Teil der Sauce übergießen und mit dem Schnittlauch oder dem Kerbel bestreuen. Die restliche Sauce getrennt dazu servieren.

Meine Tips: Diese Sauce schmeckt auch zu Spargel oder zu Artischocken. Sie ist ein leichter Ersatz für die Sauce hollandaise.
Durch Beigabe von etwas Fleischextrakt und 1 Eßlöffel feingehacktem Estragon können Sie eine ähnliche Sauce wie die Sauce béarnaise zubereiten.

Rotweinrisotto mit Broccoli

Durch Naturreis besonders herzhaft

Für 2 Personen

120 g Natur-Rundkornreis
300 g Broccoli
1 1/2 Eßl. kaltgepreßtes Olivenöl
Salz, frisch gemahlener Pfeffer
2 1/2 Eßl. Butter
1 kleine Zwiebel
1/2 Lorbeerblatt
2 Knoblauchzehen
1 Gewürznelke
350 ccm (0,35 l) kräftiger Rotwein (zum Beispiel Merlot, Rioja oder Barolo)
1/4 l Hühnerbrühe

Quellzeit: über Nacht
Arbeitsaufwand: etwa 20 Minuten
Garzeit: 62 (64) Minuten
Nährwert: etwa 2700 kJ/ 640 kcal je Person

1. Den Reis am Vorabend in eine Schüssel geben, mit Wasser bedecken und über Nacht quellen lassen.

2. Am nächsten Tag den Broccoli waschen und die Röschen von den Stengeln schneiden. Die Stengel schälen und in etwa 1/2 cm dicke Scheiben schneiden.

3. Die Broccolischeiben in eine mikrowellengeeignete Form mit Deckel legen. Die Röschen darauf verteilen. Etwa 1/2 Eßlöffel Olivenöl darüber träufeln. Den Broccoli mit Salz und Pfeffer würzen und mit 5 Eßlöffeln Wasser begießen.

4. Den Broccoli zugedeckt bei 490 (500) Watt 7 Minuten garen. Den Broccoli dann aus dem Gerät nehmen und zugedeckt stehenlassen, bis er wieder gebraucht wird.

5. 1 Eßlöffel Butter in ein mittelgroßes, mikrowellengeeignetes Gefäß geben und offen bei 600 (500) Watt in 1 1/2 (1 3/4) Minuten schmelzen lassen.

6. Die Zwiebel hacken, zur Butter geben und 2 (2 1/2) Minuten bei 600 (500) Watt offen andünsten.

7. Den Reis abtropfen lassen und mit dem Lorbeerblatt, dem durchgepreßten Knoblauch und der Gewürznelke zu der Zwiebel geben. Alles gut durchrühren und offen 1 (1 1/4) Minute bei 600 (500) Watt erhitzen.

8. Den Rotwein angießen und zugedeckt in 7 (8) Minuten bei 600 (500) Watt etwas einkochen lassen.

9. Den Reis gut durchrühren und die Hühnerbrühe untermischen. Den Reis zugedeckt bei 490 (500) Watt etwa 42 Minuten garen. Dabei den Garprozeß zwischendurch zweimal unterbrechen und den Reis gründlich durchrühren.

10. Die restliche Butter in kleine Flöckchen schneiden und unter den Reis ziehen. Den Reis mit Salz und Pfeffer abschmecken und im geschlossenen Gefäß etwa 5 Minuten stehenlassen.

11. Inzwischen den Broccoli zugedeckt bei 490 (500) Watt in 1 1/2 Minuten erwärmen.

12. Die Stiele und die Hälfte der Röschen unter den Reis heben. Den Risotto auf vorgewärmten Tellern anrichten, mit den restlichen Röschen belegen und mit dem restlichen Öl beträufeln.

Meine Tips: Die Garzeit des Reises kann je nach Sorte und Qualität unterschiedlich sein. Den Reis deshalb nach der angegebenen Zeit probieren und eventuell nachgaren. Außerdem nehmen die unterschiedlichen Sorten verschieden viel Flüssigkeit auf. Es kann also sein, daß Sie etwas Hühnerbrühe nachgießen müssen. Der Reis sollte leicht suppig sein. Nach Belieben können Sie mit der Butter 1–2 Eßlöffel geriebenen Käse unter den Reis ziehen.

Gemüse nach sizilianischer Art

Schmeckt zu gegrilltem Fleisch

Für 4 Personen

1 mittelgroße Aubergine (etwa 300 g)
6 Eßl. Olivenöl
1 Zwiebel
2 große Tomaten
Salz, frisch gemahlener Pfeffer
1 Stange Staudensellerie
50 g schwarze oder grüne Oliven
6 Eßl. Weißweinessig
1 Eßl. Zucker
1/2 Lorbeerblatt

Arbeitsaufwand:
etwa 30 Minuten
Garzeit:
31 (35 1/2) Minuten
Nährwert:
etwa 960 kJ/
230 kcal je Person

1. Die Aubergine waschen. Die Haut mit einem Schälmesser entfernen, dann die Aubergine in etwa 7 mm dicke Scheiben schneiden. Die Auberginen auf Küchenpapier ausbreiten, mit Salz bestreuen und 10 Minuten ruhen lassen. Dann den braunen, ausgetretenen Saft mit Küchenpapier abtupfen.

2. Eine große Bräunungsschale mit 2 Eßlöffeln Olivenöl bestreichen und bei 600 (500) Watt 5 (5 1/2) Minuten vorheizen.

3. Die Hälfte der Auberginenscheiben auf die Bräunungsplatte geben. Die Auberginen 1 1/2 (1 3/4) Minuten bei 600 (500) Watt braten, dann wenden und noch einmal 1 1/2 (1 3/4) Minuten bei 600 (500) Watt braten.

4. Die Auberginenscheiben von der Platte nehmen. Noch einmal 2 Eßlöffel Olivenöl auf die Platte geben.

5. Die restlichen Auberginenscheiben auf die Bräunungsplatte legen und 2 (2 1/2) Minuten bei 600 (500) Watt braten. Die Auberginen ebenfalls wenden und noch einmal 2 (2 1/2) Minuten bei 600 (500) Watt braten.

6. Die gebratenen Auberginenscheiben vierteln. Die Zwiebel hacken.

7. Das restliche Olivenöl auf die Bräunungsplatte geben und 1 1/2 (1 3/4) Minuten bei 600 (500) Watt erhitzen. Die Zwiebel darauf geben und offen bei 600 (500) Watt 1 1/2 (1 3/4) Minuten andünsten.

8. Inzwischen die Tomaten mit kochendem Wasser überbrühen, häuten, halbieren und von den Kernen und den Stielansätzen befreien. Die Tomaten dann würfeln.

9. Die Tomaten zu den Zwiebeln geben, mit Salz und Pfeffer würzen und offen bei 600 (500) Watt 8 (9) Minuten garen.

10. Inzwischen den Staudensellerie putzen, waschen und in kleine Würfel schneiden. Die Oliven entsteinen und ebenfalls kleinschneiden.

11. Den Essig mit dem Zucker, dem Lorbeerblatt, den Oliven und dem Sellerie in einer anderen mikrowellengeeigneten Form mischen und zugedeckt bei 600 (500) Watt 8 (9) Minuten garen.

12. Die beiden Gemüsemassen und die Auberginen mischen und nach Geschmack mit Salz und Pfeffer abschmekken.

13. Das Gemüse abkühlen lassen und kalt als Beilage servieren. Sie können es aber auch warm servieren, zum Beispiel zu einem Risotto.

Mein Tip: In Süditalien serviert man diese Beilage (Caponata) nicht nur zu Fleisch, sondern auch gemischt mit Tintenfischen, Garnelen und Scampi sowie entgräteten, gegrillten Sardinen. Auf diese Art zubereitet, wird die Caponata zu einer originellen Vorspeise. Ohne diese Beigaben wird die einfache Variante in Süditalien Caponatina genannt.

Gemüse mit verlorenen Eiern und Knoblauchsauce

Ein Gericht für Knoblauchliebhaber

Für 2 Personen

Für die Sauce:
100 g Mayonnaise (möglichst selbstgemacht)
2 Eßl. Weißwein
50 g Magerquark oder fettarmer Frischkäse
4 Knoblauchzehen
Für das Gemüse:
2 Artischocken
1 Eßl. Zitronensaft
Salz
1 Fenchelknolle
2 Möhren/Karotten
2 mittelgroße Kartoffeln
200 g Zuckerschoten/Kefen
1/2 Teel. Essig
2 Eier

Arbeitsaufwand: etwa 35 Minuten
Garzeit: 32–34 (35 –37 1/2) Minuten
Nährwert: etwa 2300 kJ/ 550 kcal je Person

1. Für die Sauce die Mayonnaise mit dem Weißwein und dem Quark oder dem Frischkäse mischen. Den Knoblauch durch die Presse dazudrücken und untermischen.

2. Die Artischocken vom Stiel und den äußeren Blättern befreien. Das obere Drittel der Artischocken wegschneiden und das Heu entfernen. Die Schnittflächen der Artischocken mit dem Zitronensaft beträufeln.

3. 1/4 l heißes Wasser mit Salz in einer mikrowellengeeigneten Form mit Deckel mischen. Die Artischocken hineingeben und zugedeckt 8 (9) Minuten bei 600 (500) Watt garen.

4. Die Artischocken dann bei 490 (500) Watt weitere 8 Minuten zugedeckt garen. Die Artischocken aus dem Gerät nehmen und bis zum Servieren zugedeckt stehenlassen.

5. Während die Artischocken garen, die Fenchelknolle putzen und längs halbieren. Die Möhren und die Kartoffeln schälen. Die Möhren längs halbieren, die Kartoffeln vierteln.

6. Den Fenchel mit 1/4 l Wasser und wenig Salz in eine mikrowellengeeignete Form mit Deckel geben und zugedeckt bei 600 (500) Watt 3 (3 1/2) Minuten garen.

7. Die Möhren und die Kartoffeln zum Fenchel geben und alles zugedeckt weitere 7 (8) Minuten bei 600 (500) Watt garen. Das Gemüse dann aus dem Gerät nehmen und einige Minuten zugedeckt stehenlassen.

8. Inzwischen die Zuckerschoten entfädeln und waschen. Die Schoten mit 1/8 l Wasser und Salz in eine mikrowellengeeignete Form mit Deckel geben und zugedeckt bei 600 (500) Watt 5 (5 1/2) Minuten garen. Die Zuckerschoten zugedeckt beiseite stellen.

9. Den Essig mit 4 Eßlöffeln Wasser in eine kleine mikrowellengeeignete Schale geben und zugedeckt bei 600 (500) Watt 1/2 (3/4) Minute erhitzen.

10. Die Eier aufschlagen, in das Essigwasser geben und zugedeckt 1/2 Minute bei 360 Watt garen. Die Eier zugedeckt noch etwas in der Flüssigkeit ziehen lassen.

11. Das gesamte Gemüse abtropfen lassen und auf vorgewärmte Teller verteilen. Die Eier auf Küchenpapier abtropfen lassen, dann zum Gemüse geben.

12. Sollte das Gemüse inzwischen kalt geworden sein, jeden Teller (ohne die Eier) mit einer Haube abdecken und jeweils 1 (1 1/4) Minute bei 600 (500) Watt erwärmen.

13. Das Gemüse lauwarm servieren und die Sauce getrennt dazu reichen.

Meine Tips: Wenn Sie Knoblauch nicht so gerne mögen, können Sie ihn durch frisch gehackte Kräuter ersetzen.
Sie können dieses Gericht je nach Saison nach Belieben noch mit anderen Gemüsesorten anreichern, wie zum Beispiel Staudensellerie, Rosenkohl oder Chinakohl.
Die Eier lassen sich durch gekochtes Rindfleisch oder Hühnerbrüstchen ersetzen.

AUFLÄUFE UND GRATINS

Mit der Mikrowelle bißfest gegart und unter dem Grill knusprig gratiniert. Aufläufe und Gratins sind mit der Mikrowelle in etwa der Hälfte der Zeit zubereitet und schmecken köstlich. Lassen Sie sich überzeugen mit Spinatgratin mit Champignons, Mangoldgratin mit Tomaten oder den anderen knusprigen Köstlichkeiten in diesem Kapitel.

Mangoldgratin mit Tomaten

Ein interessantes Gratin, einfach zuzubereiten

Für 2 Personen

500 g Mangold (Stiele mit Blättern)
1 Eßl. Zitronensaft
1/2 l heißes Wasser
Salz
1 Schalotte
2 reife Tomaten
2 Teel. Butter
125 g Sahne/Rahm
frisch gemahlener Pfeffer, geriebene Muskatnuß
1 Knoblauchzehe
1 Eßl. kräftiger Käse (zum Beispiel Greyerzer), frisch gerieben

Arbeitsaufwand:
etwa 30 Minuten
Garzeit:
37 (41 3/4) Minuten
Nährwert:
etwa 1300 kJ/
310 kcal je Person

1. Den Mangold waschen. Die Blätter von den Stielen schneiden und beiseite legen. Von den Mangoldstielen die Fasern gründlich abziehen. Die Stiele in kleine Vierecke schneiden. Wasser mit dem Zitronensaft mischen und die Krautstiele kurz hineinlegen.

2. Das heiße Wasser mit Salz in einer großen mikrowellengeeigneten Form mit Deckel mischen. Das Wasser zugedeckt bei 600 (500) Watt in 5 (5 1/2) Minuten aufkochen lassen.

3. Die Mangoldstiele in das Wasser geben und zugedeckt bei 600 (500) Watt in 10 (11 1/2) Minuten garen. Die Stiele dann aus dem Gerät nehmen und zugedeckt beiseite stellen.

4. Während der Mangold gart, die Schalotte fein hacken. Die Tomaten in kochendes Wasser tauchen, kalt abschrecken und häuten. Die Tomaten vom Stielansatz, den Kernen und dem Saft befreien und kleinschneiden.

5. 2 Mangoldblätter in feine Streifen schneiden. Die Mangoldblätter mit der Hälfte der Butter und der Schalotte in eine mikrowellengeeignete Form geben und bei 600 (500) Watt offen 1 (1 1/4) Minute andünsten.

6. Die Tomaten hinzufügen und 3 (3 1/2) Minuten bei 600 (500) Watt offen andünsten.

7. Die Mangoldstiele abgießen, dabei den Garfond auffangen.

8. 5 Eßlöffel des Garfonds abmessen und in eine mikrowellengeeignete Form geben und offen 3 (3 1/2) Minuten bei 600 (500) Watt einkochen lassen. Die Sahne unterrühren und alles bei 600 (500) Watt in 11 (12 1/2) Minuten sämig einkochen lassen.

9. Die Sauce mit Salz, Pfeffer und Muskat abschmecken. Die Knoblauchzehe durch die Presse dazudrücken.

10. Eine flache feuerfeste Form mit der restlichen Butter ausstreichen. Die Sahnesauce hineingeben. Die Mangoldstiele mit den Blättern und den Tomaten mischen und in die Form geben. Den Käse darüber streuen.

11. Den Grill des Kombinationsgerätes oder des Backofens vorheizen. Den Gratin in die obere Schiene des Gerätes geben und ohne Zuschaltung von Mikrowelle etwa 4 Minuten überbacken.

12. Den Gratin in der Form servieren.

Meine Tips: Wenn Sie gerne mehr Sauce möchten, können Sie mehr Garfond und Sahne verwenden. In diesem Fall müssen Sie die Sauce mit 1 Eßlöffel Mehlbutter (je 1/2 Eßlöffel Butter und Mehl verkneten) binden.
Vor allem in der Schweiz wissen viele Leute nicht, daß man Mangoldblätter ähnlich wie Spinat verwenden kann. Sie können damit Suppen, Gemüse oder Krautrouladen zubereiten. Mangoldblätter haben einen kräftigen, leicht bitteren Geschmack.

Varianten: Sie können die Tomaten weglassen. Statt der Schalotte dann 1 größere gehackte Zwiebel nehmen und in der Butter andünsten. Die Zwiebel mit der Sahnesauce pürieren, dann mit den Mangoldstielen mischen. Die Zwiebel bindet die Sauce. Sie können zusätzlich aber noch etwas geriebenen Käse untermischen.
Als Hauptgericht schmeckt das Gratin mit Spiegeleiern.

Kartoffelauflauf mit Hackfleisch

Wird mit fertigem Kartoffelpüree zubereitet

Für 2 Personen

1 Zwiebel
1/2 Möhre/Karotte
1 kleine Tomate
1 Eßl. Butterschmalz/ Bratbutter
250 g Hackfleisch (halb Schwein, halb Kalb)
Salz, frisch gemahlener Pfeffer
2 Eßl. Weißwein
2 Eßl. Fleischbrühe
1 1/2 Eßl. Petersilie, frisch gehackt
1 Teel. Majoran, frisch gehackt
2 Messerspitzen Fleischextrakt (ersatzweise 1 Eßl. kräftige Fleischbrühe)
1 Eßl. Weinbrand oder Cognac
Butter für die Form
2 Portionen Kartoffelpüree
1 Eßl. Butter

Arbeitsaufwand: etwa 30 Minuten
Garzeit: 27 (30 1/2) Minuten
Nährwert: etwa 2600 kJ/ 620 kcal je Person

1. Die Zwiebel fein hacken. Die Möhre schälen und kleinschneiden. Die Tomate mit kochendem Wasser überbrühen, kalt abschrecken und häuten. Die Tomate vom Stielansatz befreien und ebenfalls kleinschneiden.

2. Eine Bräunungsschale 4 (4 1/2) Minuten bei 500 (500) Watt vorheizen. Das Butterschmalz darauf geben und offen bei 600 (500) Watt 2 (2 1/2) Minuten erhitzen.

3. Das Hackfleisch mit einer Gabel lockern und auf die Bräunungsschale geben. Das Hackfleisch mit Salz und Pfeffer würzen und offen bei 600 (500) Watt 1 (1 1/4) Minute anbraten. Das Hackfleisch dann durchrühren und noch einmal 1 1/2 (1 3/4) Minuten bei 600 (500) Watt braten.

4. Die Zwiebel, die Möhre und die Tomate unter das Fleisch mischen und alles noch einmal 4 (4 1/2) Minuten zugedeckt bei 600 (500) Watt garen.

5. Den Weißwein, die Fleischbrühe, die Petersilie, den Majoran, den Fleischextrakt und den Weinbrand oder Cognac untermischen und alles offen noch einmal 8 (9) Minuten bei 600 (500) Watt garen.

6. Eine feuerfeste mikrowellengeeignete Form mit Butter ausstreichen. Ein Drittel des Kartoffelpürees hineingeben, mit einem Drittel der Fleischmischung bedekken und wieder mit Kartoffelpüree bedecken. Die restlichen Zutaten ebenso einschichten. Die oberste Fleischschicht mit einer Gabel etwas in das Kartoffelpüree drücken. Das Gratin mit der Butter in kleinen Flöckchen belegen.

7. Das Gratin zugedeckt 2 1/2 (3) Minuten bei 600 (500) Watt erwärmen.

8. Den Grill des Kombinationsgerätes oder des Backofens vorheizen.

9. Das Gratin auf dem Rost in die obere Schiene des Gerätes geben und ohne Zuschaltung von Mikrowellen etwa 4 Minuten überbacken, bis es schön gebräunt ist.

Meine Tips: Für dieses Gratin eignet sich statt Hackfleisch auch bereits gegartes Fleisch wie zum Beispiel von einem Braten, von Siedefleisch, von Geflügel oder Lamm. In diesem Fall das Fleisch kleinschneiden und nur ganz kurz mit den restlichen Zutaten garen.
Sie können aber auch ganz auf das Fleisch verzichten und statt dessen gedünstetes Gemüse mit einer dicken Tomatensauce oder auch einer Käsesauce (Béchamelsauce, mit Käse gemischt) mit dem Kartoffelpüree in die Form schichten.

Gratinierte Zucchini mit Sardellen

Mein liebstes Gratin aus der Mikrowelle

Für 2 Personen

3 reife Tomaten
3 kleine Zucchini
1 Zwiebel
4 Eßl. Olivenöl
2 Sardellenfilets (in Öl eingelegt)
2 Eßl. gemischte Kräuter (zum Beispiel Rosmarin, Basilikum, Kerbel, Bohnenkraut, Majoran, Salbei, Thymian und Fenchelkraut), frisch gehackt
1/2 Teel. Zucker
Salz, frisch gemahlener Pfeffer
1/2 Eßl. Petersilie, frisch gehackt
1 Knoblauchzehe
1 Eßl. würziger Käse (zum Beispiel Greyerzer), frisch gerieben

Arbeitsaufwand: etwa 20 Minuten
Garzeit: 24 (27) Minuten
Nährwert: etwa 1200 kJ/ 290 kcal je Person

1. Die Tomaten mit kochendem Wasser überbrühen, kalt abschrecken und häuten. Die Tomaten halbieren, vom Stielansatz und den Kernen befreien und in kleine Stücke schneiden. Die Zucchini waschen und ungeschält in dünne Scheiben schneiden. Die Zwiebel fein hacken.

2. Etwa 1 1/2 Eßlöffel Olivenöl in eine mikrowellengeeignete Form mit Deckel geben und offen bei 600 (500) Watt 1 1/2 (1 3/4) Minuten erhitzen.

3. Die Zwiebel zum Öl geben und 2 (2 1/2) Minuten bei 600 (500) Watt offen andünsten.

4. Inzwischen die Sardellen abtropfen lassen und fein hacken.

5. Die Sardellen mit den Tomaten und den Kräutern mit der angedünsteten Zwiebel mischen. Alles mit dem Zucker, Salz und Pfeffer abschmecken und 8 (9) Minuten zugedeckt bei 600 (500) Watt garen. Das Gemüse dann aus dem Gerät nehmen und zugedeckt stehenlassen.

6. Eine Bräunungsschale mit 2 Eßlöffeln Olivenöl 5 (5 1/2) Minuten bei 600 (500) Watt erhitzen. Die Zucchinischeiben auf eine Seite der Schale verteilen und 1 (1 1/4) Minute bei 600 (500) Watt braten. Die Zucchini dann auf die unbenutzte Seite der Schale wenden und 1 1/2 (1 3/4) Minuten bei 600 (500) Watt weiterbraten.

7. Die Zucchinischeiben von der Schale nehmen und auf Küchenpapier abfetten lassen.

8. Die Petersilie und den Knoblauch in die Schale geben und 1 (1 1/4) Minute bei 600 (500) Watt braten. Dann unter das Tomatenmus mischen.

9. Den Grill des Kombinationsgerätes oder des Backofens vorheizen.

10. Eine flache feuerfeste Form mit dem restlichen Olivenöl ausstreichen. Lagenweise das Tomatenmus und die Zucchini einfüllen. Die Zucchini dabei mit Salz und Pfeffer bestreuen. Den Käse darauf verteilen.

11. Das Gratin auf dem Rost in die obere Schiene des Gerätes geben und etwa 4 Minuten ohne Zuschaltung von Mikrowelle grillen.

Meine Tips: Statt der frischen Kräuter können Sie auch etwa 1 Teelöffel getrocknete Kräuter der Provence verwenden.
Das Tomatenmus sollten Sie sparsam und vorsichtig würzen. Denken Sie daran, daß die Sardellen bereits Salz enthalten.

Varianten: Die Zucchini dachziegelartig mit Auberginenscheiben in die Form schichten. In diesem Fall die Auberginenscheiben ebenfalls anbraten, und zwar etwas länger als die Zucchini.
Das Tomatenmus schmeckt auch als Sauce für Spaghetti oder andere Nudeln.
Statt Greyerzer können Sie auch Sbrinz, Parmesan oder Pecorino verwenden. Den Gratin dann vor dem Überbacken mit einigen Butterflocken bestreuen.

Spinatgratin mit Champignons

Ein festliches Gratin aus einfachen Zutaten

Für 2 Personen

400 g Blattspinat
6 Eßl. Wasser
2 Eßl. Schalotten, fein gehackt
1 Eßl. Butter
150 g Champignons
Salz, frisch gemahlener Pfeffer
1 Prise Salbeipulver
1 Knoblauchzehe
Für die Sauce:
2 Eßl. Butter
1 1/2 Eßl. Mehl
1/4 l Milch (oder Milch und Sahne/Rahm zu gleichen Teilen gemischt)
Salz, frisch gemahlener Pfeffer
50 g Greyerzer, frisch gerieben
geriebene Muskatnuß

Arbeitsaufwand:
etwa 25 Minuten
Garzeit:
18 (20 3/4) Minuten
Nährwert:
etwa 2000 kJ/
480 kcal je Person

Spinat ist ein ausgesprochen schmackhaftes, aber auch empfindliches Gemüse, das besonders schonend gegart werden sollte, damit die Nährstoffe und Vitamine gut erhalten bleiben. Vor allem das in Spinat enthaltene Vitamin C ist sehr hitzeempfindlich. Für viele Gerichte wird Spinat vorgekocht, das heißt kurz in kochendem Wasser blanchiert. Wenn man ihn dann noch in Eiswasser abschreckt, behält er seine schöne grüne Farbe zwar, wird aber auch etwas ausgelaugt.
In der Mikrowelle dagegen läßt sich Spinat mit sehr wenig Flüssigkeit »blanchieren«. Die Garzeit beträgt je nach Sorte 5–10 Minuten. Je nach Jahreszeit bekommen Sie entweder den zarten, kleinblättrigen Schnittspinat oder (in den kälteren Monaten) den etwas festeren Wurzelspinat mit größeren Blättern. Spinat sollten Sie immer ganz frisch einkaufen, denn bei längerem Lagern verliert er sehr schnell an Vitamin C. Außerdem sollten Sie ihn nach dem Einkauf natürlich auch bald verbrauchen und nicht zu Hause lagern. Nach Erkenntnissen von Ernährungswissenschaftlern sollte gegarter Spinat nicht mehr wieder erwärmt werden, da er danach für Magen-Darm-Empfindliche unverträglich wird.
Spinatblätter enthalten viel Wasser, was bei der Zubereitung vieler Gerichte von Nachteil ist. Beim Spinatgratin müssen die vorgegarten Blätter mit den Händen gut ausgedrückt werden, damit der austretende Spinatsaft die Sauce nicht verwässert. Für dieses Gericht können Sie auch tiefgefrorenen Spinat verwenden. Vor der Zubereitung müssen Sie ihn nur auftauen. 300 g brauchen etwa 5 Minuten bei Auftaustufe und anschließend mindestens 5 Minuten Ruhezeit. Auch tiefgefrorener, aufgetauter Spinat muß gut ausgedrückt werden, da er ebenfalls viel Flüssigkeit enthält.
Sie können das Gratin etwa 1 Stunde vor dem Überbacken vorbereiten und erst unmittelbar vor dem Servieren fertigstellen. In diesem Fall das Gratin schon beim Vorheizen des Grills mit in das Gerät oder den Backofen schieben, damit die Zutaten schön warm werden.
Der Spinat schmeckt auch sehr gut, wenn Sie ihn einfach mit der Sauce mischen und nicht überbacken. Er eignet sich dann hervorragend als Beilage.
Statt Spinat können Sie für das Gratin auch Mangoldblätter, die Sie in feine Streifen schneiden, verwenden. Ein Mangoldgratin schmeckt sehr aromatisch und leicht bitter.
Eine weitere Verwendungsmöglichkeit ist Wirsing. In diesem Fall können Sie die Champignons weglassen und statt dessen etwa 50 g sehr fein gehackten Magerspeck in der Mikrowelle kurz andünsten und dann mit dem Wirsing mischen.

1. Den Spinat verlesen und gegebenenfalls von den Stielen befreien, dann waschen und gut abtropfen lassen.

2. Den Spinat mit dem Wasser in ein großes Mikrowellengefäß geben und zugedeckt bei 600 (500) Watt 10 (11 1/2) Minuten garen. Nach der Hälfte der Zeit durchrühren und lockern.

3. Die Schalotten und die Butter in einer kleinen mikrowellengeeigneten Schüssel bei 600 (500) Watt offen 1 (1 1/4) Minute andünsten.

4. Die Champignons putzen, in Scheiben schneiden und mit den Schalotten mischen. Alles 2 (2 1/2) Minuten offen bei 600 (500) Watt dünsten.

5. Den Spinat gut ausdrücken, mit den Champignons mischen und mit Salz, Pfeffer und dem Salbeipulver bestreuen.

6. Die Knoblauchzehe aufschneiden und auf eine Gabel stecken. Den Spinat mit der Gabel gut durchmischen.

7. Für die Sauce die Butter mit dem Mehl in ein hohes Gefäß geben und zugedeckt 1 (1 1/4) Minute bei 600 (500) Watt garen. Die Milch gründlich unterrühren. Alles zugedeckt 1 (1 1/4) Minuten bei 600 (500) Watt kochen. Die Sauce gut durchrühren.

8. Die Sauce salzen und pfeffern, mit 2 Eßlöffeln Käse und Muskat abschmecken. Die Hälfte der Sauce unter den Spinat mischen.

9. Den Spinat in eine flache feuerfeste Form füllen, mit der restlichen Sauce bedekken und mit dem restlichen Käse bestreuen.

10. Den Grill des Kombinationsgerätes oder des Backofens vorheizen. Den Spinat in die obere Schiene des Gerätes geben und etwa 3 Minuten überbacken. Das Gratin in der Form servieren.

Tomatenauflauf mit Quark

Ein leichter Auflauf mit vielen Kräutern

Für 4 Personen

700 g reife, sehr rote Tomaten
Salz
3 Eier
150 g Sahne- oder Magerquark
4 Eßl. Sahne/Rahm
200 g Käse (Greyerzer oder Fontina), frisch gerieben
2 Eßl. gemischte Kräuter (zum Beispiel Rosmarin, Bohnenkraut und Thymian), frisch gehackt
1 Knoblauchzehe
frisch gemahlener Pfeffer
Butter für die Form
8 Basilikumblätter

Arbeitsaufwand:
etwa 30 Minuten
Garzeit: 21 1/2 (23 1/2) Minuten
Nährwert:
etwa 1600 kJ/ 380 kcal je Person

1. Die Tomaten waschen und von den Stielansätzen befreien. Die Tomaten dann in etwa 1/2 cm dicke Scheiben schneiden und auf Küchenpapier legen. Die Tomaten mit wenig Salz bestreuen und etwa 10 Minuten Saft ziehen lassen. Die Tomaten dann mit Küchenpapier trockentupfen.

2. Die Eier trennen. Die Eigelbe mit einem Schneebesen gut verquirlen. Den Quark, die Sahne, etwa zwei Drittel des Käses, die Kräutermischung und den durchgepreßten Knoblauch untermischen. Die Eigelbmasse mit Salz und Pfeffer würzen.

3. Die Eiweiße mit 1 Prise Salz sehr steif schlagen.

4. Die Hälfte des Eischnees unter die Quarkmischung ziehen. Dann die Masse auf den restlichen Eischnee geben und mit einem Holzlöffel sorgfältig mischen, ohne dabei zu schlagen.

5. Eine feuerfeste mikrowellengeeignete Form aus Porzellan oder Glas mit Butter ausstreichen. Den Boden der Form mit Tomatenscheiben auslegen. Diese mit der Quarkmischung bedecken. Darüber die restlichen Tomatenscheiben verteilen. Die Basilikumblätter in Streifen schneiden und darauf legen. Den restlichen Käse darüber streuen.

6. Den Auflauf bei 600 (500) Watt zugedeckt 18 (20) Minuten garen.

7. Den Grill des Kombinationsgerätes oder des Backofens vorheizen.

8. Den Tomatenauflauf auf dem Rost in die obere Schiene des Gerätes geben und offen ohne Zuschaltung von Mikrowellen etwa 3 1/2 Minuten überbakken. Der Käse soll zerfließen und auf der Oberfläche dürfen einige braune Flecken entstehen. Eine Kruste ist nicht erwünscht.

Mein Tip: Es ist sehr wichtig, daß Sie die Tomaten vor dem Einschichten abtupfen, damit sie beim Garen nicht zuviel Flüssigkeit abgeben.

Varianten: Außer Tomaten können Sie auch andere Gemüsesorten mit in die Form schichten. Zum Beispiel gebratene Auberginenscheiben. Diese auf der vorgeheizten Bräunungsplatte von jeder Seite 2 (2 1/2) Minuten bei 600 (500) Watt anbraten. Oder Zucchinischeiben. Oder eine Mischung aus Paprikaschote, Zwiebeln, Tomaten, Auberginen und Zucchini. Alle Gemüsesorten müssen zuvor in der Mikrowelle angedünstet werden.

Kartoffelgratin mit Sahne

Köstliche Beilage – für Kombinationsgeräte

Für 4 Personen

500 g Kartoffeln (zum Beispiel Bintje)
1 Knoblauchzehe
50 g Butter
200 ccm (0,2 l) Milch
200 g Sahne/Rahm
Salz
frisch gemahlener Pfeffer
geriebene Muskatnuß

Arbeitsaufwand:
etwa 15 Minuten
Garzeit:
17 (17 1/2) Minuten
Nährwert:
etwa 1600 kJ/
380 kcal je Person

1. Die Kartoffeln schälen und kurz unter fließendem Wasser waschen. Die Kartoffeln aber keinesfalls im Wasser liegenlassen.

2. Die Kartoffeln in sehr dünne Scheiben raffeln. Das geht am besten mit dem Gurkenhobel. Die Knoblauchzehe halbieren und eine flache feuerfeste und mikrowellengeeignete Form damit ausreiben. Die Form anschließend gründlich mit Butter ausstreichen.

3. Die Milch mit der Sahne mischen und mit Salz, Pfeffer und Muskat pikant abschmecken.

4. Die Kartoffeln in die vorbereitete Form geben und mit der Milchmischung begießen.

5. Die Kartoffeln zugedeckt 6 (6 1/2) Minuten bei 600 (500) Watt garen.

6. Das Kombinationsgerät auf Ober- und Unterhitze 250° oder Umluft 230° mit 180 Watt schalten. Die Kartoffeln zugedeckt weitere 5 Minuten garen.

7. Den Grill einschalten. Die Kartoffeln in die obere Schiene geben und etwa 6 Minuten ohne Zuschaltung von Mikrowellen grillen. Es soll keine Kruste entstehen, sondern die Oberfläche soll lediglich braune Flecken bekommen.

8. Das Kartoffelgratin in der Form servieren.

Meine Tips: Dieses Gratin ist eine Variante des echten »Gratin dauphinois«. Es enthält weder Ei noch Käse. Wenn das Gratin nicht zu Fleisch serviert wird, können Sie es noch mit etwas geriebenem Käse bestreuen, bevor Sie mit Ober- und Unterhitze beziehungsweise Umluft fertiggaren. Es sollte dann eine leichte Kruste bekommen.
Das gute Gelingen dieses Gratins hängt von der richtigen Konsistenz der Sahnesauce ab, die durch die Stärke der Kartoffeln cremig wird. Die Kartoffeln dürfen deshalb nicht im Wasser liegen, da sie sonst zuviel Stärke verlieren. Sie sollten sie nicht höher als 3 cm in die Form schichten, damit sie bis zuletzt von der Sauce bedeckt sind.
Das Gratin paßt am besten zu gebratenem oder gegrilltem Fleisch, keinesfalls zu einem Gericht mit Sahnesauce.
Wenn Sie fleischlos essen möchten, können Sie das Gratin auch zu einer Gemüseplatte servieren.

FEINE DESSERTS

Auch für den süßen Abschluß eines anspruchsvollen Menüs ist die Mikrowelle zuständig, Desserts gelingen im Handumdrehen und ganz leicht. Sie finden in diesem Kapitel köstliche neue Kreationen wie Honigäpfel mit Weinschaum, Cassisbirnen oder Rhabarbersülzchen mit Ingwer und Erdbeersauce.

Gefüllte Äpfel im Amarettimantel mit Vanillesauce

Würdiger Abschluß eines festlichen Menüs

Für 4 Personen

50 g Marzipan-Rohmasse
30 g geriebene Mandeln
1 Eßl. Butter
20 kleine Amaretti (italienische Mandelmakronen)
1 Eßl. Zucker
1/2 Teel. Zimtpulver
2 feste Äpfel
1 Teel. Zitronensaft
Für die Sauce:
200 ccm (0,2 l) Milch
1/2 Vanilleschote
2 Eigelb
2 Eßl. Zucker
Zum Bestreichen:
1 Eßl. Butter

Arbeitsaufwand: etwa 35 Minuten
Garzeit: 15 3/4 (18 1/4) Minuten
Nährwert: etwa 1700 kJ/ 400 kcal je Person

1. Das Marzipan, die Mandeln und die Butter mit einer Gabel gründlich verkneten. Die Amaretti mit einem Nudelholz zerstoßen, dann mit dem Zucker und dem Zimt mischen.

2. Die Äpfel schälen und das Kerngehäuse ausstechen. Die Äpfel sofort mit dem Zitronensaft bestreichen.

3. Die Marzipanmasse in die Aushöhlung der Äpfel füllen.

4. Die Butter zum Bestreichen in eine kleine mikrowellengeeignete Schale geben und offen bei 600 (500) Watt in 2 (2 1/2) Minuten schmelzen lassen.

5. Die Äpfel mit der flüssigen Butter bestreichen, dann in der Amarettimischung wälzen, so daß sie rundherum davon bedeckt sind.

6. Die Äpfel in eine mikrowellengeeignete Form mit Deckel geben und zugedeckt bei 600 (500) Watt 11 (12 1/2) Minuten garen.

7. Die Milch in eine mikrowellengeeignete Form mit Deckel geben. Die Vanilleschote der Länge nach aufschlitzen und hinzufügen. Die Milch zugedeckt bei 600 (500) Watt in 2 (2 1/2) Minuten erhitzen.

8. Inzwischen die Eigelbe mit dem Zucker cremig schlagen. Die heiße Milch durch ein Sieb langsam zu der Eigelbmasse gießen. Dabei gründlich rühren.

9. Die Masse bei 600 (500) Watt offen 3/4 Minute garen. Dann sofort aus dem Gerät nehmen und mit einem Schneebesen kräftig durchschlagen.

10. Die Äpfel auf Desserttellern anrichten und mit der Vanillesauce umgießen. Das Dessert abkühlen lassen oder lauwarm servieren.

Mein Tip: Wenn Sie keine Amaretti bekommen, können Sie auch andere Mandelmakronen nehmen und sie nach dem Zerstoßen mit etwas Bittermandelöl aromatisieren.

Cassisbirnen

Mit Johannisbeerlikör werden die Birnen besonders aromatisch

Für 4 Personen

4 Eßl. Zucker
3 Eßl. Wasser
4 große feste Birnen
1/4 l guter Rotwein
3 Eßl. Cassis (Johannisbeerlikör)
1/2 Zimtstange
1 Gewürznelke
1 1/2 Teel. Speisestärke

Arbeitsaufwand:
etwa 15 Minuten
Garzeit:
20 (22 1/2) Minuten
Nährwert:
etwa 720 kJ/ 170 kcal je Person

1. Den Zucker mit 2 Eßlöffeln Wasser in eine mikrowellengeeignete Schüssel geben und bei 600 (500) Watt in 4 (4 1/2) Minuten offen karamelisieren lassen. Dabei nach der Hälfte der Zeit umrühren. Wenn der Zucker nach der angegebenen Zeit noch keine Farbe angenommen hat, die Garzeit etwas verlängern.

2. Die Birnen schälen, halbieren, von den Kerngehäusen befreien und in Schnitze schneiden.

3. Den Wein, den Cassis, die Zimtstange und die Gewürznelke zu dem Karamel geben und alles offen 4 (4 1/2) Minuten bei 600 (500) Watt kochen lassen.

4. Den gewürzten Wein durch ein feines Sieb passieren, dann mit den Birnenschnitzen wieder in die Schüssel geben.

5. Die Birnen bei 600 (500) Watt zugedeckt 8 (9) Minuten garen. Die Birnen dabei nach der Hälfte der Zeit vorsichtig wenden, damit sie sich gleichmäßig rot färben.

6. Die Birnen abtropfen lassen, den Wein dabei auffangen.

7. Die Speisestärke mit dem restlichen Wasser verrühren, dann mit dem Wein mischen. Die Flüssigkeit bei 600 (500) Watt 4 (4 1/2) Minuten offen garen, bis sie sämig geworden ist.

8. Die Sauce über die Birnen gießen und alles abkühlen lassen.

Meine Tips: Die Garzeit dieses Desserts kann je nach Qualität der Birnen stark variieren. Sie sollten den Zustand also nach der angegebenen Zeit prüfen und die Birnen gegebenenfalls 6–8 Minuten nachgaren.
Wichtig ist, daß der Wein sirupartig eingekocht ist. Je nach Gerät kann dieser Vorgang etwas länger dauern. In diesem Fall die Garzeit ebenfalls etwas verlängern, bis eine gut gebundene Flüssigkeit entstanden ist.
Der Wein wird mit etwas Speisestärke gebunden, damit Sie für den Sirup weniger Zucker benötigen.
Die Cassisbirnen schmecken sehr gut mit Apfelwein- oder Zimtcreme (Apfelweincreme Rezept Seite 126). Oder Sie bestreuen die Birnen mit gehackten Pistazien.

Apfelweincreme

Ein erfrischendes Desserts

Für 4 Personen

4 Eßl. Zucker
1/4 l Apfelwein
Saft von 1/2 Orange
1/2 Teel. abgeriebene unbehandelte Orangenschale
3 Eier
250 g Sahne/Rahm

Arbeitsaufwand: etwa 15 Minuten
Garzeit: 5 (6) Minuten
Nährwert: etwa 1400 kJ/ 330 kcal je Person

1. Den Zucker mit dem Apfelwein, dem Orangensaft und der -schale sowie den Eiern verquirlen, bis eine schaumige Masse entstanden ist.

2. Die Eiermasse in eine mikrowellengeeignete Schale geben und zugedeckt 5 (6) Minuten bei 500 (480) Watt garen.

3. Die Masse mit dem Schneebesen oder dem elektrischen Handrührgerät etwa 2 Minuten verquirlen, dann kurz kühl stellen.

4. Die Sahne steif schlagen und unter die kühle Creme ziehen.

5. Das Dessert bis zum Servieren in den Kühlschrank stellen.

Mein Tip: Sie sollten die Apfelweincreme beim Kühlen mit Folie abdecken, damit sie keine fremden Gerüche annimmt.

Varianten: Wenn Sie die Creme etwas leichter mögen, können Sie 100 g der Sahne durch 2 steifgeschlagene Eiweiß ersetzen.
Sie können das Dessert aber auch etwas üppiger zubereiten. Dazu 2 säuerliche Äpfel schälen, halbieren und von den Kerngehäusen befreien. Die Apfelhälften mit der Schnittfläche nach unten auf eine mikrowellengeeignete, mit Butter bestrichene Platte legen. Mit 1/8 l Apfelsaft übergießen, zudecken und 6 (6 1/2) Minuten bei 600 (500) Watt garen. Die Apfelhälften abtropfen lassen und auf Desserttellern verteilen. Die Apfelweincreme darüber gießen und mit 1 Sahne- oder Quarktupfer garnieren. Das Dessert nach Belieben noch mit gerösteten Mandelblättchen garnieren.
Die Creme läßt sich leicht in eine *Zimtcreme* umwandeln: 6 Eßlöffel Zucker mit 3 Eiern, 1/8 l Milch und 1 Prise Salz verquirlen, bis eine schaumige Creme entstanden ist. 1 Vanilleschote der Länge nach aufschlitzen, das Vanillemark mit einem Messer herauskratzen und zu der Eiercreme geben. Die Creme in eine mikrowellengeeignete Form geben und zugedeckt 5 Minuten bei 490 (500) Watt garen. 2 Teelöffel Zimtpulver untermischen. Die Masse mit dem Schneebesen oder dem elektrischen Handrührgerät etwa 2 Minuten durchschlagen, dann kühl stellen. 125 g Sahne steif schlagen und kurz vor dem Servieren unter die Creme mischen.
Ganz besonders intensiv wird der Zimtgeschmack, wenn Sie 1 Zimtstange im Blitzhacker frisch zu Pulver vermahlen. Die Zimtcreme paßt besonders gut zu Apfel- oder Zwetschgenstrudel, zu Heidelbeeren und Brombeeren sowie zu Kirschen- oder Zwetschgenkompott. Sehr gut schmeckt sie auch zu gedünsteten Dörrzwetschgen.
Wenn Sie den Zimt weglassen und etwas mehr Vanillemark hinzufügen, entsteht eine köstliche Vanillecreme.

Schokoladenbiskuit

Schnelles Biskuit mit vielen Variationen

Für eine rechteckige Schale (24 x 24 cm)

60 g Butter
6 Eßl. Kakaopulver
150 g Zuckerrohrgranulat oder Zucker
1 Prise Salz
3 Eier
1 Vanilleschote
110 g Weizenvollkornmehl oder weißes Mehl
1/2 Teel. Backpulver
4 Eßl. Sahne/Rahm
1 Eßl. Amaretto (Mandellikör)
50 g Mandelstifte
100 g ungehäutete, gemahlene Mandeln
1 Eßl. Butterschmalz/Bratbutter

Arbeitsaufwand: etwa 25 Minuten
Garzeit: 8 (9) Minuten
Nährwert insgesamt: etwa 11000 kJ/ 2600 kcal

Ein Biskuit läßt sich in der Mikrowelle in Minutenschnelle zubereiten. Sie brauchen dazu nur ein paar Zutaten, die Sie meist sowieso im Vorrat haben. Die Zubereitung des Teiges ist so einfach, daß er sich auch mit dem einfachsten Mikrowellengerät backen läßt. Der Teig ist besonders praktisch, wenn Sie unerwartet Besuch bekommen und nichts zum Anbieten haben.
Sie können den Teig nach dem Garen quer halbieren, beliebig füllen und beispielsweise als Desserts servieren.
Damit das Biskuit auch wirklich immer gelingt, sollten Sie einige wichtige Punkte beachten:

- Die Zutaten genau nach der im Rezept angegebenen Reihenfolge zugeben. Der Kakao muß mit der warmen Butter zu einer gleichmäßigen glatten Creme verrührt werden. Die Eier sollen unter die noch warme Schokoladencreme gemischt werden. Die Sahne und der Amaretto geben zusätzliche Flüssigkeit, die der Teig braucht, damit er mit dem Mehl eine glatte Masse bildet. Nicht jedes Mehl bindet gleich viel Flüssigkeit. Sollte der Teig zu trocken sein, geben Sie noch etwas mehr Sahne oder Amaretto unter die Masse.
- Die Backzeit kann je nach Gerät etwas unterschiedlich sein. Am besten machen Sie nach etwa 5 Minuten eine Stäbchenprobe mit einer Nadel oder einem spitzen Messer. Beim Herausziehen darf kein feuchter Teig daran haften bleiben. Allerdings sollte das Biskuit auch nicht zu trocken werden. Wenn er noch nicht ganz durchgebacken ist, die Garzeit jeweils nur um 1/2 Minute verlängern, dann wieder die Probe machen.
- Das Biskuit nach dem Backen in der Form erkalten lassen, dann mit einem Messer vom Rand lösen und stürzen. In Alufolie gewickelt können Sie es einige Tage aufbewahren oder sogar tiefgefrieren. Tiefgefrorenen Teig bei Auftaustufe 1 Minute (vorher aus der Folie wickeln) antauen, dann stehenlassen, bis er vollkommen aufgetaut ist. Biskuit, das Sie füllen, glasieren oder verzieren möchten, erst nach dem Auftauen fertigstellen.
- Wenn Sie das Biskuit zu einer Torte weiterverarbeiten wollen, können Sie es auch in einer runden Form garen. Der Teig sollte jedoch niemals höher als 3 cm in die Form gefüllt werden, damit er gleichmäßig durchbacken kann.

Und nun gebe ich Ihnen einige Anregungen, was Sie mit dem Biskuit alles machen können:
Kleine Würfel zum Kaffee oder Tee: Das Biskuit nach dem Erkalten in 2–2 1/2 cm große Würfel schneiden, auf eine Platte geben und mit Schokoladenglasur bestreichen. (100 g Zartbitterschokolade 1 (1 1/4) Minute bei 600 (500) Watt schmelzen lassen). Jeden Würfel nach Belieben mit 1 Nuß garnieren.
Schokoladenschnitten: Das Biskuit nach dem Erkalten in 3 cm breite und 10–12 cm lange Schnitten schneiden. Die Schnitten noch einmal quer durchschneiden und füllen: zum Beispiel mit Johannis- oder Preiselbeerkonfitüre bestreichen, eine Schicht steif geschlagene Sahne darauf streichen und die Schnitten wieder zusammensetzen Die Schnitten können Sie auch mit einer Orangenglasur bestreichen. Dafür 1 Eßlöffel Orangensaft mit 2–3 Eßlöffeln Puderzucker verrühren. Die Schnitten dann aber mit Aprikosen- oder Johannisbeerkonfitüre zubereiten.
Torten: Das Biskuit in einer runden Form backen, quer durchschneiden und füllen: Zum Beispiel steif geschlagene Sahne mit Kirschen oder Beeren mischen oder eine Quarkcreme herstellen. Sehr gut schmeckt auch eine Schokoladenmousse oder eine dickflüssige, mit Gelatine verfestigte Vanillecreme. Die Oberfläche der Torte können Sie mit Schokoladen- oder einer anderen Glasur bestreichen. Oder Sie garnieren sie mit geschlagener Sahne und Schokoladenspänen oder -streuseln.

1. Die Butter in eine mikrowellengeeignete Schale geben und bei 600 (500) Watt offen in 1 1/2 (1 3/4) Minuten schmelzen lassen.

2. Das Kakaopulver hinzufügen und mit der Butter zu einer gleichmäßigen Masse verrühren. Dann das Zuckerrohrgranulat oder den Zucker untermischen.

3. Die Eier und das Salz hinzufügen und alles gut verrühren. Die Vanilleschote längs aufschlitzen und das Mark herauskratzen. Das Vanillemark ebenfalls unterrühren.

4. Das Mehl mit dem Backpulver mischen und durch ein Sieb über die Kakaomasse sieben.

5. Die Sahne und den Amaretto hinzufügen und alles zu einem glatten Teig verrühren.

6. Die Mandelstifte mit einem Wiegemesser grob zerkleinern, dann mit den gemahlenen Mandeln unter den Teig mischen.

7. Das Butterschmalz in die Form geben und bei 600 (500) Watt in 1 1/2 (1 3/4) Minuten schmelzen lassen. Das Butterschmalz dann mit einem Pinsel gleichmäßig in der Form verteilen.

8. Den Teig in die vorbereitete Form geben und mit einem Teigschaber glattstreichen.

9. Das Biskuit 5 (5 1/2) Minuten bei 600 (500) Watt offen backen. Das Biskuit in der Form erkalten lassen, dann mit einem Messer vom Rand der Form lösen und herausnehmen.

10. Das Biskuit je nach Wunsch fertigstellen. Hier ist es mit Kirschsahne gefüllt und mit einer Glasur aus Kirschwasser und Puderzucker bestrichen.

Honigäpfel mit Weinschaum

Für überraschenden Besuch geeignet

Für 4 Personen

Butter für die Form
4 feste Äpfel
4 Eßl. Honig
3 Eßl. Apfelwein
1 Teel. Zimtpulver
Für den Weinschaum:
3 Eigelb
80 g Zucker
1/8 l Apfelwein
Saft und abgeriebene Schale von 1/2 unbehandelten Zitrone

Arbeitsaufwand:
etwa 20 Minuten
Garzeit:
11 (12) Minuten
Nährwert:
etwa 1300 kJ/ 310 kcal je Person

1. Eine große flache und mikrowellengeeignete Form gründlich mit Butter ausstreichen.

2. Die Äpfel schälen, vierteln und von den Kerngehäusen befreien. Die Äpfel in schmale Schnitze schneiden.

3. Den Honig in die vorbereitete Form geben und bei 600 (500) Watt 2 (2 1/2) Minuten offen erhitzen.

4. Die Apfelschnitze dekorativ in der Form anrichten (etwa so wie für Apfelkuchen). Die Äpfel mit dem Apfelwein beträufeln und mit dem Zimtpulver bestreuen.

5. Die Äpfel zugedeckt bei 600 (500) Watt 3 (3 1/2) Minuten garen. Die Äpfel dann aus dem Gerät nehmen und zugedeckt beiseite stellen, bis der Weinschaum zubereitet ist.

6. Die Eigelbe mit dem Zucker, dem Apfelwein und dem Zitronensaft sowie der abgeriebenen Schale gründlich verrühren und in eine mikrowellengeeignete Form geben.

7. Den Weinschaum 6 Minuten bei 490 (500) Watt zugedeckt kochen.

8. Den Weinschaum dann sofort in eine gekühlte Schüssel füllen und gründlich verrühren. Den Saft, der sich bei den gegarten Äpfeln gesammelt hat, unter den Weinschaum rühren.

9. Den Weinschaum über den Äpfeln anrichten und das Dessert lauwarm servieren.

Mein Tip: Nach Wunsch können Sie zusätzlich 2–3 Eßlöffel steifgeschlagene Sahne unter die erkaltete Weincreme ziehen.

Varianten: Nach Belieben können Sie dieses Dessert auch mit Birnen zubereiten. Dabei eventuell zum Schluß 1 Eßlöffel Birnengeist hinzufügen. Außerdem schmeckt dieses Dessert auch mit entsteinten Aprikosen. In diesem Fall nehmen Sie Barak (Aprikosenbranntwein) zum Aromatisieren. Anstelle von Weinschaum schmeckt es besser, wenn Sie steifgeschlagene Sahne mit etwas Barak verfeinern und diese zu den Aprikosen servieren.

Rhabarbersülzchen mit Ingwer und Erdbeersauce

Aromatisches Dessert für den Frühling

Für 4 Personen

400 g Rhabarber
5 Blatt weiße Gelatine
1 Stück in Sirup eingelegter Ingwer
2 Eßl. Ingwersirup aus dem Glas
1 Eßl. Zucker
1 Eßl. Weißwein
200 g Sahne/Rahm
Für die Sauce:
400 g Erdbeeren
2 Eßl. Zucker
nach Belieben 1 Eßl. Orangenlikör
Zum Garnieren:
2 Eßl. Crème double oder saure Sahne
4 Erdbeeren

Arbeitsaufwand: etwa 30 Minuten
Garzeit: 7 (9) Minuten
Kühlzeit: 2–3 Stunden
Nährwert: etwa 1300 kJ/310 kcal je Person

1. Den Rhabarber schälen, waschen und längs halbieren, dann in Stücke von 1 cm Größe schneiden. Den Rhabarber in ein weites Mikrowellengefäß geben.

2. Die Gelatine in kaltem Wasser einweichen. Den Ingwer aus dem Sirup nehmen, abtropfen lassen und fein würfeln.

3. Den Rhabarber mit dem Ingwersirup, dem Zucker und dem Weißwein in einem mikrowellengeeigneten Gefäß mischen, dann zugedeckt bei 600 (500) Watt 7 (9) Minuten garen. Den Rhabarber dabei nach der Hälfte der Garzeit durchrühren.

4. Inzwischen für die Sauce die Erdbeeren kalt abspülen, vorsichtig trockentupfen, von den Stielen befreien und halbieren. Die Erdbeeren mit dem Zucker und nach Belieben dem Likör im Mixer pürieren. Das Püree durch ein Sieb streichen, um die Kerne zu entfernen.

5. Den gegarten Rhabarber mit einem Viertel des Erdbeerpürees im Mixer fein pürieren. Die Gelatine gut ausdrücken, unter das warme Püree mischen und unter Rühren darin auflösen.

6. Das Rhabarberpüree mit den Ingwerwürfelchen mischen und kühl stellen, bis es beginnt, fest zu werden.

7. Die Sahne steif schlagen und unter das Püree heben. Prüfen, ob das Püree süß genug ist. Bei Bedarf mit etwas Zucker oder Ingwersirup nachsüßen.

8. Die Rhabarbermischung in kleine Puddingförmchen füllen und 2–3 Stunden in den Kühlschrank stellen, bis sie fest geworden ist. Die Erdbeersauce ebenfalls kühl stellen.

9. Die Förmchen dann zum Stürzen kurz in heißes Wasser tauchen. Die Rhabarbersülzchen gegebenenfalls mit einem Messer vom Rand der Förmchen lösen.

10. Die Rhabarbersülzchen auf Teller stürzen und mit der Erdbeersauce umgießen. Die Crème double oder die saure Sahne in Abständen von 2–3 cm als ovale Kleckse auf die Erdbeersauce geben. Das geht am besten mit einem Spritzbeutel oder einem kleinen Löffel. Mit einem Holzstäbchen einen Streifen durch die Crème ziehen, so daß ein hübsches Muster entsteht. Jedes Dessert mit 1 Erdbeere garnieren.

Zwetschgenflan nach französischer Art

Wird besonders fein und saftig

Für eine Form von 28 cm Ø

600 g Zwetschgen
1/2 l Milch
1/2 Vanilleschote
3 Eier
100 g Zucker
1 Prise Salz
5 Eßl. Mehl
1 Eßl. Zwetschgenwasser
1 Eßl. Butter
1 Eßl. Puderzucker

Arbeitsaufwand: etwa 20 Minuten
Garzeit: 41 (41 3/4) Minuten
Nährwert insgesamt: etwa 7100 kJ/ 1700 kcal

1. Die Zwetschgen waschen, längs aufschneiden und vom Stein befreien.

2. Die Milch in eine mikrowellengeeignete Form geben. Die Vanilleschote der Länge nach aufschlitzen und das Mark herauskratzen. Die Vanilleschote und das Mark in die Milch geben.

3. Die Milch bei 600 (500) Watt zugedeckt 5 (5 1/2) Minuten erhitzen. Die Milch dann etwas abkühlen lassen. Die Vanilleschote entfernen.

4. Die Eier mit dem Zucker und dem Salz zu einer schaumigen, dickflüssigen Creme aufschlagen. Das Mehl sieben und nach und nach unter die Eiercreme mischen. Die Milch unter Rühren langsam hinzufließen lassen. Das Zwetschgenwasser unterrühren.

5. Eine nicht zu hohe, feuerfeste und mikrowellengeeignete Form mit der Butter 1 (1 1/4) Minute bei 600 (500) Watt erhitzen.

6. Die Zwetschgenhälften gleichmäßig in der Form verteilen und mit der Eiermasse bedecken.

7. Die Form mit dem Rost in die mittlere Schiene des Gerätes geben und bei 180 Watt und Ober- und Unterhitze 220° oder Umluft 200° 30 Minuten offen garen.

8. Dann den Grill einschalten und den Flan ohne Zuschaltung von Mikrowellen noch einmal 5 Minuten überbacken.

9. Den Flan lauwarm oder abgekühlt servieren. Den Zwetschgenflan erst unmittelbar vor dem Servieren mit dem Puderzucker bestäuben.

Meine Tips: Sie können für dieses Dessert auch tiefgefrorene Zwetschgen verwenden. Diese zuvor 6 Minuten bei Auftaustufe auftauen.
Wenn Sie kein Kombinationsgerät besitzen, garen Sie den Flan 20 Minuten bei 490 (500) Watt. Nach Belieben können Sie ihn anschließend noch kurz unter den vorgeheizten Grill schieben. Sie können das Dessert auch in Portionsförmchen zubereiten. Wenn Sie ein Gerät mit Drehteller haben, die Förmchen kreisförmig anordnen. Wenn Sie ein Gerät ohne Drehteller haben, die Förmchen nach der Hälfte der Backzeit etwas umplazieren. Auf diese Art gebackene Flans lassen sich auch stürzen. Gut schmeckt dazu dann ein Weinschaum (Rezept Seite 130) oder eine Zimtcreme (Variante von Apfelweincreme, Rezept Seite 126).

Varianten: Der Flan schmeckt auch mit Kirschen, Aprikosen oder Pfirsichen. Oder Sie ersetzen 3 Eßlöffel Mehl durch gemahlene Mandeln. Diese Masse können Sie dann mit einigen Tropfen Bittermandelöl aromatisieren. In diesem Fall das Vanillemark weglassen. Zu dieser Variante schmeckt eine Fruchtsauce besonders gut. Dafür Zwetschgen oder andere Früchte wie Kirschen, Aprikosen oder Pfirsiche mit Zitronensaft und Zucker pürieren.

Umrechnungstabelle für die verschiedenen Geräte

Der Unterschied in den Auftau-, Erwärm- und Garzeiten zu Geräten mit 650 und 720 Watt ist so gering, daß er nicht berücksichtigt werden muß. Im Zweifelsfall gilt: stets eine etwas kürzere Garzeit als angegeben wählen und die Speisen eventuell kurz nachgaren.

500 Watt		600 Watt		700 Watt	
3/4	Minute	1/2	Minute	1/2	Minute
1 1/4	Minuten	1	Minute	1	Minute
1 3/4	Minuten	1 1/2	Minuten	1 1/4	Minuten
2 1/2	Minuten	2	Minuten	1 3/4	Minuten
2 3/4	Minuten	2 1/4	Minuten	2	Minuten
3	Minuten	2 1/2	Minuten	2	Minuten
3 1/2	Minuten	3	Minuten	2 1/2	Minuten
4 1/2	Minuten	4	Minuten	3 1/2	Minuten
5 1/2	Minuten	5	Minuten	4 1/2	Minuten
6 1/2	Minuten	6	Minuten	5	Minuten
8	Minuten	7	Minuten	6	Minuten
9	Minuten	8	Minuten	7	Minuten
10 1/2	Minuten	9	Minuten	7 1/2	Minuten
11 1/2	Minuten	10	Minuten	8 1/2	Minuten
12 1/2	Minuten	11	Minuten	9 1/2	Minuten
13 1/2	Minuten	12	Minuten	10	Minuten
15	Minuten	13	Minuten	11	Minuten
16	Minuten	14	Minuten	12	Minuten
17	Minuten	15	Minuten	13	Minuten
23	Minuten	20	Minuten	17	Minuten
28	Minuten	25	Minuten	21	Minuten
34	Minuten	30	Minuten	26	Minuten
39	Minuten	35	Minuten	30	Minuten
45	Minuten	40	Minuten	34	Minuten
56	Minuten	50	Minuten	43	Minuten

Register

Amaretti, Gefüllte Äpfel im Amarettimantel mit Vanillesauce 122
Ananas, Hühnercurry mit Ananas und Kumquats 86
Äpfel, Gefüllte Äpfel im Amarettimantel mit Vanillesauce 122
Äpfel, Honigäpfel mit Weinschaum 130
Apfelweincreme 126
Apfelwein, Kalbshaxe mit Apfelwein und Ingwer 66
Artischocken, Gemüse mit verlorenen Eiern und Knoblauchsauce 104
Auberginen
Eiertöpfchen mit Gemüse 20
Gefüllte Auberginen mit Schweinefleisch 96
Gemüse nach sizilianischer Art 102
Auflauf, Kartoffelauflauf mit Hackfleisch 110
Auflauf, Tomatenauflauf mit Quark 116

Birnen, Cassisbirnen 124
Biskuit zubereiten 128
Biskuit, Schokoladenbiskuit 128
Blumenkohl, Gemischtes Gemüse mit Sahnesauce 98
Bries einkaufen und vorbereiten (Tip) 22
Bries, Kalbsbries mit grüner Sauce 22
Bries, Kalbsfilet und Kalbsbries mit Portweinsauce 64
Broccoli, Rotweinrisotto mit Broccoli 100

Cassisbirnen 124
Champagner, Saibling mit Champagnersauce 42
Champignonfüllung (Variante) 70
Champignons, Spinatgratin mit Champignons 114
Chinakohl, Gefüllter Chinakohl mit roter Ingwersauce 90
Cocktailsauce 16
Curry, Hühnercurry mit Ananas und Kumquats 86

Das geeignete Geschirr 6
Das Mikrowellen-Kombinationsgerät 6
Das Mikrowellen-Sologerät 6
Der Stil des Hauses 8

Eier, Gemüse mit verlorenen Eiern und Knoblauchsauce 104
Eiertöpfchen mit Gemüse 20
Eigenschaften von Mikrowellen 6
Einkaufen: Richtig einkaufen und zubereiten 8
Entenbrust mit Honig-Koriander-Sauce 82
Erdbeeren, Rhabarbersülzchen mit Ingwer und Erdbeersauce 132

Fenchel
Fenchelterrine mit Scampi 16
Gemüse mit verlorenen Eiern und Knoblauchsauce 104
Gratinierte Fenchelsuppe 34
Warenkunde (Tip) 34
Filet, Kalbsfilet und Kalbsbries mit Portweinsauce 64
Filet, Schweinefilet mit Sherrysauce 62
Fisch, Lauwarmer Fischsalat 18
Fischsuppe mit Muscheln 28
Flan, Zwetschgenflan nach französischer Art 134

Garen, Das anspruchsvolle Garen mit der Mikrowelle 8
Garmethode: Eine schonende Garmethode 6
Garnelen: Lauwarmer Fischsalat 18
Geflügel: Grünkernsuppe mit Geflügel 30
Geflügelgeschnetzeltes mit Schnittlauchsauce 78
Geflügellebertoasts mit Orangen 26
Geflügeltimbale mit Gemüse und Kräutersauce 24
Gefüllte Äpfel im Amarettimantel mit Vanillesauce 122
Gefüllte Auberginen mit Schweinefleisch 96
Gefüllte Lachsscheiben mit Wermutsauce 46
Gefüllte Muscheln auf provenzalische Art 14
Gefüllter Chinakohl mit roter Ingwersauce 90
Gemüse
Gemischtes Gemüse mit Sahnesauce 98
Gemüse mit verlorenen Eiern und Knoblauchsauce 104
Gemüse nach sizilianischer Art 102
Linsen mit Gemüse und Kapern 92
Meerbarbenfilets mit Gemüse und Pernodsauce 48
Pochierte Lammchops mit Gemüse 72
Steinbutt im Gemüsesud 44
Geschirr, Das geeignete Geschirr 6
Grapefruit, Lachsforellenfilets mit Grapefruitsauce 54
Gratin, Kartoffelgratin mit Sahne 118
Gratin, Mangoldgratin mit Tomaten 108
Gratin, Spinatgratin mit Champignons 114
Gratinierte Fenchelsuppe 34
Gratinierte Zucchini mit Sardellen 112
Grüner Spargel mit Orangen-Buttersauce 94
Grünkernsuppe mit Geflügel 30

Hackbraten nach Großmutters Art 60
Hackfleisch: Kartoffelauflauf mit Hackfleisch 110
Hähnchen mit Morchelsauce 84
Hähnchen: Mariniertes Hähnchen 80
Haselnußsauce 18
Honigäpfel mit Weinschaum 130
Hühnercurry mit Ananas und Kumquats 86

Ingwer
Gefüllter Chinakohl mit roter Ingwersauce 90
Kalbshaxe mit Apfelwein und Ingwer 66
Rhabarbersülzchen mit Ingwer und Erdbeersauce 132

Joghurtsauce 18

Kalbsbries mit grüner Sauce 22
Kalbsbries, Kalbsfilet und Kalbsbries mit Portweinsauce 64
Kalbsfilet und Kalbsbries mit Portweinsauce 64
Kalbshaxe mit Apfelwein und Ingwer 66
Kalbsröllchen mit Zucchini-Dill-Sauce 70
Kalbszunge mit Kräutersauce 68
Kalte Kräutersauce 16
Kaninchenrücken mit Cognac-Oliver-Sauce 76
Kapern: Linsen mit Gemüse und Kapern 92
Kartoffeln
Gemüse mit verlorenen Eiern und Knoblauchsauce 104
Kartoffelauflauf mit Hackfleisch 110
Kartoffelcremesuppe mit Steinpilzen 36
Kartoffelgratin mit Sahne 118
Linsen mit Gemüse und Kapern 92
Knoblauchcroûtons zubereiten (Tip) 28
Kombinationsgerät, Das Mikrowellen-Kombinationsgerät 6
Koriander (Tip) 82
Koriander: Entenbrust mit Honig-Koriander-Sauce 82
Kräuter der Provence (Tip) 58
Kressesauce 16
Kumquats: Hühnercurry mit Ananas und Kumquats 86

Register

Lachs: Gefüllte Lachsscheiben mit Wermutsauce 46
Lachsfilets mit Estragon-Senf-Sauce 50
Lachsforellenfilets mit Grapefruitsauce 54
Lammchops: Pochierte Lammchops mit Gemüse 72
Lammchops, Warenkunde (Tip) 72
Lammrücken mit Orangen-Sojasauce 74
Lauch, Linsen mit Gemüse und Kapern 92
Lauwarmer Fischsalat 18
Leber, Geflügellebertoasts mit Orangen 26
Leberfüllung (Variante) 70
Linsen mit Gemüse und Kapern 92

Mangoldgratin mit Tomaten 108
Mariniertes Hähnchen 80
Meerbarbenfilets mit Gemüse und Pernodsauce 48
Meeresfrüchte, Toasts mit Meeresfrüchten 12
Meerrettichsauce 18
Mikrowelle: Das anspruchsvolle Garen mit der Mikrowelle 8
Mikrowellen: Eigenschaften von Mikrowellen 6
Mikrowellengerät: Das Mikrowellen-Kombinationsgerät 6
Mikrowellengerät: Das Mikrowellen-Sologerät 6
Möhren
- Gemischtes Gemüse mit Sahnesauce 98
- Gemüse mit verlorenen Eiern und Knoblauchsauce 104
- Linsen mit Gemüse und Kapern 92
- Pochierte Lammchops mit Gemüse 72

Morcheln, Hähnchen mit Morchelsauce 84
Muscheln
- Fischsuppe mit Muscheln 28
- Gefüllte Muscheln auf provenzalische Art 14
- Toasts mit Meeresfrüchten 12

Oliven, Gemüse nach sizilianischer Art 102
Oliven, Kaninchenrücken mit Cognac-Oliven-Sauce 76
Orangen filieren (Tip) 26
Orangen, Geflügellebertoasts mit Orangen 26
Orangen, Lammrücken mit Orangen-Sojasauce 74

Paprikaschoten, Eiertöpfchen mit Gemüse 20
Paprikaschoten, Rote Paprikasuppe 32
Pochierte Lammchops mit Gemüse 72
Portweinsauce, Kalbsfilet und Kalbsbries mit Portweinsauce 64

Rhabarbersülzchen mit Ingwer und Erdbeersauce 132
Richtig einkaufen und zubereiten 8
Risotto, Rotweinrisotto mit Broccoli 100
Rote Paprikasuppe 32
Rotweinrisotto mit Broccoli 100

Saibling mit Champagnersauce 42
Saibling (Warenkunde) 42
Salat, Lauwarmer Fischsalat 18
Sardellen, Gratinierte Zucchini mit Sardellen 112
Scampi, Fenchelterrine mit Scampi 16
Schokoladenbiskuit 128
Schokoladenschnitten 128
Schweinefilet mit Sherrysauce 62
Schweinefleisch: Gefüllte Auberginen mit Schweinefleisch 96
Schweinehals mit Madeirasauce 58
Seezungenfilets mit Wermutsauce 52
Sologerät: Das Mikrowellen-Sologerät 6
Spargel einkaufen 94
Spargel kochen 94
Spargel, Grüner Spargel mit Orangen-Buttersauce 94
Spinat-Speck-Füllung (Variante) 70
Spinatgratin mit Champignons 114
Steinbutt im Gemüsesud 44
Steinpilze, Kartoffelcremesuppe mit Steinpilzen 36
Steinpilzfüllung (Variante) 70

Terrine, Fenchelterrine mit Scampi 16
Timbale, Geflügeltimbale mit Gemüse und Kräutersauce 24
Toasts mit Meeresfrüchten 12
Toasts: Geflügellebertoasts mit Orangen 26
Tomaten
- Gemüse nach sizilianischer Art 102
- Gratinierte Zucchini mit Sardellen 112
- Linsen mit Gemüse und Kapern 92
- Mangoldgratin mit Tomaten 108
- Tomatenauflauf mit Quark 116

Torten aus Schokoladenbiskuit 128

Vanillesauce: Gefüllte Äpfel im Amaretti-mantel mit Vanillesauce 122

Wein: Apfelweincreme 126
Wein: Honigäpfel mit Weinschaum 130

Zanderfilets mit Graham-Kräuter-Sauce 40
Zimtcreme (Variante) 126
Zubereiten: Richtig einkaufen und zubereiten 8
Zucchini
- Eiertöpfchen mit Gemüse 20
- Gemischtes Gemüse mit Sahnesauce 98
- Gratinierte Zucchini mit Sardellen 112
- Kalbsröllchen mit Zucchini-Dill-Sauce 70
- Pochierte Lammchops mit Gemüse 72

Zuckerschoten, Gemüse mit verlorenen Eiern und Knoblauchsauce 104
Zuckerschoten, Pochierte Lammchops mit Gemüse 72
Zunge garen (Tip) 68
Zunge, Kalbszunge mit Kräutersauce 68
Zwetschgenflan nach französischer Art 134

Die Autoren

Marianne Kaltenbach
ist Schweizerin und kennt die Küche ihrer Heimat so gut wie die aller europäischen Länder. Seit fast 30 Jahren schreibt sie Kochbücher und behandelt als gastronomische Journalistin am liebsten Themen der praxisnahen, aber unbedingt gehobenen Küche. Als Mitglied exklusiver Verbände internationaler Gastronomen ist sie stets aktuell informiert und gibt ihr Wissen leicht verständlich und umsetzbar dem großen Kreis ihrer Leser weiter. Bekannte Schweizer Zeitschriften veröffentlichen regelmäßig ihre Beiträge. Für ihre Kochbücher erhielt Marianne Kaltenbach von der Gastronomischen Akademie Deutschlands mehrere Silbermedaillen und 1986 die Goldene Feder, eine Auszeichnung, die in den vorangegangenen 6 Jahren nicht mehr verliehen worden war. Sie war Mitbesitzerin einer Privatkochschule und führte mit großem Erfolg das renommierte Restaurant »Zum Raben« in Luzern.

Susanne und Pete A. Eising
haben sich ausschließlich auf Food-Fotografie spezialisiert. In ihrem Studio für Lebensmittelfotografie entstehen anspruchsvolle Food-Aufnahmen. Zum Kundenkreis gehören Werbeagenturen und Industrieunternehmen, Zeitschriftenredaktionen und Kochbuchverlage. Um den Service abzurunden, ist an das Foto-Studio eine Bildagentur mit Sitz in München und in der Schweiz angeschlossen, selbstverständlich mit dem Hauptthema Food. Sowohl im Studio als auch in der Küche sind nur Profis beschäftigt. Neben Pete A. Eising und Susanne Eising hat an diesem Buch Martina Görlach mitgearbeitet. Sie war für die Requisite zuständig und wirkte auch an der fotografischen Gestaltung mit.

Impressum

ISBN 3-89893-590-6

Farbfotos: Susanne und Pete A. Eising, Culinas PR AG Luzern (Seite 9)
Foodstyling: Susanne Eising
Requisite und Mitarbeit im Studio: Martina Görlach
Gestaltung: Ludwig Kaiser

Druck und Bindung:
Mateu Cromo Artes Gráficas
Printed in Spain

Wichtiger Hinweis

Bevor Sie Ihr Mikrowellengerät in Betrieb nehmen, sollten Sie sich gründlich mit ihm vertraut machen. Beachten Sie bitte unbedingt die Gebrauchsanleitung des Herstellers und außer den hier genannten Hinweisen auch die Angaben auf den theoretischen Seiten dieses Buches. Denken Sie daran, daß Eier nie in der Schale zubereitet werden dürfen. Beim Erhitzen von Flüssigkeiten kann es zu einem Siedeverzug kommen, das heißt, daß die Flüssigkeit erst zu brodeln beginnt, wenn das Gefäß aus dem Gerät genommen wird (Verbrennungsgefahr!). Lassen Sie die Flüssigkeit deshalb nach der angegebenen Garzeit im Gerät noch ein wenig abkühlen, oder erhitzen Sie die Flüssigkeit mit einem Glasstäbchen im Gefäß (das sorgt für eine gleichmäßige Erwärmung). Mikrowellen-Sologeräte sollten nicht in der Nähe des Herdes aufgestellt werden, da Hitze und Dampf dem Gerät schaden können. Wenn Sie Fragen haben und trotz aller Hinweise unsicher sind, wenden Sie sich am besten an die Beratungszentren Ihres Energieversorgungsunternehmens, an die Verbraucherzentrale in Ihrer Stadt oder an den Hersteller. Neue Geräte sind gesundheitlich unbedenklich. Es ist jedoch empfehlenswert, sie nach einiger Zeit auf Strahlendichtigkeit hin untersuchen zu lassen. Fragen Sie Ihren Fachhändler.